한울 철학강좌

게오르크 루카치

과거와 미래를 잇는 다리

●

김경식 지음

한울
아카데미

부모님께 이 책을 바칩니다.

책머리에

나이가 들수록 사람됨이 깊고 넓어지면 좋겠는데 어이된 일인지 뜻은 갈수록 좀스러워지고, 더불어 깊어가는 것이라고는 무력감뿐인 듯하다. 요즘 루카치를 읽으면 글의 내용보다도 그의 삶 자체가 더 크게 느껴지는 것도 나의 이런 정황 때문이 아닐까 싶다. 87세라는 짧지 않은 인생을 살면서 말 그대로 '갱신'을 거듭한 그의 삶의 열정은 어디에서 생긴 것일까. 70대 중반의 노구를 이끌고 다시 '존재론'이라는 새로운 기획에 착수할 수 있었던 힘은 어디에 있는 것일까. 삶이 사유가 되고 사유가 삶이 되는 "삶으로서의 사유"의 긴장을 곡절 속에서도 담담하게, 그러면서 끝까지 밀고 나갈 수 있었던 그의 '내공'은 얼마나 깊은 것일까. 그러나 궁극적인 경외의 대상은 루카치라는 인물이 아니라 그를 통해 흘긋 본(혹은 보았다고 착각한) 참삶 내지는 온몸으로 사는 진리여야 마땅할 것이다. 허영과 집착에서 벗어난 삶, 그런 삶 속에서 나오는 글, 이런 바람과 현재의 나 사이에는 얼마나 큰 간극이 가로놓여 있는가.

대학 시절 막바지에 뒤늦게 공부길로 들어서면서 루카치를 접한 지 벌써 십여 년이 지났다. 그 긴 시간 동안 드문드문하게나마 루카치를 계속 끼고 있었으면서도 아직 제대로 된 책 한 권 쓰지 못하는 무능과 게으름이 부끄럽지만, 그를 공부길의 '사표'로 삼게 된 것에 대해서는 다행으로 생각하고 있다. 그야말로 일생을 통해 실천적 사유의 맥을 풀지 않았던 그의 삶은, 채 마흔도 되기 전에 모색의 긴장감을 잃어가고 있는 나 같은 사람에게는 그저 경이로울 따름이지만, 적어도 한 인간으로서의 정직한 자기 형성과 학자적 성실성이 어떤 것이어야 하는지를 그로부터 엿볼 수 있었던 것만 해도 나로서는 큰 공부를 한 셈이다. 물론 루카치 공부가 이런 식의 개인적 '수양'의 차원으로 귀착되고 만다면 조금은 우스꽝스러운 일이겠지만, 현재의 내 수준이 그런 것을 어찌 하겠는가.

사적인 감상투로 글을 시작한 점 양해를 구하며, 책의 내용 소개로 들어가도록 하겠다. 이 책에서 나는 지금까지의—물론 국내에 한정해서 볼 때—루카치 독서가 평면적이고 피상적인 차원에서 그렇게 많이 벗어나지는 못했다는 진단(제1부)에 따라 다시, 루카치를 읽을 수 있는 하나의 통로를 찾고자 시도했다. 더 정확히 말하자면, 그러한 통로 찾기에 앞서 루카치에 대한 진지한 접근을 방해하는 통념적인 루카치 상(像)부터 수정하고자 했는데, 그 결과 책 전체는 루카치 사상의 한 모서리를 소개하는 입문서 비슷한 꼴을 갖추게 되었다. 여러 분야를 망라하는 루카치의 텍스트들을 가급적 종합적이고 복합적으로 읽어 루카치에 대한 일면적인 이해를 교정하고자 하면서 초점을 맞춘 부분은 루카치 사상의 탈(脫)스탈린주의적인 면모이며(제2부), 그 연장선상에서 "유물론적·역사적 존재론"의 몇 가지 지점을 부각시켰다(제3부). 1920년대 중·후반 이후의 루카치 사상을 스탈린주의의 한 변종으로 보는 피상적인 이해나 맑스주의의 '헤겔주의적' 변용으로만 이해하는 수용방식이 수정되지 않는 이상, '맑스주의자' 루카치는 본질적으로 과거의 인물로, 심지어는 퇴행적인 유물로 남을 수밖에 없을 것이다. 논의의 초점을 이렇게 맞추었기 때문에 『역사와 계급의식』을 포함하여 그 이전의 청년기 루카치는 제대로 다루지 못했다. 또, 같은 이유로 인해 그 이후 시기의 텍스트들도 이 글의 논지와 직접 닿아 있지 않는 부분은 제대로 주목받지 못했다. 이런 모자람을 채워줄 수 있는 글들이 부디 여러 사람의 공부로 나올 수 있기를 기대할 따름이다.

이 글에서 루카치에 관한 이해의 폭을 넓히고 새로운 접근의 발판을 만들고자 하면서 강조한 지점은 그가 말년에 도달한 사상적 귀결점이다. 물론 그의 삶과 사유의 행로는 결코 단선적인 '목적론적' 이해를 허용하지 않는다. 그야말로 '부단한 갱신'의 참모습을 보여주기에 족한 것이 그의 역정(歷程)이기에 청년기 루카치나 『역사와 계급의식』의 루카치 혹은 1930년대의 루카치도 각각 그 나름의 고유한 사유를 내포하고 있으며, 또 생산적인 대화를 나눌 수 있는 소지를 지니고 있다. 그렇다고 하더라도 루카치의 후기 사상이 그의 사상의 전모를 파악하기에 유리한 거점이 될 수 있다는 사실이 부인되는 것은 아니다. 루카치 사상의 발전과정에서 포기된 것은 무엇이며 완숙된 것은 무엇인지, 단초로만 남아 있는 것은 무엇이며 끝까지 밀고 나간 것은 무엇인지를 파악하기 위해서 그 과정의 귀결점에서 되돌아보는 것은 당연하고도 합리적인 접근법이다. 그럼에도 국내에서는 루카치의 후기 사상에 관한 연구가 거의 전무했다고 해도 과언이 아닌데, 이렇게 보면 한국에서 루카치는 떠들썩했던 수용에도 불구하고 정작 제대로 된 대접은 받지 못했다고 할 수 있다. 후기 루카치에 대한 이해를 바탕으로 중기와 초기의 루카치에 대한 이해의 깊이를 더하고, 철학과 미학 그리고 문학론과 정치사상을 복합적으로 연구한 성과가 나올 때에야 비로소 우리는 루카치에 대한 '총체적' 연구의 출발점을 마련했다고 할 수 있을 터인데, 물론 이러한 출발점이 창조적인 수용으로 발전하려면 루카치 사상의 역사적 위치를 가늠할 수 있는 폭 넓은 시야 속에서 그의 사상을 현재의 문제상황과 접합하는 이론적 재생산 작업이 시도되어야 할 것이다.

능력의 한계로 이러한 이론적 작업을 '요청'으로 남겨둘 수밖에 없는 이 글은 원래 학위논문으로 씌어진 것을 다시 손본 것이다. 「게오르크 루카치의 철학과 문학이론—스탈린주의에 대한 비판을 중심으로」라는 제목을 단 학위논문의 내용을 수정·보완하고 구성을 바꾸어 각각 독립적으로 읽힐 수 있도록 세 부분으로 나누어보았다. 여기에 덧붙여 후기 루카치의 철학과 미학을 엿볼 수 있는 글 두 편을 번역하여 〈부록〉으로 실었는데, 아무쪼록 '1930년대 루카치'를 맴돌던 우리의 이해지평을 조금 더 넓히는 데 도움이 되기를 바란다.

이 글의 논조는 앞에서 밝힌 의도로 인해 부득이 다소 공격적이다. 특히 제1부 가운데 국내의 연구 현황을 검토한 대목에서는 애당초 '비판'을 작정하고—나 또한 기꺼이 비판받을 각오를 하고—썼기 때문에 선학들의 견해를 지나치게 단순화한 구석도 없지 않을 것이다. 이와 관련하여, 루카치가 쓴 「마음의 가난」(1912)에 나오는 한 구절이 생각난다. "선한 인간은 더 이상 다른 사람의 영혼을 해석하지 않는다. 그는 마치 자신의 영혼 속에서처럼 그 영혼 속에서 읽는다. 그는 다른 사람이 된다." 연구자라는 직종은 이런 '선한 인간'이 되기에는 아무래도 적합치 않은 것 같다. 특히 나처럼 어설픈 연구자일 때에는 더욱더 그럴 터인데, 다른 사람의 '영혼'이 담겼을지도 모르는 글들을 속속들이 내 글처럼 읽지도 못하는 형편에 '비판'부터 해대니 말이다. 당사자들에게는 이미 '과거'에 속할 글들을 끄집어내어 논하는 것이 논의의 생산성을 위해 얼마나 유효할지 의문이지만, 어쨌든 그 글들이 '역사적 사실'로서 남아 있는 이상 논의의 대상으로 삼을 수는 있다고 생각했다. 루카치 공부의 길을 터준 선학들로부터는 부디 말년의 루카치가 제자들과의 관계에서 보여준 "혁명적 관용"의 태도를 구할 따름이다.

마지막으로, 이 글이 출판되기까지 도움 받은 분들께 감사의 말씀을 올리고 싶다. 먼저, 연세대학교 독문과 선생님들께 진심으로 감사드린다. 생각의 '차이'를 '차이'로서 인정해주실 뿐만 아니라 분발하도록 격려까지 해주시는 분들을 스승으로 모실 수 있게 된 것은 우리의 척박한 대학 공간에서는 좀처럼 얻기 힘든 행운이 아닐 수 없다. 특히 학위논문을 지도해주신 고영석 교수님, 김수용 교수님, 임정택 교수님, 김용민 교수님, 그리고 고려대학교 독문과에 재직중인 이기식 교수님의 가르침에 깊이 감사드린다. 이 글을 감히 출판할 생각을 할 수 있었던 것은 백원담 선배의 격려에 힘입은 바 크다. 개인적으로 가뜩이나 바빴을 시기에 책의 출판 문제로 심려를 끼쳐드려 미안했다는 말을 꼭 전하고 싶다. 지난 시절, 대학원과 연구소에서 루카치를 함께 읽었던 동학들께도 이 자리를 빌려 인사를 전하고 싶다. 기대에 부응할 만큼 공부에 큰 진전을 이루지 못해 죄송하지만, 나와의 만남이 내가 당신들과의 만남을 생각하듯이 그렇게 따뜻하게 기억되기를 바란다면 지나친 욕심일까. 부디 하시는 일들에 뜻깊은 진전이 있기를 진심으로 기원한다. 끝으로, 이 책의 출판을 흔쾌히 맡아주신 도서출판 한울 여러 분들께 감사드린다.

2000년 10월

김경식

차 례

제1부
루카치를 보는 시각들

> 루카치는 히말라야 산맥의 정상에서 뛰노는 토끼가 자기 자신을 평지에 있는 코끼리보다 더 크다고 생각해서는 안된다고 맑스주의자 동료들에게 경고한 적이 있다. 이제 '맑스주의'는 루카치가 생각했던 것처럼 세계관들 중에서 '히말라야 산맥'과 같은 것은 아니다. 그것은 다른 산맥들 옆에 있는 하나의 산맥에 불과하다. 하지만 루카치가 그 산맥에 살았던 유일한 '코끼리'였다는 것은 확실하다(맑스는 '맑스주의자'가 아니었다는 것을 전제로 한다면 말이다). 사람들은 그를 넘어서 나아갈 수 있지만 그를 올려다봐야 할 것이다(A. Heller).[1]

게오르크 루카치(Georg Lukács)라는 독일식 이름으로 널리 알려진 헝가리 태생의 사상가 지외르지 세그레디 루카치(György Szegredi Lukács)는 굳이 따로 소개할 필요가 없을 정도로 우리에게 친숙했던 인물이다. 수많은 번역서와 반세기 이상에 걸친 수용의 역사가 말해주듯이 그는 우리의 지성사에 지울 수 없는 족적을 남겼다. 하지만 이러한 족적이 한갓 과거의 자취로 변해버린 것이 지금의 형편이 아닐까. 해방의 파토스와 함께 역사의 뒷전으로 밀려난 듯한 루카치를, 지금,

---

1) Heller/Dannemann, 1986, p.207. 참조하거나 인용하는 외국문헌의 표기는 지은이의 이름과 출판년도, 그리고 참조 혹은 인용한 쪽수를 적는 식으로 한다.

다시, 읽는다는 것은 도대체 어떤 의미가 있는 것일까. 단순한 학구적 연구대상으로서의 루카치가 아니라 '살아 있는 루카치'로 그를 만날 수 있는 통로는 어디에 있을까. 그런 통로가 있기나 한 것일까. 이러한 의문이 드는 것은 그에게 너무 많은 것을 기대하기 때문인지도 모른다. 하지만 이러한 의문을 지워버리지 않는 것이 루카치를 '루카치답게' 수용하는 기본적인 태도가 아닐까. 이런 저런 생각을 하면서, 아래에서는 루카치 수용과 그에 대한 연구의 흐름을 따라가 보고자 한다.

루카치가 1980년대 후반기를 고비로 마감된 '혁명들의 시대'에 포함되는, 그 시대를 대표하는 전형적인 인물이라는 데에는 이견이 없을 것이다. 따라서 그의 탄생 100주기가 되는 1985년을 전후로 동구와 서구의 여러 도시에서 벌어진 심포지엄의 대홍수가 있은 이후, 그를 둘러싼 논의가 침체기에 접어든 것은 어쩌면 당연한 일인지도 모른다. 하지만 어떤 사상의 '본질' 내지 가치는 그것의 사회적·역사적 기원으로 환원되어 설명될 수 없으며, 또 당장의 이데올로기적 영향력만으로 자리매김될 수도 없는 법이다. 그 사상이 '시류를 거슬러'가고자 한 것일 때에는 더욱더 그러하다. 물론 특정 사상가의 수용방식은 수용자가 터하고 있는 역사 자체의 변전과 함께 끊임없이 변한다. 그러한 변화 가운데에서—때로는 수십 년의 간극을 두고—거듭 '재생'될 수 있는 사람이야말로 사상적 대가(大家)라 불릴 터인데, 이러한 대가를 연구하는 후대의 연구자는 '역사와 이데올로기의 무게'를 나름대로 견디면서 가급적 연구대상을 온전하게 보려고 정성을 다해야 할 것이다. 이른바 창조적 수용도 이러한 정성이 쌓일 때 비로소 가능할 수 있을 것이다.

이와 관련하여 우리는 루카치가 『이성의 파괴(*Die Zerstörung der Vernunft*)』를 서술할 때 소재를 취급한 방식을 상기할 필요가 있다. 철학사에 관한 학술적 연구서라기보다는, 파시즘의 광기에 맞서 '변증법적 이성'을 옹호하기 위한 일종의 '투쟁서'로 씌어진 그 책에서조차 그는 '역사적·이데올로기적 비판'의 일면성을 지적하고 있다. 즉, 그는 어떠한 현상의 "사회적 발생과 기능"을 밝히는 것이 중요하긴 하지만 그 자체로 그쳐서는 일면적인 고찰에 불과하며, 그것은 항상 그 현상 자체에 대한 "내재적인 비판"과 결합되어야 함을 주장하고 있는 것이다(9: 10-11).[2)]

역사적·이데올로기적 비판과 이론 내재적인 비판을 결합하는 연구방식은 루카치 자신을 연구대상으로 삼을 때에도 적용될 수 있다. 그리고 그것은 그간에 쌓인 루카치에 관한 연구물들의 성과를 검토하고 평가할 때에 기준점이 될 수도 있을 것이다. 즉, 우리는 그것들이 역사적·이데올로기적 비판으로서뿐만 아니라 이론 내재적 비판으로서도 얼마만큼 적절하며 어느 정도의 성취를 이루고 있는지 따져볼 수 있는 것이다. 이를 통해 루카치 연구의 허실을 파악하는 것은, 변화된 역사의 지평 속에서 다시 루카치의 현재성을 논하기 위한 첫걸음이 될 수 있다. 그럴 것이 루카치의 사유세계의 존재는 그 자체로 있을 뿐만 아니라 그에 관한 논의들을 통해 '구성'되는 것이기도 하기 때문이다.

그런데 문제는 루카치의 저작들만 방대한 것이 아니라, 그에 관한 연구물 또한 개관하기조차 힘들 정도로 그 양이 막대하다는 것이다. 그의 모국인 헝가리에서뿐만 아니라 독일(옛 동독을 포함한), 미국, 영국, 프랑스, 이탈리아, 일본 등 세계 전역에 걸쳐서, 그 제목들만 헤아리기에도 벅찰 만큼 많은 수의 연구서와 논문들이 출간되었으며, 또 지금도—비록 드물긴 하지만—출간되고 있다. 따라서 지금 필자의 능력으로 외국에서 이루어진 루카치 관련 연구에 관해 제대로 된 검토를 한다는 것은 가당치도 않은 일이다. 그럼에도 불구하고 필자가 외국에서 이루어진 루카치의 수용 및 연구 경향에 관한 검토라고 하는 거창한 주제에서부터 논의를 시작하는 것은, 그것이 국내의 루카치 연구를 객관화하는 데에 필요한 자료를 제공할 수 있으리라 생각하기 때문이다.

---

2) 앞으로 루카치 전집에서 인용 혹은 참조할 경우, 앞에 권수를 쓴 뒤 해당 쪽수를 덧붙이는 식으로 표기하여 본문에 병기한다.

국내에서 그간 쌓인 루카치에 관한 관심과 연구가 결코 녹록하다 할 수 없지만, 각각의 연구자가 자신이 서 있는 위치를 가늠할 수 있는 방편 중의 하나인 연구사 검토는 거의 전무한 형편이었다.[3] 이는 루카치를 연구하는 사람들의 자기 객관화 노력이 그 동안 충분하지 못했음을 보여주는 한 사례일 성도 싶다.

이러한 불만에도 불구하고 여기에서 필자가 할 수 있는 일은 아주 부분적이다. 외국의 수용 및 연구 경향에 관한 검토 대목에서는 독일을 중심으로, 그것도 말 그대로 경향만을 짚어보는 것으로 그친다. 따라서 거론하는 문헌들도 그러한 경향을 대표하는 것으로 한정된다. 이 글에서 초점은 한국에서 루카치를 수용하고 연구한 양상에 관한 검토에 가 있다. 근 반세기에 걸친 장구한 수용의 역사에도 불구하고 지금까지 국내의 연구성과에 관한 본격적인 검토는 전혀 없었다고 해도 과언이 아니다. 루카치에 대한 얼마간의 역사적 거리가 확보된 이 시점에서 기왕에 쌓인 루카치에 대한 자료들을 정리하고 점검하는 일은, 따라서 일종의 '중간 결산'으로서의 의미를 지닐 수 있을 것이다.

하지만 이 대목에서도 이 글은 일정한 한계를 지니고 있다. 먼저, 수용에 관한 검토는 그 경향에 관한 피상적인 개괄 이상이 못된다는 것을 미리 밝혀둔다. 우리 문학에 대한 식견이 부족한 형편에 여러 논자들의 글 속에 스며들어 있는 루카치 상(像)을 끄집어내어 민족문학사적 맥락 속에서 분석하고 평가하기에는 아무래도 아직은 역부족이다. 따라서 식민지시대부터 시작된 수용에 관한 정밀한 검토는 차후의 과제

---

3) 국내 연구물 가운데 루카치 수용의 몇 가지 중요한 경향들을 비판적으로 검토하고 있는 글로는 홍승용과 박정호의 박사학위논문을 들 수 있다. 하지만 이들의 검토는 각자의 연구주제와 관련된 지점에 국한되어 있기 때문에 본격적인 연구사 검토에 해당한다고 보기는 힘들다(홍승용, 「루카치 리얼리즘론 연구—그 중심개념들의 현실성」, 서울대 독문과 박사학위논문, 1993; 박정호, 「루카치의 역사철학에서 사물화와 주체성 문제」, 서울대 철학과 박사학위논문, 1993).

로 남겨두고, 여기에서는 루카치 수용의 주요 경향을 개괄하는 것으로 만족한다. 연구 현황을 검토하는 대목과 관련해서도 몇 가지 사항을 먼저 말해두는 편이 낫겠다. 첫째, 여기에서 일차적인 목표는 지금까지 국내에서 이루어진 루카치 연구의 자료들을 정리·소개하는 것이다. 최소한 자료정리로서의 의미라도 지니기를 바라는 이 글에서 필자는 전적으로 루카치만을 연구대상으로 삼고 있는 논문들만 거론한다(석사학위논문들은 특별한 경우를 제외하고는 거론하지 않는다). 따라서—둘째—대부분 독문학계의 연구성과에 관한 검토로 논의가 한정될 것인데, 여기에서 필자는 독문학계에서 이루어진 '전문적인' 연구와 관련해 의도적으로 '논쟁적인' 입장을 취할 생각이다.

외국의 사상가치고는 누구 못지않게 많이 알려진 루카치이지만, 그리고 그와 관련된 국내 논문들의 숫자도 만만찮을 정도로 많이 쌓인 편이지만, 국내 연구자들 상호간에 논쟁은 고사하고 의견 교환조차 없었던 것이 지금까지의 형편이다. 외국의 사상을 제대로 소개하기조차도 힘든 마당에 논쟁까지 기대하는 것은 과욕일지 모르겠지만, 그러한 소개(번역을 포함한)조차 의견의 교환이나 논쟁 없이 진행될 경우 온전하게 이루어지기 힘들지 않을까. 독문학계에서 이루어진 루카치 연구의 대부분이 한결같이 비슷한 결론을 되풀이해 보여준 것은, 그것들 각각이 도달한 연구대상의 '내적 본질'이 유사한 탓일 수도 있다. 하지만 그 비슷한 결론이 결코 짧다고 할 수 없는 시간 동안 비슷한 수준에서 되풀이되어 왔다면, 그것은 연구 현황에 대한 무지 혹은 동료 연구자에 대한 무시에서 비롯되는 연구의 답보 상태를 말해주는 것에 다름 아닐 것이다. 이러한 상태를 유지하는 데 가장 큰 역할을 한 것은 이른바 전문적 연구영역의 '학풍', 공개적인 '논쟁의 문화'라고는 눈을 씻고 찾아봐도 찾을 수 없는 그 '학풍'이 아닐까. 이것이 필자가 연구 현황에 관한 검토에서 의도적으로 '논쟁적인' 글쓰기를 시도한 근본적인 이유이다.

1. 독일에서의 수용과 연구 경향

1) 동독에서의 경향[4)]

잘 알다시피 제2차 세계대전이 종료된 후 독일은 연합국에 의해 분할 통치된다. 구(舊)동독지역은 나치즘이 패망한 1945년 5월부터 독일 민주주의공화국(DDR)이 수립되는 1949년 10월까지 소련 점령지역(SBZ)이라고 불리는데, 여기에서 소련군정청과 독일공산당(KPD)은 1930년대 중·후반 이래의 반파시즘 투쟁 전통과 인민전선정책을 계승하는 노선을 수립한다. 이에 따라 공산당과 사민당이 통합됨으로써 독일사회주의통합당(SED)이 탄생하며, 이 당의 지도하에 '반제 반파시즘 민주주의 변혁의 단계'가 시작된다.

이 시기에 루카치가 특히 문학영역에서 큰 영향을 끼쳤다는 것은 널리 알려진 사실이다. 볼프강 하이제에 따르면, 동독의 초기 역사에서 루카치는—물론 이론(異論)이 없었던 것은 아니지만—"형성 중에 있었던 맑스주의 문예학과 문화학, 그리고 철학의 대부(代父)"(Heise, 1987: 187) 역할을 하였다. 루카치가 그러한 권위를 얻게 된 근거를 하이제는 크게 세 가지로 요약하고 있는데, 그것은 다음과 같다. 첫째, 루카치는 고전적인 독일문학과 철학을 사회주의 문화의 유산으로 의식하게 만들었으며, 그것들을 맑스주의적으로 전유할 수 있는 역사적·철학적 방법론을 제공했다. 둘째, 루카치는 휴머니즘, 민주주의, 합리성, 진보

---

4) 다른 글에서 필자는 동독의 루카치 수용의 변천사를, 주로 문예정책적 측면에 초점을 맞추어 소개한 바 있다. 그곳에서 필자는 동독의 문학이론과 철학에서 최고의 권위를 누리다가 창졸간에 '제3의 길'을 좇는 '수정주의자'로 전락, 다시 '과도기 정착론자'로 약간 이완된 평가를 받다가 마지막에 가서는 '스탈린주의자'로 규정받기도 하는 등의, 매우 낙차가 큰 루카치 수용의 변천사를 몇몇 대표적인 논문들의 분석을 통해 개관하였다. 『게오르크 루카치: 맑스로 가는 길』(김경식/오길영 편역, 솔, 1994)에 실린 편역자의 글(「다시, 루카치를 읽기 위하여」) 5, 6장 참조.

성 등이 결합되어 있는 리얼리즘 구상을 정초함으로써 반제 반파시즘 단계에 조응하는 비평의 척도를 정립하고 강령적 목표를 설정하였다. 셋째, 이러한 적극적인 방향 설정은 독일 이데올로기, 특히 독일 제국주의 이데올로기 및 철학에 대한 그의 비판과 일치했는데, 이러한 독일 이데올로기는 독일 역사의 전환기였던 당시에 극복해야 할 대상이었다. 요컨대 1930년대 이래 루카치가 수행한 문학사적, 문예학적 작업과 철학사적 연구가 이 시기에는 독일사회주의통합당이 필요로 한 정치적·문화적 이데올로기에도 부합하는 것으로 받아들여졌음을 알 수 있다.

하지만 곧 이어 헝가리에서는 1947년에, 동독에서는 1952년에 소련을 모델로 한 '사회주의로의 위대한 전환'이 천명되는바, 이 무렵부터 당과 루카치 간의 거리는 점차 벌어지게 된다. '사회주의적인 것'이 강조됨에 따라, 가령 문예학에서도 "비판적 리얼리즘에 비해서 사회주의 리얼리즘이 지니는 새로운 질적 단계를 분명히 하는 것"(Mittenzwei, 1975: 93)이 중심 과제로 설정되는데, 이러한 정세변화에 루카치의 이론적 구상은 오히려 방해가 되는 것으로 평가받는다. '사회주의적 단계'로의 진입이 빨랐던 헝가리에서는 이미 1940년대 후반부터 루카치의 '청산' 작업이 시작되는데, 특히 1948년에 2판이 발간된 루카치의 『문학과 민주주의(*Irodalom és demokrácia*)』(1947)를 기화로 1949년부터 이른바 '루카치 논쟁'이 벌어졌으며, 이에 따라 루카치는 공개적인 자기비판을 행하는 수모를 겪어야 했다.

'루카치 논쟁'에서 루카치에게 가해진 비판은, 1956년 10월에 있었던 '헝가리사태' 후 동독에서 거의 그대로 반복된다. 동독의 경우에 1950년대 초반에도 루카치에 대한 비판이 없었던 것은 아니지만 그것은 주로 소련과 헝가리의 논문을 소개하는 형식으로 이루어졌지 당이 직접 주도하는 형식을 취하지는 않았다. 하지만 '헝가리 사태' 직후, 그것이 미칠 정치적 파급력을 차단하기 위해 당의 주도하에 대대적으로 전개된 '반수정주의 캠페인'에서 루카치는 "헝가리 반혁명의 정신적 대부"5)로 낙인이 찍힌다. 이에 따라 1950년대 말에 이루어진 루카치 '청산' 작업은 『게오르크 루카치와 수정주의(*Georg Lukács und der Revisionismus*)』(1960)로 '집대성'되는데, 이 책에 집결되어 있는 각종의 비판, 즉 우익적 편향과 수정주의라는 정치적·철학적 비판 및 이와 아울러 등장하는 미학적 비판, 예컨대 기계적·객관주의적 반영관, 사회주의적 당파성의 결여, 19세기 시민적 리얼리즘에 경도된 리얼리즘관, 그로 인해 생기는 사회주의 문학에 대한 경시, 시민적 리얼리즘과 사회주의 리얼리즘의 질적 차별성의 간과 등등의 비판은 적어도 1970년대 중반까지 동독에서 행해진 루카치 비판의 '원형'을 이룬다고 해도 과언이 아니다.

이후 동독에서 루카치의 저서나 논문은 출판이 금지되며 루카치는 오로지 비판의 대상으로 언급될 뿐 더 이상 진지한 논의의 대상이 되지 못한다. 이런 식으로 동독의 문학사와 사상사에서 거의 '지워졌던' 루카치는 1967년, 베르너 미텐츠바이의 논문을 시발로 해서 다시 논의의 구도 속에 들어올 수 있었다. 1930년대 후반에 소련에서 벌어졌던 이른바 '표현주의 논쟁'과 관련해 작성된 브레히트의 원고가 공개된 것을 계기로 미텐츠바이는 「맑스주의와 리얼리즘: 브레히트-루카치 논쟁(Marxismus und Realismus: Die Brecht-Lukács-Debatte)」을 발표했는데, 이 논문에서 그는 브레히트에 근거하여 루카치를 비판하는 방식을 취하고 있다. 그의 루카치 비판방식은 문학론을 정치적 구상—근본적으로 「블룸-테제(Blum-Thesen)」에서부터 시작되는—으로 환원시키는

5) W. 얀카, 『진실을 둘러싼 어려움들』, 안삼환 역, 도서출판 예지각, 1990, 52쪽. 이 책은 동독의 대표적 출판사 Aufbau-Verlag을 한때 책임졌던 발터 얀카가 동독이 붕괴하기 직전에 쓴 회고록이다. 얀카는 1956년 '헝가리 봉기'의 실패 직후 루카치를 구출하려고 시도했는데, 이 일이 무산되면서 그는 반국가음모 죄목으로 체포되었다. "헝가리 반혁명의 정신적 대부"라는 말은, 그 당시 동독의 검찰총장 멜스하이머가 얀카를 재판하면서 사용한 말이다.

기존의 도식에서 크게 벗어나지 못하며, 평가의 내용 역시 1950년대 후반의 그것과 본질적으로 다를 바 없었다. 하지만 이러한 비판적 방식을 통해서나마 루카치는 동독 문예학의 논의 속에 재등장할 수 있었는데, 이 점에서 미텐츠바이의 논문은 동독의 문예학에서 루카치가 재조명될 수 있게 한 이론적 단서를 제공한 셈이다.[6)]

루카치를 둘러싼 논의에서 일종의 전환점이 형성된 것은 1970년대 중반 무렵이라고 할 수 있다. 『게오르크 루카치와 수정주의』 이후 동독에서는 처음으로 루카치 연구논문집인 『게오르크 루카치와의 대화와 논쟁(*Dialog und Kontroverse mit Georg Lukács*)』(1975)이 출간되며, 미텐츠바이의 노력으로 1950년대 후반 이래 처음으로 루카치의 글들이 다시 출판될 수 있었다.[7)] 주로 1930~40년대에 씌어진 루카치의 저작들을 대상으로 한 이러한 작업들을 통해 루카치는 과거에 속하는 인물로 분명하게 역사화되지만, 다른 한편 이러한 과거화를 통해 그는 맑스주의 문예학과 미학의 발전사에서 본질적인 추동력을 구성했던 성분으로 '인정'될 수 있었다.

이러한 과정에는 1960년대의 브레히트 수용을 거쳐 1970년대 초반부터 시작된 동독 문예학의 '패러다임 전환'이 큰 역할을 했다. 만프레트 나우만 주도하에 집필된 『사회·문학·독서(*Gesellschaft-Literatur-Lesen*)』(1973)에서부터 시작해서 쉴렌슈테트가 편한 『문학적 반영(*Literarische*

6) 루카치에 대한 평가에서는 썩 적극적이라고 할 수 없는 미텐츠바이의 논문은 오히려 다른 측면에서 동독 문예학의 역사에서 남다른 위치를 차지한다. 즉 이 논문은 브레히트의 '기능전환'론을 부각시킴으로써 동독의 문학이 '모더니즘'에 접근할 수 있는 이론적 계기를 만들었다. 브레너가 지적한 바처럼, '브레히트-루카치 논쟁' 구도를 통한 브레히트의 부상은 동독의 문예학에서 브레히트가 '모던'에 관한 지체된 관심을 위해 제도화되는 것으로 귀결되며, 이는 -언뜻 보면 놀랍게 보이는-'동쪽'과 '서쪽'의 루카치 비판이 보이는 정확한 일치점이라고 할 수 있다(Brenner, 1990, p.10 참조).

7) W. Mittenzwei(편), *Georg Lukács. Kunst und objektive Wahrheit. Essays zur Literaturtheorie und-geschichte*, Leipzig, 1977.

Widerspiegelung. Geschichte und theoretische Dimension eines Problems)』(1981)에까지 이어지는, 흔히 '소통이론적·행위이론적 접근'으로 불리는—물론 논자에 따라 내적 차이도 존재하는—'패러다임 전환'을 통해 이제 루카치에 대한 비판도 정치 환원론적 차원에만 머물러 있는 것이 아니라 문예학적 방법론의 차원에서도 이루어진다. '과정적·기능적 리얼리즘관'에 의거해 루카치의 문학관을 본질주의적인 작품 미학으로 파악하거나, '가치론적 정향'을 통해 루카치의 리얼리즘관을 '과학적 인식 모델에 바탕을 둔 인식론적 리얼리즘관'으로 평가한 것 등이 이에 해당하는 대표적인 사례들이다.[8)]

루카치 탄생 100주년이 되는 1985년은 루카치 연구사에서 일대 분수령을 이룬다. 헝가리(부다페스트), 유고슬로비아(두브로브니크), 소련(모스크바) 등의 동구 사회주의권에서뿐만 아니라, 서독(함부르크, 브레멘), 프랑스(파리) 등에서도 거의 비슷한 시기에 대규모 심포지엄이 개최되었으며, 동독에서도 베를린과 할레 두 곳에서 루카치 심포지엄이 열렸다. 이러한 심포지엄들을 통해 엄청난 양의 연구논문들이 한꺼번에 쏟아졌지만 이 무렵을 고비로, 그리고 이어진 동구 사회주의권의 붕괴를 맞으면서 루카치 연구는 장기적인 침체국면으로 접어든다.

베를린 심포지엄(1985년 3월 5~6일)에서 발표된 동독 연구자들의 논문을 보면 몇 가지 연구 경향을 엿볼 수 있는데, 먼저 초기 루카치에 대한 배타적 태도가 계속 유지되고 있음을 확인할 수 있다. 가령 만프레트 부르의 경우, "늦어도 20년대 말"(Buhr, 1987: 18)을 분기점으로 "후기 부르주아적 이데올로기 발전의 부분으로서의 루카치"와 "후기 부르주아적 이데올로기의 비판자로서의 루카치"(Buhr, 1987: 15)로 양분된다고 보고 있다. 『역사와 계급의식(*Geschichte und Klassenbewußtsein)*』까지의 '부정적' 루카치와 1920년대 후반 이래의 루카치를 엄격하게

8) 동독의 문예학과 리얼리즘관의 변천과정 및 그 내용에 관해서는 Schober, 1986 참조.

구분하는 이러한 도식은 주로 1930~40년대의 루카치 저작이 긍정적으로 수용되었던 1940~50년대부터 계속된 것인데, 하지만 이 심포지엄은 이러한 배타적 관점이 유지되는 가운데에서나마 초기의 루카치도 연구의 대상으로 설정되기 시작했음을 보여준다.

베를린 심포지엄에서 특히 눈에 띄는 또 다른 현상은 동독에서 다시 루카치의 현재성을 운위하는 목소리가 나오기 시작한 것이다. 그것은 『이성의 파괴』를 중심으로 한 루카치의 비합리주의 비판이, 이른바 '포스트모던'한 사유를 공격하는 데에 동원될 수 있으리라는 문제의식에 따른 것이었다. 하지만 부르의 다음과 같은 상황 판단, 즉 "후기 부르주아적 이데올로기에서 생철학적·비합리주의적 사유방식이 현재 다시 전면화되고 있는 상황"(Buhr, 1987: 20)이라는 판단에서 알 수 있듯이, 이들은 '포스트모던'한 사유가 단순히 과거의 것이 "다시" 표면에 나타난 것만은 아니라는 사실을 경시하고 있을 뿐만 아니라, 무엇보다도 반(反)파시즘 투쟁을 위한 '투쟁서'로 작성된 『이성의 파괴』의 역사적 성격을 간과하는 안이한 태도를 드러내 보인다.

어쨌든 이 무렵부터 1930년대 이전의 초기 루카치도 동독에서 소개되고 거론되기 시작한다. 루카치의 초기 저작들은 발췌 형식으로 구성된 클라인슈미트의 루카치 글 모음을 통해 처음 소개되며,[9] 이어서 동독의 붕괴 전까지 청년 루카치에 관한 몇 편의 연구논문들이 발표되기도 한다. 또 이미 서독에서 전집을 통해 발간되었던 루카치의 후기 미학, 즉 『미적인 것의 고유성(*Die Eigenart des Ästhetischen*)』과 『미학의 범주로서의 특수성에 관하여(*Über die Besonderheit als Kategorie der Ästhetik*)』가 오자의 수정과 문법적 교정을 거쳐 1981년과 1985년에 각각 출판되기도 한다. 하지만 클라인슈미트(Kleinschmidt, 1987)를 제외한 대부분의 논자들은 루카치의 문학이론과 미학을 '역사화'하는 경향을 보이는데,

---

9) S. Kleinschmidt(편), *Georg Lukács. Über die Vernunft in der Kultur. Ausgewählte Schriften 1909-1969*, Leipzig, 1985.

『미적인 것의 고유성』과 『미학의 범주로서의 특수성에 관하여』에 실린 레만(Lehmann, 1981)과 프란츠(Franz, 1985)의 후기도 예외가 아니다.

마지막으로, 동독이 서독으로 합병되기 직전에 씌어진 알프레트 클라인의 저서를 특기할 만하다. 1930년대 초반에 씌어진 루카치의 텍스트들을 함께 소개하고 있는 『베를린에서의 게오르크 루카치: 1930/32년의 문학이론과 문학정책』[10]에서 클라인은 그때까지 동독 문예학에서 '맹목의 영역'으로 남아 있었던 스탈린주의 문제를 거론하고 있다. 그는 30년대 루카치의 문학이론, 그 가운데에서도 특히 반영론과 리얼리즘의 승리론 등은 그 당시의 과도한 주관성에 대한 투쟁으로서 일정한 의미를 지니지만, 다른 한편으로 통일적인 리얼리즘의 원칙을 관철시키려 한 루카치의 의도는 소비에트 사회를 동질적인 사회로 형성하려 한 당시의 전반적 지향에 조응하는 것이었다고 보고 있다(p.147 이하 참조). 요컨대 일체의 다양성과 차이를 배제하는 스탈린주의의 경화(硬化) 과정에 루카치의 문학이론은 썩 잘 어울렸다는 것이 그의 평가인 셈인데, 물론 루카치의 문학이론과 스탈린주의와의 친화성을 입증하는 논리가 이전에도 없었던 것은 아니다. 서방의 보수주의자들은 말할 것도 없고 1970년대의 '신좌파' 쪽에서 나온 연구물들을 보더라도 특히 1930년대의 루카치를 넓은 의미에서의 스탈린주의자로 규정하는 것은 오히려 일반적인 연구 양상이었다. 여기서 클라인의 글이 새삼스러운 것은 그것이 스탈린주의의 규정에서 벗어날 수 없었던 동독의 문예이론가가 작성한 것이기 때문이다. 하지만 그 동안 감히 손댈 수 없었던 스탈린주의의 문제를 거의 처음으로 부각시키면서 기존의 동독의 문예학에 대한 자기비판보다는 그 방계에 있으면서 부단히 '역사화'되었던 루카치를 비판의 대상으로 설정하고 있는 방식 자체만 보더라도 그의 글은 과거에 대한 제대로 된 비판과 극복을 감당하기에는 역부족이다.

---

10) A. Klein: *Georg Lukács in Berlin. Literaturtheorie und Literaturpolitik der Jahre 1930/32*, Berlin u. Weimar, 1990.

그리고 차이와 다양성의 강조를 통해 '현실사회주의'의 과거사를 비판하는 방식은 이미 서방에서 유행하고 있었던 '포스트맑스주의'의 대열로 쉽게 흡수될 수 있는 논의방식으로서, 동독의 붕괴 이후 수많은 '정통 맑스-레닌주의자들'이 밟게 된 행로를 미리 보여주는 것이기도 하다.

2) 서독 그리고 통일 이후의 경향

종전(終戰) 후 서독에서는 실존주의가 유행하면서 장 폴 사르트르와 칼 야스퍼스 등이 "세계관의 스타"(Holz, 1987: 61) 자리를 차지하고 있었다. 이러한 지적 상황에서 1946년 '유럽의 정신'을 테마로 한 〈제네바 국제회의〉에서 루카치가 칼 야스퍼스와 벌인 논쟁이 소개되며,[11] 이어서 『괴테와 그의 시대(*Goethe und seine Zeit*)』(Bern, 1947), 『청년 헤겔(*Der junge Hegel*)』(Zürich-Wien, 1948) 등이 서구 세계에서 출판된다. 이를 통해 루카치의 이름이 알려지면서 루카치는 서독의 젊은 진보적 지식인들이 맑스주의에 입문하는 과정에서 "맑스주의의 교사" 역할을 하기도 한다.[12]

1950년대 후반, 특히 '헝가리사태'를 기화로 동독이 루카치를 "헝가리 반혁명의 정신적 대부"로 내치자 냉전체제의 다른 극을 형성하고 있었던 서독에서는 그를 함부로 '스탈린주의자'로 비난할 수 없게 된다. 이러한 정세 속에서 1958년, 『오해된 리얼리즘에 반대하여(*Wider den mißverstandenen Realismus*)』(Hamburg)가—헝가리나 동독이 아니라—서독에서 처음 출판되며, 1962년에는 루카치가 합의한 전집 간행의 첫

11) 이 회의에서 루카치는 「귀족주의적 세계관과 민주주의적 세계관(Aristokratische und demokratische Weltanschauung)」(실린 곳: SzIP, pp.404-433)을 발표했다.

12) 이에 관해서는 Holz, 1987, p.62; Steigerwald, 1987, p.145 참조.

번째 작업으로서 『이성의 파괴』(전집 제9권)가 서독의 루흐터한트 출판사에서 출판된다. 또한 이 시기부터 『역사와 계급의식』의 해적판이 서독의 대학생들 사이에 읽히기 시작하는데, 특히 이 책은 '68년 사태'의 주역들에게 중대한 영향을 미치기도 한다.[13)]

이 무렵에 나온 아도르노의 에세이 「강요된 화해: 게오르크 루카치의 『오해된 리얼리즘에 반대하여』에 관하여(Erpreßte Versöhnung: Zu Georg Lukács' *Wider den mißverstanden Realismus*)」는 이후 서방에서 이루어진 루카치 수용방식에 결정적인 영향을 미치게 된다. 1958년 11월, ≪모나트(*Der Monat*)≫(2호)에 발표된 아도르노의 이 글은 이후 서방에서 루카치가 수용될 때 큰 영향을 미치는 하나의 도식을 선보이는데, 『영혼과 형식(*Die Seele und die Formen*)』, 『소설의 이론(*Die Theorie des Romans*)』, 그리고 『역사와 계급의식』까지의 청년기 루카치와 그 이후의 루카치를 극명하게 구분하는 것이 그것이다. 이 도식에 따르면, 청년기에 탁월한 지성을 선보였던 루카치는 공식적인 공산주의 강령에 굴복함으로써 자신의 지성을 포기한다(Adorno, 1958: 251). 동독에서 1980년대 중반까지 지배했던 도식과는 정반대의 구조를 지니고 있는 이 도식은 이후 서방에서 주로 초기의 루카치가 활발히 수용되고 연구된 반면, 특히 1930년대 이후의 루카치는 '스탈린주의자'로 간단히 처리될 수 있었던 이론적 배경을 이룬다.[14)]

---

13) '정통 맑스-레닌주의'적 입장에서 슈타이거발트는 '68년 사태'의 주역들에게 미친 『역사와 계급의식』의 영향에 대해 다음과 같이 비판적으로 기술하고 있다. "60년대 말 소위 대학생 봉기가 … 일어났을 때 … 루카치의 저작들을 통해 - 특히 『역사와 계급의식』을 통해 - 레닌주의에 맞서는 '맑스주의적' 철학의 한 형태를 만들어내려는 시도가 이루어졌다. [여기에서] 관건은 자연변증법, 인식의 반영이론, 레닌의 당이론 등을 거부하는 것이었다"(Steigerwald, 1987, p.154).

14) 아도르노의 이 에세이는 1930년대 후반에 있었던 이른바 '표현주의 논쟁'과 연관된 블로흐, 아이슬러, 브레히트 등의 글과 함께 루카치의 문학론, 특히 '모더니즘'에 관한 루카치의 입장을 비판할 때 가장 빈번히 원용되는 글이기

동독에서 1967년에 발표된 미텐츠바이의 논문을 계기로 1960년대 말부터 서독에서도 '브레히트-루카치 논쟁' 구도가 확산되는데,[15] 이러한 흐름은 주로 구조주의적 맑스주의자들이 모인 ≪대안(*Alternative*)≫을 중심으로 전개된 '유물론적 문학이론'의 모색으로 이어진다. 동구사회주의권의 '맑스-레닌주의 미학'을 해체하고 그 대안을 찾고자 한 서구의 '신좌파'의 이론적 시도였던 이 모색 과정에서 루카치의 '미학'은 '맑스-레닌주의 미학'의 구성 성분으로 설정되는 가운데 주요한 이론적 대결의 대상이 되었다.[16]

도 하다. 아도르노의 관점에 입각한 루카치 연구서 중 가장 포괄적인 것으로 비르쿠스의 학위논문을 꼽을 만하다. 그는 루카치의 저작 전체를 아도르노의 '계몽의 변증법'의 틀에 따라 검토하면서, 초기에 추구된 '계몽으로의 길'이 후기에 '도구적 이성'으로 전락하는 과정과 그 양상을 파악하려 한다(Wirkus, 1975 참조). 한편, 전혀 다른 이론적 맥락에서이긴 하지만, 국내에서 많이 읽힌 미셸 뢰비, 알렉스 캘리니코스 등도 1926년을 고비로 루카치가 소련 사회에 순응해간 것으로 해석하고 있다. 이에 따라 1930년대의 루카치는 넓은 의미에서의 스탈린주의자로 규정되는데, 이들의 논의에 관해서는 이 책 제2부 1장 1절 참조.

15) 브레히트와 루카치를 대립시키는 논쟁 구도는, 이에 따른 대표적 연구물인 헬가 갈라스의 『맑스주의 문학이론: 프롤레타리아혁명 작가 동맹에서의 논쟁(*Marxistische Literaturtheorie: Kontroversen im Bund proletarisch-revolutionärer Schriftsteller*)』(Neuwied u. Berlin, 1971)에서도 드러나듯이, 브레히트의 단편적인 이론을 축으로 루카치를 재단(裁斷)하고, 맑스주의 문학론에 관한 논의를 양자의 대립으로 협소하게 하는 등의 한계를 드러냈다. 에르하르트 바르는 이 논쟁 구도에 따른 일련의 글들에서 확인되는 브레히트 중심주의는 벤야민, 브레히트, H. 아이슬러의 이론을 "물신화(Fetischisierung)"하는 지경에 이르렀다고 비판한다(Bahr, 1973: 70 참조). 미텐츠바이와 갈라스 등의 브레히트 중심주의적 입장에 대한 비판으로는 앞에서 소개한 홍승용의 박사학위논문과 그의 또 다른 논문 「루카치 전형론의 재평가」(≪민족예술≫ 창간호, 1994, 64-73쪽)를 참조하라.

16) ≪대안≫을 통해 소개된 프랑스 맑시스트 에티엔 발리바르와 피에르 마슈레의 다음과 같은 공동집필 논문이 그 대표적 예이다. E. Balibar/P. Macherey, "Thesen zum materialistischen Verfahren. Literatur als ideologische Form" (*Alternative* 98호, 1974년 10월, pp.193-221). 이 글은 도미니크 르쿠르(외), 『유물론, 반영론, 리얼리즘』(이성훈 편역, 백의, 1995)에 국역되어 있다.

1970년대 중반으로 접어들면서 루카치는 현재적인 쟁점과 결부된 대결의 대상으로서보다는 맑스주의 문예학의 '고전적 대가(Klassiker)'로 '역사화'되는 경향이 두드러지기 시작한다. 1968년의 급진적 저항운동의 실패에 뒤이은 시대정신의 변화에서 일차적으로 설명될 수 있을 이러한 경향에 따라, 이제 루카치는 '뜨거운 논쟁'의 대상이기를 그친다. 하지만 이로 인해 생긴 거리 감각은 이론적 차원에서 루카치에 대한 한층 심층적인 '연구'를 낳았다. 이 무렵부터 연구의 초점도 이동을 보이는데, 그 이전까지 루카치에 관한 연구가 주로 1930년대의 문학비평적, 문학사적 작업에 집중되어 있었던 반면, 이 시기에 들어오면 특히 루카치의 초기 미학의 출간을 계기로 청년기 루카치에 관한 연구가 본격적으로 시작된다.

흔히 '하이델베르크 미학'으로 알려져 있는 루카치의 초기 미학은 『하이델베르크 예술철학』과 『하이델베르크 미학』으로 나누어진다. 이 양자의 구분은 집필연도의 차이에 따른 것으로서, 제1차 세계대전 이전에 씌어진 원고는 *Frühe Schriften zur Ästhetik I, Heidelberger Philosophie der Kunst(1912-1914)*라는 제목으로, 전쟁 발발 이후에 씌어진 또 다른 원고는 *Frühe Schriften zur Ästhetik II, Heidelberger Ästhetik(1916-1918)*이라는 제목으로 1974년, 그의 제자들(특히 지외르지 마르쿠시)에 의해 전집 제16권과 제17권으로 출간되었다. 이를 통해 그간에 존재한 루카치 상(像)의 빈틈과 불확실성이 밝혀지는데, 아그네스 헬러, 페렌츠 페헤르, 미하엘 버이더, 지외르지 마르쿠시, 데네시 졸터이 등을 위시한 이른바 '부다페스트학파'[17]의 공동작업인 『영혼과 삶: 초기 루카치 연

17) 루카치의 제자들로 구성된 '부다페스트학파'는, 하지만 시간이 흐르면서 변하게 된 루카치와의 관계나 '학파' 구성원 상호간의 입장 차이로 인해, 엄밀한 의미에서의 '학파'로 불릴 수 없게 되었다. '부다페스트학파'의 일원이었던 버이더가 그 학파의 '창시자'(루카치)가 도달한 최종적 결론(존재론)과 관련해 다음과 같이 말하고 있는 데에서 우리는 이 '학파'의 정체성을 엿볼 수 있다. "궁극적으로 학파의 과제는 맑스주의 존재론의 이러한 구조물을, 맑스주의 존

구(*Die Seele und das Leben: Studien zum frühen Lukács*)』(1977)는 이 분야 연구에서 초석을 놓은 것으로 볼 수 있다. 이를 계기로 청년 루카치와 맑스주의자 루카치 사이의 균열을 포월(抱越)하는 통일적 계기를 루카치의 저작 전체에서 파악하는 문제가 새로운 방식으로 설정된다. 뿐만 아니라 이미 1963년에 출간되어 있었던 그의 후기 미학(『미적인 것의 고유성』)에 관한 연구도 이 무렵부터 본격적으로 시작된다.[18] 이 과정에서 초기와 중기의 루카치에 관한 논문집인 『루카치 독본(讀本)(*Lehrstück Lukács*)』(1974), 그리고 1930년대의 루카치 문학론을 중심 대상으로 삼은 논문집 『게오르크 루카치와의 논쟁(*Der Streit mit Georg Lukács*)』(1978)도 출판되는데, 여기에서 드러나는 분화된 관심과 다면적인 접근은 주로 이데올로기 비판적 관점에서 수행된 그 이전의 연구들과 비교할 때 확연히 대비되는 지점이라 할 만하다.

1967년의 미텐츠바이 논문을 시발점으로 하여 동독에서 다시 시작된 루카치 연구가 1930년대 이후의 저작에 국한되어 있었던 데에 반하여, 서독에서 하버마스는 1981년에 출판된 『의사소통 행위이론(*Theorie des kommunikativen Handelns*)』에서 『역사와 계급의식』의 '사물화/합리화' 이론을 '베버적 맑스주의'의 틀 속에 넣어 재해석함으로써 초기 루카치를 다시 사회과학과 철학의 논쟁 속에 끌어넣는 역할을 했다. 이를 계기로 『역사와 계급의식』을 포함한 초기 루카치의 저작이 이른바 '근대성(die Moderne)' 문제를 중심으로 한 논의의 지평 속에서 재구성되기도 하지만, 하버마스의 관점 역시 본질적으로 루카치의 '역사화'를 강화하는 것이었다. '의사소통 행위이론'이라는 이름으로 널리 알려진 그의 '패러다임 전환'은, 맑스의 '생산 패러다임'을 '전환-이전'의 것으로

재론과 같은 것은 도대체가 있을 수 없다는 것이 적어도 우리들에게 분명해질 때까지 비판하는 것에 다름 아니었다"(Dannemann, 1986: 18에 따라 재인용).

18) Rücker, 1974; Pott, 1974; Wirkurs, 1975; Renner, 1976 등이 이와 관련하여 이 시기에 나온 대표적 연구물이다.

규정함으로써 루카치가 의거하고 있는 이론적 토대를 '역사화'해 버리는 결과를 낳았다.

이 과정에서 정작 루카치 사상의 정점이라 할 수 있는 '유물론적·역사적 존재론'은—바로 루카치 자신이 부단한 정정(訂正)의 대상으로 삼았던—『역사와 계급의식』에 비하면 거의 무시되었다고 할 수 있을 정도로 주목받지 못했다. 『헤겔의 거짓 존재론과 진정한 존재론(*Hegels falsche und echte Ontologie*)』(1971), 『맑스의 존재론적 근본원리(*Die ontologischen Grundprinzipien von Marx*)』(1972), 『노동(*Die Arbeit*)』(1973) 등을 통해 부분적으로 선보였던 루카치의 최후의 대작 『사회적 존재의 존재론을 위하여(*Zur Ontologie des gesellschaftlichen Seins*)』(이하 『존재론』으로 표기)는 1984/1986년이 되어서야—「프롤레고메나(Prolegomena)」를 포함하여—완간될 수 있었다(전집 13권과 14권). 루카치가 맑스주의로 전향한 이래 도달한 "새로운 정점"이자, 금세기 맑스주의 철학사에서 "독보적인 중요성을 지닌 글"(Rockmore, 1995: 269)로 평가되는 이 방대한 저작은, 그 의미와 중요성에 걸맞지 않게 처음에는 아주 부분적으로 조명되다가 1980년대 후반에 들어와서야 비로소—소수의 연구자에 의해서—본격적으로 연구되기 시작한다. 이렇게 뒤늦게서야 고찰되기 시작한 데에는 출판 시점의 불리함(이미 1980년대 중반 서유럽에서 '맑스주의의 붕괴'는 기정사실로 되었다)과 무려 1,500쪽에 달하는 방대한 분량 탓도 있겠지만, 책이 완간되기도 전에 먼저 소개된 각종의 비판,[19] 그중에서도 특히 루카치의 직계 제자들의 비판[20]에 의해 조장된

19) 헝가리와 동독의 '정통 맑스-레닌주의'자들은 물론이고 서구 맑스주의자들과 철학 연구자들도 '맑스주의의 존재론적 재구성'에 대해서는 부정적인 의견을 가지고 있었다. 루카치의 『존재론』에 가해진 비판의 내용에 관해서는 Benseler, 1987 참조.

20) 『존재론』의 1차 집필이 끝난 후 루카치는 교정 작업에 참조하기 위해 제자들(페헤르, 헬러, 마르쿠시, 버이더)과 『존재론』에 관한 토론 모임을 다섯 차례(1968년 말부터 1969년 초까지) 가졌다. 제자들은 토론을 위해 『존재론』의 각 장에 대한 자신들의 주요 논점을 정리하여 루카치에게 전달했으며, 이에 따라

선입견 탓도 적지 않은 역할을 했다.

루카치 수용의 일대 분수령을 이루는 1985년 이후 서구에서는 루카치의 초기 저작이 주로 '근대성'의 문제영역과 관련해 검토되거나 혹은 루카치의 후기 미학과 존재론이 특히 맑스주의에 친화적인 입장을 지닌 연구자들에 의해 고찰되는데, 그 가운데에서 파스테르나크의 연구(Pasternack, 1985)는 루카치의 후기 미학 연구에서 탁월한 성과로 손꼽힌다. 루카치의 1930~40년대 문학론과 후기 미학은 본질적으로 변한 것이 없다고 보는 것이 그 이전까지의 대체적인 시각이었던 데 반하여, 파스테르나크는 후기 미학의 미메시스론이 1930년대의 리얼리즘론에 비할 때 새로운 이론적 단초를 지니고 있다고 평가한다. 이에 따라 1930년대의 문학론과 후기 미학의 연속성과 불연속성의 관계를 해명하고, 후기 미학에서 획득된 새로운 단초를 존재론적 관점에서 발전시키려는 시도들이 이루어지기도 하는데, 토마스 메쳐(Metscher, 1992)의 경우를 그 예로 들 수 있다. 이와는 다른 관심에서 일찍부터 『미적인 것의 고유성』에 주목한 대표적인 인물로는 아그네스 헬러가 있다. 『존재론』은 전적으로 실패한 시도로 보지만 『미적인 것의 고유성』에는 이와는 다른 문제영역을 구성할 수 있는 발상이 있다고 보는 그녀가 특히 주목한 것은 객관화론과 일상생활 범주였다(Heller, 1978). 일상성 내지는 일상생활 범주는 『존재론』 연구와 결부되면서 지금까지 루카치 연구의 중요한 쟁점을 형성하고 있다(예컨대 Jung, 1995). 비록 드물긴 하지만 그래도 계속 이어지고 있는 루카치 연구 가운데 『존재론』에 관

토론을 진행하였다. 이들이 작성한 글은 "Aufzeichnungen für Genossen Lukács zur 'Ontologie'(1968-1969)"라는 제목으로 1960년대 말에 이탈리아어로 처음 소개된 뒤 1976년에 영어로 발표된다. 독일어로 된 『존재론』의 원본이 출간(앞에서 말했다시피 제1부는 1984년에 전집 13권으로, 제2부는 1986년에 전집 14권으로 출간)되기도 전에 먼저 소개된 이들의 글은, 그 신랄한 비판으로 인해 이후 『존재론』의 수용에 부정적인 선입견을 조장하기도 했다. 어쨌든 이 토론을 거친 후 루카치는 『존재론』에 관한 간략한 안내문을 쓸 계획을 가지게 되었는데, 그 결과 400쪽에 달하는 「프롤레고메나」가 생겨났다.

한 테르툴리안의 일련의 연구논문들(Tertulian, 1986; 1987; 1990; 1995), 그리고 특히 사물화 이론과 『존재론』의 소외론에 관한 다네만의 연구(Dannemann, 1987; 1992; 1997) 등이 주목할 만하다. 아울러 최근에 루카치가 초(草)만 잡아놓은 『윤리학』이 출간되면서[21] 루카치의 '책임윤리(Verantwortungsethik)' 구상이 고찰되기도 한다.

이상의 자료들에서 우리는 변화된 역사적 지평 속에서 이루어지고 있는 루카치 연구의 주된 영역이 '위대한 리얼리즘'으로 대표되는 반파시즘 투쟁기의 1930년대 문학론에서 미메시스, 일상생활, 윤리학, 존재론 등이 주요한 문제군으로 자리잡고 있는 후기의 사상으로 이동했음을 확인할 수 있다. 이것이 주로 맑스주의적 지향을 지닌 연구자들에 의해 검토되고 있는 영역이라면, 초기 루카치는 여러 관점에서 꾸준히 연구되고 있다.[22] 그리고 1930년대의 문학비평과 이론 내지는 철학사적 작업이 연구될 경우에도 후기 루카치의 관점에서 '역진'하여 연관성을 파악하는 방식이 선호되고 있음을 엿볼 수 있다.

'관료주의적 국가사회주의'의 붕괴 이후 학술 담론에서 맑스마저 변방으로 밀려난 형국에, 루카치 연구가 희소가치를 지닐 지경이 된 것은 어쩌면 당연한 현상일 것이다. 하지만 이러한 추세를 거슬러 1996년 12월 〈게오르크 루카치 국제학회〉가 결성되었는데, 이 단체는 "게오르크 루카치의 정신 속에 있는 비판적·사회주의적이고 개방적이며 비교조적인 사유를 계속 발전시켜나갈 것"을 그 목표로 천명하고 있다.[23] 새로운 역사적 지평 속에서 루카치 사상의 현재성을 탐색하고

21) G. Mezei(편), *Georg Lukács. Versuche zu einer Ethik*, Budapest, 1994.

22) 몇 가지 대표적인 예를 들자면 Weisser, 1992; Bertram, 1993; Themann, 1996 등. 특히 테만의 학위논문은 하이델베르크 미학의 신칸트주의적 관점이 후기의 미학 및 존재론과 연속성을 지니고 있음을 입증함으로써 루카치를 단순히 헤겔주의적 맑스주의자로 보는 통념을 교정하고자 시도한다.

23) 인용은 학회 창립 취지문("Zur Gründung der 'Internationalen Georg-Lukács-Gesellschaft'")에 따른 것이다.

활성화하고자 하는 이 단체는, 그 첫번째 작업으로 1997년부터 루카치 연보(Jahrbuch)를 발간하기 시작했다.[24] 그 동안 출판되지 않았던 루카치의 글들을 공개하는 한편, 폭 넓은 지적 연대를 통해 루카치 연구에 활력을 더하고자 하는 이 단체는, 앞으로 루카치 연구의 중심점으로 역할할 것이 분명하다.

2. 한국에서의 수용과 연구 경향

1) 수용사 개관

20세기의 서구 사상가 중에서 우리에게 가장 친숙한 인물에 속할 루카치가 우리와 교접한 양상은 남달랐다. 근 반세기에 걸친 교류의—물론 학문 내·외적 상황으로 인한 표면적 단절이 있는—장기성, 분단체제가 굳힌 불구적 냉전의식의 쇠우리를 뚫고 그가 누린 '대중성', 문학뿐만 아니라 철학, 사회학 등 여러 분야에 폭 넓게 걸쳐 있는 영향의 폭 등등 여러 측면에서 그는 우리의 사유세계에서 남다른 '영화'를 누렸었다.

루카치가 한국에 수용된 기점은 식민지 시대로 거슬러올라간다. '식민지 시대'라는 규정에서 이미 짐작할 수 있듯이, 서구사상은 식민지 종주국 일본의 중개를 거쳐 유입되는 것이 일반적인 양상이었다. 따라서 중개자인 일본의 지적 세계가 가하는 규정력(예컨대 관심 범위와 방향 등등) 또한 서구사상의 유입 과정에 추가되어 있다고 보아야 한다. 루카치의 수용에 있어서도 사정은 마찬가지였는데, 그는 일본어 번역판을 통해서 식민지 조선에 소개된다.

---

24) Benseler/Jung(편), *Lukács 1996. Jahrbuch der Internationalen Georg-Lukács-Gesellschaft*, Bern, 1997.

일본에서 처음 번역된 루카치의 글은 「토론을 위한 보고연설」[『문예백과전서—소설의 본질』, 구마자와 마타로쿠(熊澤復六) 옮김, 동경, 청화서점, 1936. 3]이었다. 뒤이어 「부르주아 서사시로서의 장편소설」이 『문예백과전서—단편·장편소설』(동경, 청화서점, 1937. 6)의 일부로서, 마찬가지로 구마자와에 의해 번역되며,[25] 그후 『역사소설』이 『역사문학론』(동경, 삼립서방, 1938. 11)이라는 제목으로 야마무라 후사지(山村房次)에 의해 전체 4장 중 제3장의 일부까지 번역·출판되었다.[26] 이러한 번역 현황에서 알 수 있듯이 1930년대 후반기에 일본에서 있었던 루카치와의 접촉은 모두가 장편소설(Roman)의 장르적 성격과 연관된 것이었는데, 이는 식민지 조선에서도 그대로 반복된다.

식민지 조선에서 루카치의 저작을 처음 소개한 사람은 철학자 서인식으로 알려져 있다. 물론 그 이전에 김남천과 임화 등도 루카치를 알

---

25) 전자는 1934년 12월 20일과 28일, 1935년 1월 3일의 3일간에 걸쳐 소련아카데미철학연구소 문학부 주최로 열린 「소설의 이론의 문제」에 관한 토론회에서 루카치가 발표한 보고문의 번역이며, 후자는 그 보고문의 바탕이 되는 글로서 루카치가 『소비에트문예백과사전』의 '장편소설(Roman)' 항목을 위해 서술한 것이다. 이 두 편의 글은 프랑크 벤젤러가 편한 책[F. Benseler(편), *G. Lukács. Moskauer Schriften. Zur Literaturtheorie und Literaturpolitik 1934-1940*, Frankfurt/M. 1981]에 각각 "Referat über den Roman"과 "Der Roman"이라는 제목을 달고 독일어로 처음 출판되었다. 그후 구동독에서 미하엘 베그너 등이 편찬한 책[M. Wegner 외(편), *Disput über den Roman. Beiträge zur Romantheorie aus der Sowjetunion 1919-1941*, Berlin-Weimar, 1988]에 다시 수록되었는데, 이 책에는 앞에서 말한 토론회의 속기록까지 번역되어 있다. 국내에서도 "Der Roman"은 각각 독어본과 일역본을 근간으로 두 차례에 걸쳐 번역·소개된 바 있다. 독어본을 번역 원본으로 삼은 책(『루카치의 문학이론』, 김혜원 편역, 도서출판 세계, 1990)에는 「소설의 이론」이라는 제목을 달고 "Der Roman"이 번역되어 있으며, 일역본을 옮긴 책(소련콤아카데미 문학부 편, 『소설의 본질과 역사』, 신승엽 역, 도서출판 예문, 1988)에는 「토론을 위한 보고 연설」과 「보고 연설을 둘러싼 토론」, 그리고 루카치가 끝맺음한 「결어」까지 아울러 소개되어 있다.

26) 이 책의 독어본 제목은 *Der historische Roman*으로서, 현재 전집 6권에 수록되어 있으며, 국내에서도 진작에 완역되었다. 『역사소설론』, 이영욱 역, 거름, 1987.

고 있었다는 것은 분명하다. 국문학자 강영주는 김남천이 쓴 「조선적 장편소설의 일고찰」(≪동아일보≫ 1937년 10월 19일 23면)을 보면, 그가 「토론을 위한 보고 연설」과 「부르주아 서사시로서의 장편소설」 중 최소한 하나는 이미 그 이전에 읽었다는 것을 추정할 수 있다고 한다.[27] 또한 임화가 쓴 「휴머니즘 논쟁의 총결산」(≪조광≫ 1938년 4월)에서는 루카치의 이름이 직접 거론되기도 한다. 그렇지만 루카치의 저작을 구체적으로 소개하는 글은, 어쨌든 간에 서인식이 처음 쓴 셈이다. 그는 '명저해설'의 하나로 루카치의 『역사소설』 중의 첫 장 「역사소설의 고전적 형식」을, 「께오리 루카츠, 『역사문학론』 해설」(≪인문평론≫ 1939년 11월)이라는 제목으로 약 6쪽에 걸쳐 요약·소개했다. 그의 글이 그야말로 내용 요약에 그치고 있다면, 김남천과 임화 등의 루카치 수용은 나름대로 '자기화(Aneignung)'의 수준에 도달한 것이었다.

국문학자 김윤식에 따르면, 김남천은 엥겔스의 「발자크론」에 촉발된 발자크 연구를 거쳐(「발자크연구노트」, ≪인문평론≫ 1939년 10월부터 1940년 5월까지) 창작방법으로서의 리얼리즘론에 도달한 후 장편소설의 장르적 성격을 탐구했는데, 이를 가능케 한 것이 바로 루카치와의 만남이었다.[28] 김윤식은 김남천이 "루카치와의 만남"을 통해 "디테일의 진실성과 전형성의 창조를 동시에 감행하기"[29]로서의 리얼리즘론에 도달했다고 본다. 이로써 "한국의 리얼리즘론의 수준은 비로소 그 나름의 높이를 처음으로 달성"하게 되었으며, 이를 두고 우리는 "'비평사적 사건'이라 불러도 될 것"[30]이라고 그는 평가하기도 한다.

---

27) 강영주, 『한국 역사소설의 재인식』, 창작과비평사, 1991, 320쪽 참조.

28) 김윤식, 「루카치 소설론의 수용양상」(김윤식, 『한국 근대문학 사상사』, 한길사, 1984, 243-256쪽). 이 부분은 240-241쪽 참조. 일역된 루카치의 글을 이론적 입각점으로 삼고 김남천이 쓴 글로는 「소설의 운명」(≪인문평론≫ 1940년 11월)과 「소설의 장래와 인간성 문제」(≪춘추≫ 1941년 3월) 등이 있다.

29) 김윤식, 「비평의 운명과 그 표정들－'발자크론'을 둘러싸고」, ≪문예중앙≫, 1997 여름, 194-215쪽, 이 부분은 211쪽.

30) 김윤식, 「사회주의적 리얼리즘론」, 『김윤식 선집』 3, 솔, 1996, 13-35쪽, 이

하지만 김남천이 루카치의 「토론을 위한 보고 연설」 및 「부르주아 서사시로서의 장편소설」을 근간으로 쓴 「소설의 운명」 자체만 놓고 보면, 그것은 루카치의 이론을 충실히 옮긴 것에 지나지 않는다. 이에 비해 1938년 이후에 개진된 임화의 소설론은 루카치를 자신의 이론적 틀 내에 '흡수'하고 있다. 국문학 연구자 조현일은, 임화의 소설론에는 1930년대 중반의 루카치 소설론의 핵심이라 할 수 있는 '서사' 개념이 녹아들어 있는 한편, 임화 나름의 철학적 고찰과 조선 소설에 대한 천착에 기반해 있다고 한다. 따라서 임화는 루카치의 단순한 수용에 그치거나 서구 소설을 전범으로 삼는 비주체적 사고에 머무르지 않는, 그야말로 "창조적 수용"이라 부를 만한 성취를 이루었다고까지 고평된다.[31] 그렇지만 이론의 모태가 되어야 할 근대소설의 전통이 취약했기 때문에—임화의 것이든 김남천의 것이든 간에—식민지 시대의 소설론은 구체성을 내포한 차원으로까지 상승되기는 힘들었다고 보는 것이 총괄적인 평가로 타당할 것이다.[32]

해방 후 이른바 '해방 공간'(1945~48년)에서 진보적 문학 논의가 활발하게 이루어졌지만 루카치에 관해서는 임화와 김남천이 거둔 성과 이상의 논의를 찾기 힘들다. 그리고 한국전쟁! 이로 인해 남한에서 맑스주의는 '지하'로 잠복할 수밖에 없었으며, 루카치에 관한 수용 역시 당연하게도 오랜 기간의 단절을 경험한다.

전쟁 이후 전세계를 지배한 냉전 이데올로기와, 특히 그것을 증폭시킨 분단체제가 만들어낸 남한의 불구적인 학문 풍토에서 '맑스주의자'

부분은 21쪽.

31) 조현일, 「임화 소설론 연구」, 한국현대문학연구회 편, 『한국문학과 모더니즘—한국의 현대문학』 3권, 한양출판, 1994, 221-252쪽.

32) 김윤식은 '서구 소설'의 전통, 본질적으로 "유럽 중심적 전통"이야말로 루카치가 파시즘에 맞서 싸울 수 있었던 근거였던바, 김남천이나 임화는 이러한 전통을 지니지 못했을 뿐만 아니라 루카치 독해(讀解)에서 그러한 사실을 인식하지 못함으로써 그들의 글은 "구체성없는 불모의 이론"에 멈추고 말았다고 한다. 김윤식, 「비평의 운명과 그 표정들」, 207-213쪽 참조.

루카치를 공개적으로 논의하는 것은 거의 불가능한 일이었다. 이러한 상황에서 1966년 창간된 계간지 ≪창작과비평≫은 남한의 지성사에서 일대 전환점을 이룬다. 점차 리얼리즘을 문학이념으로 표나게 내세우기 시작한 이 잡지는 남한의 지식인 세계, 특히 문학계에서 상대적으로 진보적인 역량을 수렴하고 배출하는 수원지(水源池) 역할을 담당했다. 루카치가 다시 우리 문학에 수용된 것도 이 잡지의 주도적 역할에 힘입은 것이라고 할 수 있다.

우리는 1960년대 중반 이래 루카치가 다시 읽히기 시작했다는 사실을 ≪창작과비평≫ 등에 실린 논문들에서 확인할 수 있다. 1967년에 백낙청은 「역사소설과 역사의식－신문학에서의 출발과 문제점」(≪창작과비평≫ 1967 봄, 5-40쪽)에서 '역사소설'의 개념을 규정하면서 루카치의 『역사소설』을 참조하고 있다. 이 무렵부터 주로 미국에서 유학한 영문학자들, 예컨대 백낙청, 김우창 등에 의해서 루카치가 문학 연구 영역에 도입되기 시작하는데, 유학파 영문학자들이 루카치 수용에서 주도적인 역할을 하게 된 것은 1960년대에 영어권에서 루카치가 크게 '유행'한 탓도 있을 것이다.[33] 한편 비슷한 무렵에 김윤식, 구중서 등의 국문학자들도 루카치를 연구하기 시작하는데, 이들이 루카치를 본격적으로 접할 수 있었던 것은 1968/69년부터 루카치 전집이 일본의 백수사(白水社)에서 간행된 것과 무관하지 않을 것이다. 1960년대 말부터 남한에서 새로이 시작된 리얼리즘론의 형성 과정에서, 그리고 이와 엇물린

33) Bahr, 1973 참조. 영어권에서 1930~40년대에는 루카치의 개별 논문들이 드물게 번역되었다가 1950년대에 들어와 처음으로 한 권의 편역서가 출판되었다{*Studies in European Realismus*(미국판은 1964년)}. 1960년대에 들어와 루카치의 저작들이 급속도로 번역되기 시작하는데, 1970년대 초반까지 번역된 루카치의 저서는 다음과 같다. *Der historische Roman*(1962/1963), *Wider den mißverstandenen Realismus*(1963/1964), *Thomas Mann*(1964/1965), *Goethe und seine Zeit* (1968/1969), *Solschenizyn*(1970/1971), 그리고 *Essays über Realismus*를 번역한 *Writer and Critic, and Other Essays*(1970/1971), *Lenin*(1970/1971), *Geschichte und Klassenbewußtsein*(1971), *Die Theorie des Romans*(1971).

소설론의 모색 과정에서 이미 루카치가 상당한 영향을 미쳤다는 것은, ≪창작과비평≫과는 또 다른 축을 이루면서 1970년대의 문학계를 이끈 ≪문학과지성≫의 창간호에 실린 김현의 논문[34]을 보더라도 알 수 있는 일이다. 기본적으로 리얼리즘 내지는 루카치적인 문학관과는 다른 구상을 지닌 그가, 자신이 중심이 되어 창간한 잡지의 기조를 밝히는 논문에서 우선적으로 리얼리즘론을 문제삼고 있다는 것은 이미 그 당시 국내의 문학 담론에서 리얼리즘이 본격적인 의제로 등장했음을 말해준다. 그는 리얼리즘을 "존재론"으로 받아들이기보다는 "혁명적·진보적 태도"와 연결짓는 "괴이한 二元論"이 당시의 리얼리즘 논의에 함유되어 있다고 진단하지만(32쪽 참조), 루카치의 문학론을 공식적인 사회주의 문학론과 동일시하지는 않는 신중함을 보인다(43쪽 참조). 이는 그가 주로 뤼시엥 골드만의 루카치 해석을 염두에 두고 있었던 것과 무관하지 않을 것이다.

물론 수용의 경로들에 대한 이러한 지적은 단지 '경로'에 대한 단순 지적 이상이 못 된다. 루카치가 수용될 수 있었던 남한의 사회적·문학적 현실과, 수용의 구체적인 내용 및 성격에 관해서는 별도로 고찰되어야 마땅하지만, 이는 차후의 과제로 돌리고 여기에서는 루카치의 '리얼리즘론'의 수용에서 드러나는 한 가지―현상적인―특징만을 지적하도록 하겠다.

우리는 당시의 논자들이―리얼리즘을 지지하는 쪽에서든[35] 그에 거리를 취하는 쪽(예컨대, 김현)에서든―루카치의 리얼리즘론은 '공식적인' 사회주의 리얼리즘론과 그 내용이 일치하지 않는다는 데에 의견을 같

34) 김현, 「한국 소설의 가능성―리얼리즘론 독견(督見)」, ≪문학과 지성≫ 창간호, 1970 봄, 32-54쪽.

35) 예컨대 구중서가 가장 강한 어조로 논지를 전개하고 있는데, 그는 "한국 현대문학 속에 리얼리즘이 주류를 형성함으로써 비로소 민족문화의 전통과 개성이 건강"해질 수 있다고 역설한다. 구중서, 「한국 리얼리즘 문학의 형성」, ≪창작과비평≫ 1970 여름, 341-352쪽, 인용한 곳은 352쪽.

이하고 있음을 볼 수 있다. 리얼리즘을 우리 문학의 주요 노선으로 형성하고자 한 논자들은, 이렇게 루카치의 리얼리즘론을 사회주의 리얼리즘론과 구분지음으로써, 냉전적 분단체제의 폭압적인 '감시'를 피해 리얼리즘 문학의 이론적 기반을 형성할 때 루카치를 '동원'할 수 있었다. 하지만 루카치를 한결 용이하게 수용할 수 있게 한 이러한 파악 방식은, 1980년대 중·후반 이래 국내의 변혁적 문예운동이 사회주의 리얼리즘을 지향하고 나섰을 때 오히려 루카치에 대한 진지한 접근을 방해하기도 했다. 1990년대 전반기까지－넓은 의미에서의－민족문학 '진영'의 지배적 담론 가운데 한 축을 담당했던 '리얼리즘과 모더니즘의 대립 구도'에서 루카치의 리얼리즘론 내지는 이와 유사한 관점이 그 바탕을 이루었지만, 사회주의 리얼리즘이 문제가 되면 루카치의 이론은 부르주아적 한계를 벗어나지 못한 것으로 평가 절하되는 경우가 빈번했다. 서구에서 지배적이었던 문학관 내지는 문학사관으로서 낭만주의-모더니즘 문학 주류론이나, '현실사회주의' 국가들에서 성행했던 논리, 즉 '비판적 리얼리즘'과 질적으로 구분되는 최상의 리얼리즘적 성취로서의 '사회주의 리얼리즘'이 이미 굳건하게 자리를 잡았다는 논리와도 다른 루카치의 문학론 및 문학사관이 충분히 숙지·활용되기도 전에 비판대상이 되어버린 것이다.

한편, 1960년대 후반부터 문학계 밖에서도 루카치가 수용되기 시작했는데, 이는 1971년 ≪신동아≫의 별책부록으로 나온 『현대의 사상 77인』에 사회철학자 양호민이 쓴 「지외르지 루카치」가 실려 있는 데에서도 엿볼 수 있는 일이다.[36] 1970년대에 수용된 '네오맑시즘' 중에서[37] 특히 루카치의 철학은 1980년대에 진보적 연구집단과 변혁운동

36) 양호민, 「지외르지 루카치」, 『현대의 사상 77인』(≪신동아≫ 1971년 1월호 별책부록).

37) 맑스와 레닌 등이 직접적으로 논의될 수 없는 지적 풍토에서 '변용(變容)'된 맑스주의로 프랑크푸르트학파나 종속이론 등이 소개되었다. 1970년대 이래 남한에서 이루어진 맑스주의의 수용 과정에 관해서는 다음의 글을 참조할 수 있

권이 "마르크스·레닌주의의 전통을 복원하는 데 촉매 역할"을 담당했다.[38] 하지만 1980년대 중·후반 이래 이른바 '정통 맑스-레닌주의' 노선이 변혁운동권과 일부 연구자 집단에서 자리잡게 되자 "촉매 역할"을 했던 루카치의 철학은 큰 틀에서 '비정통적' 노선으로 분류된다.

문학계 일각에서도 이와 유사한 사정을 확인할 수 있는데, 특히 옛 소련과 동독의 1960~70년대 문학론이 큰 영향을 미치면서 루카치는 주로 비판과 극복의 대상으로 다루어진다. 1980년대 후반의 가장 급진적인 입론 중의 하나였던 '노동해방문학론'의 대표적인 이론가 조정환의 다음과 같은 발언도 이러한 맥락에서 나온 것이다.

> 바로 이렇게 완고한 형식 중심적 사고방식, 즉 문학을 노동자계급의 계급적 승리에 복무하는 계급투쟁의 수단, 선전선동의 무기로 보는 입장에 서기보다는 문학적 형상화 수단이 어떤 계급적 가치를 지니고 있는가를 평가하는 입장에 섬으로써 루카치는 브레히트로부터 '형식주의자'라는 따가운 비판을 받지 않을 수 없었다.[39]

여기에서 이루어지고 있는 루카치와 브레히트의 대비는 조정환 등과 같은 문학운동권의 논리에서뿐만 아니라 제도권 내의 일부 연구—이에 관해서는 3절에서 검토한다—에서조차 반복되는데, 이는 당시의 급박한 남한 현실이 지식인들에게 가한 '실천 강박'과, 소련과 동독 등에서

다. 정문길, 「진보주의의 수용과 전개—1970년대 이후 한국에서의 마르크스주의 운동과 연구 동향」, 김병익 외 편, 『오늘의 한국 지성, 그 흐름을 읽는다 1975-1995』, 문학과지성사, 1995, 352-370쪽; 윤형식, 「마르크스-레닌주의, 정통주의의 시대」, 김수행 외 편, 『1980년대 이후 한국의 마르크스주의 연구』, 과학과 사상, 1995, 13-31쪽; 우기동, 「한국 마르크스주의 사회철학의 수용과 반성」, ≪사회철학≫ 제2호, 1994년 봄, 13-28쪽.

38) 우기동, 위의 글, 24쪽.

39) 조정환, 「문학가의 전선이탈과 창작의 침체를 돌파하는 노동자계급 문예운동 전술—'보고문학창작단' 조직을 제안한다」, 조정환, 『노동해방문학의 논리』, 노동문학사, 1989, 287-315쪽, 이 부분은 304쪽.

이루어진 '맑스-레닌주의 미학'이 가한 이데올로기적 영향력 등에서 비롯된 현상의 한 예로 볼 수 있을 것이다.

'노동해방문학론'의 '실천주의적' 문학관과는 다소 차이를 지닌 '당파적 현실주의론'을 모색한 또 다른 연구자 집단이 내놓은 루카치에 관한 평가 역시 이러한 일반적 정황에 의해 규정받기는 마찬가지였다. 그들이 『현실주의연구 I—사회주의 리얼리즘에 대하여』라는 제목으로 내놓은 편역서에 실려 있는 논문들 대부분은 1960~70년대 동구사회주의권에서 나온 글들이며, 그 책의 앞부분에 실린 공동연구 역시 그러한 논문들과 대체적으로 시각을 같이하고 있다. 이에 따라 루카치에 관한 평가도 "객관주의적 당파성"과 "인식론주의적 편향"을 비판하는 데에 초점이 맞추어져 있다.[40]

그런데 '노동해방문학론'이나 '당파적 현실주의론'과 같은 한국의 사회주의 문학론은 주로 옛 동독의 이론적 성과를 수용하면서도 1970년대 중반 이래 동독 문예학의 새로운 '이론적 패러다임'이라 할 수 있는 '사회기능론적·소통이론적 접근법'에는 크게 주목하지 않으면서 유독 '사회주의적 당파성'과 '가치론'에 집착하는 선별적 수용 양상을 보여준다. 그리고 바로 이 후자의 논의들에 그 근거를 두고 루카치에 대한 비판이 가장 격렬하게 이루어지기도 했는데, 이러한 '한국적 현상'이 벌어지게 된 것은 당시의 문학창작 및 연구활동이 사회주의를 지향하는 변혁운동의 실천적 요구에 과잉 규정된 탓도 있을 듯하다. 이로 인해 루카치에 대한 연구영역이 제한되기도 했는데, 유례없이 왕성하게 이루어진 루카치 연구는 주로 1930년대의 문학비평에 집중되었을 뿐, 철학적 미학에 관한 연구는 거의 부재하였다. '반파시즘 통일전선과 사회주의', '동맹과 헤게모니' 등의 문제를 리얼리즘론과 더불어 포함하

40) 김영룡, 「사회주의 현실주의 논의의 역사적 전개에 관한 일 고찰」, 문학예술연구소 편, 『현실주의 연구 I—사회주의 리얼리즘에 대하여』, 제3문학사, 1990, 13-33쪽, 루카치에 관한 부분은 25-29쪽 참조.

고 있는 1930년대의 저작들이 그 당시 변혁운동의 필요에 부합하는 것으로 인식되었던 것이다.[41]

1980년대 중·후반에 한국에서 때늦게 '전성기'를 구가했던 '맑스-레닌주의'는 1990년대로 접어들면서 급속하게 그 영향력을 상실한다. 이에 대응해 '맑스주의의 전화'라는 명제를 내걸고 이루어진 대안의 모색은, 주로 알튀세의 사상과 이론을 다시 탐구하는 것으로 시작되었다. 이에 비해 더 멀리 나아간 쪽은 '포스트맑스주의'로, 혹은 '포스트모더니즘'으로까지 이어진다. 여기에서 알튀세의 '이론적 반(反)인간주의'는 곧 루카치의 '인본주의'에 대한 비판으로 전용(轉用)되었으며, 각종의 '포스트주의'가 내건 '총체성과의 전쟁'은 루카치 사상의 핵심을 타격하는 것으로 이해되었다. 또한 명목론의 우세와 재현의 가능성에 대한 반박은 루카치 리얼리즘론의 철학적 기반을 허무는 것으로 받아들여지기도 했다. '포스트모더니즘'이 소개되던 초반기에 가장 많이 거론되었던 사람 가운데 하나인 리오타르의 다음과 같은 발언은, 이러한 이론적 흐름의 방향을 강령적으로 표현하고 있다.

> 총체성에 대항하여 싸우자. 서술될 수 없는 것을 위해 증언하고 차이들을 활성화하고 구제하자. 그 이름의 명예를 구출하자.[42]

이러한 흐름이 가속화되는 이후의 과정에서 루카치는 마침내 한국에서도 점차 '역사화'되는데, 이는 곧 루카치의 사상과 이론이 과거의 서랍 속에 분류되어 현재와의 접점을 상실하는 과정이기도 했다. 여기에

---

41) 필자의 석사학위논문도 이러한 범주에서 전혀 벗어나지 못한 것이었다. 졸고, 「루카치와 브레히트의 리얼리즘 논쟁 연구」, 연세대학교 대학원 독어독문학과, 1991.

42) J-F. Lyotard, "Beantwortung der Frage: Was ist postmodern?", P. Engelmann(편), *Postmoderne und Dekonstruktion*, Stuttgart, 1997, pp.33-48, 인용한 곳은 p.48.

서 백낙청의 작업은 루카치의 수용과 관련해서도 새삼스럽게 돋보인다.

이미 1960년대 후반부터 루카치는 백낙청의 이론적 사유 내에서 중요한 구성요소로 자리잡고 있었다. 물론 그의 루카치 수용은 루카치 이론의 한계를 가려내는 가운데 이루어지는 비판적 수용이라 할 수 있다. 그렇지만 그의 수용방식은 루카치의 사상과 이론 전체를 '역사화' 하는 것과는 거리가 멀다. 그는 자신이 주도하는 '민족문학론'의 이론적 내실을 더해나가는 과정에서 빈번히 루카치를 주요한 논쟁상대로 설정했는데, 그럼으로써 루카치의 이론은 현재적인 문제의 맥락 속에 들어와 재해석되고 평가될 수 있었다. 백낙청의 이 같은 수용방식은 현재의 정세적·문학적 흐름 속에서 자기 나름의 철학적·문학적 입장을 견지하는 가운데 루카치를 용해해내는, 루카치에 대한 주체적 수용의 한 모범을 보여준다. 물론 그렇다고 해서 필자가 백낙청의 루카치 이해에 전적으로 동의한다는 말은 아니다. 여기에서는 수용의 방식을 평한 것에 불과하며, 그 구체적 내용에 관한 검토는 차후의 과제로 남겨둔다.

마지막으로, 최유찬의 최근 작업도 소개할 만하다.[43] 백낙청은 주로 1930~40년대의 루카치를 거론하며, 또 1990년대 중반 이후에는 점차 루카치에 대한 거리를 넓히고 있는 반면, 최유찬은 '관계론적 존재론' 이라는 독특한 이름으로 나름의 문학연구방법론 및 장르론을 개척하면서 후기 루카치에 주목하고 있다. 그는 루카치의 『미학』과 『솔제니친』에 주목하는데, 루카치의 '존재론' 또한 그의 '관계론적 존재론'과 소통될 소지가 있는 것으로 보인다. 동서양의 사상과 문학론을 나름대로 소화하는 가운데 루카치 또한 자신의 관점을 구축하는 데 동원하고 있는 최유찬의 연구방식은, 어쨌든 루카치의 '역사화'와는 거리가 먼 모습이라 할 만하다.

---

43) 최유찬, 『한국문학의 관계론적 이해』, 실천문학사, 1998. 특히 「우리 학문의 길」과 「장르사의 문제들」이 주목할 만하다.

2) 번역 현황 소개

외국사상의 수용에 있어서 번역은 곧 수용의 수준과 폭을 규정한다고 할 수 있을 만큼 중요한 학문적 작업이지만 실제로 그만큼의 존중을 받지 못했던 것이 지금까지의 학계의 사정이다. 이른바 '학술지'에 발표되는 수많은 글들보다 한 권의 제대로 된 번역서가 우리의 안목을 넓히는 데 더 큰 기여를 하는 경우가 허다하다. 그럼에도 불구하고 번역이 학문적으로 천대받고 그 나름대로 공정한 평가를 받지 못하는 이상, 번역대상의 선정은 상업적 논리에서 벗어나기 어려우며 번역수준 또한 제고되기 힘들 것이다. '시장'이 지배하는 사회에서 '시장성' 없는 학술서적의 방어벽이 되어주어야 할 대학도서관조차 부실하기 그지없는 상황이기 때문에 번역에 대한 공정한 학문적 평가는 더욱더 아쉽다. 물론 이에 더하여, 번역의 잘잘못을 냉정하게 따지고 토론과 비판을 나눌 수 있는 풍토 또한 아쉬운데, 도저히 이해할 수 없는 번역서들이 얼마나 많은가를 생각하면 더욱더 그렇다. 필자 또한 몇 번의 번역 경험이 있으며, 따라서 번역의 어려움과 고통을 어느 정도 '체감'하고 오역의 가능성에 항상 주눅들어 있지만, 그럼에도 불구하고 몇몇 무책임하기 그지없는 번역서들을 대하면 때로는 '분노'마저 일 때가 있다. 이러한 번역서들이 버젓이 출판되고 때로는 오역된 문장이 수정 없이 그대로 인용되기까지 하는 것은, 우리의 천박한 학문적 풍토가 만들어낸 한 희화일 것이다. 번역서에 대한 구체적인 검토와 책임있는 비판, 그에 기초한 공정한 평가 등을 희망하지만, 루카치의 번역 현황을 검토하는 이 자리에서 필자 자신은 그러한 바람을 충족시키지 못한다. 이 일 또한 차후의 과제로 미루고 여기에서는 번역된 자료들을 정리하여 소개하는 것으로 만족하겠다.

루카치 텍스트의 번역 현황을 보자면, 『문학과 행동』(백낙청 편, 태극출판사, 1974)에 실린 두 편의 글이 아마도 한국전쟁 이후 국내에서 최초로 번역된 루카치의 텍스트가 아닐까 싶다. 이 책에는 「졸라 탄생백년제에」(신경림 역)와 「제거스-루카치 왕복서간」(신태영 역)이 실려 있다.[44] 루카치가 본격적으로 번역되기 시작한 것은 1980년대로 접어들면서부터인데, 여기에는 독문학자 반성완의 공로가 지대하다. 그는 약 10여 년에 걸쳐 루카치에 관한 일련의 연구논문들을 발표했을 뿐만 아니라 루카치의 저작들 다수를 번역하였다. 그의 번역을 통해 한국의 문학연구자 및 일반 독자들은 한층 수월하게 루카치를 접할 수 있었는데, 이 점에서 그의 학문적 공적은 분명하다 하겠다. 그가 후배 연구자들과 함께 번역한 루카치 저작들은 다음과 같다.

서구의 근대소설에 관한 '고전적' 연구서로 꼽히는 *Die Theorie des Romans*를 번역한 『소설의 이론』(반성완 역, 심설당, 1985),[45] 루카치가 1930~40년대에 독일 문학에 관해 쓴 글을 묶은 전집 제7권 *Deutsche Literatur in zwei Jahrhunderten*을 번역한 『리얼리즘 문학의 실제비평』(반성완 외 역, 까치, 1987),[46] 근대 독일 문학에 관한 간략한 문학사적 작업인 *Skizze einer Geschichte der neueren deutschen Literatur*를 번역한 『독일 문학사—계몽주의에서 제1차 세계대전까지』(반성완·임홍배 역, 심설당,

44) 전자는 "Zum hundertsten Geburtstag Zolas"(1940)(전집 제6권, pp.510-521)를 옮긴 것이며, 후자는 이른바 '표현주의논쟁'의 연장으로서 루카치와 제거스 간에 있었던 두 차례의 서신 교환 중 1938년 7월 29일자 편지를 옮긴 것이다. 이 두 사람 간에 있었던 서신교환은 전집 제4권에 수록되어 있다("Ein Briefwechsel zwischen Anna Seghers und Georg Lukács", 전집 제4권, pp.345-376).

45) 서구의 근대소설에 관한 고전적 이론서이자 루카치를 이해하는 데 결정적으로 중요한 이 책의 번역상태는, 책의 가치에 비하면 썩 만족스러운 형편은 못된다. 물론 이 책의 난해성은 제대로 된 번역을 어렵게 만들겠지만, 역자 자신이 누구보다도 뛰어난 솜씨로 루카치의 많은 글들을 번역하여 소개한 사람이니만큼, 그에게 이 번역서의 수정을 기대하는 것은 그렇게 무리스러운 바람은 아닐 성싶다.

46) 역자도 밝히고 있듯이 이 책이 원본에 실린 논문들을 다 옮긴 것은 아니다. 세 편의 논문, 즉 「쉴러와 괴테의 서신교환」, 「빌헬름 라베」, 「유희적인 것과 그 배경」 및 각 부(部)의 서문은 번역에서 제외되어 있다.

1987), 청년 루카치의 '에세이 시기' 글 묶음인 *Die Seele und die Formen* 을 번역한 『영혼과 형식』(반성완·심희섭 역, 심설당, 1988). 이러한 루카치의 저작들 외에도 그는 루카치 관련 서적에 해당하는 *Im Gespräch mit Georg Lukács*(A. Hauser u.a., München, 1978)를 옮기기도 했다(『변증법적 미학에 이르는 길』, 문학과비평, 1990).

독문학자 홍승용 또한 루카치에 관한 다수의 연구논문과 번역서를 낸 바 있다. 1930년대 표현주의논쟁과 연관된 두 편의 논문 "Größe und Verfall des Expressionismus"와 "Es geht um den Realismus", 그리고 1950년대 중반기에 씌어진 "Weltanschauliche Grundlagen des Avantgardeismus"가 실려 있는 『문제는 리얼리즘이다』(실천문학사, 1985), 루카치의 후기 미학 작업의 일환인 *Über die Besonderheit als Kategorie der Ästhetik*[47]을 옮긴 『미학서설: 미학범주로서의 특수성』(실천문학사, 1987), 그리고 루카치 전집 제10권에 위의 글과 함께 실려 있는 1930~40년대의 미학적 논문들("Beiträge zur Geschichte der Ästhetik")[48]을 번역한 『미학논평』(문화과학사, 1992) 등이 홍승용의 번역으로 출판될 수 있었다.

루카치의 문학론·리얼리즘론과 연관된 번역서는 이외에도 다수 있는데, *Der russische Realismus in der Weltliteratur*에 수록된 논문들을 부분 번역한 『변혁기 러시아의 리얼리즘문학』(조정환 역, 동녘, 1986),[49] *Der historische Roman*을 번역한 『역사소설론』(이영욱 역, 거름, 1987), 그리고 1958년에 서독에서 처음 출판된 *Wider den mißverstandenen Realismus*(루카치 전집에서의 제목은 "Die Gegenwartsbedeutung des kritischen Realis-

---

47) 이 글은 거의 같은 시기에 여균동에 의해서도 번역되었다(『미와 변증법』, 여균동 옮김, 이론과실천, 1987).

48) 여기에 실린 글 중 일부는 김윤상에 의해서도 번역된 바 있다(『루카치 미학사 연구—쉴러에서 니체까지』, 이론과실천, 1992).

49) 국문학을 전공한 조정환이 번역한 이 책은 쉽게 읽히는 장점이 있지만 아쉽게도 자의적으로 번역한 부분이 많은 편이다.

mus")의 영역본을 번역한 『우리시대의 리얼리즘』(우리예술연구회 역, 인간사, 1986)[50] 등이 있다. 또 편역서에 해당하는 것으로, 루카치가 초기에 쓴 글과 리얼리즘론에 연관된 글들을 여러 군데에서 뽑아 번역한 『루카치의 변증·유물론적 문학이론』(차봉희 편저, 한마당, 1987),[51] 루카치의 1930년대 전반기 글들을 묶어 번역한 『루카치의 문학이론—1930년대 논문선』(김혜원 편역, 도서출판 세계, 1990)[52] 등도 출판된 바 있으며, 최근에는 "Balzac und der französische Realismus"을 옮긴 『발자크와 프랑스 리얼리즘』(변상출 편역, 문예미학사, 1998)이 출판되기도 했다.

문학이나 미학과 관련된 이상의 책들 외에도 루카치의 철학과 정치학에 해당하는 텍스트들도 다수 번역되었다. '서구 맑스주의'의 고전으로 손꼽히는 *Geschichte und Klassenbewußtsein. Studien über marxistische Dialektik*은 1986년, 박정호와 조만영 두 사람의 뛰어난 번역을 통해 출판되었다(『역사와 계급의식—맑스주의 변증법 연구』, 거름, 1986). 『역사와 계급의식』 직후에 쓴 레닌론은 영역본(G. Lukács, *Lenin: A Study on the Unity of His Thought*, Cambridge, MIT Press, 1971)을 근간으로 번역되었으며(루카치 외, 『레닌』, 김학노 역, 녹두, 1985), 헤겔 연구의 고전

---

50) 비슷한 시기에 출판된 『현대리얼리즘론』(황석천 역, 열음사, 1986)도 마찬가지로 영역본을 번역한 것이다. '모더니즘'과 '스탈린적 사회주의 리얼리즘'에 대한 루카치의 본격적인 비판이 실려 있는 이 책의 영역본은 그 의역의 정도가 몹시 심하다. 그렇기 때문에 영역본을 중역한 국역본을 통해서는 루카치 본래의 뜻에 제대로 접근하기가 힘들다.

51) 이 책에는 1930년대 루카치의 문학론을 이해하는 데 중요한 논문인 "Reportage oder Gestaltung?", "Aus der Not eine Tugend", 그리고 "Schriftsteller und Kritiker" 등이 부분 번역되어 있다. 하지만 이 책의 번역상태는 루카치에 대한 이해를 방해한다.

52) 이 책에는 1934년에 씌어진—이미 식민지 시대에 일역본을 통해 소개되었던—「소설의 이론」, 그리고 루카치의 전기적 맥락에서 결정적으로 중요한 역할을 하는 「블룸-테제(*Blum-Thesen*)」의 일부가 번역되어 있다. 이 책에 실린 다른 논문들에 비해 이 두 편의 번역 상태는 좋지 못한 편인데, 필자 또한 이 책의 번역 작업에 참여했기 때문에 잘못된 번역에 책임이 있다.

적 업적에 해당하는 *Der junge Hegel*도 두 권의 책으로 번역·소개되었다(『청년헤겔 I』, 김재기 역, 동녘, 1986; 『청년헤겔 II』, 서유석·이춘길 역, 동녘, 1987). 최근에는 『이성의 파괴』(한기상 외 역, 심설당, 1997)가 3권으로 번역되었으며,[53] 루카치 최후의 대작(大作) *Zur Ontologie des gesellschaftlichen Seins* 중 일부(「헤겔의 거짓 존재론과 진정한 존재론」, 「맑스의 존재론적 근본원리」)가 『사회적 존재의 존재론』(김성민 역, 동녘, 1996)이라는 제목으로 번역·소개되기도 했다.[54] 이밖에도 흔히 루카치의 '정치적 유언'이라 불리는 *Sozialismus und Demokratisierung*이 『사회주의와 민주화운동』(박순영 역, 한겨레, 1991)이라는 제목으로 출판되었으며,[55] 루카치의 자서전에 해당하는 *Georg Lukács. Gelebtes Denken: Eine Autobiographie im Dialog*도 『맑스로 가는 길』(김경식·오길영 편역, 솔, 1994)이라는 제목을 달고 번역·출판되었다.[56]

---

53) *Die Zerstörung der Vernunft*는 무려 세 군데에서 번역·출판되었다. 이 책이 반파시즘 투쟁의 역사적 과정과 밀착된 '투쟁서'로 씌어졌으며, 루카치의 저작들 중에서 도식성이 상대적으로 두드러진 축에 속한다는 것을 고려한다면, 이 책의 동시다발 번역이야말로 루카치 수용의 현주소를 보여주는 현상이라 할 만하지 않을까. 특히 이 책의 번역은 연구자들간의 소통 부재와 무관심을 극명하게 보여주는데, 처음 출판된 전태국의 부분 번역을 그 뒤에 나온 번역서들이 과연 참조나 했는지조차 의심스럽다. 전태국의 부분 번역은 『이성의 파괴 I—혁명들 사이의 비합리주의』(열음사, 1993)라는 제목으로 출판되었으며, 변상출의 완역은 두 권의 책으로 출판되었다(『이성의 파괴 1』, 『이성의 파괴 2』 백의, 1996).

54) 루카치 사상의 결정체라 할 수 있는 이 책이 일부나마 번역된 것은 고무적인 일이다. 하지만 텍스트의 중요성에 비할 때 번역의 정확도가 만족스러운 수준은 못된다.

55) 루카치의 '현실사회주의' 비판과 '일상생활의 민주화'라는 대안적 방향이 제시되고 있는 이 책은 후기 루카치의 정치 사상을 이해하는 데 긴요한 책이다. 하지만 아쉽게도 이 책의 번역 상태는 루카치의 정치사상에 대한 이해를 어렵게 만들고 있다.

56) 이 책에는 독일어 원본에는 없는 "Mein Weg zu Marx"(1933)와 "Postscriptum zu: Mein Weg zu Marx (1957)", 그리고 "Interview with *New Left Review*"가 같이 실려 있어서, 루카치 자신의 말과 글을 통해 그의 삶과 사상의 전개과정을 개관하고 이해하는 데 유용하다. 하지만 루카치가 초를 잡아

이상이 지금까지 번역되어 출판된 루카치 저작들의 목록이다.[57] 여기에서 우리는 루카치의 저작이 초기에서부터 후기에 이르기까지 비교적 고르게 번역되어 있으며, 또한 다른 외국 사상가들에 비하면 상대적으로 많은 수의 텍스트가 번역되었음을 확인할 수 있다. 하지만 대부분의 번역서들이 루카치의 종합적이고 체계적인 작업보다는 구체적인 비평 혹은 이론 작업에 치우쳐 있는 것이 눈에 띄는데, 예컨대 청년 루카치의 미학적 시론에 해당하는 *Frühe Schriften zur Ästhetik I, Heidelberger Philosophie der Kunst(1912-1914)*와 *Frühe Schriften zur Ästhetik II, Heidelberger Ästhetik(1916-1918)*, 그리고 그의 문학적·미학적 작업의 정점을 보여주는 *Die Eigenart des Ästhetischen*은 부분 번역조차 되지 않았으며, 철학적 사유의 총결산에 해당하는 *Zur Ontologie des gesellschaftlichen Seins*도 극히 일부만이 번역되어 있는 형편이다. 이에 비해 1930~40년대에 씌어진 문학비평 내지 문학이론에 해당하는 논문들은 여러 편이 중복 번역될 정도로 집중적으로 번역되었다. 이렇게 번역이 특정한 시기와 대상에 편중된 것은 학문 내적인 상황에서 연유한 것만은 아닐 것이다. 하지만 어쨌든 번역서를 통해 루카치를 접할 수밖에 없는 대부분의 일반 독자들은 숲은 보지 못하고 나무만 보는 식의 이해에 그

놓은 「삶으로서의 사유」 부분의 번역은 수정의 여지가 있다.

57) 이밖에도 잡지나 주제별 연구서에 개별적으로 번역되어 있는 루카치의 에세이들도 다수가 있다. 특히 1930년대 중반에 씌어진 "Kunst und objektive Wahrheit" 중 사회주의 문학을 다룬 마지막 장을 제외하고 번역한 「예술과 객관적 진리」(게오르그 루카치 외, 『리얼리즘 미학의 기초이론』, 이춘길 편역, 한길사, 1985, 43-77쪽), 1936년에 씌어진 "Die intellektuelle Physiognomie des künstlerischen Gestaltens"의 영역본 일부를 옮긴 「등장인물들의 지적 인상(知的 人相)」(에른스트 피셔 외, 『예술의 새로운 시각』, 정경임 편역, 지양사, 1985, 49-80쪽), 그리고 '맑스주의 미학'을 위해 루카치가 쓴 최초의 논문이라고 하는 "Die Sickingendebatte zwischen Marx, Engels und Lassale"(1931)를 번역한 「지킹엔 논쟁과 유물론 미학의 성립」(맑스, 엥겔스, 라쌀레 외, 『맑스주의 문학예술논쟁: 지킹엔 논쟁』, 조만영 편역, 돌베개, 1989, 95-150쪽) 등은 1930년대의 루카치를 이해하는 데 아주 중요한 글들이다.

치기 십상인데, 그렇다고 해서 '전문적인' 연구자들의 연구성과가 루카치의 '숲'을 볼 수 있게 한 것도 아니었다. 대부분의 독자들이 지니는 루카치 상(像)은 주로 반파시즘 투쟁의 한복판에서 스탈린적 사회주의를 지지하면서 스탈린주의에—'이솝의 언어'로—대항하던 시기의 그것으로 고착되어 있는데, 이러한 고착상태는—아래에서 볼 수 있다시피—루카치에 관한 '전문적인' 연구들에서도 그대로 반복되고 있다.

3) 연구 현황 검토

여기에서는 먼저 지금까지 발표된 연구논문을 그 소재에 따라 정리·소개하면서,[58] 독문학계에서 이루어진 연구 성과들을 중심으로 몇 마디 논평을 덧붙일 것이다. 이어서 반성완과 김유동, 그리고 홍승용의 연구를 별도로 소개하고 그들의 기본 관점을 비판적으로 검토할 것이다.

루카치가 맑스주의로 전향하기 이전 시기에 쓴 철학적 미학에 해당하는 『하이델베르크 예술철학』과 『하이델베르크 미학』에 관한 연구로는 이주영의 논문[59]이 거의 유일한 반면, 『영혼과 형식』, 『소설의 이

58) 여기에서 소개하는 논문들은 루카치를 직접적인 소재로 다룬 연구물 중에서 공식매체를 통해 발표된 글과 박사학위논문에 한정되어 있음을 미리 밝혀둔다.

59) 일찍이 석사학위논문(「게오르그 루카치 미학의 윤리성에 대한 연구」, 홍익대 미학과 석사학위논문, 1985)을 통해 루카치의 초기 저작을 연구한 바 있는 이주영은 「루카치와 하이델베르크시대」(지순임 외, 『고전미학연구』, 민음사, 1992, 228-256쪽)에서 신칸트학파, 특히 그중에서도 빈델반트와 리케르트, 라스크 등의 서남학파(Südwestdeutsche Schule)의 '가치철학(Wertphilosophie)'이 루카치의 초기 미학에 미친 영향을 소개하고 있다. 초기 미학에 관한 그의 연구는 박사학위논문(「루카치 미학연구—미메시스론을 통해 본 예술과 현실의 관계」, 홍익대학교 대학원 미학과 박사학위논문, 1996)에서 루카치의 후기 미학, 즉 『미적인 것의 고유성』에 관한 연구와 결합된다. 마지막 장에서 루카치의 미술관을 고찰하는 독창성을 보이기도 하는 그의 박사학위논문은, 내용은 차치하고라도 루카치 연

론』 등을 다룬 텍스트는 여러 편이 있다. 특히 『소설의 이론』은 루카치의 저작 중 가장 일찍이 번역된 것이자 가장 광범위하게 읽힌 책으로서 국문학 연구자들에게도 지대한 영향을 미친 바 있다.[60] 이와 관련된 본격 연구물로는 독문학자 반성완,[61] 이기식,[62] 임한순[63] 등의 작업과 영문학자 임철규,[64] 사회학자 박영신[65] 등의 작업을 꼽을 만하다.

구영역을 확대한 점에서 일단 주목할 만하다. 그의 학위논문은 최근에 단행본으로 출판되었다(이주영, 『루카치 미학 연구』, 서광사, 1998). 그리고 루카치의 미술관을 다루는 학위논문 마지막 장의 연장선상에 있는 「루카치의 미술관–회화에 있어서 리얼리즘」도 최근에 발표된 바 있다(≪문예미학≫ 4호, 1998년 9월, 180-209쪽).

60) 국문학자 정호웅의 석사논문(「1920-30년대 한국 경향소설의 변모과정 연구–인물 유형과 전망의 양상을 중심으로」, 서울대 국문학과 석사학위논문, 1983)에서 『소설의 이론』의 '문제적 개인' 범주는 『오해된 리얼리즘에 반대하여』에서의 '전망' 범주와 아울러 논문의 핵심범주로 작용한다. 이 논문을 시발로 다수의 국문학 연구논문에서 루카치의 주요 범주들이 활용되는데, 대표적인 연구물로는 다음과 같은 것이 있다. 강영주, 『한국 역사소설의 재인식』, 창작과비평사, 1991; 이상경, 『이기영–시대와 문학』, 풀빛, 1994. 강영주의 논문에서는 루카치의 『역사소설』이 큰 역할을 하고 있다면, 이상경의 저작에서는 '시각' 개념이 이기영 분석의 축으로 작동한다(이상경은 'Perspektive'를 정호웅과 달리 '시각'으로 옮기고 있다).

61) 반성완의 연구성과에 관해서는 아래에서 별도로 검토한다.

62) 이기식, 「예술 형식과 역사의 변증법–루카치의 『소설의 이론』」, ≪현대비평과 이론≫ 8호, 1994년 가을/겨울, 187-210쪽. 국내에서는 출판되지 않은 그의 학위논문도 『근대 드라마의 발전사』에서부터 『소설의 이론』에 걸친 루카치의 초기 저작을 연구소재로 삼고 있다. Kishik Lee, *Sehnsucht nach Heimat. Zur Entwicklung des Totalitätsbegriffes in den Frühschriften von Georg Lukács*, St.Ingbert, 1990.

63) 임한순, 「루카치의 소설론–『소설의 이론』을 중심으로」, ≪소설과 사상≫ 제8권 제2호, 1999년 여름, 263-282쪽.

64) 임철규, 「루카치와 황금시대」, 『왜 유토피아인가–유토피아, 문학, 이데올로기에 관한 비평』, 민음사, 1994, 149-239쪽. 방대한 분량의 이 논문은 '유토피아적 비전'이 『소설의 이론』과 『역사와 계급의식』에 어떻게 관류되고 있는지를 밝히고 있다. 특히 이 글은 루카치의 일생–『역사와 계급의식』의 시기까지–을 다양한 자료를 동원하여 흥미롭게 그려내고 있다.

65) 1987년에 발표된 박영신의 논문 「자본주의 사회와 문화–베버와 루카치」는 『역사와 계급의식』까지의 루카치 사상에 배어 있는 베버의 영향력을 주로 분

『역사와 계급의식』과 관련된 논문으로는 아래에서 소개할 반성완의 논문과 앞에서 언급한 임철규와 박영신의 논문, 그리고 철학연구자 설헌영,[66] 최종욱,[67] 박정호[68] 등의 논문을 꼽을 수 있다. 이 가운데에서 박정호의 박사학위논문은 『역사와 계급의식』에 관한 정밀한 연구로 주목할 만하다. 루카치의 맑스주의적 철학과 관련해서, 『역사와 계급의식』에 관한 이상의 논문들 이외에도 『사회적 존재의 존재론을 위하여』 중 헤겔 부분을 부분적으로 고찰한 김성민의 논문,[69] 그리고 『이성의 파괴』를 검토한 전태국[70]과 변상출[71]의 논문이 있다. 최근에 김정현이 발표한 니이체 관련 글도 『이성의 파괴』와 연관하여 소개할 만하다.[72]

석하고 있는 글이다. 특히 이 글은 베버와 루카치의 "지적·인간적 관계에 대한 '전기적' 내용"도 다루고 있어서 루카치의 초기 사상의 배경에 관한 이해를 높이는 데 도움이 된다. '맑스주의자'로서의 루카치에 대해 박영신은 '악화(惡貨; 맑스)가 양화(良貨; 베버)를 내몬' 식으로 설명하고 있다. 박영신, 「자본주의 사회와 문화—베버와 루카치」, 박영신 편, 『역사와 사회변동』, 민영사, 1990, 53-118쪽.

66) 설헌영, 「실천철학에 대한 검토—루카치와 그람시를 중심으로」, ≪창작과비평≫(57호), 1985년 10월, 405-430쪽. 그리고 「현실변혁과 변증법—루카치 수용의 의미에 대한 검토」, 철학연구회 편, ≪철학연구≫ 1988 겨울, 83-105쪽.

67) 최종욱, 「루카치, 네오마르크스주의의 선구자」, ≪사회평론≫ 1992년 3월호, 264-276쪽.

68) 박정호, 「루카치의 역사철학에서 사물화와 주체성의 문제」, 서울대 철학과 박사학위논문, 1993. 그리고 『현대 철학의 흐름』(박정호·양운덕·이봉재·조광제 편, 동녘, 1996)에 실려 있는 「게오르크 루카치」(145-173쪽).

69) 김성민, 「헤겔의 존재론적 근본 원리 비판—루카치의 『사회적 존재의 존재론』을 중심으로」, ≪시대와 철학≫ 제10호, 1995 봄, 101-119쪽.

70) 전태국, 「루카치—이성의 파괴」, 한국산업사회연구회 편, 『탈현대사회사상의 궤적』, 새길, 1995, 157-236쪽.

71) 변상출, 「지배이데올로기의 도구적 반이성—비합리주의」, ≪문예미학≫ 3호, 1997년 12월, 185-210쪽.

72) 『이성의 파괴』의 현재성을 다소간 옹호하고 있는 앞의 두 사람과는 달리 그는 「루카치, 니이체 그리고 정치적 미학주의의 담론—루카치의 니이체 오독에 대한 비판적 고찰」(정영도 외 공저, 『니이체 철학의 현대적 이해와 수용』, 세종출판사, 1999, 221-246쪽)에서 특히 『이성의 파괴』에 실린 루카치의 니이체 해석을 중심으로 루카치의 '니이체 오독(誤讀)'을 논박한다. 그는 루카치의 니이체

루카치에 관한 연구물 중 가장 많은 수를 차지하고 있는 것은 30년대 이후의 리얼리즘론을 중심으로 한 루카치의 문학론에 관한 것이다. 연구자들 중에서는 반성완과 홍승용[73]이 가장 많은 논문을 발표했으며, 그밖에 차봉희,[74] 김유동,[75] 홍성군,[76] 장순란,[77] 문병호,[78] 원희

해석을 편협한 이데올로기 비판으로 규정하면서 루카치의 니이체 비판은 현대의 니이체 해석사에서 더 이상 의미있는 해석으로 간주될 수 없다고 못박는다. 루카치의 니이체 해석에 대한 이러한 논박은 서구에서는 이미 일찍부터 있어온 것이다. 낭만주의나 모더니즘에 대한 평가와 더불어 루카치의 결정적 한계의 사례로서 자주 거론되는 니이체 해석은 루카치의 현재성과 관련하여—아울러 니이체의 현재성도—따로 재론할 필요가 있는데, 이 또한 다른 수많은 과제와 마찬가지로 차후의 일거리로 넘긴다.

73) 박사학위논문을 포함한 홍승용의 루카치 연구논문들은 아래에서 별도로 검토한다.

74) 차봉희는 『루카치의 변증-유물론적 문학이론』에서 세 편의 논문(「초기 루카치의 문학관」, 「루카치의 반영이론」, 「루카치의 사실주의 문학관」)을, 그리고 ≪독일문학≫ 제39집(1987)에 「루카치의 유물-변증법적 문학이론」을 발표했다.

75) 김유동의 논문들도 아래에서 별도로 검토한다.

76) 홍성군의 「루카치 후기 미학이론 비판」(≪독일문학≫ 제42집, 1989, 228-248쪽)은 1930년대의 루카치를 동독에서 나온 *Literaturdebatten in der Weimarer Republik*(M. Nössig 외, Berlin-Weimar, 1980)에 의거해 정리한 뒤, 『미학의 범주로서의 특수성에 대하여』를 요약하고 있다. 이 글에서 그는 1930년대 루카치 예술론의 결정적 문제로 "객관주의적이고 정관적인 결합"(223쪽)을 들면서, 이러한 부정적 측면은 후기의 미학이론에서도 "연장계승"(242쪽)되고 있다고 본다. 루카치의 후기 미학이론에 대한 그의 총괄적인 평가는 다음과 같다. "이상을 종합해보면 우리는 루카치 후기 미학이론이 1930년대 문학이론의 기본구도를 그대로 유지하면서 그 비중에 있어서 계급성을 약화하는 대신 예술의 인간주의적이고 총체적인 성격을 보다 강화하는 쪽으로 발전하였다는 사실을 알게 된다"(245쪽). 이를 그는 "관념주의적 편향"(243쪽)이라고 규정한다.

77) 장순란의 논문 「루카치 문예학의 관념론적 성격과 문제점」(≪독일문학≫ 제45집, 1990, 303-320쪽)이 내리고 있는 다음과 같은 평가도 독문학계에서 흔히 볼 수 있는 틀에서 벗어나지 않는다. "예술 또는 문학"을 "인간의 적극적인 사회적 실천과 관계"지워 파악하는 브레히트와는 달리, 루카치는 "마르크스 사상의 핵심인 이른바 이론과 실천의 변증법적 발전관계에서 정태적 이론을 형성했기 때문에 그의 유물론적 미학이론의 형성을 위한 노력은 실패했다 해도 과언이 아니다"(317쪽).

78) 문병호, 「변증법적 예술 이론의 현재적 의미—환경위기 시대에 있어서 루카

연,[79] 임홍배,[80] 변상출,[81] 이덕형,[82] 송근호[83] 등이 이에 관한 연구논문을 발표한 바 있다. 이들 외에도 영문학 연구자 손영주가 롤랑 바르뜨와 루카치를 비교하면서 문학적 재현의 문제를 고찰한 논문[84]과, 루카치의 반영론을 1980년대의 동독적 시각에서 검토하고 있는 김현돈의 박사학위논문[85] 및 「미학적 범주로서의 전형성과 총체성—게오르그 루카치를 중심으로」,[86] 그리고 특수성의 범주를 중심으로 고찰하고 있는 강필중의 논문[87] 등도 루카치의 문학론 및 미학과 연관된 글들이다.

치, 아도르노 이론의 상호 보완 가능성」, ≪문학과사회≫ 제27호, 1994 가을, 1283-1313쪽. 이 글은 루카치의 반영이론과 아도르노의 미메시스론이 '환경위기의 시대'에 상호보완적 역할을 할 수 있으리라는 '참신한' 주장을 하고 있지만, 루카치에 관한 실제 해석에서는 자의성이 두드러진 글이다.

79) 원희연, 「미적 반영론(리얼리즘론) 재평가」, 표재명 외, 『헤겔에서 리오타르까지』, 지성의샘, 1994, 75-98쪽.

80) 임홍배, 「루카치의 괴테 수용에 대한 비판적 고찰」, ≪문예미학≫ 4호, 1998년 9월, 149-179쪽. 임홍배는 루카치의 고전주의론은 비교적 긍정적으로 평가하는 반면에 리얼리즘론은 '동일성 철학'의 주관적 관념론을 전도시킨 것에 불과한 반영론에 기반한 것으로 혹평하고 있다.

81) 변상출, 「루카치 리얼리즘론의 두 가지 중심범주—전형과 전망」, ≪문예미학≫ 4호, 1998년 9월, 79-104쪽.

82) 이덕형, 「진보의 모순성과 총체적 전형성—루카치 『역사소설론』의 이해」, ≪문예미학≫ 4호, 1998년 9월, 53-78쪽.

83) 송근호, 「루카치의 『역사소설론』과 역사소설의 문제」, 한국현대문학연구회 엮음, 『다시 읽는 역사문학—현대문학의 연구 5』, 평민사, 1995, 11-33쪽.

84) 손영주, 「문학적 재현의 문제에 관하여—지에르지 루카치와 롤랑 바르뜨의 논의를 중심으로」, ≪현대비평과 이론≫ 1997 봄/여름, 175-198쪽. 앞에서 소개한 홍성군, 장순란 등의 논문에서 볼 수 있다시피 독문학계에서 발표된 대부분의 연구물들이 루카치 문학론의 정태적 성격이나 정관적 성격을 강조하고 있는 데 반하여, '재현'과 '서사'의 문제를 고찰하고 있는 손영주는, 루카치의 재현론이 전통적 재현론의 연장선상에 있으면서도 "재현을 서사의 능동적 성취"(178쪽)로 봄으로써 전통적 시각에서 벗어나고 있다는—독문학계에서 이루어진 대부분의 연구들에 비해서 볼 때—신선한 지적을 하고 있다.

85) 김현돈, 「현실주의 문학이론에 관한 연구—게오르그 루카치를 중심으로」, 부산대학교 철학과 박사학위논문, 1991.

86) ≪시대와 철학≫ 제12호, 1996 봄, 153-174쪽.

87) 강필중, 「특수성의 새 위상—루카치 리얼리즘론의 숙제」, 영미문학연구회 편,

그리고 루카치의 지적 발전 과정을 총괄하는 글들도 몇 편 있는데, 그중에서 이영욱의 논문[88]이 1940년대까지의 루카치를 다루고 있다면, 김경식의 글[89]은 루카치의 '총체적' 이해를 강조하면서 후기 루카치 연구의 필요성을 역설하는 구성을 보여준다. 조만영이 최근에 발표한 논문은, 지금까지 한국에서의 루카치 연구가 '30년대의 눈'에 갇혀 있었음을 지적하면서 "역설적이지만 맑스주의가 어떠한 권력도, 권위도 아니게 되었을 때" 루카치가 우리에게 "동시대인으로서" 말을 건다고 주장하고 있다.[90]

아래에서는 이러한 연구성과들 가운데 독문학자 반성완과 김유동, 그리고 홍승용의 논문을 비판적으로 검토하고자 한다. 필자가 특히 이 세 명의 연구자를 별도로 논평하는 것은, 이들이 루카치와 관련해서 상대적으로 많은 편수의 연구논문을 발표했을 뿐만 아니라, 연구의 수준에서도 '논쟁'이 가능할 수 있을 만큼 돋보이기 때문이다. 게다가 이들의 연구는 국내의 루카치 연구에서 볼 수 있는 몇 가지 대표적인 특징들을 부각시키기에 유리하며, 따라서 우리의 학문적 반성을 위해 유익한 소재를 제공하고 있다는 것이 필자의 판단이다.

반성완은 남한에서 루카치에 관한 '전문적인' 연구의 길을 튼 사람으로 꼽을 만한 독문학자이다. 그는 루카치에 관한 자신의 연구성과들을 주로 대중적인 교양학술매체를 통해 발표하였으며, 또 다수의 루카치 저작을 번역함으로써 루카치의 '대중화'에 큰 기여를 하였다. 그는 여

≪안과 밖≫ 제2호, 1997년 상반기, 219-238쪽.

88) 이영욱, 「루카치의 사상체계와 변모」, ≪예술과 비평≫ 제21호, 1990 가을, 149-178쪽.

89) 졸고, 「'삶으로서의 사유'—다시, 루카치를 읽기 위하여(1)」, ≪작가연구≫ 제4호, 1997 하반기, 137-163쪽.

90) 조만영, 「서구 막스주의 창시자, 게오르크 루카치—근대와 물신(物神)을 넘어서」, ≪문학사상≫ 1997년 3월호, 284-298쪽, 인용한 곳은 286-287쪽. 같은 글이 「근대와 물신을 넘어서—게오르크 루카치의 미학·문학 사상」이라는 제목으로 ≪문예미학≫ 3호(1997년), 173-184쪽에도 발표되었다.

러 편의 논문을 통해 루카치의 문제군들을 비교적 골고루 소개했을 뿐만 아니라, 루카치를 그의 동시대인들(아도르노, 브레히트, 토마스 만, 바흐찐 등)과 비교하는 작업까지 선보였다. 이를 통해 그는 루카치 사상의 전체적 윤곽을 루카치 당대의 역사적·사상적 맥락 속에서 어느 정도 입체적으로 소개하는 성과를 거두기도 했다. 그의 이러한 연구작업은 루카치 소개의 초기 국면에서는 분명히 큰 의미를 지닌 것이었다. 하지만 약 10여 년에 걸쳐 꾸준히 발표된 그의 논문들은, 반성완 자신에 의해 이루어진 루카치의 폭 넓은 소개에 반하는 결과를 낳았다는 것이 필자의 판단이다. 그도 그럴 것이 놀라운 '일관성'을 보여주는 그의 루카치관은, 루카치에 대한 상투적인 도식을 퍼뜨리는 역할까지 겸한 것으로 보이기 때문이다.

그가 독일의 자유베를린대학에서 루카치 연구로 학위[91]를 받은 후 루카치와 관련하여 국내에서 처음 발표한 논문은 「독일 시민문화의 전통과 독일 현대미학」[92]이었다. 이 논문의 제목에서 이미 짐작할 수 있듯이, 루카치의 미학(맑스주의 이전 시기뿐만 아니라 맑스주의 시기의 미학까지도)을 본질적으로 규정하고 있는 것은 독일 시민문화의 전통, 그중에서도 특히 독일 고전주의의 예술이념이라는 것이 그의 기본 관점이다. 따라서 그가 루카치의 미학적 사상의 형성과정에는 "연속과 비연속의 변증법적 관계"(824쪽)가 작동하고 있다고 할 때, 바로 그 연속의 계기—그의 관점에 따르면 본질적으로 규정적인 계기—로 작용하는 것은 독일 고전주의적 미학사상이다. 이러한 관점에서 그는 『영혼과 형식』 및 『소설의 이론』을 검토하고[93] 루카치와 브레히트,[94] 루카치와

---

91) Ban, Sung-Wan, *Das Verhältnis der Ästhetik Georg Lukács' zur deutschen Klassik und zu Thomas Mann*, Frankfurt/M., 1977.

92) ≪문학과지성≫ 1978 가을, 823-843쪽.

93) 앞의 글. 그리고 Ban, Sung-wan, Der Totalitätsbegriff von Georg Lukács in der *Theorie des Romans*, ≪한양대 인문논총≫ 제14호, 1987, 277-293쪽.

94) 반성완, 「독일 시민문학의 가능성과 한계—루카치와 브레히트의 리얼리즘

아도르노[95]의 논쟁적 연관성을 논구하며, 루카치와 토마스 만의 고전주의 이해를 대비하는 가운데 양자의 관계를 고찰하기도 한다.[96] 또, 그는 루카치의 문학사관도 마찬가지로 이러한 관점에서 파악하며,[97] 루카치의 『역사소설』을 정리하고 있는 글[98]에서나 『역사와 계급의식』을 소개하는 글[99]에서도 동일한 관점을 피력한다.[100]

반성완에 따르면 서구의 변방인 동구(헝가리) 출신, 그것도 유태인이라는 태생적 규정이 루카치로 하여금 자신의 정체성을 찾으려는 치열한 노력을 조장했고('총체성'을 찾아서!), 이는 독일 문화에 대한 '편애'로 이어졌는바,[101] 특히 독일 고전주의의 예술원칙에 대해서는 "거의 교조주의적인 신념"[102]을 지녔다고 한다.[103] 이에 따라 루카치의 미학적 반영론은 "절대적이고 이상적인 현실개념"[104]에서 출발함으로써

논쟁」, ≪창작과비평≫ 1980 여름, 34-54쪽.

95) 반성완, 「변증법적 미학의 현대적 전개-아도르노 미학과 루카치 미학의 공통점과 차이점」, ≪예술과비평≫ 1984 가을, 214-233쪽.

96) 반성완, 「독일 고전주의 예술이념의 현대적 의미-토마스 만과 루카치와의 관계」, ≪현상과인식≫ 1982 봄, 44-89쪽.

97) 반성완, 「루카치 현대문학사관의 비판적 고찰」, 백낙청 편, 『서구 리얼리즘 소설 연구』, 창작과비평사, 1982, 325-354쪽.

98) 반성완, 「루카치의 역사소설이론과 우리의 역사소설」, ≪외국문학≫ 1984 겨울, 40-61쪽.

99) 반성완, 「총체성의 이념과 변증법적 인식」, ≪오늘의 책≫ 1985 겨울, 231-273쪽.

100) 가장 나중에 발표된 글에 해당하는 두 편의 글[「부다페스트의 지식인들-루카치, 하우저, 만하임」(반성완 편역, 『변증법적 미학에 이르는 길-루카치와 하우저의 대화』, ≪문학과비평≫ 1990, 149-183쪽), 「루카치와 바흐찐 소설이론의 공통점과 차이점-시간개념을 중심으로」(≪외국문학≫ 1990 봄, 28-48쪽)]에서는 이러한 기본 관점의 반복이 마침내 사라진다.

101) 반성완, 「독일 시민문화의 전통과 독일 현대미학」, 824-825쪽 참조.

102) 반성완, 「독일 시민문학의 가능성과 한계」, 52쪽.

103) 반성완의 독일 고전주의에 관한 비판적 이해에 관해서는 다음을 참조하라. 「루카치의 현대문학사관의 비판적 고찰」, 350-351쪽, 그리고 「18세기의 독일 시민사회와 독일시민문학」, ≪세계의 문학≫ 1980 여름, 27-65쪽.

104) 반성완, 「독일 시민문학의 가능성과 한계」, 44쪽.

"처음부터 정적이고 소극적이며 조화적인 성격"(같은 글, 43쪽)을 띠고 있으며, 리얼리즘 개념 역시 "처음부터 체계적이고 객관주의적이며 정적(靜的)이고 조화적인 성격"(38쪽)을 띨 수밖에 없었다는 것이 그의 판단이다. 또 이데올로기관에서나 문학사관에서 보이는 루카치의 "극단적 분리"(예컨대, 리얼리즘과 데카당스의 구분) 역시 독일 고전주의의 총체성 원리 및 휴머니즘의 이상을 기준으로 하는 규범적 입장에서 비롯된 것이며,[105] 루카치의 "예술적 당성" 개념은 독일 고전철학의 "목적론적인 역사관"에 입각한 "초계급적 당성"[106]이라는 것이 반성완의 평가이다. 루카치의 정치관도 이러한 시각에서 규정되는데, 반성완에 따르면 사회주의 정치현장에서 "교양시민 루카치"의 주된 관심사는 "시민적 문화가치와 예술이상을 사회주의의 정치 속에서 실현"(같은 글, 53쪽)하려 하는, "근본적으로 미학적 태도"(54쪽)를 취한 것으로서, 이로 인해 그의 정치적 발언에서는 "이상주의적·유토피아적 요소"[107]가 전면에 나타난다. 따라서 루카치는 시민계급 출신의 독일 지식인들이 다 그러했듯이 한 번도 "이론과 실제의 간극"을 극복하지 못했다는 것이 그의 평가이다.[108] 이러한 간극이 참을 수 없을 정도로 커지면 루카치는 늘상 정치적 일선에서 물러나 "'권력에 의해 보호된 내면성'과 정치적 '금욕'을 행사"하는바, 그렇기 때문에 루카치가 주장하는 '빨치산 투쟁'이라는 것도 "근본적으로는 하나의 몸짓에 불과"한 것으로서, "루카치는 결코 현대판 갈릴레이가 아니라 수동적 스탈린주의자"라고 반성완은 말한다.[109]

이상에서 볼 수 있다시피 반성완은 루카치의 문학론과 관련된 중요

105) 앞의 글, 41쪽, 그리고 「루카치의 현대문학사관의 비판적 고찰」, 337-343쪽 참조.
106) 반성완, 「독일 시민문학의 가능성과 한계」, 42쪽.
107) 반성완, 「독일 고전주의 예술이념의 현대적 의미」, 86쪽.
108) 반성완, 「독일 시민문화의 전통과 독일 현대미학」, 829쪽.
109) 반성완, 「독일 고전주의 예술이념의 현대적 의미」, 87쪽.

한 지점들을 두루 건드리면서—그의 꾸준한 연구가 보여주는, 루카치에 대한 애정과는 달리—그 부정적·한계적 측면을 부각시키는 데에 몰두하는 듯한 인상을 보여준다. 그리고 그것은 루카치의 온갖 문제를 독일 고전주의의 문제로 직접 환원하여 설명하는 방식을 통해 이루어지고 있다. 물론 루카치의 사상에 독일 고전철학과 고전주의 미학이 큰 영향을 끼쳤다는 것은 잘 알려진 사실이다. 하지만 그 영향을 루카치의 모든 문제의 근원으로 과장하는 것은, "연속과 비연속의 변증법적 관계"를 고찰하겠다는 애당초의 그의 의도를 공허한 수사(修辭)로 만들고 만다. 그의 글에서 "처음부터"라는 말이 반복해서 나오는 것은 우연이 아닌 것이다[더군다나 반성완 자신이 설정하고 있는 독일 고전주의의 상(像) 자체도 과연 얼마나 타당한지 따져봐야 하겠지만, 이는 필자의 능력을 넘어서는 문제이다]. 결국 반성완의 연구들은 루카치의 사상을 역사적·내재적으로 볼 수 있는 여지를 좁히는 일면적인 도식에 가까우며, 이러한 도식에 루카치를 짜맞추다 보니 루카치에 관한 자의적인 해석마저 군데군데 생기기도 한다.

엄밀하게 말하자면, 루카치가 사상적·예술적으로 출발했을 때 그 환경을 구성했던 것은 독일 고전주의 철학이나 미학이라기보다는 세기 전환기의 극히 '모던'한 문화적·예술적 경향이었다고 할 수 있으며, 그가 연구의 대상으로 처음 주목한 것은—고전주의가 아니라—독일 낭만주의였다. 즉, 그가—비평이나 에세이가 아니라—일종의 철학적·미학적 저작으로 구상한 최초의 책은 19세기의 낭만주의에 관한 것이었다.110) 필자가 반성완도 알고 있음에 틀림없는 이러한 '사실'을 새삼스럽게 강조하는 것은, 청년 루카치의 사유에 영향을 미친 낭만주의적 세계관

110) 1907년에 루카치는 낭만주의를 문학적 조류이자 동시에 철학적인 조류로서 유기적·통일적 방식으로 다루게 될 저작[『19세기의 낭만주의(*Die Romantik des 19. Jahrhunderts*)』라는 제목을 한]을 집필할 계획을 가지고 있었다. 그는 이 계획을 1911년 중반까지 포기하지 않았다(Márkus, 1977b: 195 참조).

내지는 신칸트주의적 철학 등과 고전주의적 철학 및 미학의 얽히고 설킨 관계를 단순화해서는 안된다는 것을 강조하기 위해서이다. 그리고 이 모든 과정적 계기의 근저에 '총체성에 대한 열망'이 작동했다고 말할 수도 있겠지만, 그 '총체성'이라는 것도 그 내실을 루카치 사유의 발전과정에 따라 한층 세밀하게 변별적으로 고찰하지 않는 한 극히 추상적인 거친 틀에 불과할 것이다. 초기와 중기의 루카치를 이처럼 다소 단순하게 파악하고 있는 반성완은—또 다른 문제로서—후기 루카치에 대해서는 거의 눈을 감고 있다시피 한다. 루카치가 "수동적 스탈린주의자"였다는 그의 평가는, 1950년대 중반 이후의 루카치에 대한 '이론적' 평가로도 과연 유효할 수 있을까. 요컨대, 반성완의 연구성과는 독일 고전주의의 영향의 '절대성'이라는 도식 위에서 루카치의 사유 전체를 재단하고 있으며, 이에 따라—필연적으로—부분적 진실을 전체적 진실인 양 과장하는 결과를 낳고 있다.

이후에 독문학계에서 나온 다수의 연구물이 루카치에 대해 내리고 있는 부정적 평가도 그 접근법에서만 약간의 차이가 있을 뿐 실내용은 반성완의 그것과 대동소이하다. 김유동의 연구도 그 결론에 있어서는 반성완의 고찰과 본질적으로 다를 바 없는 인식을 보여준다. 1989년에 발표된 한 논문에서[111] 그는 루카치의 올바른 이해를 위해서는 그의 이론이 "실천에의 관심"(51쪽)을 내적 동력으로 삼고 있다는 것을 분명히 해야 한다는 입장에서 출발하고 있다(이 자체만 놓고 보면, 루카치가 "근본적으로 미학적 태도"를 취한다고 보는 반성완의 관점과는 차이가 난다). 이에 따라 그는 프레드릭 제임슨의 루카치론[112]도 비판하고 있다. 즉 제임슨이 루카치의 발전과정의 내적 추동력을 '서사' 문제의 탐구로

111) 김유동, 「루카치 문학관의 총체적 이해와 올바른 수용을 위하여」, ≪독일문학≫ 43집, 1989, 48-68쪽.

112) F. 제임슨, 『변증법적 문학이론의 전개』, 여홍상·김영희 역, 창작과비평사, 1984. 이중에서 루카치 관련 부분(제3장: 게오르그 루카치)은 167-210쪽.

설정하여 현상적인 단절 속에 관류하고 있는 연속성을 포착하고 있는 것은 아카데믹한 관점에 입각한, 루카치의 실천성을 배제하는 고찰방식이라는 것이다(49-51쪽 참조). 하지만 정작 김유동 자신이 제시하는 루카치의 '총체적 상'은 제임슨이 이룬 성과, 즉 '서사' 문제를 루카치의 발전과정의 내적 추동력으로 포착함으로써 루카치의 전체적 발전과정에 관한 내재적·총체적 파악에 이를 수 있었던 성과마저 무화(無化)시켜 버리는 피상적인 차원에 머물러 있다. 그는 『소설의 이론』과 『역사와 계급의식』의 세계관을 대비하여 "비관적 전망"이 "혁명적 메시아주의로 극적으로"(54쪽) 바뀐 것을 확인하며 그것이 30년대 중반 이후 "중도적 입장으로 후퇴"(62쪽)했음을 보여주는데, 그의 논증방식은 이렇게 변화된 '세계관' 혹은 '입장'을 대비시키는 현상적 차원에 머물러 있을 뿐, 그렇게 "극적으로" 변화하게 한 이론 내·외적 동력을 해명하는 데까지는 이르지 못하고 있다. 이러한 피상적 파악은 루카치를 연구할 때 그의 이론이 무엇보다도 "실천에의 관심"에서 비롯된 것으로 봐야 한다는 김유동 자신의 전제에도 어긋나는 결론을 낳게 한다. 「루카치냐 아도르노냐」[113]에서 그는 루카치의 리얼리즘론과 예술론은 "과거에 화해의 모델을 설정하고는 그것을 초시대적인 규범으로 승격시켜 현재에 강요"하는 것으로서, 한마디로 말해 루카치는 "시대착오적인 관념론자"였다는 평가를 내리고 있다(25쪽). 김유동이 루카치 이론 전체의 가장 중요한 모티프로 규정한 "실천에의 관심"은, 정작 그의 분석에서는 단지 출발점 자체로 머물러 있을 뿐 별다른 역할을 부여받지 못한다. "실천에의 관심"이 어떻게 이처럼 "시대착오적인" '비실천적' 결과로 귀결되었는가 하는 것에 대해 그는 만족스러운 설명을 제공하지 못하는 것이다.

김유동의 경우에 루카치에 대한 피상적인 고찰은 우리 현실에 대한

113) ≪독일문학≫ 제46집, 1991, 1-30쪽.

피상적인 고찰과 맞물려 있으며, 그에 따라 루카치의 현재성 유무를 논하고 있다. 그는 남한의 1980년대의 현실 상황은 "봉건적인 잔재의 해소가 더 절실한 당면과제"(26쪽)로 부과되어 있는 상황이기 때문에 루카치적 인식은 아직 설득력이 있다고 말한 바 있다. 루카치가 "시대착오적인 관념론자"임에도 불구하고 말이다! 하지만 앞에서 거론한 두 논문이 재수록된 최근의 한 단행본[114]에서 그는 루카치의 "설득력"에 대한 자신의 평가가 1990년대에 들어와서 보면 "고리타분"(278쪽)하게 느껴진다고 말하고 있다. 그의 논의에서 1980년대까지 반봉건의 문제가 당면과제였던 우리의 현실은 1990년대에 들어와 '갑작스럽게' 후기자본주의로 이월해버리며, 이러한 상황의 변화에 따라 루카치 이론의 현재성은 사라지고 마는 것이다.

홍승용은 김유동의 입장과 '대극적인' 위치에 서 있다고 할 수 있다. 그는－독문학계에서는 보기 드물게－적극적으로 루카치의 현재성을 옹호한다. 1930년대 루카치 리얼리즘론의 핵심적 구성계기로서의 당파성과 전형성 개념을 고찰하면서 '전형의 형상화'가 '대중적 설득력'의 문제와 분리될 수 없다고 파악하는 박사학위논문[115]의 성과를 기반으로, 그는 주로 1930년대의 루카치 문학론을 연구하는 일련의 논문들을 발표한 바 있다. 루카치의 구도 속에서 브레히트를 흡수할 것을 제안하는 「루카치-브레히트 논쟁」,[116] 구동독의 공식적 이론들이 루카치의 당파성 개념에 가한 비판들을 반박하면서, 루카치 리얼리즘론의 의미는 일차적으로 "자본주의 체제 내에서 이를 지양하는 세력이 성장하는 역학에 토대를 둔다"고 파악하는 「루카치 리얼리즘론의 쟁점－당파성」,[117] 그리

114) 김유동, 『아도르노와 현대사상－이론과 실천의 가능성을 찾아서』, 문학과지성사, 1997.

115) 홍승용, 「루카치 리얼리즘론 연구－그 중심개념들의 현실성」, 서울대 독어독문학과 박사학위논문, 1993.

116) ≪이론≫ 제2호, 1992 가을, 136-154쪽.

117) ≪이론≫ 제6호, 1993 가을, 178-197쪽, 인용한 부분은 197쪽.

고 「루카치 전형론의 재평가」,[118] 「리얼리즘의 논리」[119] 등이 이에 해당한다. 이밖에도 그는 루카치의 인식에 근거해 "리얼리즘의 기본층"으로서 반영과 진리의 문제를 해석하는 「반영, 진리, 해방」,[120] 『역사와 계급의식』과 루카치의 1930년대 문학론과의 연관성을 고찰하고 있는 「루카치의 문예미학—『역사와 계급의식』을 중심으로」[121] 등을 발표했으며, 최근에는 루카치의 후기 미학으로 연구영역을 넓힌 글을 선보이기도 했다.[122]

루카치의 문학론을 왜곡과 비방으로부터 '구제'해내려는 그의 글들이 그 동안 대동소이한 결론으로 일관하던 국내의 루카치 연구 수준을 한 단계 끌어올렸음은 분명하다. 하지만 그가 루카치의 현재적 유효성을 파악하는 방식에는 선뜻 동의하기 힘든 부분들이 있다. 먼저, 현재의 상황을 보는 시선에서 엿보이는 안이함의 문제이다. 이는 우리가 루카치의 문학론에서 '현재화'할 지점을 설정하는 것과 직결된 대목인데, 그는 몇 마디 '원칙적' 언명으로 보다 깊이있는 고민을 대신하고 있다. 가령, 루카치의 이론과 실천이 여전히 유의미한 것은, "현실을 고지식하게 현실적으로 대하는 근로대중과 리얼리스트들"은 자본주의의 생성기나 지금이나 "생존투쟁·계급투쟁의 혼탁한 격류를 헤치기 위해 … 사투를 벌일 수밖에 없기"[123] 때문이라는 언명은, 이론적 설득력(그가 루카치의 리얼리즘론에서 포착하려 한 바로 그 '대중적 설득력'과도 통할)을 지니기에는 너무 강파른 신념 피력에 불과하다. 여기에서 필자가 계급투쟁으로서의 역사관 자체를 문제 삼는 것은 아니다. 그리고 문학

118) ≪민족예술≫ 창간호, 1994, 64-73쪽.
119) ≪문예미학≫ 1호, 1994년 6월, 109-134쪽.
120) ≪이론≫ 제12호, 1996 가을, 97-106쪽.
121) ≪문예미학≫ 2호, 1996년 12월, 259-287쪽.
122) 홍승용, 「루카치 후기 미학의 인식론적 기초—『미의 고유성』에서의 주체·객체 문제」, ≪문예미학≫ 4호, 1998년 9월, 211-234쪽.
123) 홍승용, 「루카치-브레히트 논쟁」, 136쪽.

연구자인 그에게 엄밀한 사회과학적 지식과 안목을 요구하는 것도 당연히 아니다. 그렇다고 해서 일종의 신념 수준에서 피력된 역사관을 전제로 루카치 문학론의 현재성을 정당화하고자 하는 그의 선언적 논법이 올바른 것으로 보이지는 않는다. 만약 이러한 전제에서 출발하려면 현재의 사회적·이론적 지형에 대한 천착은 불가피하며, 적어도—홍승용이 견지하고 있는—계급투쟁으로서의 역사관이 현재의 세계사적 상황에서 어떻게 구체성을 획득할 수 있을지, 어떻게 설득력을 높일 수 있을지 고민하고 구체화하는 노력을 보여주어야 하지 않을까. 이러한 노력이 루카치의 텍스트 자체에 대한 정밀한 독해와 통일적으로 수행되지 못할 경우, 의도와는 달리 루카치를 교조적으로 옹호하는 독백을 낳기 십상이며, 바로 루카치 자신이 누누이 비판해 마지않았던 이론적 종파주의의 한 형태를 생산할 수도 있을 것이다.

1930년대의 루카치를 보는 홍승용의 기본적인 관점도 썩 합당하지는 못한 듯하다. 그는 1930년대의 루카치 문학론의 일관된 기본 성격을 "시민계급·자본주의·파시즘에 적절히 대응하기 위한 문예전략"(같은 글, 142쪽)으로 규정하고 있다. 리얼리즘론에 있어서도 1930년대 초반에 마련된 골격이 질적인 성격 변전 없이 일관되고 있는 것으로 파악하는데(139쪽 참조) 이러한 파악방식, 즉 1930년대의 루카치 이론의 연속적 측면에만 눈을 두고 그 속에서 이루어진 불연속적 측면을 경시하는 것은—결과적으로—1930년대 중·후반에 루카치가 도달하게 되는 인식의 심화과정에 대한 섬세한 파악을 방해하는 역할을 한다. 물론 루카치 문학론의 주요 범주들의 대부분이 이미 1930년대 초반에 등장하기 시작한 것은 사실이지만, 1930년대 중·후반을 거치면서 그것들이 조탁되어간 과정을 무시해서는 안될 것이다.[124] 홍승용의 이러한 문제

124) 루카치 문학론의 주요 범주들의 각각의 함의와 이론적 체계 내에서의 위치는 1930년대 중·후반기 이래 일정한 변화를 보이며 또, 새로운 이론적 단초들마저 나타난다는 것이 필자의 생각이다. 이에 관해서는 이 책의 제2부 참조.

점은 루카치의 역사적 한계에 대한 그의—아마도 유일한—비판, 즉 "프롤레타리아와 사회주의가 불가피하게 승리"할 것이며 그것도 "목전에 다가온 것"으로 전제하고 있었던 20세기 전반기의 사회주의 운동의 "역사적 환상"을 루카치가 공유하고 있었다는 지적[125]에서도 되풀이된다. 루카치가 맑스주의자인 이상 사회주의를 자본주의의 극복을 위한 '불가피한' 대안으로 상정한 것은 당연할 것이나, 그러한 '불가피성'이 '사회주의의 승리'를 보장해주는 것은 결코 아니라는 것, 그리고 '사회주의의 승리'는 장기적이고 지난한 과정을 거칠 때에야 가능하리라는 것을—여전히 혁명적 파토스에 차 있었던 1930년대 초반기와는 달리—1930년대 후반의 루카치는 인식하고 있었고, 그러한 인식이 그의 문학론의 저변을 구성했다고 보는 것이 타당하지 않을까.

1930년대의 루카치를 세분화해서 보지 못할 경우, 예컨대 도스토예프스키에 대한 평가에서 보이는 낙차를 어떻게 이해할 수 있을까? 1930년대 초반에는 '반동적 작가'로 규정했던 도스토예프스키를, 1940년대 초에는 톨스토이와 함께 러시아를 대표하는 '위대한 리얼리스트'로 평가하고 있다면, 루카치 문학론에는 그 사이에 어떤 변화가 있었다고 보는 것이 당연할 것이다.[126] 또, '리얼리즘의 승리'론만 하더라도 그렇다. 1930년대 초반의 논문에서는 '리얼리즘의 승리'가 상승기 시민

---

125) 홍승용, 「리얼리즘의 논리」, 124쪽.

126) 1931년의 평문 「도스토예프스키의 유고에 관하여(Über den Dostojewski-Nachlaß)」[A. Klein(편), *Georg Lukács in Berlin. Literaturtheorie und Literaturpolitik der Jahre 1930/1932*, Berlin u. Weimar, 1990, pp.240-247]에서 루카치는 "모순에 찬 반동성"(pp.246-247)이 도스토예프스키의 세계관뿐만 아니라 문학을 "예술적으로 움직이는 원리"(p.247)를 이루고 있다고 한다. 하지만 1940년대 초반에 씌어진 「도스토예프스키(Dostojewski)」(전집 제5권, pp.161-175)에서 루카치는 도스토예프스키의 형상화된 세계가 그의 정치적 이상을 '카오스'로 해체시키고 있는데, 바로 이러한 '카오스'야말로 그의 위대함이며 현대 시민사회의 모든 허위와 왜곡에 대한 그의 강력한 저항이라고 평가하고 있다(pp.175-176 참조).

계급의 위대한 리얼리스트에게만 해당하는, 따라서 '과거지사'로 설정되고 있다면, 1930년대 후반기에 오면 그것은 당대 문학에도 적용되는, 루카치 문학론의 중심 거점으로 자리하고 있다.[127] 하지만 여기에서 루카치 문학론의 '본질'은 아무런 변화가 없다는 식으로 말해버린다면, 이로 인해 미세한 차이들이 '억압'됨으로써 루카치 문학론의 본질에 대한 인식마저 그르치게 될 것이다. 전체적으로 볼 때, 홍승용은 루카치의 맑스주의적 문학론의 발전과정을 지나치게 연속적으로 보고 있다. 이러한 관점에서 루카치의 문학론의 중심 범주들을 고찰하고 그 현재성을 주장함으로써 결과적으로 그는 1930년대—심할 경우에는 1930년대 전반기—의 루카치에 갇힌 관점에서 정작 루카치 자신이 도달한 이후의 성취는 '봉쇄'하고 있는 것이다.[128]

홍승용의 이러한 문제점은 지금까지 국내에서 이루어진 대부분의 연구물들이 반복해서 보여준 맹점이라 할 수 있다. 루카치는 『미적인 것의 고유성』 서문에서 자신의 초기 미학('하이델베르크 미학')을 읽고 막스 베버가 한 말["그것들은 마치 처음을 끝에서야 비로소 이해할 수 있는 입센의 드라마처럼 읽혔다"(11: 30)]이 『미적인 것의 고유성』에도 유효하다고 말했는데, 이는 그의 사상과 이론 전체에도 해당될 듯하다. '현대의 오디세이'로 불리곤 한 그의 삶과 사유의 발전과정은 그 종착점이 시작과 중간을 지양하고 있는 거대한 '서사적 구조'를 이루고 있다. 따라서 루카치의 1930년대적 문제의식과 시야 그 자체에 갇히지 말고 그의 사유가 도달한 정점인 『존재론』과 '이행기의 작품'인 『미적인 것의 고유성』에서부터 다시 1930년대 루카치와 청년기 루카치로 '역진'할 때,

127) 이에 관해서는 이 글 제2부 1장 2절 참조.

128) 이는 그가 루카치 수용과 관련하여 1930년대 루카치의 중요성에 주의를 환기시키는 것과는 다른 차원의 문제이다. 루카치의 현재성이라는 관점에서 초기 루카치나 후기 루카치를 강조하듯이 1930년대의 루카치를 강조할 수 있으며 그러한 독법(讀法)이 생산적으로 개진될 수도 있을 것이다. 하지만 필자가 문제 삼는 것은 그 독법 자체보다는 그에 따른 구체성과 설득력이다.

그의 삶과 사유의 진수(眞髓)에 한 걸음 더 가까이 다가갈 수 있으리라는 것이 필자의 생각이다. 이는 사유의 갈래들이 뻗어나간 그 종결을 파악할 수 있을 때에야 얽히고 설킨 그 과정의 실타래도 제대로 풀 수 있음을 말하는 것이지, 초기와 중기의 루카치를 후기의 루카치로 환원해야 한다는 주장과는 전혀 거리가 멀다. 게다가 필자의 이러한 생각은 단순히 연구영역의 확대 혹은 연구 순서와 관련된 제안만은 아닌데, 그도 그럴 것이 현재의 상황에서 그래도 루카치를 연구한다는 것은 단순한 '학술적 취향' 너머에 있는 문제의식, 다시 말해서 루카치의 현재성에 대한 신뢰 없이는 지속되기 힘들 것이기 때문이다. 이러한 신뢰에 기반한 연구라면, 루카치의 사유세계를 있는 그대로 존중하고 그에 대해 엄밀하게 시비를 가려야 할뿐만 아니라, 궁극적으로는 그의 사상과 우리의 현실간의 접점을 '창조'하려 모색해야 할 터인데, 이런 점에서 루카치의 후기 사상은 지금 당대의 사유들과 소통하고 접맥될 수 있는 여지가 상대적으로 크다. 그것은 1960년대 후반부터 그 모습을 나타내기 시작하여 현재 여러 측면에서 우리의 사유에 영향을 미치고 있는 '탈근대적' 사유들과 공통의 시대적 문제 상황에서 형성된 것이며, 루카치 자신의 장구한 사유의 도정이 종합된 것으로 볼 수 있다. 따라서, 1930년대의 루카치에 대해 '역사적 거리'를 취하지 못했던 우리 스스로의 문제점을 되돌아보기도 전에 루카치 전체를 섣부르게 '역사화'해버리기에는 아직 우리가 알고 있는 루카치는 너무 적다고 할 수 있다. 어떻게 보면 우리는 다시, 루카치 연구의 출발점에 서 있다고 해도 과언이 아닌 것이다.

제2부

스탈린주의를 넘어서: 1920~60년대 초반의 루카치

> 우리가 살아왔던 단계는 단지 시작에 불과합니다. 세상이—말하자면—진정한 사회주의가 존재하는 단계로 들어서기까지는 수십 년, 어쩌면 그보다 훨씬 더 많은 시간이 흘러야 할 것입니다(G. Lukács).[1]

잘 알다시피 맑스와 엥겔스, 그리고 레닌 등 이른바 맑스주의의 고전적 인물들이 자본주의의 극복에 초점을 둔 삶을 살고 사상을 일구었다면, 그 뒤를 잇는 후발 맑스주의자들은 자본주의의 극복뿐만 아니라 '현실사회주의'의 경로까지도 문제의 대상영역으로 삼을 수밖에 없었다. 스탈린, 마오쩌뚱, 트로츠키뿐만 아니라 그람시, 벤야민, 블로흐, 아도르노, 호르크하이머, 브레히트 등과 같은 시대를 살았으며 그 속에서 투쟁하였던 루카치는, 이러한 후발 맑스주의자 중에서도 독특한 위치를 차지하고 있다. 그가 '서구 맑스주의'의 원조(元祖)에 해당하면서도 '현실사회주의'를—삶의 공간이라는 의미에서뿐만 아니라 사상의 융합점이라는 의미에서도—완전히 떠나지는 않은 것이 그와 대부분의 서구 맑스주의자들을 나누는 큰 구분점이라면, 다른 한편 1917년 혁명 이후,

1) Lukács, 1970a, p.201.

특히 스탈린의 집권 이래의 '현실사회주의'의 "공식적 맑스주의"[2]와 비판적 대결을 감행한 것은 그와 이른바 '정통 맑스-레닌주의자'를 뚜렷이 갈라놓는 변별점이다. 이 독특한 입지로 인해 그의 사유에서 스탈린주의의 문제는 항상 핵심적인 사안이었다.

스탈린주의 체제 바깥에서, 혹은 그것의 붕괴 이후에 사유를 전개하거나 또 그럴 수 있었던 서구 맑스주의자들과는 달리, 스탈린주의 체제 속에서 스탈린주의의 강화과정과 함께 형성된 그의 사유세계에서 스탈린주의적인 요소들을 발견하기란 크게 어려운 일이 아닐 것이다. 또, 스탈린적 사회주의를 지배했던 "항구적인 계엄 상태의 분위기" (SzIP, pp.672-673) 속에서 생존과 활동을 위해 그가 받아들였던 불가피한 순응뿐만 아니라 스탈린에 대한 주관적 '환상'에서 비롯된, 따라서 자발적인 순응 또한 이러한 요소들의 배후에서 작동하고 있음을 확인하기도 그렇게 어려운 일은 아닐 것이다. 그렇기 때문에—특히 1930년대 이후의—루카치를 뭉뚱그려 '스탈린주의자'로 보는 통념이 만연한 것도 충분히 이해할 수 있는 일이다.

하지만 우리가 이러한 통념에서 출발하는 이상, 루카치는 완전히 역사적인 인물, 과거의 인물로 간주될 수밖에 없을 것이다. 1990년대에 들어와 스탈린주의는 단순히 시대착오적인 유물일 뿐만 아니라 비인간적인 사상과 체제를 지칭하는 욕설로 되어버렸다. 따라서 루카치를 스탈린주의자로 보는 순간, 그는 더 이상 진지한 논의의 대상이 될 수 없으며, 루카치에 기댄 논의는 이론적·공론적 설득력을 얻기 힘들게 된다. 그렇기 때문에 '다시, 루카치를 읽기 위해서'는 그를 스탈린주의자로 간주하는 통념을 교정하는 일에서부터 출발하는 것이 순서일 듯하

2) "공식적 맑스주의"라는 표현은 루카치에 따른 것이다. "소련에서 스탈린이 트로츠키, 부하린 등등을 이론적, 정치적, 조직적으로 제압하는 것이 성공한 이후에 발전된 맑스주의를 나는 '공식적 맑스주의' 개념으로 파악합니다." 앞의 글, p.202.

다. 그에 대한 연구가 단순히 학술적인 연구에 머무는 것이 아니라 '지금·여기'의 삶과 접점을 찾는 작업으로까지 상승되려면, 그가 스탈린주의, 그리고 그 연장선상에 있었던 "공식적 맑스주의"를 넘어서 얼마나 멀리 나아갔던가 하는 것을 확인하는 작업은 그의 사유세계를 재탐사하는 첫걸음이 될 것이다. 맑스주의의 갱신을 위한 후기 루카치의 사상적 고뇌도 탈스탈린주의적인 면모가 확정된 이후에야 비로소 '포스트공산주의' 시대에 사상적 동지들을 찾을 수 있을 것이다.

'새 천년'을 떠드는 마당에 스탈린주의의 문제는 이미 낡은 소재일지도 모른다. 더군다나 루카치를 스탈린주의의 문제와 연관하여 검토하는 작업은 동구의 관료주의적 국가사회주의 모델이 붕괴한 이후 거의 찾아보기 힘든 것이기도 하다. 하지만 루카치를 둘러싸고 형성된 수많은 문제 가운데 이것만큼 그 '정리'가 미흡한 것이 드문 것도 사실이다.

1980년대 말까지 동독의 문예학에서 스탈린주의의 문제는 일종의 불가침의 영역이었다. 설사 스탈린주의에 대한 극복이 시도되었다고 하더라도 스탈린 시기의 공산주의적 테러와 그 뒤에도 계속된 당의 관료주의적 지배에 대해서는 눈을 감았던 것이다. 따라서 동독의 문예학을 "맹목의 과학"[3]이라고 혹평한 레만의 '환멸'은 수긍되는 바가 없지 않다. 이러한 '맹목성'으로 인해 '루카치와 스탈린주의'라는 문제는 본격적으로 설정될 수 없었는데, 여기에서 예외를 이루는 클라인의 저서(Klein, 1990)는 동독의 와해국면에 씌어진 것이었다. 동독이 서독으로 '합병'되기 직전에 씌어진 이 책은 루카치의 1930년대 리얼리즘론이 그 당시 소비에트의 지배적 경향과 부합했음을 밝힘으로써 은연중에 루카치의 문학론과 스탈린주의의 친화성을 말하고 있다.[4] 하지만 일찍

---

3) 동독의 문예학 전반을 비판하면서 레만은 "맹목의 과학(Die blinde Wissenschaft)"이라는 표현을 사용하고 있다. Lehmann, 1995 참조.

4) 이 대목에 관해서는 『게오르크 루카치—맑스로 가는 길』(김경식·오길영 편역,

부터 1930년대 루카치의 '친스탈린주의적 성향'을 '폭로'해온 미국의 연구자 파이크(Pike, 1986; 1987)와 마찬가지로 클라인 역시 '30년대'라는 특정한 국면만을 문제영역으로 삼음으로써, 스탈린주의의 극복을 위한 후기 루카치의 활동과 1930년대의 이론이 지니는 연속성에 대해서는 아무런 해명도 하지 못한다. 이러한 점에서 프랑스의 연구자 미셸 뢰비의 저서[5]는 주목할 만하다. 그에 따르면 루카치는 1926년을 분기점으로 소비에트의 현실에 순응한 후, '스탈린주의와 부르주아적·민주주의적 문화의 화해'를 위한 길을 일관되게 걸었다. 여기에서 루카치 고유의 노선은 「블룸-테제」에서 처음으로 그 정치적 형태를 얻은 '인민전선주의'로 규정되는데, 루카치는 자신의 노선을 계속 견지했기 때문에 소비에트의 정책이 '우'로 기울면 '조화'를 이루고 '좌'로 기울면 '충돌'하는 과정을 겪었다는 것이 그의 해석이다. 하지만 뢰비의 작업은 1926년 이후의 루카치를 '인민전선주의자'라는 단일한 규정하에서 고찰함으로써[6] 해당 시기의 루카치의 사유를 지나치게 동질적으로 파악하고 있다. 또한 그의 고찰은 주로 루카치의 정치이론적 텍스트에 한정되어 있음으로써 스탈린주의와 루카치의 관계에 대한 총체적인 상을 보여주기에는 역부족이다. 이러한 부분성은 주로 루카치의 1930년대 문학이론적 텍스트를 주요 분석대상으로 삼고 있는 클라인이나 파이크의 경우에도 마찬가지로 해당하는 문제이다.

서독에서는 일찍이 1952년, 코플러가 스탈린주의적 관료주의에 대한 루카치의 비판을 조명한 바 있으며(Kofler, 1952) 루카치 전집의 책임

솔, 1994)에 실린 편역자 후기(「다시, 루카치를 읽기 위하여」) 가운데 384-387쪽 참조.

5) Löwy, 1976, 특히 pp.193-213. 뢰비의 해석에 관한 필자의 구체적인 논평은 제2부 1장 1절 참조.

6) 뢰비에 따르면, 루카치의 '인민전선주의적 이데올로기'는 「블룸-테제」(1928년)에서부터 본격적으로 시작해서 1967년까지 지속된다. 1968년의 세계사적 사건들을 경험한 후 루카치는 1969년부터 '혁명적 좌파'로서의 새로운 단계로 들어선다는 것이 그의 해석이다(같은 글, pp.208-213 참조).

편집자인 벤젤러 또한 편집후기류의 짧은 글들을 통해 루카치의 반스탈린주의적 면모를 부각시킨 바 있다(Benseler, 1981; 1987a). 하지만 아도르노의 「강요된 화해」(1958)를 효시로, 1920년대 후반부터 루카치는 공식적인 공산주의 강령에 순응했던 것으로 해석하는 관점이 오히려 더 만연했다고 할 수 있는데, 루카치와 스탈린주의의 관계를 어떻게 해석하든 간에 이 문제를 본격적으로 다룬 연구서는 찾아보기 힘든 형편이었다. 1985년에 헝가리에서 『민주화의 오늘과 내일(*Demokratisierung heute und morgen*)』이 출판되면서 이러한 사정에 변화가 생기는데, 1968년 말에 씌어진 루카치의 이 책은 서독에서는 『사회주의와 민주화』(1987년)라는 제목으로 출판된다. 루카치의 '정치적 유언'이라고도 불리는 이 책은 '페레스트로이카'의 흐름을 타면서 새삼스럽게 주목받았는데, 이에 따라 루카치와 스탈린주의의 관계를 다루는 논문이 몇 편 발표되기도 했다. 그 가운데에서 대표적인 것이 클라우센과 티츠의 연구논문인데, 양자 다 루카치와 스탈린주의의 관계를 1920년대부터 재구성하는 방식을 취하고 있다. 하지만 그 평가에서는 상당한 차이를 보이는데, 클라우센의 경우 루카치의 스탈린주의 비판은 '방법'을 '물신화'하는 루카치의 기본 경향으로 인해 궁극적으로 '인물'에 매여 있는 한계를 보인다고 비판한다(Claussen, 1990).[7] 이에 반해 우도 티츠는 루카치의 스탈린주의 비판에 대해 명시적인 평가를 내리기보다는 그 내용을 역사적으로 재구성하는 방식을 취한다. 이를 통해 그는 스탈린주의적 과거를 비판할 때 루카치의 작업은 우리에게 유효한 "연결점"을 제공한다는 말로 루카치의 현재성을 인정하고 있다(Tietz, 1990). 하지만 클라우센과 티츠 모두 주로 루카치의 정치이론적 텍스트만을 검토의 대상으로 삼고 있다는 점에서 미셸 뢰비와 마찬가지의 한계를 지니는데, 루카치와 스탈린주의의 관계를 온전히 파악하기 위

7) 이에 관해서는 제2부 주 43) 참조.

해서는 지금까지 분산적으로 다루어진 영역들을 '융합'할 필요가 있을 것이다. 즉, 루카치의 문학 내지는 미학 관련 텍스트와 정치이론적 텍스트, 그리고 철학 텍스트를 총괄적으로 검토하는 가운데 스탈린주의와 루카치의 복합적인 관계를 파악하고자 하는 노력이 필요한 것이다. 여기에서 특히 루카치의 후기 철학, 즉 '존재론'을 스탈린주의의 문제와 연관해서 검토하는 작업이 필요한데, 앞에서 소개한 연구들에서 이 지점은 거의 전적으로 결여되어 있다. 루카치의 '존재론'이 '신실증주의'와의 대결로서 의의를 지닐 뿐만 아니라 스탈린주의의 근본적인 극복을 주된 문제의식으로 내포하고 있는 이상, 루카치의 탈스탈린주의적 면모와 그 깊이를 제대로 포착하기 위해서는 '존재론'에 대한 고찰이 필수적일 것이다.

한편, 국내의 연구성과를 보자면, 루카치에 관한 연구 전반이 다 그렇지만, 이 문제에 관해서는 특히 쌓인 것이 없는 형편이다. 스탈린주의와 루카치의 관계에 관해서 몇몇 논증되지 않은 단언들만이 오갔을 뿐, 그것이 채 학문적 대상으로 설정되기도 전에 루카치 자체가 '낡은 존재'로 되어버렸다고 하는 편이 오히려 사실에 부합할 것이다. 일찍부터 스탈린주의는 물론 맑스주의마저 주류적 흐름에서 밀려났던 서구에서와는 달리 불과 10여 년 전만 하더라도 스탈린주의는 한국의 이른바 진보적 지식인들의 사유 한편에 강하게 영향력을 행사하고 있었다. 하지만 이에 대한 본격적인 비판 혹은 자기비판의 이론적 성과조차 없는 것이 우리의 부박한 학문적 풍토가 아닐까. 정직한 인간적 자기응시와 학문적 깊이, 그리고 정신의 두께는 서로 영향을 미칠 것이며, 이른바 창조적 사유라는 것도 이러한 기반 없이는 하루살이의 운명에서 벗어나기 힘들 것이다.

이미 앞에서 밝혔다시피 루카치와 스탈린주의의 관계 문제는 사상사와 미학사 내부에서 루카치의 독특한 위치를 가장 분명하게 부각시킬 수 있는 지점이자, 루카치의 현재성을 논의하기 위해서 먼저 분명하게 짚고 넘어가야 할 지점이라는 것이 필자의 생각이다. 이러한 문제의식이 기조를 이루고 있는 이 글의 1장에서 필자는 루카치와 스탈린주의의 관계를 역사적·이론적으로 재구성하고자 한다. 스탈린(주의)에 대한 루카치의 입장과 그 관계를 역사적으로 재구성하는 가운데, 루카치 사유의 발전과정을 몇 가지 이론적 계기를 중심으로 살펴보는 이 장에서는 1920~30년대의 루카치가 주로 검토된다. 이 과정에서 루카치의 사유를 구성하는 연속성과 불연속성의 연관관계를 포착하고자 하는데, 이때 특히 1930년대 중반이 주요한 결절점으로 부각될 것이다. 물론 미셸 뢰비가 강조하는 1926년의 분기점이나 혹은 루카치 자신이 강조하는 1930년의 전환점[8]도 무시할 수 없는 중요성을 지닌다. 하지만 특히 국내의 연구와 관련해서 볼 때 1930년대의 루카치는 지나치게 동질적이고 연속적으로 취급되어왔는데, 이러한 시각이 교정될 때 1930년대의 루카치가 균형있게 파악될 수 있을 뿐만 아니라 중기 루카치와 후기 루카치의 연관성도 올바르게 설정될 수 있을 것이다.[9] 이 대목에 관한 서술과정에서 후기의 루카치가 계속 '개입'될 것인데, 이는 1930년대의 이론적 단서들은 그 귀결과의 연관 속에서 제대로 평가될 수 있다는 생각에 따른 것이다.

이 글의 2장에서는 주로 1950년대 중반 이후에 씌어진 텍스트들을 소재로 스탈린주의에 대한 루카치의 비판 내용을 이론적으로 재구성할

---

8) 『역사와 계급의식』이 포함된 전집 제2권 서문(1967년)에서 루카치는 1930년에 맑스의 『경제학-철학 수고』를 접하게 되면서 『역사와 계급의식』의 모든 관념론적 편견이 붕괴되었다고 회고한 바 있다. 이로부터 그는 『사회적 존재의 존재론을 위하여』로 완성되는 존재론적 사유의 길을 새로이 시작할 수 있었다고 한다(2: 38-39 참조).

9) 여기에서 필자가 초기, 중기, 후기 등으로 루카치의 사유 궤적을 구분하는 것은 논의의 편의를 위한 것이지 엄밀한 학적 구분은 아니다. 여기에서 나는 맑스주의로 전향하기 이전의 루카치를 초기 루카치로, 공산당에 입당한 이후부터 1950년대 중반까지의 루카치를 중기 루카치로, 그리고 특히 『미적인 것의 고유성』과 『존재론』으로 대표되는 그 이후의 루카치를 후기 루카치로 부른다.

것이다. 먼저 1절에서는 '스탈린적 방법'에 대한 루카치의 비판을 '매개의 배제' 문제를 중심으로 재구성한다. '매개' 개념이 루카치의 사유에서 차지하는 비중을 생각한다면, '스탈린적 방법'을 '매개의 배제'에 초점을 두고 재구성하는 서술 전략은 루카치의 반스탈린주의적 면모를 부각시키는 데 유효하리라고 생각한다. 2장 2절에서는 스탈린주의의 구성요소인 '사회주의 리얼리즘(론)'에 대한 루카치의 비판을 '전망'과 '당파성' 범주를 중심으로 검토한다. 비록 이 두 범주가 루카치의 문학론 내지는 미학의 근간을 파악할 수 있는 핵심적 통로까지는 못 되더라도 그의 문학관과 공식적인 '사회주의 리얼리즘'의 차별성을 부조하기에는 적절한 소재일 것이다. 그리고 그의 사유가 모든 것이 모든 것과 연관되어 있는 '총체성'을 구현하고 있는 이상, 우리는 이 두 범주를 통해서도 그의 문학관의 중심을 엿볼 수 있으리라 기대해본다.

1. 스탈린주의의 극복과정의 재구성

1) '화해'와 잠재적 간극

루카치는 제1차 세계대전에 반대한, 유럽 지식인으로서는 드문 경우에 속한다. 그는 민족주의나 이와 결부된 영웅주의에 대해 비판적인 입장을 견지했으며, 서구 민주주의가 낡아빠진 헝가리의 봉건제를 변화시킬 수 있는 근본적인 대안이 못 된다고 보았다.[10] 그 당시 그는 기

10) 이와 관련해 루카치는 당시 자신의 관점을 다음과 같이 표현한 바 있다. "독일과 오스트리아 군대가 러시아인들을 패퇴시킬 것이며, 그렇게 되면 로마노프 왕조는 붕괴할 것이다. 이것은 바람직한 일이다. 또한 독일과 오스트리아 군대가 영국과 프랑스 군대에 패하고, 합스부르크 왕가와 호엔촐레른 가가 붕괴될 수도 있을 것이다. 이 또한 바람직한 일이다. 그러나 누가 우리를 서구 민주주의로부터 지켜줄 것인가?"(GD, pp.69-70)

존 질서를 대체할 수 있는 어떤 역사적으로 구체적인 질서를 알지 못했다. 그렇기 때문에 1917년의 러시아 혁명은 그에게 대단한 체험으로 다가왔다. 즉, 기존 질서 전체를—피히테의 표현을 빌려—"완전한 죄악의 시대"(TdR, p.137)로 보고 그것의 변화를 바랐지만, 그것을 대체할 구체적 방도를 찾지 못했던 한 지식인에게 1917년 혁명은 사정이 전혀 다르게 될 수도 있다는 것을 보여주었던 것이다. 얼마간의 곡절을 거쳐 마침내 루카치는 1918년 12월 헝가리 공산당에 입당함으로써 맑스주의자로서의 장구한 도정을 시작한다.

일찍이 미셸 뢰비는 1920년대 루카치의 발전과정을 '유토피아적·혁명적 단계'(1919～21년)와 '혁명적 현실주의의 단계'(1922～24년), 그리고 스탈린의 비혁명적 현실정치에 접근하는 1926년 이후의 단계 등으로 구분한 바 있다(Löwy, 1976: 196 참조). 이러한 분류에 따르더라도, 1922년에 완성된 『역사와 계급의식』(1923년 출간)의 시기까지의 루카치를 지배한 것이—루카치 자신의 말대로—'혁명적 메시아주의'의 파토스였음은 분명한 듯하다. 당시에 그는 세계적 차원에서 전개될 프롤레타리아 혁명을 통해 '새로운 사회'가 형성될 수 있으며, 이로부터 과거의 최상의 전통들을 지양하는 '새로운 문화'가 수립될 수 있으리라는 희망을 품고 있었다. 하지만 『역사와 계급의식』은 코민테른 지도부에 의해 극좌파적 서적으로 비판받게 된다. 그 책이 출판될 무렵에는 이미 세계혁명의 물결이 퇴조하기 시작했으며, 소련 내적으로도 프롤레타리아 국제주의가 포기되는 정세변화가 이루어졌던 것이다. 이에 따라 루카치는 '당위'로서의 세계혁명의 기대 대신 '존재'로서의 소련 현실을 받아들이는 정치적 파토스의 변모과정을 밟게 되는데, 이 과정에서 루카치는 스탈린의 '일국사회주의 노선'을 받아들인다.

레닌의 사망(1924년 1월) 이후 스탈린이 지노비에프, 트로츠키, 부하린 등과 벌인 노선투쟁에서 루카치가 스탈린을 지지한 것은 잘 알려진 사실이다. 당시 오스트리아에서 망명생활을 하고 있었던 루카치는,

1924년 코민테른 5차 대회(6월 17일~7월 8일)에서 내려진 정세판단, 즉 '자본주의의 부분적·일시적·상대적 안정론'을 받아들이며, 세계혁명의 물결이 실제로 약화되었다고 보았다. 이러한 정세판단에 입각해 그는, '세계혁명-영구혁명'의 입장을 고수한 트로츠키보다 '일국사회주의 노선'을 주창한 스탈린의 노선이 더 타당하다고 간주했다. 이러한 기본적인 입장에 따라 그는 트로츠키의 국외 추방으로 귀결되는 소련 내의 노선투쟁에서 스탈린이 권력을 장악해간 과정에 별다른 반감을 느끼지 않았다.[11]

스탈린이 권력을 굳혀가던 1920년대 중·후반기를 거치면서 루카치는 『역사와 계급의식』으로 상징되는 '서구 맑스주의의 원조'로부터 '레닌주의 철학자'로의 전이과정을 밟게 된다. 앞에서 말한 정치적 파토스의 변모과정과 부합되었던 이러한 이론적 전이과정은, 헤겔 철학에서 '현재와의 화해' 내지는 '현실과의 화해' 개념을 긍정적으로 평가하는 모제스 헤스 에세이[「모제스 헤스와 관념론적 변증법의 문제들(Moses Hess und die Probleme der idealistischen Dialektik)」, 1926년]에서 일차적으로 완료된다. 하지만 이러한 '현실 긍정적' 전이과정을 소련 현실과의, 나아가 스탈린적 소련과의 타협의 과정으로만 보는 것은 일면적인 시각일 것이다.[12] 우리는 이 과정의 이면으로서, 스탈린주의-1920년대

---

11) 그가 스탈린을 지지하게 된 데에는, 당시 레닌의 후계자 자리를 놓고 스탈린과 경쟁하였던 다른 지도자들에 대한 부정적 평가도 개입되어 있었다. 루카치는 지노비에프를 '반동적 관료주의화'의 원천을 이루는 인물로, 트로츠키를 '라쌀레를 연상시키는 면모들'을 지닌 인물로, 부하린을 '실증주의에 경사된 이론적 입장'을 지닌 인물로 평가했다. 이에 관해서는 Lukács, 1969a, p.215 참조. 스탈린의 최대의 정적이자 이후 '트로츠키주의'라는 맑스주의의 한 흐름을 일군 트로츠키에 대해 루카치는 시종일관 비판적이었다. 트로츠키의 입장이 지닌 모험주의적 성격, 그의 반민주주의적 성향, 스탈린에 못지않게 '개인숭배'로 귀결될 수도 있는 듯이 보였던 그의 성품 등에 대한 루카치의 보다 상세한 비판에 관해서는 SzIP, pp.661-662 참조.

12) 이러한 관점에 입각하여 특히 1930년대의 루카치를 '스탈린주의자'로 규정하는 연구자들을 우리는 드물지 않게 볼 수 있다. 아라토와 브레이네스에 따

후반 이후 체계적인 모습을 갖추는—에 대한 선취적 비판이라 봄직한 계기들을 확인할 수 있는데, 이는 1930~40년대를 거쳐 후기에 이르기까지 꾸준히 조탁되고 확장되는, 루카치의 사유에서 연속성을 구성하는 요소이다.

여기에서는 먼저 「블룸-테제」에 이르기까지 루카치의 사유에서 확인할 수 있는 반스탈린주의적 계기들을 적시함으로써 루카치의 발전과정이 결코 단순하지 않음을 확인하도록 하자. 우선, 『역사와 계급의식』의 시기로 볼 수 있는 1920년대 초반에 루카치를 각인하고 있었던 "메시아적 종파주의"에 주목할 필요가 있다. 이것은 '종파주의'이긴 하지만, 이후 스탈린적인 실천 속에서 배태된 종파주의와는 달리 그 방법에 있어서 단연코 "반관료주의적 경향"을 기저에 깔고 있었다(2: 15 참조). 특히 『역사와 계급의식』의 중심 논문인 「사물화와 프롤레타리아트의 의식(Die Verdinglichung und das Bewußtsein des Proletariats)」에서는 사물화론에 입각한 관료주의 비판이 행해지고 있다. 레닌의 죽음 직후에 씌어진 『레닌: 그의 사상의 연관성에 관한 연구(*Lenin: Studie über den Zusammenhang seiner Gedanken*)』에서 당조직의 물신화에 대한 루카

르면, 현실에 대한 메시아주의적·낭만적 거부와, 현실과의 타협을 향한 합리주의적 체계화 정신이 1919년부터 1920년대 중반까지의 루카치 저작에서 싸움을 전개하다가 점차 후자의 측면이 우위를 점하게 되었다고 한다. 이를 "전략적 후퇴(Strategic Retreat)"라고 명명하고 있는 그들은, 소련이라는 주어진 현실과의 타협이 완료된 지점을 「모제스 헤스」로 보고 있다(Arato/Breines, 1979: 190-200 참조). 1920년대 중반 이후의 루카치에 대한 해석에서 이들과 견해를 같이하고 있는 캘리니코스는 루카치가 '일국사회주의' 교리를 받아들인 이래 그의 정치경력은 "스탈린주의와 부르주아 문화의 화해를 지속적으로 옹호하는 일에 바쳐졌"으며, 철학적으로는 "헤겔 좌파에서 헤겔 우파로 전향"했다고 판단한다(A. 캘리니코스: 『현대철학의 두 가지 전통과 마르크스주의』, 정남영 역, 갈무리, 1995, 132쪽 참조). 이들에게 이론적 근거를 제공하고 있는 사람은 미셸 뢰비인데, 그에 따르면 루카치의 모제스 헤스 에세이는 소련과의 타협을 완료한 글이며, "소비에트의 '테르미도르'에 대한 그의 지지의 방법론적 기초를 제공"한 것이다(Löwy, 1976: 196 참조).

치의 비판 또한 "스탈린주의의 기념비적인 무오류성이라고 하는 관료주의적 이상"에 대한 이론적 비판을 선취하고 있는 부분이라고 할 수 있다.13)

1920년대에 씌어진 논문들 중에서 특히, 부하린의 『역사적 유물론. 누구나 이해할 수 있는 맑스주의 사회학 교과서』의 독역판(1922)에 대한 서평(「니콜라스 부하린: 역사유물론(N. Bucharin: Theorie des historischen Materialismus)」, 1925년)은 후기의 루카치가 환기시키는 몇 안되는 초기 논문들 가운데 하나이다. 여기에서 그가 부하린의 맑스주의 해석을 사물화된 관점이라 비판한 것은, 당시에 부하린이 당에서 최고의 이론적 권위로 통하고 있었다는 점을 고려한다면, '당 철학자'에 대한 비판이었다고 볼 수도 있다. 어쨌든 1960년대에 들어와서도 루카치는 특히 부하린의 기술결정론적 경향에 대해 비판한 대목을 여러 곳에서 상기시키는데, 이는 스탈린 시기의 협소한 생산력 개념, 즉 기술결정론적 생산력 개념 및 이에 입각한 생산력주의에 대한 비판과 직결되는 지점이다. 비록 스탈린이 부하린을 물리적으로 제압했지만 부하린의 이론적 편향에서 벗어나지는 못했다는 것이 후기 루카치의 판단이었다.14)

13) 인용 부분은 1967년에 쓴 후기에 나오는 말인데, 독일어 전집에 실린 『레닌』에는 이 후기가 빠져 있다. 이 후기가 실려 있는 영역본을 국역한 『레닌』(루카치 외/김학노 역, 녹두, 1985) 106쪽에 따라 인용한다. 이 시기 루카치의 조직론을 두고 흔히 볼셰비즘 혹은 스탈린주의를 이론적으로 합리화한 것이라는 비판이 많은데, 이에 대한 반박으로는 박정호, 1993, 116-125쪽 참조. 박정호에 따르면, 루카치의 조직론은 로자 룩셈부르크와 레닌의 종합으로 볼 수 있다. 따라서 그것이 볼셰비즘이나 스탈린주의를 정당화한 것이라는 식의 비판은 너무 단순화된 비난이라는 것이 그의 논지이다.

14) 1925년의 서평에서 루카치는 부하린의 역사유물론적 관점은 "부르주아적·자연과학적 유물론에 아주 근접한 이론"(2: 600)으로서, 이는 부하린의 이론이 지닌 기술결정론적 성격에서 가장 분명하게 드러난다고 비판한다. 루카치에 따르면, 기술적 발전과 경제적 발전이 상호작용하는 것은 사실이지만 "그러나 그렇게 생겨난 상호작용이 결코 기술에 대한 경제의 실제적, 역사적, 방법론적 선차성을 부정하는 것은 아니다"(2: 604). 말년에 루카치는 1925년의 이 서평에서 피력된 관점의 정당성을 여러 곳에서 주장하는데, 가령 1966년의 한 대

한편, 앞에서 소련 현실을 받아들이는 이론적 과정의 완결점이라고 평가한 「모제스 헤스」 에세이만 하더라도, 단순히 현실 긍정적 타협의 소산이라고만 할 수 없는 이론적 계기를 내포하고 있다. 여기에서 루카치는 헤겔의 "현실과의 '화해'"에 내포된 '합리적 핵심'을 "위대한 리얼리즘", "현실적인 변증법적 리얼리즘"으로 규정하고 있다(2: 650). 헤겔의 철학에서 정신이 자기자신에 도달한 것으로서의 현재에 머물러 있음을 표현하는 '현재와의 화해'는, 그것이 말하는 실제 내용에서나 체계상의 모티프와 결론의 측면에서 보면 반동적인 것이 분명하며, 또 '화해'라는 문제도 이념과 현실, 이론과 실천, 자유와 필연 등의 "'화해되지 않은' 대치"를 드러내는 것이 사실이지만, "방법론적 관점에서 보면 여기에 그의 위대한 리얼리즘, 일체의 유토피아에 대한 그의 거부, 철학을 역사에 대한 철학으로서가 아니라 역사 자체의 사유상의 표현으로 파악하려는 시도가 표현"(강조는 루카치)되고 있다고 파악한다(이상은 2: 650-651 참조). 루카치에 따르면, '현재와의 화해'는 그 방법론적 측면에서 볼 때, 현재를 "생성된 것이자 생성 중인 것"(2: 653)으로 파악함으로써, 다시 말해서 현재를 모든 대상성의 과정성이 가장 분명하게 드러나는 지점으로 파악함으로써 현재의 인식에 철학이 집중하는 것을 의미하며, 현재 속에서 그 자체를 넘어설 수 있는 현실적인 힘, 즉 현

담에서 그는 기술에 대한 "물신화된 숙명론"을 비판하면서 이 서평을 상기시키고 있다(Lukács, 1967: 46 참조). 루카치의 관점이 생산력주의와는 전혀 거리가 멀었음은 사후에 발표된 또 다른 대담에서도 잘 드러난다. 『신좌파평론(*New Reft Review*)』과 가진 그 대담에서 그는 소련의 생활수준이 미국을 추월할 때 사회주의가 전세계적으로 승리할 것이라는 흐루시초프의 주장이 전적으로 잘못되었음을 명시적으로 지적하고 있다. 그는 자본주의와 공산주의 사이에 끼어 있는 과도기로서의 사회주의 경제는 그에 적합한 인간상을 자연스럽게 생산·재생산하지 않기 때문에 사회주의의 성원들을 사회주의에 맞게끔 교육하는 것이 절대적으로 필요하며, 그 역할을 하는 것이 바로 사회주의 민주주의임을 역설한다. 바로 이 사회주의 민주주의의 활성화를 통해서야 비로소 전세계 인민들에게 사회주의의 유인력을 높일 수 있다는 것이 루카치의 주장이었다(RL, pp.171-172 참조).

재와 미래 사이의 "현실적 매개"(2: 661)를 파악하려는 것이다. 바로 이것이 "실제로 인식 가능한 미래적인 것, 즉 현재 속에서 구체적, 실제적으로 미래로 향해가는 경향들을 인식할 수 있는 … 유일하게 가능한 인식경로"(2: 653)라는 루카치의 주장에는, '완전한 죄악의 시대'(피히테)로서의 현재관에 입각한 일체의 '추상적 유토피아주의'에 대한 거부가 포함되어 있다. 이러한 피히테적 현재관은 루카치 자신이 아직 '혁명적 낭만주의의 세계관'[15]에 머물러 있던 때의 관점이기도 한 이상, '현재와의 화해'는 루카치의 자기 정정과정의 계기로서 큰 의미를 지니며, 또한 이와 더불어 강하게 나타나는 객관성에 대한 '집착'은 이후 스탈린주의의 또 다른 편향, 즉 주관주의·주의주의와 대치하는 논리로 귀결된다.

이러한 이론적 전이과정과 아울러 축적된 실천적 경험(특히 헝가리 공산당 내에서 '현실주의적' 노선을 주장한 런들레르 분파에 가담함으로써 얻게 된 실천적 경험)은, 루카치의 정치적·이론적 발전과정에서나 전기적 맥락에서 중요한 고비를 이루는 「블룸-테제」(1928년 작성)에서 극적인 표현을 얻는다. 루카치 스스로 1920년대의 실천적·이론적 활동의 "은밀한 귀착점"(2: 34)을 이루는 것이자 맑스주의의 수업시대의 종결점이라 회고한 이 테제는 원래 헝가리 공산당 제2차 당대회(1930년)에 제출할 정치테제로 작성된 것이었다. 「헝가리의 정치적, 경제적 상황과 헝가리 공산당의 과제에 관한 테제(Thesen über die politische und wirtschaftliche Lage in Ungarn und über die Aufgaben der Kommunistischen Partei Ungarns)」라는 제목을 달고 있는 이 테제는, 그렇기 때문에 그 자체에 철학적·이론적 통찰과 입장이 명시적으로 드러나는 글과는 거

15) 미셸 뢰비는 세기 전환기의 독일을 중심으로 형성된 "신낭만주의적 세계관"(Löwy, 1985: 25)이 청년기 루카치의 의식과 정서를 규정했으며, 루카치에게서 그것은 "혁명적 낭만주의"와 "종교적 무신론"의 형태로 표현되었다고 보고 있다('종교적 무신론'에 관해서는 같은 글, pp.26-34 참조, '혁명적 낭만주의'에 관해서는 Löwy, 1987, p.17, pp.27-28 참조).

리가 멀다. 당시 헝가리의 상황 분석과 공산당의 정치적 노선을 밝히고 있는 이 테제 자체의 내용만 따로 떼어놓고 본다면 지금 굳이 다시 읽을 만한 가치를 지닌 글은 못 된다고 할 수 있다. 하지만, 이 테제를 전후로 한 루카치의 사유경로를 어느 정도 알고 있는 독자가 그의 발전사를 염두에 두고 이 테제를 읽는다면, 그의 당시 입장을 명확히 자리매길 수 있는 몇 가지 요소를 여기에서 발견할 수 있다.

이 테제의 상황분석에 따르면, 당시 헝가리를 지배하고 있던 베틀렌(Bethlen) 체제는 민주주의를 배반·청산하면서 파시즘으로 전환하여 전쟁을 준비하고 있다. 이러한 분석에 입각하여 루카치는 헝가리 공산당의 직접적 임무는 "전면적 민주주의를 위한 투쟁"(2: 717)을 지도하는 것이며, 이는 "프롤레타리아 계급과 농민의 민주주의 독재"(2: 710)를 수립함으로써 가장 잘 실현될 수 있다고 주장한다. 그에 따르면, 여기에서 말하는 민주주의 독재는 "시민민주주의의 완전한 실현"(같은 곳)을 그 직접적 내용으로 하고 있지만, 이와 동시에 그것은 투쟁의 결과에 따라 프롤레타리아 계급의 혁명 혹은 반혁명으로 변환할 수 있는 "변증법적인 이행형태"(2: 711)로 파악되어야 한다. 이후 루카치가 「블룸-테제」 이후 자신의 본질적 노선은 변한 것이 없었다고 여러 차례에 걸쳐 말했을 때[16] 그가 강조하는 대목은 바로 이상과 같은 주장의 근저에 깔려 있는 입장이었다.

또한 바로 이러한 주장으로 인해 이 테제는 발표 즉시 혹독한 비판을 받게 된다. 그도 그럴 것이 헝가리 공산당은, 비록 단기간이긴 했지만, 이미 정치적 권력을 잡았던 경력이 있었다(1919년 133일 동안 존속했던 헝가리 소비에트 정권). 게다가 1928년 제6차 코민테른 대회 이후 국제공산주의운동의 좌경화가 심해졌으며(이 대회에서 사회민주당을 파시즘의 쌍둥이로 규정하는 '사회파시즘' 테제가 제출된다), 1929년 폭발된 세

16) 예컨대 다음과 같은 발언을 참조하라. "「블룸-테제」 이후 줄곧 나는 하나의 지속적인 노선을 따랐고 그것을 철회하지 않았습니다"(GD, pp.186-187).

계경제공황은 이러한 좌경화를 더욱 부추기는 형편이었다. 이미 '프롤레타리아트 독재'의 경력을 지닌 헝가리 공산당과, 좌경화로 치닫고 있던 코민테른 입장에서 볼 때, 루카치의 테제는 헝가리의 발전 방향을 거꾸로 돌려놓는 것에 불과했다. 결국 루카치는 헝가리 공산당과 코민테른 집행위원회로부터 '청산주의' 내지는 '우익 기회주의적 편향'으로 비판받고[17] 당에서 축출당할 위험까지 느끼게 된다. 이에 따라 루카치는 공개적인 자기비판(1929년 5월)을 한 후 정치일선에서 물러나며, 그 후 1950년대 중반까지, 더 정확히 말하자면 스탈린 격하가 시작된 1956년까지 주로 문학영역에서 이론적 활동만 하게 된다.

「블룸-테제」가 이처럼 루카치의 일생에서 일대 전기를 이루는 것은 사실이지만 여기에서 문제가 된 대목, 즉 프롤레타리아 계급이 "시민민주주의의 완전한 실현"을 위해 투쟁해야 한다는 일견 역설적인 주장 자체는 1920년대 내내 견지된 입장의 연장선상에 있는 것이지 이 테제에서 갑자기 등장한 것은 아니었다. 이러한 주장의 밑바탕에 놓여 있는 역사적 구도는 이미 1920년대 초반부터 등장하는데, 즉 1848년 6월에 있었던 파리 노동자봉기를 분기점으로 그 이전의 부르주아지와 이후의 프롤레타리아트 사이에 '역사적 친화성'을 설정하는 논리가 그것이다.

예컨대 앞에서 소개한 『레닌』에서 루카치는, 프랑스 대혁명에서 자신들의 경제적 실존조건과 정치적 민주주의 간의 결합을 부분적으로 실현하였던 부르주아지(상승기 부르주아지)는, 프롤레타리아 혁명의 문제가 역사적 현안으로 등장하자마자 봉건절대주의와 반(反)프롤레타리아트 동맹을 맺음으로써 반동적 계급(몰락기 부르주아지)으로 전락해버렸다고 한다. 따라서 부르주아지는 예전에 자신들이 지녔던 혁명적 요구

17) 「헝가리 공산당원에게 보내는 코민테른 집행위원회의 공개서한(Offener Brief des Exekutivkomitees der Kommunistischen Internationle an die Mitglieder der Kommunistischen Partei Ungarns)」(1928), SzIP, pp.727-754 참조.

들을 더 이상 현실화할 수 없게 되었으며, 이제 그 과제는 프롤레타리아 계급에게 위임되었다는 것이다(2: 531). 이러한 논리는 1920년대 초반의 문학론에서도 그대로 구사되고 있는데, 1922년 4월 26일자 ≪적기(*Die Rote Fahne*)≫(193호)에 발표된 「발자크의 사후(死後) 명성(Der Nachruhm Balzacs)」[18]에서 루카치는 부르주아지를 "상승하고 있는, 진보적 부르주아지"와 "(이데올로기적으로) 몰락하고 있는 부르주아지"로 대별한 뒤, 발자크는 전자의 문학적 표현이라고 확정한다(pp.144-145 참조). 여기에서 루카치는 발자크의 문학을 이중적으로 규정하고 있는데, 즉 발자크가 한편으로 부르주아지의 문학적 표현인 이상 그 역시 부르주아의 계급적 한계에서 비롯되는 일체의 편견에서 벗어날 수는 없었지만, 다른 한편으로 그가 상승기의 진보적 부르주아지의 문학적 표현이었기 때문에 사물화(Verdinglichung)를 넘어선 문학적 형상화를 성취할 수 있었다는 것이다(p.145 참조). 이에 반해 몰락기의 부르주아 작가들은 자기 계급의 타락으로 인해 "자신들의 문학의 응집적 요소를 사회 생활에서, 문학의 소재 자체에서 찾는 것이 불가능했으며, 그것을 이론을 통해서, 바깥에서부터 대체하려 시도할 수밖에 없었다"(p.145)는 것이 루카치의 진단이었다. 이러한 구도에 따라 발자크 시대의 산물만이 "시민 계급의 위대한 전통들"(p.145)로 설정된다. 다시 말해서, 프롤레타리아 문학이 계승해야 할 유산은 전적으로 18세기 말과 19세기 초반기의 문학, 즉 부르주아지가 이데올로기적으로 타락하기 이전에 성취한 문학으로 한정되는 것이다. 그리고 루카치는 이 "위대한 전통"이 부르주아지에게는 순수한 역사로 화해버려 그 의미를 완전히 상실해버린 반면, 프롤레타리아트에게서 한층 더 깊은 이해와 그 실현을 기대할 수 있다고 한다(pp.145-146 참조). 결국 상승기 부르주아지의 문학적 성취의 '완전한 실현'이 프롤레타리아 문학의 과제로 설정되고

---

18) 인용은 Manfred Brauneck(편), *Die Rote Fahne. Kritik, Theorie, Feuilleton 1918-1933,* München, 1973, pp.143-146에 따라서 함.

있는 것이다.

이렇게 보면, 프롤레타리아 계급이 "시민적 민주주의의 완전한 실현"을 위해 투쟁해야 한다는 「블룸-테제」의 주장은, 그의 기존의 역사적·문학사적 구도가 당대 헝가리의 정치적 문맥으로 옮겨진 것일 뿐 그 자체로 새로운 통찰을 보여준다고 할 수는 없다. 오히려 「블룸-테제」에서 새롭게 부각되는 것은 직접적·즉각적인 프롤레타리아트 독재에 대한 대안으로서 민주주의를 위한 투쟁을 "변증법적인 이행형태"로, 즉 일종의 '혁명적 매개'로 설정한 것인데, 민주주의의 발전을 중심에 놓는 이러한 매개 중심적 시각은 1930년대 중·후반에 이르러 루카치의 사유 전체에 유기적으로 흡수된다.[19] 즉 루카치의 이러한 시각은 1934년 후반부터 1938년까지 반파시즘 인민전선정책이 소련 및 코민테른의 지배적인 정책이 됨에 따라—1930년대 초반의 잠복기를 거쳐—재부상하여 '새로운 유형의 혁명적 민주주의론'으로 계승되며,[20] 맑스주의를 질적으로 새로운 것일 뿐만 아니라 인류 유산의 정점을 계승·종합한 것으로 파악하는 그의 맑스주의관,[21] 그리고 흔히 '의고전주의적'

---

19) 생애 마지막 순간에 루카치는 자서전[『삶으로서의 사유(*Gelebtes Denken*)』] 작성을 위한 대담에서 「블룸-테제」의 의미에 대해 다음과 같은 일종의 총평을 내린 바 있다. "프롤레타리아 혁명과 민주주의 혁명이, 그 혁명이 진정한 혁명인 한에서는, 서로 만리장성에 의해 분리되지 않는다는 사실—이것이 「블룸-테제」에서 본질적인 것입니다—을 깨달았던 「블룸-테제」의 시기 뒤에, 나는 운신이 자유로울 수 있는 영역으로 발을 내딛었습니다. … 프롤레타리아 혁명이 고립된 사건이 아니고, 역사적 과정의 완성임을 그 테제를 쓰면서 파악하게 되었지요. 그런 점에서 「블룸-테제」에는 긍정적인 측면이 있었어요. 그것은 민주주의로 향한 이데올로기적 발전의 길을 연 것이지요"(GD, p.131).

20) 이에 관해서는 이 책 제2부 1장 2절의 (2) 참조.

21) 루카치는 이러한 자신의 관점을 다음과 같은 레닌의 말을 빈번히 인용함으로써 정당화했다. "맑스주의는 시민시대의 가장 가치있는 업적들을 거부하기는커녕 그와는 정반대로 2천여 년 이상에 걸친 인간 사유와 인간 문화의 역사 속에서 가치있는 모든 것을 전유하고 소화해냄으로써 혁명적 프롤레타리아트의 이데올로기로서의 그 세계사적 의미를 획득했다." W. I. Lenin: 『레닌 전집』, 제31권, p.308. 인용은 Claussen, 1990, pp.31-32에 따라서 함.

내지는 '보수주의적'인 것으로 비판되곤 한 그의 문학이론적 활동(특히 유산관 및 리얼리즘론)과 상호 조화를 이루게 된다.

하지만 「블룸-테제」에는 이 같은 매개 중심적 시각, 그리고 이에 따라 가능할 반(反)종파주의적 경향에도 불구하고 정세판단 및 그 이론적 토대에서 비롯되는 종파주의적 요소 또한 여전히 내포되어 있다. "프롤레타리아 계급과 농민의 민주주의 독재" 주장은, 전후(戰後) 자본주의 전체의 발전과정을 파시즘화과정(이탈리아로 대표되는 '고전적' 파시즘과 미국을 본보기로 하는 '서구적' 파시즘)으로 일괄 규정한 뒤(2: 709) 사회민주당의 노선을 베틀렌 체제에 대한 "사이비 저항"(2: 719)으로 파악하는 입장과 함께하고 있는 것이다. 베틀렌 체제가 파시즘으로 전화되면서 전쟁을 준비하고 있다면, 사회민주당은 "파시즘의 온상"(2: 720)이자 이 체제의 "호전적인 예비군"(2: 721)인바, 이러한 판단에 따라 루카치는 사회민주당이 내건 "민주주의냐 파시즘이냐"는 슬로건에 반대하여 "계급 대(對) 계급" 슬로건을 내걸 것을 주창한다(2: 720).

우리는 이러한 입장을—루카치 자신의 회고[22]나 미셸 뢰비의 해석(Löwy, 1976: 198)처럼—당시 코민테른과 소련 공산당의 정책을 단지 형식적으로만 따르고 있는 것으로 볼 수도 있을 것이다. 그리고 이러한 관점에서 「블룸-테제」 이후 루카치의 사유를 상당히 동질적이고 연속적인 발전과정으로 해석하는 연구자들이 많은 것도 사실이다.[23] 하

22) 「블룸-테제에 관한 논의(Diskussion über die Blum-Thesen)」(1956), SzIP, pp.763-774 참조.

23) 우리가 제1부에서 소개한 『게오르크 루카치와 수정주의』에서부터 미텐츠바이의 1967년 논문에 이르기까지 동독에서는 주로 루카치의 '수정주의적' 관점을 비판하는 가운데 그 연원을 「블룸-테제」에서 찾는 방식이 일반적 양상이었다. 이와 달리 1930년대의 루카치를 기본적으로 '인민전선의 이데올로그'로 보는 서방의 연구자들, 예컨대 아이작 도이처(Isaac Deutscher)나 미셸 뢰비 등도 그 연원을 「블룸-테제」에서 찾기는 마찬가지이다. 아이작 도이처와 입장을 같이하는 미셸 뢰비는 1926년의 「모제스 헤스」론을 통한 루카치의 선회가 직접적으로 정치적 형태를 띤 것이 「블룸-테제」이며, 이로부터 루카치는 "자신

지만 「블룸-테제」에서 나타나는 루카치의 종파주의적 요소는 한갓 형식적·일회적인 것이 아니라 1920년대는 물론 1930년대 초반까지 계속 이어진 그의 정치적·이론적 기본 구도에 따른 것이기도 했다. 따라서 당시의 루카치로서는 그것이 반종파주의적 경향과 내적으로 모순된다는 것을 크게 자각하지 못했다고 볼 수 있다. 「블룸-테제」 속에 함축되어 있었던 반종파주의적 경향이 농숙되어 그의 정치관과 철학, 그리고 문학론에서 중심적인 경향으로 자리잡기 위해서는 조금 더 시간이 필요했던 것이다.[24)]

루카치의 이론적 사유에 관철되는 종파주의적 구도는 적어도 1934년 초반까지 계속 유지되는데, 이미 「블룸-테제」에서도 드러난 그의 파시즘관 및 그 이론적 기반이 되는 토대-상부구조론에 대한 그의 이해방식에서 이를 확인할 수 있다.

독일에서 히틀러가 권력을 잡은 뒤 루카치에게 가장 절실한 과제는 독일에서 도대체 어떻게 파시즘이 생겨났으며, 어떻게 권력마저 장악할 수 있었던가 하는 문제를 해명하는 것이었다. 이를 위한 이론적·철학적 작업은 『이성의 파괴』로 귀결되는데, 그 과정에서 이루어진 첫 산물이 『어떻게 파쇼 철학이 독일에서 생겨났는가?(*Wie ist die faschistische*

의 특수한 인민전선주의적 이데올로기"를 견지하기 시작한다고 본다. 자신의 철학과 문학사, 그리고 미학적 비평을 전체적으로 규정하고 있는 이러한 이데올로기에 따라 루카치는 "스탈린주의와 부르주아적·민주주의적 문화를 '화해' 시키려는 일관된 시도"를 했다는 것이 그의 평가이다(Löwy, 1976: 198-204 참조, 인용한 대목은 p.202, p.204).

24) 「블룸-테제」에 내포된 종파주의적 요소를 단지 형식적인 것 내지는 외적인 부가물로만 자리매기면, 「블룸-테제」 '파동' 이후 1930년대 초반까지 씌어진 루카치의 글들은 1930년대 루카치에 대한 연구에서 무시되거나 혹은—이와는 정반대로—1930년대 중·후반의 저작들과 지나치게 연속적으로 해석될 수 있다. 루카치의 사유는 1930년대 내부에서도 불연속적인 국면을 지니며, 매시기의 사유가 그 자체로 완전히 동질적인 것은 아니라는 것, 그리고 이렇게 볼 때에야 그의 문학론 내부에서 생기는 변화의 의미도 올바르게 포착될 수 있다는 것이 필자의 생각이다.

Philosophie in Deutschland entstanden?)』(1933)이다.[25] 1982년에 출간된 이 책에서 '히틀러-파시즘'은 하나의 '형식'으로 규정된다. 즉, 그것은 "자본주의, 즉 오늘날의 제국주의적 독점자본주의가 현재 띠고 있는 지배적인 형식"(p.24)(강조는 루카치)이라는 것이다. 따라서 '혁명적 프롤레타리아트'의 반파시즘 투쟁은 단지 '형식'뿐만 아니라 실질적 '내용'인 자본주의적 착취를 근절해야 한다는 것이 루카치의 생각이었으며, 반파시즘과 반자본주의를 직접적으로 동일시하는 이러한 관점에서—「블룸-테제」의 '계급 대 계급' 슬로건의 연장으로서—"파시즘이냐 볼셰비즘이냐"(p.39)는 양자택일적 구도도 생겨났다.

이러한 파시즘관에서 우리는 루카치가 토대를 '내용'으로, 상부구조를 '형식'으로 파악하고 있음을 볼 수 있다. 우리는 나중에 그가 『존재론』에서 엥겔스를 비판한 대목을 끌어와서 그의 관점을 비판할 수 있는데, 그곳에서 루카치는 엥겔스가 토대와 상부구조의 관계를 마치 원인과 결과의 관계인 양 파악하는 '속류유물론'에 맞서 싸운 것은 사실이지만, 맑스의 방법에서 벗어나는 것에 대해 항상 원칙적으로 반박하는 데 성공하지는 못했다고 지적하고 있다. 루카치에 따르면 엥겔스는 "내용(경제)과 형식(상부구조) 간의 상보적인 대립"으로 토대-상부구조 관계를 설정하는데, 하지만 내용과 형식은 언제나 어디에서나 통일적으로 존재하는 것으로서, 복합체들간의 관계에 있어서 어떤 것을 내용으로 삼고 다른 것을 형식으로 설정하는 것은 있을 수 없다는 것이 루카치의 주장이다(13: 676-677). 하지만 1930년대 초반의 루카치는 토

---

25) 라슬로 쉬클러이(Lászlo Sziklai)의 편집을 통해 부다페스트에서 1982에 출판된 이 책은 1933년 8월에 작성되었다. 모스크바에서 이 책이 씌어진 후 거의 10년이 지나 『어떻게 독일이 반동 이데올로기의 중심이 되었는가?(*Wie ist Deutschland zum Zentrum der reaktionären Ideologie geworden?*)』(1941/42)가 타슈켄트에서 집필되었는데(마찬가지로 1982년에 출간), 쉬클러이에 따르면 『이성의 파괴』는 이 두 책을 중심으로 한 "초기의 변주(變奏)들을 '지양하는' 종합"이다. Sziklai, 1986, p.31, 주 12) 참조.

대를 '내용'으로, 상부구조를 '형식'으로 파악하고 있음이 분명하며, 이러한 관점에서 자본주의 내에 존재하는 프롤레타리아 이데올로기('형식')는 그 '내용'으로서의 프롤레타리아 경제, "미래를 대표하는 계급의 경제"(RD, p.181)를 지니는 것으로 설정된다. 결국 루카치의 논리에 따르자면, 1848년 이후의 자본주의 시대에는 부르주아의 경제와 프롤레타리아의 경제가 병존하면서 적대적인 투쟁을 전개하는 셈이 된다. 이는 1930년대 중반 이후 루카치 자신이 '속류사회학'이라고 비판한 '토대환원론' 내지는 '토대결정론', 즉 토대와 상부구조의 관계를 마치 원인과 결과의 관계인 양 파악하는 관점과는 다르지만 어쨌든 간에 루카치의 이러한 토대-상부구조관 역시 '토대결정론'이긴 마찬가지이다. 이제 한 계급의 토대와 상부구조(이데올로기를 포함하여)는 전일적·동시적으로 부침(浮沈)을 겪을 수밖에 없는데, 토대와 상부구조의 연관관계를 내용과 형식의 관계로 설정하는 이상, 양자의 부침은—내용의 우선성이 관철되는 가운데—정확하게 일치할 수밖에 없기 때문이다.

루카치의 이러한 사유방식은 페리 앤더슨이 말한 "진화론적 관점(evolutionism)"과 통할 수 있다. 앤더슨은 루카치의 모더니즘 비판의 한계를 지적하면서 이 개념을 사용하고 있는데, 그가 말하는 "진화론적 관점"은, "한 시대가 다른 시대와 시간상으로는 다르지만, 각각의 시대 속에서는 사회현실의 모든 부분들이 동일한 속도로 움직이기 때문에 한 차원에서의 쇠퇴는 필연적으로 다른 모든 부분에서의 몰락 속에 반영되어야"(Anderson, 1992: 33) 하는 것으로 보는 관점이다. 앤더슨에 따르면 루카치가 바로 이러한 관점을 지니고 있었기 때문에 모더니즘 비판에 있어서 '데카당스'라는 과도하게 단순화된 개념이 등장한다고 한다.

물론 필자는 앤더슨의 지적에 전적으로 동의하는 것이 아니며, 특히 1930년대 중반 이후의 루카치는 적어도 원리적 차원에서는 이러한 "진화론적 관점"에서 벗어나기 시작했다고 본다. 그리고 1930년대 초반의 루카치가 파악하는 토대-상부구조 연관 역시 앤더슨이 말하는 것과 완전히 같은 것은 아니다. 왜냐하면 앤더슨이 말하는 "진화론적 관점"의 경우 어떤 한 시대가 다른 시대와는 시간상으로 구분되지만 그 시대 자체 내에서는 전일적으로 구성되어 있는 반면, 1930년대 초반의 루카치의 관점에서는 한 시대 내에 대립적인 주기를 지닌 부르주아적 부분과 프롤레타리아적 부분이 모순적으로 공존하고 있기 때문이다. 하지만 이 모든 차이에도 불구하고 앤더슨이 말하는 "진화론적 관점"은 루카치의 사유방식의 문제점을 지적하기에 유용하다고 생각되는데, 부르주아적 부분과 프롤레타리아적 부분 각각은 "진화론적 관점"에서 파악되고 있기 때문이다. 루카치의 이러한 사유방식은 적어도 1934년 초반까지 이어지는데, 작가의 계급적 입지점에 가히 '결정론적인' 역할을 부여하고 있는 그의 문학론도 이와 관련이 있다.

루카치는 1848년 이후 부르주아 문학은 과장된 '공허한 주관성'과 마찬가지로 과장된 '죽은 객관성'의 허위적 대립구도에 빠져 있으며,26) 작가들이 이러한 딜레마에서 벗어나는 것은 부르주아지로서의 자기계급과 완전히 단절하여 프롤레타리아 혁명에 내적으로 결속하고 프롤레

26) 1926년에 씌어진 「예술을 위한 예술과 프롤레타리아문학(L'art pour l'art und proletarische Dichtung)」(Klein, 1990, pp.195-200)에서 루카치는 '경향문학'을 몰락기 부르주아지의 문학적 표현인 '예술을 위한 예술'의 "정확한 반대물"로 규정하면서, 부르주아적 관점에서의 경향성이란 "추상적·낭만적 유토피아"로 부유하거나 아니면 "진부한 시민생활의 추상적이고 통속적인 일상문제들"을 함유하고 있는 것에 불과하다고 비판하는데(p.198 참조), 여기에서 이미 '허위적 주관성'과 '허위적 객관성'의 상응관계가 설정되고 있다. 이러한 관점은 이후 루카치 문학론의 중핵을 이루면서 일관되게 견지된다. 가령, 그의 리얼리즘 문학론에서 '자연주의'와 '전위주의'의 상관적 관계를 논하는 대목이나 혹은 '사회주의 리얼리즘'에 대한 비판에서 '사회주의적 자연주의'와 '혁명적 낭만주의'의 상보성을 해명하는 대목은 공허한 주관성과 마찬가지로 공허한 객관성, 주관주의와 객관주의가 그 외면적 대립성에도 불구하고 근본적으로는 동일한 뿌리, 삶에 대한 동일한 태도와 시각에서 발원한 것임을 밝히는 것이다.

타리아트의 혁명적 발전을 현실적으로 같이 체험할 때에만 가능하다고 주장하였다. 이러한 입장은 1930년대 후반에 있었던 '표현주의 논쟁'에서 블로흐가 거론함으로써 다시 조명되었던 「표현주의의 '위대성과 몰락'('Größe und Verfall' des Expressionismus)」[27]에서도 확인할 수 있는데, 이 글에서 루카치는 "독립사민당(USP) 이데올로기의 문학적 표현형식"(4: 110)으로 표현주의를 규정하며, 그것을 제국주의 시기에 부르주아 지식인들이 수행한 "가상적 저항운동"(4: 116)의 범주에 포함시키고 있다. 루카치는 그것이 '가상적'일 수밖에 없는 근본적인 이유를 계급적 기반에서 찾는바, 그들이 "부르주아적 계급기반"(4: 130)에서 벗어나지 않음으로써 한계를 극복하지 못했다는 것이다. 여기에서 부르주아 지식인에게 거의 유일한 출로[28]로 제시되는 것은, "혁명적 계급으로 생명을 건 도약을 하는 것"(RD, p.183)뿐이다. "프롤레타리아트와 부르주아지, 혁명과 반혁명 사이에서 분명한 결단"(4: 110)을 내릴 것을 촉구하는 양자택일적 구도 속에서, 요하네스 R. 베혀를 비롯한 소수의 인물만이 프롤레타리아트 쪽을 택함으로써 표현주의를 넘어서서 계속 발전할 수 있었다는 것이 1934년 초반의 루카치가 한 주장이었다(4: 110-111, 146 참조).

이상에서 확인되는 계급주의적 내지는 종파주의적 구도를 루카치가

---

27) ≪문학비평≫(제2호, 1933년 7월)에 러시아어로 처음 발표되었던 이 에세이는 1934년 1월, ≪국제문학≫에 독일어로 재발표된다. 구드룬 클라트에 따르면, 독일어판에는 러시아어판에는 없었던 마지막 한 페이지 반이 보충되면서 표현주의를 '파시즘의 유산 부분'이라고 명시한다. 1933년 여름, 나치의 지배하에 있던 독일에서도 표현주의를 둘러싼 논쟁이 벌어졌는데, 아마도 이로 인해 뒷부분이 추가된 듯하다는 것이 클라트의 생각이다. Klatt, 1984, p.224, 미주 132) 참조.

28) 여기에서 필자가 '거의 유일한 출로'라는 표현을 사용한 것은, 「표현주의의 '위대성과 몰락'」의 전면에 놓인 이데올로기 비판의 차원에서는 계급 이전이 대안으로 제시되고 있지만, '창작방법'의 차원에서는 1930년대 후반의 '리얼리즘의 승리론'으로 귀결되는 대안이 같이 제시되고 있기 때문이다. 이에 관해서는 Klatt, 1984, pp.50-51 참조.

극복해가는 과정은 1930년대 중반을 전후로 해서 그 확연한 모습을 드러낸다. 종파주의적 구도의 극복과정에는—적어도 독일에서는—파시즘이 조만간 급격하게 무너지고 혁명적 정세가 조성되리라는 그의 희망적 예측이 회의되면서 반파시즘 투쟁의 장기성을 인식하게 되는 정세판단의 변화와, 소련에서 겪게 된 경험을 통해 촉발된 사회주의의 건설 방향에 대한 고민이 그 밑바탕에 놓여 있다. 이러한 토대 위에서 이루어지는 종파주의의 이론적 극복과정은 1934년 후반기부터 시작되는 코민테른의 노선 전환과정, 그리고 특히 1935년 제7차 코민테른 대회에서 채택된 인민전선 정책을 통해 조성된 조건으로 인해 강화되어나간다.

2) 간극의 심화과정

「블룸-테제」에 내포된 반종파주의적 경향을 밀고 나가면서 장차 그의 사유방식 전체를 재구성하게 되는 철학적·이론적 기초는 이미 1930년대 초반에 마련된다. 그 가운데에서도 맑스의 『경제학-철학 수고』[29]를 읽게 된 것은 결정적인 계기를 이룬다. 「블룸-테제」의 '파동' 이후 모스크바의 〈맑스-엥겔스-레닌 연구소〉에서 연구원으로 활동하던 중 1930년에 접하게 된 『경제학-철학 수고』의 미출간 원고는, 이미 그 제목에서 시사되는 방향만 하더라도 루카치에게 고무적이었을 것이다. 그도 그럴 것이 그 자신이 『역사와 계급의식』에서 정립하려 시도한 것이 바로 통일적인 맑스주의 철학이었기 때문이다. 더군다나 『경제학-철학 수고』를 읽기 전에 정립된 그의 사물화론이 맑스의 소외론과 그 발상에서 동질적이라는 사실을 확인하게 된 것도 루카치에게 분명 고무적인 영향을 미쳤을 것이다. 하지만 이러한 발상의 동질성과 함께 존

29) K. Marx, *Ökonomisch-philosophische Manuskripte*(1844). 맑스의 이 저작 전체는 1932년에야 비로소 출간될 수 있었다.

재하는 본질적인 차이야말로 루카치에게 『역사와 계급의식』의 이론적 기초를 극복할 수 있는 철학적 근거를 제공했다. 이와 관련해 루카치는 『역사와 계급의식』이 수록된 전집 2권 서문(1967)에서 "맑스를 읽는 과정에서 『역사와 계급의식』의 모든 관념론적 편견은 붕괴했다"(2: 38)고 회고한 바 있다.

맑스의 이 책이 『역사와 계급의식』, 그 가운데에서도 특히 '프롤레타리아의 계급의식'을 이론적으로 구성할 때 그 기반으로 작용한 헤겔적인 주체·객체 동일성론, 그리고—이와 연관된 것으로서—대상화와 소외를 동일시한 관점 등을 극복할 수 있는 철학적 기초를 제공한 것은 분명하다. 그리고 『역사와 계급의식』에서는 탈각되었던 노동 범주가 장차 루카치의 사유에서 중심에 서고, 계급(성)을 포함하지만 그것으로 대체·환원될 수 없는 인간의 유적 성질에 관한 그의 성찰이 계속된 것도 『경제학-철학 수고』의 독서를 통해 비롯되었다고 볼 수 있다. 요컨대, 『경제학-철학 수고』는 '서구 맑스주의'의 초석을 쌓았던 『역사와 계급의식』의 맑스주의 노선뿐만 아니라 1920년대 중·후반 이래 루카치 스스로 순응해간 '레닌주의적 맑스주의'도 동시에 극복하면서 장차 『사회적 존재의 존재론을 위하여』로 집대성될 새로운 '루카치적 맑스주의'의 철학적 토대로 계속 작용했다고 말할 수 있는 것이다. 전집 제2권 서문에서 루카치가 그 당시를 회고하면서 "나는 새로운 시작의 열광적인 흥분 상태에 있었다"(2: 39)고 말한 것도 이러한 맥락에서 되돌아볼 때 충분히 납득할 만하다. 하지만 이러한 회고적 발언이 이미 존재론적 사유과정에 들어섰던 1967년의 시각에서 이루어졌다는 것을 염두에 둔다면, 그것이 1930년에 맑스를 읽었던 그 순간에 대해, 그리고 1930년대 초반의 루카치의 문학이론적 글들에 대해 그대로 부합한다고 할 수는 없을 것이다. 이와 관련해서는, 맑스의 『수고』를 읽는 그 순간에, 『역사와 계급의식』의 이론적 기초의 극복과 관련하여 "붕괴"라는 말이 적절한지는 의심스럽지만 어쨌든 맑스에 대한 1920년대의

'헤겔주의적' 해석과 대면할 기회를 가졌음은 분명하다는 쉬클러이의 제한적 평가가 오히려 사실에 부합할 것이다.[30)]

한편, 그는 이보다 조금 앞선 시기에 레닌의 『유물론과 경험비판론』[31)]을, 그리고 1930년대 초반에 레닌의 『철학 노트』[32)]도 읽게 된다.

---

30) Sziklai, 1986, pp.43-44 참조. 1920년대 중·후반 이후 루카치가 『역사와 계급의식』의 철학적 기초를 극복해나간 것은 사실이지만 그 책에서 표명된 이론적 계기들이 다 부정된 것은 당연히 아니다. 특히 문학이론과 관련해서 보자면, 그가 『역사와 계급의식』에서 '모사론' 일반을 비판할 때 동원되었던 논리는 1930년대 이래 '기계적 유물론'의 '자연 모방론', '사진술적 모사론'에 대한 비판으로 전용되며, 마찬가지로 사물화된 '정관적 태도' 및 '직접성'에 대한 비판은 자연주의와 전위주의에 대한 비판으로 전용된다. 『역사와 계급의식』의 철학적 인식과 1930년대 문학론과의 연관성에 관해서는 이진숙, 「루카치의 소설이론에 대한 비판적 고찰」, 서울대학교 대학원 독어독문과 석사학위 논문, 1994, 22-31쪽, 그리고 홍승용, 1996 참조.

31) 1908/9년에 씌어진 레닌의 『유물론과 경험비판론(*Materialismus und Empiriokritizismus*)』은, 비록 데보린에 의해 1924년에 그 내용이 처음 독일어권에 알려지긴 했지만, 대부분의 서구 맑스주의자들과 마찬가지로 루카치에 의해서도 주목받지 못했다. 이 책이 독일어로 출판된 것은 1927년이었는데(Wittich, 1987 참조) 루카치가 이 책을 읽게 된 것도 이 시점이다. 1941년에 일시 구금되었을 때 작성된 자전적인 글에서 루카치는, 『역사와 계급의식』의 관념론적 기본 방향을 점차 극복하던 중 1926/27년에 엥겔스의 『자연변증법(*Dialektik der Natur*)』과 레닌의 『유물론과 경험비판론』을 읽었다고 밝히고 있다(Sziklai, 1986, p.85 참조).

32) 『철학 노트(*Philosophische Hefte*)』의 핵심부분인 『헤겔의 '논리학' 적요(摘要)(*Konspekt zu Hegels 'Wissenschaft der Logik'*)』와 『헤겔의 '역사철학 강의' 적요(*Konspekt zu Hegels 'Vorlesungen über die Geschichte der Philosophie'*)』는 1929년과 1930년에 각각 처음 출간되며, 1932년에 독일어로 번역되었다. ≪적색건설(*Der rote Aufbau*)≫(1932년 18/19호)에 발표된 「라쌀레의 문학이론 비판(Kritik der Literaturtheorie Lassalles)」(Klein, 1990: 280-298)에서 루카치는, "맑스의 청년기 저작과 레닌의 헤겔 연구(유감스럽게도 아직 독일어로 출판되지 않았다)의 출간에도 불구하고 맑스주의에 대한 헤겔의 올바른 관계가 모든 맑스주의자들 공통의 자산으로는 아직 되지 못했다"(280쪽)고 말하고 있다. 따라서 그가 이미 『철학 노트』 가운데 헤겔 부분을 읽었음을 알 수 있다. 이 논문이 실린 잡지 ≪적색건설≫ 편집자 주에는 같은 해에 레닌의 책이 다음과 같은 제목으로 독일어로 번역·출판되었음을 알리고 있다. V. Adoratskij(편), *W. I. Lenin: Aus dem philosophischen Nachlaß, Exzerpte und Randglossen,* Wien u. Berlin 1932

레닌의 이 두 저작은 이후 루카치의 '악명 높은' 반영론을 구성하는 이론적 기반으로 역할한다. 주지하다시피 루카치의 반영론은 객관성을 강조하는 1930~40년대 그의 문학론의 이론적 출발점으로 위치하지만, 여기에서 주목해야 할 것은 그것의 이른바 '객관주의적' 성격은 그 당시의 "공식적 맑스주의"의 반영론에 내포된 '자연주의적 경향의 객관성'과는 애초부터 달랐다는 사실이다. 이는 루카치의 반영론이 처음부터 『철학 노트』의 변증법적 인식을 내포하고 있었다는 점에서도 드러난다.

(1) 반영론을 중심으로

스탈린주의 철학의 생성과정과 관련된 자료들을 묶어놓은 한 책의 권두 논문[33]에서 네크트는 '모사론' 혹은 '반영론'이 "변증법과 역사유물론의 전체 범주를 자연화"(Negt, 1974: 39)한 '자연변증법'을 보완하면서 혁명 후 소비에트 사회를 '정당화하는 학문(Legitimationswissenschaft)'으로 기능했음을 밝힌 바 있다. 1929년 12월에 스탈린이 행한 연설에서 촉발된 '철학논쟁'[34]에서 "스탈린주의적 당철학자들"(p.40)은 데보린—이미 1924년에 『역사와 계급의식』을 『유물론과 경험비판론』의 레닌을 동원해 비판했던 바로 그 데보린—이 유물론적 반영론을 전혀 파악하지 못한다고 비판하면서 특히 레닌의 『유물론과 경험비판론』에 그 근거를 두는 반영론을 '스탈린주의 철학'의 결정적 구성성분으로 안착시켰다.

네크트에 따르면 소비에트 사회에서 반영론은 다음과 같은 이중적

(Klein, 1990, p.290 주 2) 참조).

33) Negt, Oskar, "Marxismus als Legitimationswissenschaft. Zur Genese der stalinistischen Philosophie," *Nikolai Bucharin/Abram Deborin. Kontroversen über dialektischen und mechanistischen Materialismus*, Frankfurt/M., 1974, pp.7-48.

34) '철학논쟁'의 진행 과정에 관해서는 Sziklai, 1986, pp.84-89 참조.

기능을 수행했다. 한편으로 사유는 대상화된 노동과정의 '합법칙적인' 연관관계에 관한 인식으로, 순수 기능적 인식으로 제한되었다. 이때 이미 주어져 있는 법칙 개념은 자연과학적 법칙 개념에서 도출된 것이었으며, 따라서 그것은 결코 지양할 수 없는 "사회적 자연법칙"으로 설정되었다. 그렇기 때문에, 만약 실제적 삶에서 현실과 개념 간의 모순을 경험하게 된다면 그것은 주관의 오류에서 기인하는 것으로 처리될 수 있었다. 다른 한편, 절대적 객관성을 보증하는 도구("사회적 자연법칙")는, 일상적 경험에서 겪는 인간의 자기소외를 효과적으로 정당화하는 수단으로서 기능했다. 예컨대, 현재의 고통은 미래의 상태를 위한 '필연적인' 과도기적 상태로서 정당화되었던 것이다. 여기에서 맑스주의의 문제에서 해석의 독점권을 지니는 "'세계 내적' 심급"(p.44)이 필요했는데, 네크트에 따르면 이 자리를 차지한 것이 "세계사적으로 필연적 행위와 우발적 행위를 해석하는 권위있고, 상대적으로 자율적인 주체로서의 중앙 집중화된 간부당"(p.44)이다. 스탈린이 "변증법적 유물론은 맑스-레닌주의 당의 세계관"[35]이라고 천명한 것은 이런 맥락에서였다. 결국 그 당시 "공식적 맑스주의"에서 현상적으로는 객관성을 강조하지만 그 객관성의 내실은 '자연화한' 법칙 개념에 근거한 '사이비 객관성'(루카치가 즐겨 사용하는 말을 빌리면 '죽은 객관성')이며 따라서 그것은 필연적으로 당에 의한 주관주의적 자의와 결합될 수밖에 없었던 셈이다.[36]

35) 요제프 스탈린, 『변증법적 유물론과 사적 유물론 외』, 정성균 역, 두레, 1989, 29쪽.

36) 변증법과 역사유물론의 전체 범주를 '자연화', 혹은 '존재론화'함으로써 맑스주의를 추상적인 교리 체계로 만든 스탈린주의는 맑스와 엥겔스, 그리고 레닌에 의거하고 있음을 내세움으로써 그 이론적 정통성을 확보하고자 한다(스탈린의 개인숭배가 강화되는 1930년대 말 이후에는 점차 맑스, 엥겔스, 레닌 등의 이름 대신에 스탈린 본인의 이름이 전면에 등장한다). 이른바 '디아마트(Diamat)'로 정식화되는 스탈린주의의 기본명제는 맑스와 엥겔스, 그리고 레닌에게서 존재했던 이론적 긴장을 일면적으로 해소함으로써 그들에 의거할 수 있었다. 한 가지

『역사와 계급의식』에서 "사유와 존재, 의식과 현실 간의 이원성이라고 하는-사물화된 의식에 있어서는-극복될 수 없는 이원성이 이론적으로 객관화"(2: 388)된 것으로 파악·비판한 '모사론'을 루카치 스스로 철학적 인식론으로 받아들이는 과정에는 이와 같은 '철학논쟁'이 개재되어 있었다. 레닌의 철학적 유산, 그중에서도 특히 『유물론과 경험비판론』을 '맑스주의 철학의 볼셰비키화'를 위해 해석하고 이에 따라 플레하노프적 정통성을 무너뜨린 '철학논쟁'의 과정에서 '관념론적 헤겔주의' 또한 단절의 대상이 되었으며, 이 와중에서 『역사와 계급의식』은 또다시 비판의 대상으로 거론되었다.[37] '철학논쟁'의 막바지에 베를린에 가 있었던 루카치는 다시 모스크바로 되돌아온 후[38]-그 자신의 회

예를 들자면, 엥겔스는 변증법을 "자연, 인간 사회 및 사유의 일반적 운동 및 발전 법칙들에 관한 과학"(MEW, 20권, pp.131-132)으로 정식화한 바 있다. 이로부터 레닌은 '변증법적 유물론'을 맑스주의의 세계관으로 규정하였으며 마침내 스탈린은 모든 존재에 고유한 보편적인 운동의 원리로서의 변증법에 철학적 유물론을 결합시킨 것이 변증법적 유물론이라고 정의하기에 이른다. 이에 따라 역사유물론은 "사회생활의 연구에 변증법적 유물론 원리를 확장한 것이며, 사회생활의 현상과 사회와 역사의 연구에 변증법적 원리들을 적용한 것"(요제프 스탈린, 앞의 책, 30쪽)"으로 정의되는데, 이는 맑스가 발견한 역사유물론이 스탈린의 체계 속에서 변증법적 유물론의 파생물로 재설정되는 과정이다. 이제 맑스와 엥겔스, 그리고 레닌이 강조해 마지않았던 '구체적 상황의 구체적 분석' 대신에 '철학적으로' 일반화된, 그리하여 이미 주어져 있는 몇 가지 방법, 몇 가지 법칙의 구체적 상황에 대한 '적용'이 문제가 된다.

37) 1930년 12월 29일, 〈철학과 자연과학 담당 적색 교수 연구소〉 당세포의 결의에서 "루카치와 같은 유형의 헤겔주의적 관념론자들"(p.318)은 '맑스-레닌주의'와는 통합될 수 없는 것으로 비판되면서 그 동안 거의 '망각'되었던 『역사와 계급의식』이 재론되었다. "Aus der Resolution der Parteizelle des Instituts der Roten Professur für Philosophie und Naturwissenschaft in Moskau," *Nikolai Bucharin/Abram Deborin: Kontroversen* über *dialektischen und mechanistischen Materialismus*, Frankfurt/M., 1974, pp.315-329.

38) 「블룸-테제」에 대한 자기비판을 거친 후 루카치는 1930년 가을부터 1931년 여름까지 모스크바에 체류한다. 이 당시에 그는 ≪모스크바 룬드샤우(*Moskauer Rundschau*)≫에 12편의 소설 평문을 발표한 바 있는데, 헝가리 공산당 및 코민테른의 비판으로 인해 그가 감수해야 했던 "일종의 유배와 같은 상태에

고에 따르면—1930년대 초반부터 시작된 생산적인 활동, 즉 "공식적·반(半)공식적 문학론에 대항하는 진정한 빨치산 투쟁"을 방해받지 않고 수행할 수 있기 위해서는 『역사와 계급의식』에 공공연히 거리를 두는 것이 "전술적으로 필요한 일"이라고 생각하였으며, 이에 따라 "지속적인 빨치산 투쟁을 수행하기 위한 입장권"을 얻기 위해 『역사와 계급의식』에 대한 뒤늦은 자기비판을 행한다. 하지만 루카치 스스로 이미 『역사와 계급의식』의 이론적 한계에 대해 인정하고 있었기 때문에 이 자기비판에는—과장된 어조를 제외한다면—진정성이 담겨 있었다고 볼 수 있다(이상에 관해서는 2: 40 참조).

당시에 그가 행한 자기비판은 『역사와 계급의식』이 '자연변증법'과 '모사론'(반영론)을 부정한 데에 그 초점이 맞추어져 있는데,[39] 이는 '자연변증법'과 '모사론'이 혁명 후 소비에트 사회를 정당화하는 학문으로 안착되었던 '철학논쟁'의 맥락에서 일차적으로 이해될 수 있다. 하지만 그의 자기비판을 이러한 외적 상황에서 비롯된 '강요' 탓만으

서"(Stephan, 1975: 81-82) 씌어진 이 글들은 이후의 다른 어떤 글보다도 더 충실하게 당의 공식노선을 따르고 있다. 곧 이어 1931년 여름, 루카치는 베를린의 프롤레타리아혁명작가동맹(BPRS) 지부에 파견되며, 여기에서의 활동은 1933년 3월, 히틀러가 권력을 장악할 때까지 계속된다. 루카치는 1933년 5월 다시 모스크바로 귀환하며, 1944년 12월, 헝가리로 귀향할 때까지 소련에서 망명생활을 하게 된다.

39) 『역사와 계급의식』에 대한 자기비판은 1933년에 발표된 자전적 소묘인 「맑스로 가는 나의 길(Mein Weg zu Marx)」(SzIP, pp.323-329)에서 짧게 이루어진 뒤 1934년, 레닌의 『유물론과 경험비판론』의 의미를 강조하는 한 편의 글을 통해 공개적으로 이루어진다. *Pod znamenem marksizma*(모스크바, 4/1934)에 발표된 그 글은 「공산당의 볼셰비키화와 관련해 '유물론과 경험비판론'이 지니는 의미(Die Bedeutung von "Materialismus und Empiriokritizismus" für die Bolschewisierung der kommunistischen Parteien)」(*Geschichte und Klassenbewußtsein heute (2). Beiträge 1923-1969*, Frankfurt am Main, 1977, pp.254-262)라는 제목을 달고 있다. 그리고 비슷한 시기에 씌어진 『어떻게 독일에서 파쇼 철학이 생겨났는가?』에서도 마찬가지 양상의 자기비판이 반복되고 있는데(pp.54-55 참조), 이 모든 글에서 비판의 초점은 자신이 『역사와 계급의식』에서 자연변증법과 모사론(반영론)을 부정한 데에 맞추어져 있다.

로 돌릴 수는 없는데, 그도 그럴 것이 루카치 자신도 이 '논쟁'에서 스탈린이 플레하노프적 정통성을 공격하고 철학에서의 '맑스-레닌주의' 노선을 주장한 데에 기본적으로 동조했기 때문이다. 그렇지만 이러한 동조가 반드시 내용상의 일치를 의미하는 것은 아니다. 가령, 헤겔과 맑스-레닌주의 사이의 관계 문제만 하더라도 루카치는—당시 단절을 강조했던 "공식적 맑스주의"와는 달리—『철학 노트』의 레닌을 앞에 내세우면서 헤겔 변증법의 의미를 계속 환기시킨다.[40] 그리고 '철학논쟁'이 결국 전일적인 스탈린 노선의 수립으로 귀결된 것이긴 했지만, 루카치는 여기에서 맑스주의를 '보편적인 세계관'으로서 설정할 수 있는 여지가 생긴 데에 주목한다. 이미 『경제학-철학 수고』의 독서를 통해 '통일과학'으로서의 맑스주의관을 획득한 루카치는, 이를 통해 맑스주의가 칸트를 비롯한 비(非)맑스적 철학이나 이론으로부터 빌려올 필요가 없는 독자적인 '맑스주의 미학'도 담고 있어야 한다는 관점을 굳히게 된다. 미학이 맑스적 체계의 유기적 부분을 이룬다는 생각, 맑스적 미학은 존재하며, 맑스로부터 그 미학을 발전시킬 수 있다는 생각은 루카치의 이후 문학이론적, 미학적 발전과정에서 결정적인 역할을 하게 된다(이상은 GD, pp.140-141 참조).

논의의 맥락에서 약간 벗어나긴 하지만 여기에서 루카치가 이해하는 '보편적인 세계관'으로서의 맑스주의에 대해 간략하게 언급하고 넘어가도록 하자. 스탈린주의 역시 맑스주의를 '보편적인 세계관'으로 보기는 마찬가지이니만큼 루카치가 이해하는 바를 소개할 필요가 있겠다.

---

40) 이 글의 제3부에서 보게 되겠지만 헤겔과의 관계는 겉으로 주장되는 것만으로 평가될 수 없다. 어쨌든 간에 헤겔에 대한 평가에서 루카치와 스탈린주의 간의 대립은 『청년 헤겔(*Der junge Hegel*)』을 통해 가장 분명하게 표현되는데, 제2차 세계대전 중 소련은 헤겔을 프랑스 혁명에 반대한 봉건적 반동 이데올로그로 선전한 반면, 루카치는 전쟁 발발 직전(1938년 늦가을)에 완성된 『청년 헤겔』에서 헤겔을 시민적·철학적 진보의 가장 중요한 대표자로 간주하며 청년 헤겔을 맑스의 전단계로 파악하고 있다. 이로 인해 이 책은 1948년에야 처음 출판될 수 있었다.

먼저 가장 일반적인 의미에서의 '세계관'에 대한 개념 규정은 「서사냐 묘사냐?」(1936)에서 찾아볼 수 있다. 여기에서 그는 작가의 세계관이란 "자신의 인생경험들이 총괄되며, 일반화의 일정한 수준으로 고양된 것의 총합"(4: 229)이라고 말한 바 있다. 따라서 어떤 인간이 지닌 세계관의 내포는 역사적 단계와 사회적, 계급적 기반 그리고 그 인간의 삶에 따라 다를 뿐만 아니라 아예 '세계관'이 없는 인간조차 있을 수 있다. 이러한 세계관들 가운데 루카치는 맑스주의적 세계관을 '의식적인' 세계관으로 보는데, 루카치의 이해에 따르면 그 중심에는 맑스주의적 '방법'이 놓여 있다.

'방법'의 문제에 대한 그의 '집착'은 그의 일생 전체에 걸쳐 있다고도 말할 수 있는데, 일찍이 청년기 루카치의 사유를 규정했던 딜레마, 즉 "형이상학적·실존적 분석과 역사적 분석의 병행 상태"(Márkus, 1977a: 104)가 『소설의 이론』의 과도기를 거치면서 역사적 방법의 우위로 전환되었으며,[41] 그것이 맑스주의로 이어졌다는 것은 잘 알려진 사실이다. 『역사와 계급의식』에서 그가 '맑스주의의 정통성'은 이론이나 명제가 아니라 바로 그 '방법'에 있다고 주장하고 있는 데에서나[42] 후기의 『미적인 것의 고유성』에서 그가 자신의 초기 미학이 그릇된 방

41) 제임슨은 *Marxismus and Form: Twentieth Century Dialectical Theories of Literatur* (Princeton University Press, 1971)에서 『소설의 이론』의 문제 개진 자체 속에 이미 "형이상학적 세계관에서 역사적 세계관으로 옮아가는 결정적인 조짐들"이 들어 있으며, 후자는 특히 괴테와 톨스토이를 다룬 장에서 분명하게 드러난다는 것을 밝힌 바 있다. 인용은 국역본(『변증법적 문학이론의 전개』, 여홍상·김영희 옮김, 창작과비평사, 1984) 189쪽에 따른 것이다.

42) "맑스주의의 문제에 있어서 정통성이란 오로지 방법에만 관련된다. 정통성은 변증법적 맑스주의 속에서 올바른 연구방법이 발견되었으며 이 방법은 오직 그 창시자들의 정신에 따라서만 확장되고 심화될 수 있다는 과학적 확신이다"(2: 171). 개별 사실에 관한 명제들이 역사의 변천에 따라 오류로 판명된다 하더라도 변증법적 방법을 고수함으로써 정통성은 보존될 수 있다는 그의 생각은, 이후 『역사와 계급의식』의 이론적 기초를 자기비판하고 그것을 정정해 나가는 기나긴 지적 도정에서도 일관되게 고수된 생각이다.

법으로 인해 좌초될 수밖에 없었으며 이제 "근본적으로 대립적인 방법들로" 자신의 소싯적 꿈, 즉 '체계적인 미학'의 집필이라는 꿈을 실현하는 일에 접근할 수 있게 되었다고 주장하고 있는 데에서(11: 31 참조) 우리는 그가 '방법'의 문제에 얼마나 일관되게 매달려 왔던가 하는 것을 엿볼 수 있다. 그의 기나긴 사유의 도정은 올바른 맑스주의적 '방법'을 찾는 과정이었다고 해도 과언이 아닌 것이다.[43]

'유물론적·역사적 존재론'이라는 새로운 개념틀을 사용하기 이전의 루카치가 사용하는 용어 자체는 스탈린주의의 그것과 별다른 차이가 없다. 가령 『존재론』의 문제의식이 내포되어 있으면서 여전히 '낡은' 개념틀 속에서 움직이고 있는, 따라서 『존재론』으로의 이행과정을 보여주는 『미적인 것의 고유성』에서 루카치는 자신의 미학적 탐구를 "맑스주의를 미학의 문제에 가능한 한 올바르게 적용"(11: 16)하려는 시도

43) 이로 인해 종종 루카치는 '방법론주의자'로 비판받기도 했다. 방법에 대한 '집착'이 구체적인 사태에 대한 구체적인 분석을 방해했다는 것이다. 하지만 어떠한 구체적인 분석이—의식적이든 무의식적이든 간에—일정한 '접근방식'에 의거해 이루어지는 이상, 문제에 접근하는 방식으로서의 '방법'을 찾기 위한 그의 긴 모색의 도정이 결코 의미없는 것이라고 할 수는 없을 것이다. 더군다나 그가 '방법'을 통해 역사적이고 구체적인 분석을 대신하고자 한 것이 아닌 이상, 가령—앞에서 우리가 소개한—클라우센이 루카치의 스탈린주의 비판은 "방법을 물신화"(Claussen, 1990: 25)하는 기본 경향으로 인해 궁극적으로 '인물'에 매여 있다는 비판은 지나친 감이 없지 않다. 루카치는 자본주의뿐만 아니라 '현실사회주의'에 대한 역사적·구체적인 분석이야말로 동시대인의 과제라고 역설하고 있는데, 다음과 같은 그의 발언은 이를 잘 보여준다고 할 수 있다. "맑스주의의 가장 심각한 과오 중의 하나는 1914년에 제국주의에 관한 레닌의 저작이 출간된 이후 자본주의에 대한 진정한 경제학적 분석이 이루어지지 않았다는 데 있다. 사회주의의 발전에 대한 진정한 역사적, 경제학적 분석 또한 우리에게는 결여되어 있다"(Lukács, 1970a: 202). 따라서 클라우센의 비판은, 루카치가 행한 스탈린주의 비판의 '불충분성'에 대한 지적으로는 적절할 수도 있겠지만 그것이 곧 루카치의 사유방식 자체의 한계라는 식으로 과장되어서는 안될 것이다. 더군다나 '스탈린적 방법'에 대한 루카치의 비판이 그 자체로 그치는 것이 아니라 '유물론적·역사적 존재론'이라는 적극적인 기획의 구성요소로 통합된다는 것을 감안한다면 말이다.

로 규정한다. 여기에서 그가 맑스주의라는 말로 지칭하는 것은 "맑스에 의해 발견된"(11: 18) "유물론적 변증법의 방법"(11: 17)이다. '유물론적 변증법'은 곧 변증법적 유물론과 역사유물론을 총칭하는 것인데, 루카치는 이 양자의 "복잡한 상호관계"(11: 15), "영속적이고 생동적인 상호작용"(11: 16)을 강조하기를 결코 잊지 않으며, 이 양자를 이분화하고, 변증법적 유물론의 특수화로서 역사유물론을 설정하는 것이야말로 스탈린 시기에 있었던 대표적인 "맑스주의의 속류화 경향"(11: 15, 각주 1)이라고 비판한다.

루카치가 여기에서 말하는 '방법'은 어떤 길을 어떻게 가야 할지를 밝혀주는 '길잡이'일 뿐, 그 자체만으로 길을 가는 행위를 대신하는 그런 것이 아니다. 따라서 방법을 '적용'한다는 말이 어떤 일반적인 원리를 개별적 영역들에서 '확증'받는 식으로, 개별적 영역의 연구는 단지 어떤 일반적 원리의 '사례' 확인에 불과한 결과를 낳는 식으로 이해되어서는 안 된다. 변증법을 일종의 자연법칙으로 만듦으로써 구체적인 분석을 법칙 적용의 사례 연구로 대신한 스탈린주의와 달리, 루카치는 인식의 목표가 객관적 현실을 그 참된 모습에서, "그 참된 객관성에서"(11: 18) 파악하는 것이며, '방법'은 이러한 목표를 위한 '방편'임을 분명히 한다. 따라서 그는 맑스주의에 충실한다는 것은 그 원리, 방법에 대한 충실함으로 그치는 것이 아니라 필연적으로 현실에 대한 충실함을 동반하는 것으로 본다. 그는 "현실에 충실함과 동시에 맑스주의에 충실"(같은 곳)할 것을 요구하고 있는 것이다. "맑스주의 미학은 존재함과 동시에 존재하지 않는다"(11: 17)는 루카치의 역설적 발언도 이에 따라 이해될 수 있다. 즉 맑스주의 미학은 "이념상으로 현존하는 것"일 뿐이며 "독자적인 연구를 통해 확보되고 창출되어야"(같은 곳)함을 강조하는 것이다. 이상에 대해서는 이 글의 제3부에서 다시 한 번 논의될 것인바, 다시 본래의 논의의 맥락으로, 즉 1930년대 초반의 루카치로 돌아가도록 하자.

앞에서 말한 '철학논쟁'의 성과, 즉 소위 플레하노프적 정통성으로부터의 해방, 그리고 1932년 4월에 있었던 라쁘(RAPP; 러시아 프롤레타리아 예술동맹)의 해소 등은 당시 루카치로 하여금 스탈린의 노선에 건 희망을 더하게 했다. 정치적 견지에서도-앞에서 보았다시피-1930년대 초반의 루카치는 코민테른의 '사회파시즘' 테제를 그대로 반복하며 그 연장선상에 있는 '파시즘이냐 볼셰비즘이냐'는 양자택일적·종파주의적 구도에 입각해 있었다. 공식 노선과의 이러한 친화성은, 당시에 그가 적어도 스탈린에 의해 허용된 이데올로기적 전환이 존재한다고 믿었기 때문에 그의 사유 내에서 갈등의 소지도 별로 없었다. 이렇게 보면-앞에서 우리가 소개했듯이-그가 『역사와 계급의식』에 대한 자기비판이 "지속적인 빨치산 투쟁"을 위한 전술적 필요에 따른 것이었다고 한 것은, 그 시기를 다소 앞당긴 사후(事後) 평가라 할 수 있다. 그 당시에 이루어진 그의 공개적 활동에서 스탈린(주의)에 대한 의식적인 비판을 찾아보기란 아직 힘들다.

하지만 이러한 희망은 곧 퇴색하기 시작한다. 스탈린에 의해 허용된 이데올로기적 전환이 이루어졌다는 주관적 믿음에 따라 전개된 루카치 자신의 이론적 활동은 곧바로 공식적 노선과의 객관적인 간극을 드러내게 된다. 이러한 간극은 1930년대 그의 활동의 중심 영역이었던 문학이론에서 가장 분명하게 그 모습을 내보인다. 그것은 '반영론'에 기반한 미학적 구상을 "강령적으로"(Mittenzwei, 1977: 7) 제시하고 있는 「예술과 객관적 진리(Kunst und objektive Wahrheit)」[44]를 통해서도 확

44) 진작에 국역되어 소개된 이 논문은 1930년대 루카치와 '후기' 루카치의 관계를 설정하는 데에 중요한 역할을 한다. 그렇기 때문에 이 논문의 작성 시점은 중요한데, 이에 관해서는 의견이 분분하다. 이 논문이 수록되어 있는 루카치 전집 제4권에는 이 논문의 발표 연도가 1954년으로 되어 있다. 이 논문이 독일어로 처음 발표된 것은 1954년임이 분명하다. ≪독일철학잡지(*Deutsche Zeitschrift für Philosophie*)≫(1954년 1/2권, pp.113-148)에 독일어로 처음 발표되었는데, 하지만 이 잡지의 편집자는 미주(p.270)를 통해 이 논문이 1934년에 ≪문학비평(*Literaturnyi Kritik*)≫에 러시아어로 발표되었음을 알리고 있다. 미

텐츠바이(1977), 토마스 메처(1990) 등도 이 논문이 1934년에 씌어졌다고 하는데, 하지만 여기에도 이견이 있다. 로젠베르크의 루카치 연보에는 이 논문이 「예술의 객관적 형식의 문제에 대하여(K probleme objektivnoj chudožestvennoj formy)」라는 제목으로 ≪문학비평≫ 1935년 9월호에 발표된 것으로 되어 있으며(Rosenberg, 1975: 411), 또 올드리니 역시 같은 주장을 하고 있다(Oldrini, 1990: 58-59). 이에 반해 1954년설을 주장하는 브레너는, 이 논문에는 1950년대에 들어와서야 출판된 스탈린의 언어학 관련 서적에 대한 언급이 있음을 지적하고 있다. 그는 이 논문을 1954년에 발표된 것으로 간주하고 '중기'의 작업과 '후기'의 미학 사이에 있는 이행기적 산물이 바로 이 논문이라고 주장한다(Brenner, 1990: 196-197 참조). 필자로서는 러시아어 독해 능력이 없으며, 또 ≪문학비평≫의 논문을 확보할 수도 없었기 때문에 확실한 판단을 내릴 수 없는 형편이다. 하지만 1954년에는 아직 루카치가 살아 있었고, 따라서 1934년에 러시아어로 발표된 것이라는 ≪독일철학잡지≫의 편집자의 해제도 그의 확인을 거쳤을 공산이 크다고 볼 때, 1934년에 처음 씌어진 것으로 보는 것이 타당할 듯하다. 그리고 스탈린의 언어학 관련 대목은 독일어로 옮기면서 추가된 것으로—루카치 자신이 말한 '빨치산 투쟁'의 방책으로—보는 것이 적절할 듯하다. 그렇다고 해서 이 논문의 작성 시점이 1934년 9월 이전은 아닐 듯한데, 그럴 것이 1934년 1월 26일부터 2월 10일까지 열렸던 소련 공산당 제17차 당대회에서 스탈린이 한 발언과 더불어 1934년 제1차 소비에트 전연방 작가대회(8월 17일~9월 1일)에서 고리키가 한 발언이 인용되고 있기 때문이다. 이러한 인용은 1950년대에 씌어진 루카치의 다른 글에서는 찾아보기 힘들다는 것을 고려할 때, 이 논문은 아마도 제1차 작가대회 직후에 씌어진 것이 아닐까 싶다. 결국 본질적인 문제는 이 논문에서 확인되는 루카치의 이론적 입장과 이론적 구성요소들의 연관을 파악하고 그것과 1930년대 중·후반 이후의 문학론에서 확인할 수 있는 논지 사이의 유사성과 차별성을 검증하는 것일 터인데, 필자는 1930년대 중·후반의 여타 글들과 이 논문의 차별성은 거의 없으며, 오히려 이 논문의 단서들이 1930년대 후반 이후 더 정교하게 발전해간다는 생각이다. 가령, 이 논문에서 정식화되고 있는 반영론만 하더라도 1946/47년에 씌어진 「레닌의 인식론과 현대철학의 문제들(Die Erkenntnistheorie Lenins und die Probleme der modernen Philosophie)」(EoM, pp.127-160)에서 훨씬 더 정교화·풍부화되고 있음을 확인할 수 있는 것이다. 더군다나 후자의 논문에서 물질과 의식의 대립 설정이 인식론의 근본문제에 한정된 것임을 명시하는 대목(EoM, p.157)은 「예술과 객관적 진리」에서는 찾아볼 수 없는 것이면서, 인식론을 행위이론(『미적인 것의 고유성』) 내지는 존재론(『사회적 존재의 존재론을 위하여』)에 종속시키는 '후기'의 입장으로의 이행과정을 보여준다. 「레닌의 인식론과 현대철학의 문제들」의 입장이 이렇게 '후기'의 입장과 더 가깝다면 「예술과 객관적 진리」가 1954년에 씌어졌다는 브레너의 주장은 이론적으로 논박될 수 있다.

인할 수 있다.

인식론으로서의 반영론에서 출발하는 루카치의 리얼리즘 이론은 대략 1950년대 중반까지 계속되는데, 이를 통해 행해진 객관성의 강조는 현상적으로는 공식적 노선과 궤를 같이하지만 실상은 주관주의에 대한 대립물로 볼 수 있다. 우리는 그 한 가지 예로 1930년대 중반 이후 루카치가 '레닌적 당파성'을 '객관성의 당파성'으로 해석하고 있는 대목을 들 수 있다.[45] 흔히 객관성에 대한 루카치의 강조는 주체성의 계기를 경시한 것으로 평가받는데, 당대의 문맥 내에서 그것은 모순적인 사회적 과정을 '자연화'한 합법칙성들로 환원시켰던 "주관적 주의주의의 점점 더 격렬해지는 공세를 막기 위한 최후의 방어선"(Illés, 1990: 567) 역할을 했다고 보는 것이 타당할 것이다.

한편 반영론은 계급주의적·종파주의적 편향을 정정하는 이론적 기초로 역할하기도 했다. 앞에서 보았다시피 적어도 1934년 초반까지 루카치의 문학론 역시 계급성을 강하게 강조하고 있다. 이는 1930년대 초반까지 소련의 문학적 담론을 지배했던 라쁘의 종파주의적 자장(磁場)에서 그가 완전히 벗어나지 못했던 탓도 있지만, 다른 한편 『역사와 계급의식』에서 정초된 '보편계급으로서의 프롤레타리아트'론에 입각한, 프롤레타리아트의 사회적 입지가 지닌 인식론적 특권을 주장하는 논리가 문학론에 그대로 전용된 탓이기도 하다. 하지만 루카치의 반영론은 『역사와 계급의식』의 배면에 암암리에 놓여 있었던 '주체·객체 동일성론'에 대한—인식론적 차원에서의—정정을 의미한다. 이는 보편적 반영론의 영역 내에서 예술적 반영의 특수성을 고찰하고자 하는 「예술과 객관적 진리」의 첫머리에서 이미 시사되는 것이다.

> 현실에 대한 모든 올바른 인식의 토대는—현실이 자연이든 사회이든—외부세계의 객관성, 즉 그것이 인간 의식과 독립하여 존재한다는 사실을

45) 이에 관해서는 제2부 2장 2절 참조.

> 인정하는 것이다. 외부세계에 대한 어떠한 파악도 단지 의식과 독립하여 존재하는 세계의, 의식을 통한 반영일 뿐이다(4: 607).

여기에서 우리는 첫째, 루카치가 객관적으로 규정되어 있는 대상세계의 실재성을 인식의 필연적인 전제조건으로 '인정'하고 있음을 확인할 수 있다. 이러한 전제조건을 인정하지 않을 경우, 그것은 궁극적으로 관념론으로 귀결된다는 것이 루카치의 생각이다. 따라서 현실에 대한 모든 인식의 올바른 토대는 외부세계의 객관성을 인정하는 것이다. 둘째, 이러한 "외부세계의 객관성" 테제에 입각해 있기 때문에, 그리고 '객체의 우위'에 입각해 있기 때문에 루카치는 "반영"이라는 개념을 사용한다. 하지만 여기에서 인식은 외부세계와 독립하여 존재하는 "의식을 통해" 이루어진다. 의식은 곧 감각, 감정, 상상력, 오성, 이성 등을 포괄하는 것으로서, 반영과정에는 그러한 계기들이 작동한다. 이러한 의식은 개별 인간의 생물학적 제약뿐만 아니라 역사적·사회적 제약에서도 벗어날 수 없는 것이지만 그 자체로 반영과정에서 능동적으로 작용하는 것이기도 하다. 따라서 "현실의 이론적·실천적 획득"(4: 607)을 말 그대로의 의미에서 '거울에의 비침'으로 간주하는 기계적 유물론은 루카치가 이해하는 반영론과 대립되는 것이다. 이런 의미에서 루카치는 위에서 인용된 내용을 "변증법적 유물론의 한 가지 기본 테제"(10: 219)로 규정하기도 한다.

그런데 루카치에 따르면 객관적 현실은 "역동적이고 생동하는 무한성"(4: 610)을 지닌다. 따라서 "의식을 통해" 이루어지는 반영은 항상 불완전할 수밖에 없다. 이를 루카치는 "현실의 정신적 재생산의 불완전성"(4: 609)이라 표현하는데, 이것은 결국 대상과 인식의 원칙적인 비동일성, 원칙적인 이질성을 말하는 것이다. 그렇다고 해서 올바른 현실 인식이 절대적으로 불가능한 것은 아닌데, 여기에서 루카치는 변증법을 통해 객관적 현실에 무한히 "접근하는 것"(4: 610)이 가능하다고 한다.[46] 루카치가 이후 여러 곳에서 '절대적 진리와 상대적 진리의 변증법적 통일성'이라고 표현하곤 한 것도 결국은 바로 이 '인식의 접근적 성격', '진리의 접근적 성격'을 말하는 것에 다름 아니다. 이렇게 '인식의 접근적 성격'을 강조하는 이상, '주체·객체 동일성'은 부정될 수밖에 없으며, 프롤레타리아트의 사회적 입지나 그 계급의 전위 정당이 점하는 절대적인 인식론적 특권도 부정될 수밖에 없다.[47] 이런 맥락에서 루카치는 다음과 같은 레닌의 발언을 여러 곳에서 인용하고 있다.

역사, 특히 혁명의 역사는, 가장 훌륭한 당이, 가장 진보적인 계급의 가장

---

46) 이 논문에서 유물론적 변증법과 실천의 밀접한 결합을 강조하고 있는 것은 사실이지만(4: 610-611 참조) 여기에서는 아직 '실천' 범주가 '이질성과 근접성의 변증법적 관계'를 수립하는 결정적인 매개고리로서의 '대상적 활동' 범주로 부각되지는 않는다.

47) 아주 기본적인 이상의 내용만 보더라도 방민호(1997)와 임홍배(1998) 등이 루카치에게 가하고 있는 비판은 일면적이다. 방민호는 루카치의 반영론을 거의 기계적 유물론의 차원에서 이해하며, 이에 대한 대안으로 라카투스의 실재론을 내세우는데, 라카투스의 입장—적어도 그가 소개하고 있는 한에서 보면—과 루카치의 입장 간에는 그의 주장과는 달리 큰 차이가 없다고 보아야 할 것이다. 임홍배의 글 역시 루카치의 반영론을 기계적 유물론의 차원에서 이해하고 있다. 그리고 그가 루카치의 상징론은 현실에 대한 '과학적' 인식으로 파악된 진리로서의 합법칙성, 그것의 구체적인 형상화로서의 예술작품이라는 도식을 가진 것이며, 따라서 그 예술작품이란 '보편적인 것'의 '사례'요 '표본'으로 전락할 수밖에 없다고 비판한 것은, 루카치가 알레고리를 비판할 때 동원하고 있는 논리이다. 즉, 루카치에 따르면 알레고리에서는 현상과 형상 간에 매개 역할을 하는 것이 '개념'이며, 따라서 그 형상은 일의적이고 고정된 것인 개념이 수행한 것을 가시화하는 것일 뿐(임홍배의 표현이라면, '사례'요 '표본') 그 출발점인 현상세계로의 귀환을 의미하는 것이 아닌 반면, 상징에서는 현상과 형상 간에 괴테가 말한 '이념'(루카치의 해석에 따르면, "개념에 비해 전체성과 동시에 변증법적 운동성 및 유연성으로의 지향을 내포하는 총체성의 종합명제" 12: 730)이 매개 역할을 하며, 따라서 그 이념은 형상으로 전환될 때 현상의 내용뿐만 아니라 그 관계들과 규정들의 풍부함도 같이 취한다(12: 728-731 참조). 따라서 루카치의 상징을 임홍배 식으로 이해한다면, 루카치가 평생에 걸쳐 고수한 상징과 알레고리의 구분은 결국 동일한 양자를 대립시킨 한심하기 짝이 없는 작업으로 되어버린다.

계급 의식적인 전위가 생각하는 것보다 언제나 그 내용에 있어서 더 풍부했고, 더 다양했으며, 더 생동적이었고, 더 교활하였다(4: 611에 따라 재인용).

물론 루카치는 평생토록 프롤레타리아트의 역사적 선진성을 부정하지 않았으며, 그 계급적 관점에서 획득될 수 있는 인식상의 '특권'도 부인했다고 할 수는 없다. 문제는 그것의 '선험적 절대화'이며, 그와 더불어 인간을 계급 범주로 환원시키는 것이다.

루카치는 위의 반영론의 기본 테제를 통해서, 즉 반영의 대상을 '현실'[48]로 전제함으로써 개인을 계급에 가두는 논리에 반론을 펴기 시작하는데, 이는 계급성을 강하게 주장하던 1930년대 초반의 입장과 달라지는 지점이다. 가령 1936년에 발표된 「막심 고리키—'혁명전 러시아의 인간희극'(Maxim Gorki: 'Die menschliche Komödie des vorrevolutionnären Rußland')」에서 그는 인간을 계급으로 환원하고 양자를 기계적으로 동일시하는 취급방법을 '속류사회학(Vulgärsoziologie)'의 이름으로 비판하고 있다.[49] 이러한 입장은 1938년에 씌어진 방대한 에세이

48) 루카치의 문학론에서 수도 없이 등장하는 '현실(성)(Wirklichkeit)'이라는 개념은 본질뿐만 아니라 현상도 포함하는 개념이다. 본질과 현상은 단순한 인간 의식의 산물이 아니라 현실의 산물이다. 루카치에 따르면 현실은 상이한 단계들을 지니는데, 그 심층이 본질이라면 그 표층이 현상이라 할 수 있다. 그 본질과 현상은 현실 전체의 변증법적 운동 속에서 무한하게 상대화된다(10: 220 참조). 또 하나 덧붙이자면, 루카치가 "현실을 있는 그대로" 운운할 때의 그 현실(성)은 죽어 있는 '사실(Tatsache)', '사실성'과 구분되는 개념이다. 맑스주의로 전향하기 이전에 이미, 즉 『소설의 이론』이 그 서론 격으로 설정되어 있었던 도스토예프스키론(1914~1915년 사이에 씌어진 이 글은 구상 상태에서 중단되었다)에서 이미 루카치는 "현실성: 필연성과 가능성의 통일"[J. C. Nyiri(편), *Georg Lukács. Dostojewski: Notizen und Entwuerf,* Budapest, 1985, p.174]이라는 말을 키에르케고르의 글에서 인용하고 있다. 이것은 본디 헤겔의 양상변증법(Modaldialektik)에 그 연원을 두고 있는 것으로서 맑스 또한 '현실적', '현실성'이라는 말을 이런 맥락에서 사용했다. 즉 맑스가 과학의 대상인 "죽어 있는 사실", "주어진 현상" 등을 "변할 수 있고 항상 변화하는 과정에 있는 유기체"(MEW, 제23권, p.16)로 파악할 것을 주장하는 것은 곧 사실과 현상의 측면들을 양상 범주를 통해, 즉 '현실적'으로 파악하라는 말이다.

「맑스와 이데올로기적 몰락의 문제(Marx und das Problem des ideologischen Verfalls)」에서 한층 분명한 표현을 얻는데, 여기에서 루카치는 개인은 계급적 존재이지만 동시에 언제나 '전체 사회'와 마주하고 있으며, 따라서 어떠한 이데올로그라도 자기 계급의 존재와 의식에 완전히 갇혀 있는 것이 아니라 '전체 사회'와 부단히 대면하고 있다는 논리를 편다(4: 263 참조).[50]

이상은 스탈린주의와의 차별성을 부각한다는 의미에서 루카치 반영론의 한 대목만을 소개한 것에 불과하다. 사실 인식론으로서의 반영론은 실재론과 비실재론, 혹은 반실재론, 내재적 실재론 등등의 이름으로 특히 분석철학에서 현재 주요하게 벌어지고 있는 논쟁의 한 대목에 놓일 수 있는 문제이지만, 필자의 능력으로는 이러한 차원에서 이 문제를 본격적으로 다룰 수 없다. 그리고 반영론이 미학적 영역에서 어떻게 구체화되고 있는가 하는 것도 논외로 할 수밖에 없는데, 한 가지 분명한 것은 구체적인 미학적 문제의 고찰에서 루카치가 얻은 성과들이 반영론으로 '환원'될 수는 없다는 것이다.[51] 루카치의 논의에서 반영론은 이론적으로 올바른 출발을 할 수 있는 '기본 테제'로서 역할을 하는 것이며 구체적인 논의에서는 역사유물론적·미학적 고찰이 불가분하게 얽혀 있다.

---

49) '속류사회학'을 루카치는 다음과 같이 비판하고 있다. '속류사회학'에서 "계급적 특징들은, 마치 옛날에 형리가 범죄자들에게 그들이 옥사에 들어가기 전에 벌겋게 달군 쇠로 낙인을 찍던 것과 같은 방식으로, 작가와 이론가에 의해서 인간에게 새겨넣어진다"(5: 300).

50) 인간을 계급 범주로 '환원'하는 관점에 대한 그의 비판적 시각은 실상 『경제학-철학 수고』의 독서에서 비롯된 "새로운 시작"의 제반 계기 가운데 하나인 '인간류(Menschengattung)' 개념의 발견으로 소급될 수도 있을 것이다. 이 개념은 1960년대에 전개한 존재론에서 오히려 더 부각된 개념인데, 그렇다고 인간류 개념이 포이어바흐적인 '유(類)' 개념으로 오해되어서는 안되며, 루카치의 입장이—알튀세가 말하는—'이론적 인간주의'인 것은 아니다. 이에 관해서는 제3부 주 19) 참조.

51) 이에 관해서는, 「예술과 객관적 진리」에서의 반영과 『미적인 것의 고유성』에서의 미메시스를 비교·고찰하고 있는 Metscher, 1990 참조.

(2) 리얼리즘의 승리론을 중심으로

이러한 반영론과 함께 1930년대 후반에 그가 도달한 문학론의 거점을 명확히 보여주는 것이 바로 '리얼리즘의 승리론'이다. 리얼리즘 이론의 역사, 그중에서도 특히 맑스주의 문학론의 역사에서 수많은 논란을 불러일으켰던 '리얼리즘의 승리'라는 말은, 널리 알려져 있다시피 1888년 4월초 런던에 살던 엥겔스가 당시 영국의 노동소설가인 마가레트 하크네스(Margaret Harkness)에게 보낸 영문 편지에서 발자크의 문학적 위대성과 관련하여 사용한 표현이다.[52] 흔히 '엥겔스의 발자크론'이라 불리는 이 편지는 1932년 3월, 소련의 문예조직인 라쁘(RAPP)의 월간지 ≪문학의 초소에서(*Na Literturnom postu*)≫에 처음 러시아어로 번역되어 실렸으며, 같은 달에 독일의 프롤레타리아혁명작가동맹(BPRS)의 기관지 ≪좌선회(*Linkskurve*)≫에도 독일어로 번역·소개되었다. 이 편지 가운데 특히 엥겔스의 '리얼리즘의 승리' 명제와 관련된 대목은 1930년대에 소련에서 벌어진 일련의 문학논쟁들 중 하나인 이른바 '세계관과 창작방법 논쟁'(1933/34년)에서 집중적으로 거론된 바 있는데, 이 논쟁에서 논자들은 발자크의 세계관과 창작방법 사이의 모순을 강조하는 입장과 세계관 자체의 내적 모순을 강조하는 입장으로 크게 양분되었다. 이러한 입장의 차이는 1930년대 중·후반에 소련의 문학이론 진영을 나눈 지표 중의 하나로 역할하기도 했는데, 즉 이 논쟁에서 보수적 내지 반동적 세계관에도 '불구하고' 리얼리즘적 형상화가 가능하다는 입장을 대변하는 측은 '바프레키스트(Voprekist)'(우리말

52) 이 편지에 관해서는 이미 백낙청이 소상한 설명을 가한 바 있다. 그는 「민족문학론과 리얼리즘론」의 제4장(엥겔스의 발자크론)에서 엥겔스의 편지 내용과 전후 맥락, 그리고 이 편지를 대하는 자세를 밝힌 후, 특히 리얼리즘과 당파성의 문제, '비판적 리얼리즘'과 '사회주의 리얼리즘'의 구분 문제를 집중적으로 고찰하고 있다. 백낙청, 「민족문학론과 리얼리즘론」(1990), 백낙청 편, 『현대문학을 보는 시각』, 솔, 1991, 167-220쪽, 이 부분은 187-204쪽.

로 옮기면, '불구하고'주의자)로, 예술적 방법에 비해 세계관의 우위를 주장하는 측은 '블라고다리스트(Blagodarist)'('그 덕분에'주의자)로 불리게 되었던 것이다. 이러한 두 진영의 이론적 대립은 1939년 11월부터 1940년 3월까지 소련에서 벌어졌던 문학논쟁[53]에서 후자의 입장이 우세하게 관철되면서 해소되어버린다. 그리고 이어서 전자의 입장을 대변하던—루카치 또한 주도적으로 참여했던—≪문학비평(*Literaturnyi Kritik*)≫마저 소련 공산당 중앙위원회의 결정[「문학비평과 서지학에 관하여(Über die Literaturkritik und Bibliografie)」]에 따라 1940년 3호(12월)를 끝으로 종간을 맞게 된다.[54] 1939/40년 논쟁에서는 특히 '리얼리즘의 승리' 명제와 관련해 그것이 '비판적 리얼리즘'에는 적용될 수 있다고 하더라도 '사회주의 리얼리즘'에는 해당되지 않는다는 결론이 났으며, 수미일관한 맑스주의적 세계관과 리얼리즘적 형상화의 밀접한 연관성이 한층 더 강조되었다(Barck, 1975: 276 참조). 이것이 이후 동구 사회주의권의 공식 문예노선에서 대체로 일관되게 견지된 입장이었다는 것은 잘 알려진 사실이다.

루카치의 문학론에서 '리얼리즘의 승리' 명제는 「르포르타주냐 형상화냐? 오트발트의 소설에 대한 비판적 언급(Reportage oder Gestaltung? Kritische Bemerkungen anläßlich des Romans von Ottwalt)」(≪좌선회

---

53) 이 논쟁에 관해서는 다음의 글을 참조하라. Günther, 1984, pp.152-163; Barck, 1975, pp.275-276; Rosenberg, 1975, pp.416-418.

54) 물론 루카치의 문학론과 그의 '리얼리즘의 승리론'이 '바프레키스트'와 '블라고다리스트'라는 피상적인 대립구도로 파악될 수는 없다. 그 단적인 예로 루카치 자신도 세계관 내의 모순, 즉 "작가의 세계관의 심층적인 층위와 표면적인 층위 간의 모순"(4: 442)을 지적하고 이에 관해 논증하기도 한다. '리얼리즘의 승리론'을 통해 루카치는 '세계관'을 단순하게 파악해서는 안될 뿐만 아니라 '세계관'과 예술창작, 예술가와 예술작품 간의 연관관계도 단순화해서는 안된다는 것을 강조한다. 루카치의 '리얼리즘 승리론'에 관한 포괄적인 논의로는 홍승용, 「루카치 리얼리즘론 연구—그 중심개념들의 현실성」, 1993, 73-86쪽 참조.

(*Linkskurve*)≫, 1932년 7/8월)에서 처음 등장한다. 물론 한 달 앞서 발표한「경향성이냐 당파성이냐?(Tendenz oder Parteilichkeit?)」(≪좌선회≫, 1932년 6월)에서도 '엥겔스의 발자크론'이 언급되고는 있지만 아직 '리얼리즘의 승리'라는 용어 자체는 등장하지 않는다. 어쨌든 엥겔스의 편지가 ≪좌선회≫에 번역되어 실린 1932년 3월 이후, 루카치가 이 명제를 자신의 문학론에 도입했다고 보는 것이 타당할 것이다.

하지만 1930년대 후반에 루카치 문학론의 중심 거점으로 역할하는 '리얼리즘의 승리' 명제에 내포된 기본적인 문제의식은 이미 1920년대 초반의 글에서도 발견된다. 그 가운데에서도 특히「스타브로긴의 고해」(≪적기≫ 1922년 7월 16일)에서 루카치는 1930년대 후반의 '리얼리즘의 승리론'을 방불케 하는 인식을 보여주고 있다. 이 글에는 정치가이자 팸플릿 작가로서의 도스토예프스키의 의도와 작가적 비전의 모순, 그러한 모순을 가능케 한 작가적 비전의 "정직성과 대담성", "문학적 승리" 등등, 장차 '리얼리즘의 승리론'을 개진할 때 활용되는 주요한 용어들마저 그대로 등장하고 있다.[55] 알마시 같은 연구자는 심지어 '하이델베르크 미학'의 핵심개념인 "오해(Mißverständnis)"가 '리얼리즘의 승리론'과 연속성을 보여준다는 것을 밝힘으로써, 맑스주의로 전향하기 이전에 이미 루카치는 '리얼리즘의 승리' 명제와 유사한 문제의식을 지니고 있었음을 논증하기도 한다(Almasi, 1990 참조). 결국 이러한 이론적 전사(前史)가 말해주는 것은, '엥겔스의 발자크론'을 읽기 이전에 이미 루카치의 문학관에는 이와 유사한 문제의식이 내포되어 있었다는 것이다. 따라서 1932년에 '리얼리즘의 승리' 명제가 도입되고 이후 그의 문학론에서 그 명제의 역할이 점차 커지는 과정은 종파주의적

55)「스타브로긴의 고해(Stawrogins Beichte: Besprechung von F. M. Dostojewsky: Die Beichte Stawrogins)」(München, Musarion-Verlag, 1922), J. Kammler/F. Benseler(편), *Georg Lukács, Organisation und Illusion: Politische Aufsätze III, 1921-1924,* Darmstadt u. Neuwied, 1977, pp.152-157. 인용한 곳은 p.152와 p.156.

구도에 억압되어 있었던[56] 그의 문학론의 연속적 계기가 발전해나간 것으로 볼 수도 있는 것이다. 그렇지만 이러한 연속성에도 불구하고 그 가운데에 존재하는 불연속적 국면을 간과할 수 없는데, 이는 루카치의 문학론에서 '리얼리즘의 승리' 명제에 할당되는 이론적 지위 및 역할의 변화에서도 확인할 수 있다.

루카치의 문학론에서 처음으로 '리얼리즘의 승리' 명제가 인용된 「르포르타주냐 형상화냐?」에서 그는 기본적으로 작가의 계급적 기반과 '창작방법'의 연관관계를 설정하는 이론적 구도를 보여준다. 여기에서 그는 다음과 같이 말하고 있다.

> 전체 과정의 형상화는 소설의 올바른 구성의 전제조건이다. 그 이유는, 오로지 전체 과정의 형상화만이 자본주의 사회의 경제적, 사회적 형식들의 물신주의를 풀어헤치고, 그 형식들을 현실적으로 존재하는 그대로, 인간 상호간의 (계급적인) 관계들로 현상하게 하기 때문이다(4: 44).

여기에서 올바른 "창작방법(die schöpferische Methode)"으로 설정된 "전체 과정의 형상화"는 곧 "문학의 원칙으로서의 변증법",[57] 더 정확히 말하자면 '유물론적 변증법'이 문학적으로, 다시 말해서 "형상적·전형적", "문학적·전형적"(4: 40)으로 구현된 것으로 이해되고 있는데, 이러한 '창작방법'—그 당시 프롤레타리아 문학론에 큰 영향을 미쳤던 라쁘의 공식에 따라 '유물론적·변증법적 창작방법'이라 칭할 수 있을

56) 1930년대 초반에 루카치의 문학론이 종파주의적 구도에 강하게 지배되고 있었다는 것은, 그 시기에 '리얼리즘의 승리'와 같은 문제의식은 거의 완전히 소실되어 있는 데에서도 확인할 수 있다. 예컨대 1931년의 평문 「도스토예프스키의 유고에 관하여」에서 루카치는 도스토예프스키의 개인적 '세계관'과 문학의 질을 직접적으로 연관지어 설명하는 논리를 구사하고 있다. 이에 관해서는 이 책 제1부 각주 126 참조.

57) 루카치가 두 번에 걸쳐 쓴 「빌리 브레델의 소설들(Willi Bredels Romane)」(≪좌선회≫ 1931년 11월호와 1932년 4월호)(전집 제4권, pp.13-22)의 첫번째 글 제목이 바로 "문학의 원칙으로서의 변증법을 위하여"이다.

—은 하지만 역사의 어느 시기에서나, 어떠한 계급에 의해서나 다 가능한 것이 아니다. 루카치에 따르면 그것은 부르주아 계급이 아직 혁명적이었던 한에서 그 계급의 창작방법이었으며, 1848년 이후 부르주아 계급이 몰락한 이후에는 오로지 프롤레타리아 계급의 창작방법이다(4: 42 참조).

루카치가 이렇게 단정하는 본질적인 이유는 자본주의에서 이 양 계급만이(물론 부르주아 계급의 경우에는 혁명적이었던 시기에 한해서) '유물론적·변증법적 사유'를 할 수 있기 때문인데, 하지만 여기에서도 부르주아 계급과 프롤레타리아 계급은 질적인 차이를 지닌다는 것이 그의 생각이다. 부르주아 계급은 그들이 혁명적 계급, 상승하는 계급이었던 시기에조차 부르주아 계급인 이상 의식적 측면에서 '허위의식(das falsche Bewußtsein)'을 지닐 수밖에 없다. 하지만 프롤레타리아 계급의 경우, 이러한 이데올로기적 한계가 존재하지 않는다는 것이 루카치의 생각이다. 부르주아 계급 본래의 한계의 소산인 '허위의식'은, 그러나 부르주아 계급이 혁명적이었던 시기의 "위대한 리얼리스트들"에 의해서 극복될 수 있었는데, 이는 근본적으로 자기 계급의 혁명성 덕택으로 "소박한 유물론과 본능적 변증법"(4: 43)이 창작방법의 근저에 놓일 수 있었기 때문이다. 바로 이러한 현상을 지칭하는 것이 엥겔스의 '리얼리즘의 승리'라는 것이 이 당시 루카치의 주장이었다.

결국 '리얼리즘의 승리' 명제는 상승기 부르주아 계급의 "위대한 리얼리스트"의 예술적 성취를 설명하는 개념이며, 따라서—당시에 루카치의 글이 대상으로 하는—'프롤레타리아·혁명 작가'에게는, 부르주아 작가의 역사적·계급적 한계의 소산이기도 한 '리얼리즘의 승리'가 전범적 모델이 될 수는 없는 것이다. 아울러 이 시기 루카치의 역사적 구도에 따르면, 더 이상 부르주아 계급은 "전체 과정의 형상화"를 성취할 수 없다. 그러한 '창작방법'은 상승기의 부르주아 계급에게만 가능한 것으로 설정된 이상, 그 시기를 아득히 뒤로 한 당대 서유럽의 부르주아 작가에게는 '리얼리즘의 승리'마저 불가능한 것이다.

여기에서 우리는-이미 앞에서 보았던 바와 마찬가지로-"진화론적 관점"에 입각하여 작가의 계급적 입지점에 가히 '결정론적' 역할이 부여되는 계급주의적·종파주의적 구도가 루카치의 문학론에 그대로 적용되고 있음을 다시 한 번 확인할 수 있다. 이에 따라 부르주아 계급 출신의 작가에게는 철저한 계급 이전이 거의 유일한 대안으로 제시되고 있는 것이다.

이상과 같은 방식으로 1932년에 처음 도입되었던 '리얼리즘의 승리' 명제가 이후 루카치 특유의 '리얼리즘의 승리론'으로 발전하기까지에는 몇 가지 중요한 이론 내·외적 계기가 작용했다. 대략 1934년을 고비로 루카치의 문학론에서 '리얼리즘' 개념이 문학 일반에-따라서 당대 부르주아 문학에도-적용되는 평가 범주로 설정되는 과정,[58] 그리고 이와 더불어 반영론이 그의 문학론의 출발점으로 확고히 자리잡는 과정 등이 문학이론적 계기라면, 1934년 후반기부터 시작되는 코민테른의 노선전환은 루카치의 종파주의적 구도와 이에 따른 그의 사유의 내적 모순을 '지양'할 수 있게 한 조건으로 작용했다. 이러한 이론 내·외적 계기에 힘입는 한편, 개별적인 작가들과 작품들에 관한 연구를 거쳐 1930년대에 후반에 그가 도달한 "완성된 이론적 구상"(Klatt,

58) 「독일 당대문학에서의 리얼리즘(Der Realismus in der deutschen Gegenwartsliteratur)」(≪문학비평≫ 1934년 6월)에서 처음으로 미학적 구상과 역사철학적 근본입장, 그리고 반파시즘 투쟁의 정치적 전략의 집중점(Konzentrationspunkt)으로서 '리얼리즘'이라는 평가범주가 확립된다(Klatt, 1984: 51-61 참조). 이미 앞에서 보았다시피 1926년의 「모제스 헤스」론에서 등장하는 "위대한 리얼리즘"이라는 표현은 기본적으로 헤겔의 철학적 방법론과 연관된 것이었으며, 1931년에 씌어진 「지킹엔 논쟁」에서 등장하는 "혁명적 리얼리즘"(10: 490)이라는 표현도 당대의 부르주아 문학에 해당하는 범주는 아니었다. 「표현주의의 '위대성과 몰락'」에서 부르주아 문학과 관련해서 이 범주가 사용될 경우, "과거의 객관적·사회비판적인 리얼리즘"(4: 123)이라는 표현에서 알 수 있듯이 주로 19세기 전반기의 문학을 지칭하는 것으로 한정되었던 것이 사실이다.

1984: 77)은 앞에서 소개한 「맑스와 이데올로기적 몰락의 문제」에서 집약되고 있는데, 이 논문의 중심에 자리잡고 있는 것이 바로 '리얼리즘의 승리론'이다.

1938년에 씌어진 방대한 이 에세이에서도 부르주아지의 이데올로기적 발전과정을 1848년을 분기로 파악하는 관점은 그대로 유지되고 있다. 즉, 1848년을 기점으로 부르주아지와 프롤레타리아트의 적대가 계급투쟁의 중심 지점이 된 이후 전체 부르주아적 사유는 '변호론'('간접적 변호론'과 '직접적 변호론')으로 '몰락'하게 되었다는 것이다(4: 243-252 참조). 계급투쟁의 성격변화를 중심에 놓는 이러한 논증노선과 함께 자본주의적 분업의 이데올로기적 효과에 관한 논증노선이 겹쳐져 있는데, 이에 따르면 자본주의적 분업은 "몰락기"(4: 255)에 들어서면 전체 인간의 물질적·정신적 활동 전반을 지배할 뿐만 아니라 "모든 개별 인간의 영혼 깊숙이 파고들어"(4: 255) 심각한 변형을 야기할 정도로 강력한 영향력을 행사한다. 자본주의적 분업은 도시와 농촌의 분리, 육체노동과 정신노동의 분리, 정신노동 내의 분화 등과 같은 분업의 기본 사실을 수반할 뿐만 아니라, 그것이 인간의식을 지배하게 됨에 따라 현상적 계기들의 가상적 자립화가 고착되고, 이론과 실천, 오성과 감정생활 등이 분리되는 결과를 초래한다.[59] 이러한 "분업의 효과에 순순히 복종"(4: 255)하면서 자본주의의 모순을 각기 일면적이고 왜곡되게 재생산하는 것이 바로 "합리주의와 비합리주의의 대립"(4: 260) 혹은 "죽은 객관성과 텅 빈 주관성의 허위적 대립"(4: 259)이라는 것이 루카치의 생각이다.

루카치에 따르면 이 모든 과정은 "사회적으로 필연적"(4: 262)이다.

---

59) 루카치에 따르면, 물론 자본주의 사회 이전에도 사회적 분업은 존재했지만 자본주의에서 상품관계가 보편적으로 지배하게 됨에 따라 그것은 확산되고 심화되어 질적인 것으로 전화한다. 이러한 분업의 심화과정에 따른 이데올로기적 효과에 관한 그의 설명은 4: 253-262 참조.

하지만 그렇다고 해서 그것이 개별 개인을 빈틈없이 장악하는 "숙명론적 의미에서"(4: 262) 그런 것은 아닌데, 여기에서 그는 사회적 현실과 계급과 개인의 관계를 재구성함으로써 일종의 '구조적 숙명론'에서 벗어날 수 있는 이론적 '출구'를 모색한다. 루카치에 따르면, 자본주의에서 사회가 "경직된 합법칙성"(4: 262)으로 표상되는 것은 그 현상적 차원에서의 '가상'이며, 본질적으로 사회적 발전과정은 "생동적이고 역동적인 모순들의 통일체이자 이러한 모순들의 부단한 생산과 재생산"(4: 262-263)이다. 이러한 사회적 현실 속에 삶을 살아가는 개인은 계급적 존재이면서 동시에—물론 자신의 계급적 존재를 통해 매개되어—현실과 대면하고 있는 존재이기도 하다. 다시 말하자면, 개인은 자기 계급의 존재와 의식에 완전히 갇혀 있는 것이 아니라 "전체 사회"와도 부단히 대면하고 있는 것이다(4: 262 참조). 따라서 모든 개인의 삶 자체에서 사회적 현상으로서의 '가상'과 그 본질로서의 '현실' 간의 모순이 생성되는데, 여기에서 '가상'을 재생산하는 부르주아적 이데올로기를 통해 이러한 모순을 잠재울 것인지 아니면 그 이데올로기적 장막을 뚫고 나갈 것인지는 상당 부분 개인 자신에게 달려 있게 된다(4: 263-264 참조). 이런 식으로 루카치는 "전반적인 몰락의 조건하에서"(4: 263) 개별 인간의 주체적인 행위의 여지(Spielraum)를 이론적으로 구해 내는데, 이를 통해 부르주아 계급 출신의 작가에게도 리얼리즘을 위한 선택의 가능성이 부여된다. 그가 1930년대 중·후반에 쓴 글들에서 작가 개인의 지적, 도덕적 차원을 문제 삼고 있는 것도, 이처럼 개인의 주체적 행위의 여지를 인정하는 데 따른 것이었다. 전반적인 몰락의 경향이 지배적인 가운데에서 인간적 실존의 '가상'을 폭로하고 다른 식의 삶의 가능성을 제시하기 위해서는 19세기 전반기에 비해 더 큰 "지적, 도덕적 힘"(4: 263)이 필요하다는 것이다.

개인의 "지적·도덕적 힘"에 대한 이 같은 강조를 단순히 사회과학적 인식능력이나 사적 개인의 차원에서의 도덕적 태도를 말하는 것으로

좁게 이해해서는 안 된다. 루카치에게 있어서 본질적으로 이 문제는 사물화가 지배하는 사회 속에서 개인(당연히 사회적 존재로서의 개인)이 삶을 사는 방식과 삶에 대한 태도 내지는 시각과 연관된 문제로서, 철학적, 사회과학적 인식 내지 각성은 이제 종속되는 것이지 그 자체로 결정적인 것은 아니다. 또, 흔히 루카치의 이 같은 주장을 그의 리얼리즘론과 연결시켜, 루카치의 리얼리즘론은 작가가 먼저 과학적 인식을 통해 '진리'를 획득하고 난 뒤 그 '진리'에 형상의 옷을 입히는 것으로 설정되어 있다고들 비판하곤 하는데, 이 또한 몇몇 어구에 매여서 그의 사유를 전체적으로 보기를 거부한 데서 비롯된 것이다. 이러한 비판은—후기는 말할 것도 없이 1930년대에만 한정해서 보더라도[60]—'리얼리즘의 승리론'에 담긴 문제의식이나, 그가 상당한 사회과학적 지식을 갖춘 좌파 작가인 졸라가 아니라 발자크를 높이 평가하는 연유 등을 생각해본다면 충분히 반박될 수 있을 것이다.

여하튼 여기에서 우리는 역사적 상황 및 계급적 입지점에 거의 절대적인 지위가 부여되었던 1930년대 초반의 기본 구도와의 분명한 차이를 확인할 수 있다. 이러한 구도의 변화에 따라 1930년대 초반에는 부르주아 계급 출신의 작가에게 거의 유일한 대안으로 제시되었던 계급 이전은 이제 여러 가능성들 중에서 하나로, 그것도 "특히 혁명적인 위기의 시기에"(4: 264) 나타나는 특수한 한 가지 가능성으로 설정되고 있을 뿐이다.[61] 여기에서 그가 보편적인 몰락기의 문화적·이데올로기적 상황에

60) 가령 1936년 말부터 1937년 초 사이에 씌어진 『역사소설(*Der historische Roman*)』에서, 스코트를 포함한 대부분의 위대한 작가들은 그들의 깊이를 스스로 이해하지 못하고 형상화 작업 속에서나 표현할 수 있다고 말하고 있는 대목, 즉 "이 깊이란 많은 경우 작가 자신들은 이해하지 못하는 것인데, 왜냐하면 이 깊이는 작가들 자신의 개인적 견해 및 선입견과의 투쟁과정에서 소재의 그야말로 리얼리즘적인 처리로부터 생겨난 것이기 때문이다"(6: 37)라는 대목 참조.

61) 루카치는 여기에서 부르주아 계급 출신의 개인이 발전할 수 있는 가능성들을 네 가지로 '도식화'하고 있다. 이에 관해서는 4: 264 참조.

서 부르주아 계급 출신의 '개인'으로서 작가가 나아갈 경로로 제시하는 것은 계급 이전이 아니라 '리얼리즘의 승리'라 부름직한 길이다. 즉, "정직한 이데올로그가 시대의 중대한 모순들을 생생하게 체험하고 그 체험을 용감하게 따르면서 거기에 대담한 표현을 부여함으로써, 자기 자신의 계급과 충돌"(4: 264)하는 경우를 그 경로로 제시하고 있는 것이다.

우리는 여기에서 우선 루카치의 정치적 파토스에서 생긴 변화를 확인할 수 있을 것이다. 「블룸-테제」에서는 물론 1930년대 초반까지 루카치의 가슴속에 있었던 두 개의 영혼, 즉 국제적인 차원에서는 여전히 혁명주의를 추구하던 '좌익 급진주의적' 영혼과, 그 자신이 직접 혁명을 경험했던 헝가리에서는 현실을 검증하는 '현실주의적' 영혼 가운데 후자가 전자를 누르고 전면에 자리잡게 된 것이다.[62] 이를 달리 말하자면 종파주의적 구도와 반종파주의적 경향의 공존상태에서 후자가 전자를 누르게 된 것이라고 할 수 있는데, 이것은 1930년대의 그의 사유 전체를 결정적으로 규정했던 반파시즘 투쟁의 목표 설정에서의 변화에서도 확인된다.[63] '파시즘이냐 볼셰비즘이냐'라는 1933년의 슬로건을 대신하여 이

62) 이러한 과정에 대한 또 다른 파악 방식으로서, 「표현주의의 '위대성과 몰락'」에서 '두 가지 정치적 전략과 두 가지 미학적 사유 모델'의 무매개적 병치를 포착하는 구드룬 클라트의 시각을 소개할 만하다. 그녀에 따르면, 1933년 7월에 처음 발표된 이 논문은 이데올로기 비판의 차원에서는 계급 이전을 대안으로 제시하는 반면, '창작방법' 그 자체에 대한 비판의 차원에서는 '리얼리즘의 승리'로 귀결되는 대안을 제시하고 있는데, 루카치의 사유에서 점차 후자의 노선이 우위를 점하게 된다(Klatt, 1984: 50-51 참조). 본질적으로 '사회 기능론적 관점'에 서 있는 클라트는 루카치의 이러한 발전과정 자체에 대해 비판적으로 평가하고 있다. 따라서 필자와 기본적인 관점과 평가의 내용에서는 차이가 나는 것이 사실이지만, 1930년대 초반까지 루카치의 사유 내에 모순적 계기들이 병존하며 그 가운데 한쪽이 점차 우위를 점하게 되는 과정을 밝히는 논증방식은 필자와 동일하다.

63) 루카치의 파시즘관에도 분명한 변화가 생긴다. 우리가 앞에서 보았다시피 1933년까지 루카치는 독점자본주의와 파시즘을 내용과 형식의 관계로 등치시켰던 것이 사실이다. 하지만 ≪문학비평≫(1936년 5월)에 실린 「한스 팔라다(Hans Fallada)」에서 그는 파시즘을—코민테른 7차 대회에서 표명된 디미트로

제 '야만이냐 인본주의냐', '파시즘이냐 민주주의냐'의 구도가 자리잡으며, 파시즘을 극복한 이후의 미래 모델도 사회주의로 직접 이행하는 경로가 아니라,[64] "스페인의 인민전선이 그 실현을 목표로 하고 있는 완전히 새로운 유형의 민주주의"(6: 321)로 제시되고 있는 것이다.

「불룸-테제」에서 잠시 모습을 보였다가 곧 억압되었던 민주주의노선이 인민전선정책에 기반하여 다시 전면에 부각되는데, 이것은 단순히 반파시즘 투쟁의 노선일 뿐만 아니라 그 당시 유일한 사회주의 국가였던 소련의 내적 모순에 대한 대안이기도 했다.[65] 예컨대 그는 「민중의 호민관이냐 관료냐?(Volkstribun oder Bürokrat?)」(1940)에서 "관료주의는 우리 사회주의 사회에서도 존재한다"(4: 445)고 단언하면서, 그에 대한 반대운동을 민주주의의 전개로부터 기대하고 있는 것이다.

> 사회주의에서 … 경제의 발전 자체와 문화생활에 대한 대중의 각성, 그리고 점점 더 강화되는 민주주의의 전개는 관료주의에 대한 반대운동을 불러일으킨다(4: 446).

프의 규정과 유사하게—대(大) 독점부르주아지의 가장 반동적 분파의 이해를 정치적·이데올로기적으로 표현하는 것으로 규정하고 있다. 이에 관해서는 Klatt, 1984, pp.229-230, 각주 199) 참조.

64) 『역사소설』에서 루카치는 한 사상가 혹은 작가의 발전의 측면에서 우선적인 것은 실제 민중생활의 현실적인 문제들과 성실하고 일관되게 대결하는 것이고, 맑스주의는 "이러한 도정의 시초가 아니라 최상의 경우에 도달할 수 있는 종결"(6: 322)이라고 한다. 따라서 작가의 세계관적 수준을, 그들이 세계관으로서는 맑스주의에, 정치적 프로그램으로서는 공산주의에 어느 만큼 접근했는가 하는 척도로 판정하는 것은 "종파주의적 관점"에 불과하다고 비판한다(6: 320 참조). 그는 사회적 발전경로에 관해서도 이와 마찬가지의 견해를 피력하는데, 일차적으로 중요한 것은 모든 계층의 근로민중과 '혁명적 민주주의'의 연대를 활성화하는 것이며, 사회주의는 그러한 반파시즘 투쟁의 '정점'이지 즉각적인 실현 목표가 아니라고 말하면서, 이러한 연관을 보지 않고 '사회주의의 즉각적 실현'을 요구하는 것은 진정한 투쟁을 방해하는 "트로츠키주의적 해악분자"라고까지 비판하고 있다(6: 323 참조).

65) 1930년대 후반기에 루카치가 주장한 민주주의노선이 반파시즘 투쟁 및 당대 소비에트 현실의 맥락에서 지니는 의미에 관해서는 이미 쉬클러이가 탁월한 해석을 선보인 바 있다. Sziklai, 1986, pp.147-163 참조.

민주주의노선으로의 이러한 선회를 바탕으로 부르주아 계급 출신의 작가에게 지배적인 발전경향을 '거슬러' 나아갈 수 있는 출구로 제시된 '리얼리즘의 승리' 경로가 순전히 개인적인 지적, 도덕적 차원의 문제만이 아닌 것은 당연하다.[66] 개인이 활동하는 상황이나 물질적·지적 조건도 이러한 발전과정에 영향을 미치는데, 여기에서 특히 주목할 것은 루카치가 개별 이데올로기적 활동영역들이 지닌 가능성들의 차이를 설명하고 있는 대목이다.[67] 이데올로기적 영역들 내부에서조차 그 각각의 특성에 따라 역사적·계급적 상황에 의해 규정받는 정도와 그것에서 벗어날 수 있는 가능성에 '차이'가 존재한다는 것인데, 이러한 설정 자체는 이미 1930년대 초반에 그의 관점에서 확인되었던 "진화론적 관점"의 정정을 의미한다. 1930년대 중반 이후 루카치가 '속류사회학'에 맞서 토대-상부구조론의 변증법적 성격과 불균등발전론[68]의 의미를 강조하기 시작한 것도 이러한 맥락에서 주목되어야 한다.[69] 1966년에 한 대담에서 루카치는 자신이 말한 불균등발전은 곧 블로흐(E. Bloch)가 말한—비록 그가 '비동시성'이라는 용어 자체에는 반대하지만—'비동시성의 동시성'과 마찬가지의 의미를 지닌다고 하는데(Lukács, 1967: 110-111 참조), 이렇게 보면 불균등발전론이 그의 논지의 중심에 들어오기 시작하는 1930년대 중·후반 이래의 루카치의 관점은, 설혹 개별 작가 혹은 사상가에 대한 구체적인 분석에서 도식적이고 획일적인 대

66) 이에 관해서는 홍승용, 앞의 글, 73-86쪽 참조.

67) 사회과학, 자연과학, 철학 및 문학·예술 등이 지닌 가능성의 차이에 관한 루카치의 논의는 4: 265-266 참조.

68) 이에 관해서는 제3부 3장 참조.

69) 예컨대 1935년의 논문 「문학이론가 및 문학비평가로서의 프리드리히 엥겔스(Friedrich Engels als Literaturtheoretiker und Literaturkritiker)」에서 루카치는 엥겔스가 "불균등발전의 의미, 하부구조와 상부구조의 비도식적·변증법적 취급의 의미, 그리고 내용과 형식의 변증법적인 관계"(10: 525)를 설파한 것은 변증법적 방법의 화석화와 천박화에 맞서 싸운 그의 활동의 핵심이라고 강조하고 있다(10: 524-526 참조).

목이 눈에 띈다 하더라도 적어도 원리적인 차원에서는 더 이상 "진화론적 관점"이라고 칭할 수 없는 것이다.

이데올로기적 활동영역들의 특성을 차별화해서 파악하고자 하는 루카치는, 우리가 '리얼리즘의 승리'라고 부른 경로가 구현될 가능성은 사회과학의 영역에서 가장 적은 반면, 문학과 예술의 영역에서 가장 크다고 한다. 이에 대한 근거로 그는 '문학의 특성'을 끌어대는데, 그것은 다음과 같이 정식화되고 있다.

> 직접적인 차원에서 보자면 문학은, 궁극적인 차원에서만 시대의 사회적 연관관계를 건드리며, 특히 부르주아지와 프롤레타리아트의 대립과의 직접적인 연관성을 꼭 보여줄 필요는 없는 개별적인 인간들과 개별적인 운명들의 서술이다(4: 267).

그의 문학론에서 '개별적인 인간들과 그 운명들'이 중심에 놓이는 과정은, 현상적으로 보면 1930년대 초반의 문학론과 차이가 없어 보이지만, 특히 후기 미학과의 연관하에서 보면 미묘한 강조점의 이동을 확인할 수 있다. 그 한 가지 예를 들자면, 앞에서 우리가 살펴본 「르포르타주냐 형상화냐?」에서는 인간의 문제가 거의 계급적인 문제와 등치되고 있다. 그리하여 그 글에서 "형상적·전형적" 내지 "문학적·전형적"이라는 말로 표현되고 있는 개별자와 보편자의 융합에서, 후자는 계급적인 연관관계와 거의 동일시된다. 하지만 이미 1930년대 후반만 하더라도 루카치는 오로지 계급 범주만을 통해서 인간 존재를 다 포착할 수 있는 것은 아니라고 보고 있다. 이것은 1930년대 후반 이후 그의 문학론에서 계급 범주보다는 인간 범주가 점차 중심에 자리잡게 된 한 가지 이유라고 할 수 있다.[70] 문학과 예술의 고유성은 단지 객관적 현실을 개별자

70) 홍승용은 1930년 중엽부터 인민전선정책을 통해 진보적 시민지식인들과 결합하는 일이 중요한 과제로 등장했으며, 루카치가 '프롤레타리아트' 대신 '민중'을 부각시킨 것도 이러한 과제에 따른 것이라고 한다(홍승용, 앞의 글, 30-31

를 통해 형상적으로 반영하는 데 있는 것이 아니라 '인간과 관련하여' 반영하는 데 있다고 보는 이러한 관점은 후기 미학에서 '인간형태화'[71] 하는 반영이라는 표현을 얻게 된다. 그 과정에서 개별자도 단순히 보편자를 형상화하는 수단이 아니라 보편자와 함께 특수자로 지양되는 양극 가운데 하나로 '승격'되는데, 이러한 문학적 특성을 표현하는 범주가 바로—1950년대에 등장하는—'특수성' 범주이다. 이에 따라 1930년대 초반에 보편자 쪽으로 강하게 경사되어 있었던 '전형' 개념은 '특수성'의 문학적 구현 형식으로 그 위치가 분명하게 설정된다.[72]

결국 루카치는 일반 이론적 차원에서는 사회와 계급과 개별 인간의 연관관계의 재구성을 통해 보편적인 몰락의 조건하에서 개별 인간의 주체적인 행위의 여지를 설정함으로써, 그리고 이와 더불어 특수한 문학이론적 차원에서는 문학의 특성에 대한 재규정을 통해 "부르주아 계

쪽 참조). 하지만 인민전선정책의 단계는 물론 반전 평화운동의 단계를 거쳐 후기 미학과 철학에 이르기까지 루카치가 계급 개념을 분석이나 평가의 범주로 부각시키지 않는다는 사실을 볼 때, 홍승용의 해석은 루카치의 이론적 발전과정을 정치 정세적 맥락에서만 해석하는 일면성을 지닌 것으로 보인다. 물론 그렇다고 해서 루카치가 프롤레타리아트의 역사적 선진성을 부인하거나 프롤레타리아트에 준거하기를 거부했다는 말은 아니다. 루카치는 아마도 계급 개념의 환원론적 사용을 저어한 듯하며, 말기에 '인간류'라는 오해의 여지가 많은 범주를 중심에 놓게 되는 것도 계급 개념의 환원론적 사용을 막고, 계급을 여타 사회적 범주들(대표적으로 '민족', 하지만 '성'은 아직 루카치의 본격적인 관심사가 아니다)과 중층적으로 얽혀 있는 것으로 파악하려는 의도, 그리하여 사회적 존재의 중층 결정된 구체성을 파악하려는 의도에 따른 것으로 볼 수 있을 듯하다.

71) '인간형태화'는 'Anthropomorphisierung'을, '탈인간형태화'는 'Desanthropomorphisierung'을 옮긴 말이다. 국내에서 나온 루카치 연구물이나 번역서를 보면, 'Anthropomorphisierung'은 '신인동형동성화', '인간중심화', '의인화' 내지는 '유인화(類人化)', 그리고 '인간형태화' 등으로 옮겨져 있는데, 루카치가 이 용어로 뜻하는 바를 분명하게 전달하면서도 우리말다운 옮김말이 되기에는 모두 다 부족한 듯하다. 하지만 필자 역시 아직 적절한 말을 생각할 수 없기 때문에 여기에서는 단어 그대로 '인간형태화'라는 어색한 말을 일단 사용하기로 한다.

72) 이상에 관해서는 제2부 2장 참조.

급 출신의 중요한 리얼리스트들을 위한—비록 힘들긴 하지만—개인적 출구"(4: 268)를 제시하고 있는 것이다. 이를 루카치는 엥겔스가 말한 '리얼리즘의 승리' 문제를 고조시키고 첨예화한 것일 뿐 전혀 새로운 문제설정은 아니라고 함으로써(4: 268) 자신이 '리얼리즘의 승리'를 '현재화'시키고 그것을 "데카당스의 대안"(Klatt, 1987: 241)으로 제시하고 있음을 분명히 한다. 그것은 더 이상—「르포르타주냐 형상화냐?」에서처럼—'과거지사'가 아닌 것이다.

'리얼리즘의 승리'가 그 당시의 현상적인 문맥에서는 "데카당스의 대안"으로 제시된 것이 분명하다. 하지만 '리얼리즘의 승리'가 당시 소비에트의 도해(圖解) 문학적 경향에 대한 반론으로 역할하기도 했음을 짐작하기란 전혀 어려운 일이 아니다.[73] 1960년대에 이루어진 루카치의 회고들을 보면, '리얼리즘의 승리론'을 통해 그가 의도한 것은 오히려 후자 쪽인 듯한 인상마저 불러일으킨다. 「삶으로서의 사유」에 등장하는 다음과 같은 대목이 그 대표적인 예이다.

> 처음: 스탈린의 기계적 통일성에 맞서 레닌을 차별화. 마찬가지로: 엥겔스의 '리얼리즘의 승리'가—'위'로부터의 이데올로기적 통제에 맞서—점차 강력하게 전면에 부각. 그러한 절대적인 조종 가능성은—예술에 있어서, 예술을 위해서—결코 존재하지 않음: (문책될 수 있는) 작가의 기도(企圖)나 의도가 아니라, '리얼리즘의 승리'의 지배하에 있는 형상화가 결정적으로 중요함. 이데올로기는 따라서—대개 간접적으로—태도방식에 영향을 미칠 수 있음(GD, p.271).

루카치의 문학론이 1930년대 중·후반의 소비에트 문학계에 아무리 큰 영향력을 지니고 있었다 하더라도 '리얼리즘의 승리론' 자체는 스탈린주의의 전반적 흐름에 대립되는 것으로 보는 것이 타당할 듯하다. 그것은—루카치가 리프쉬츠와 함께 중심적 역할을 했던—≪문학비평≫

---

73) 부르주아 문학을 대상으로 하고 있는 루카치의 문학론이 '사회주의 리얼리즘'(론)에 대한 비판으로 전의될 수 있음은 제2부 2장 참조.

의 폐간으로 입증될 수도 있다. 라쁘가 해체되고 새로운 소비에트 작가동맹의 결성을 준비하는 과정에서 창간되었던 ≪문학비평≫(1933년 6월 창간)은, '발전의 불균등성' 이론, '귀족주의와 민주주의' 간의 변증법적인 이행의 인정, 예술의 반영적 성격에 대한 파악, '리얼리즘의 승리' 명제 등을 그 기본 노선으로 하여 소비에트 문학이론을 공고화하는 데 기여한 것이 사실이다(Klein, 1990: 146-147 참조). 하지만 이 잡지는 1930년대 중반의 이데올로기적 지형(라쁘에 대한 비판, 민중성 및 인본주의로의 선회)을 이용하여, 이상화된 긍정적 주인공과 현실을 미화하는 데 반대하고 사이비 낙관주의를 거부했으며 객관적 반영을 요구함으로써 도해(圖解) 문학적 경향에 반대하는 이론적·비평적 작업을 전개한 것도 사실이다(Günther, 1984: 152-153 참조). 반파시즘 인민전선정책이 퇴조하고 구(舊)라쁘 계열이 다시 주도권을 잡게 된 1939년에 들어와서 이 잡지는 크니포비치, 킬포친, 에르밀로프, 그리고 당시 소련작가동맹의 의장이었던 파제예프 등 소련 문학계의 '주류'로부터 "맑스-레닌주의로부터의 이탈", "사이비 과학적 객관주의" 등으로 비판받게 되며, 결국 1940년 12월에 폐간을 맞게 된다(위의 책, pp.53- 155 참조). 그리고 루카치는 1941년에 헝가리 정부의 모스크바 고정간첩이라는 죄목으로 구속되기까지 한다. 이러한 정황을 총괄적으로 볼 때, 우리는 루카치의 '리얼리즘의 승리론'이, 스탈린주의적 관료주의와 부르주아 민주주의에 동시적으로 맞선 그의 민주주의노선과 마찬가지로, 공식적인 '사회주의 리얼리즘'과 '데카당스'에 맞선 '양면전선투쟁(Zweifrontenkampf)'의 구성요소였음을 인정할 수 있을 것이다.[74]

---

74) 이에 반해 파이크는 1933년부터 1939년까지 루카치의 반파시즘 투쟁노선과 문학이론 및 문학정책은 소련의 지배적인 노선과 거의 구분될 수 없다고 주장하면서 1930년대의 루카치는 본질적으로 '스탈린주의자'였다고 주장한다(Pike, 1987). 하지만 파이크는 1930년대 루카치 문학론의 본질적인 성분들이 1940~50년대의 루카치 문학론에서도 계속 견지되며, 그것들이 1950년대 중반 이후에는 공식적인 '사회주의 리얼리즘'에 대한 공격으로 전환된다는 사실을 간

하지만 스탈린주의적 노선과의 이러한 객관적 간극에도 불구하고, '유일한 사회주의'에 대한 긍정이 그에 대한 비판적인 정신보다 근본적으로 우위에 있음으로써 루카치 자신의 스탈린에 대한 신뢰는 좀처럼 사라지지 않았다. 스탈린에 대한 이 같은 '환상적' 신뢰는, 모든 판단의 척도는 반파시즘 투쟁에 있으며, 반파시즘 투쟁의 유일한 추동체는 스탈린에 의해 지도되는 당이라는 생각을 통해 그 '환상성'을 계속 은폐하고 있었다. 1936~38년 사이에 모스크바에서 자행된 대대적인 숙청, 이른바 '모스크바 공개재판'에 대한 루카치의 오판과 이론적 합리화도 이런 맥락에서 이해될 수 있을 것이다.

모스크바 재판은 반파시즘 인민전선이 주창된 코민테른 제7차 대회 직후에, 그리고 제2차 세계대전이 발발하기 직전에 진행되었다. 반파시즘 투쟁을 최우선적인 과제로 삼았던 당시의 루카치는, 따라서 스탈린에 대한 비판은 의도했든 아니든 간에 "모든 문화를 파괴하는 불구대천의 적을 위한 정신적·도덕적 지원"(SzIP, p.648)이라고 간주했다. 이러한 관점에서 그는 당시의 재판을 반파시즘 투쟁의 선도체이자 '유일한 사회주의'인 소련에 맞서 실제로 존재했던 저항을 혁명적으로 청산하는 것으로 평가했다. 이러한 기본 입장은, 스탈린이 '트로츠키주의의 근절'이라는 구호를 내걸고 전개한 반트로츠키 정책의 파장이 수많은 지식인들에까지 미치게 된 재판의 제2차 시기에 오면, 내적인 정신적·도덕적 갈등을 겪게 된다. 하지만 그에게 반히틀러 투쟁은 다른 모든 것보다 우위에 있는 "신성한 의무"였다(같은 곳 참조). 따라서 당시에 루카치는 재판을 "끔찍스러운 것"(GD, p.174)으로 여기긴 했지만, 첫째, 이 시대의 가장 중요한 문제는 히틀러의 멸망이며 유일한 반(反)히틀러 세력은—서방이 아니라—스탈린의 소련이라는 생각에서, 둘째, 부하린과 스탈린의 관계를 당통과 로베스피에르의 관계로 해석하는 관점

과하고 있다. 일시적으로 드러나는 '조화' 이면에 있는 본질적인 대립성을 보지 못하는 것이다.

에서 그 재판을 받아들였다.[75]

이렇게 볼 때 1930년대 후반의 루카치는, 비록 그의 이론에는 반스탈린주의적인 계기들이 명백히 존재했을 뿐만 아니라 점차 강화되어 나갔지만, 스탈린의 이론과 실천을 하나의 통일적인 체계로 파악하고 비판할 정도로까지 스탈린주의에 대한 인식이 심화되고 객관화되지는 못한 듯하다. 따라서 그가 자임한 "빨치산 투쟁"이라는 것도 스탈린주의를 이루는 몇 가지 결정적인 계기들에 대한 의식적 투쟁으로 볼 수는 있겠지만, 스탈린적 방법과 체계 전체에 대한 근본적 단절로까지는 발전하지 못했던 셈이다.

3) 근본적인 단절을 향하여

제2차 세계대전의 종결 이후에야 스탈린주의에 대한 루카치의 이러한 태도에 변화가 생긴다. 히틀러의 패배로 끝난 전쟁 이후 루카치는 헝가리에서 자신의 민주주의 노선의 실현가능성을 본다. 즉, 그는 당시의 상황을, "민주주의적 형식들 속에서 도래할 사회주의를 위해 영향을 미칠 수 있는 이데올로기적 가능성"(Lukács, 1969a: 218)이 있는 것으로 파악했으며, 이에 따라 "사회주의와 민주주의의 동맹"[76], "민주주

75) 이러한 루카치의 입장에 대한 비판으로는 Tietz, 1990, pp.959-960 참조. 첫 번째 재판 직후인 1936년 9월 소련작가연맹의 독일 부서 내에서 비밀집회가 열렸는데, 이 집회 이후 소련에 망명하고 있던 독일 작가들에 대한 탄압이 있게 된다. 베혀, 헤이, 쿠렐라, 오트발트, 볼프 등과 함께 루카치 또한 여기에 일종의 참관인 자격으로 참석했으며, 이들이 집회에서 나눈 발언은 동독의 붕괴 이후 발간된 한 자료집을 통해 '폭로'된 바 있다. Reinhard Müller(편), *Die Säuberung. Moskau 1936: Stenogramm einer geschlossenen Parteiversammlung,* Reinbek bei Hamburg, 1991.

76) 1946년, '유럽의 정신'이라는 테마로 열린 제네바 회의에서 발표한 논문[「귀족주의적 세계관과 민주주의적 세계관(Aristokratische und demokratische Weltanschauuung)」, SzIP, pp.404-433]에서 루카치는, 진정한 평화를 위한 투쟁은 1941년 동맹의 본질적인 이념내용을 갱신하는 것이며, 그것은 곧 "사회주의와

의로부터 자라나오는 사회주의"(GD, p.188)를 주창하였다. 하지만 헝가리에서 '사회주의로의 전환'이 개시된 1947년 이후, 그의 이러한 관점은 인민민주주의에서 프롤레타리아트의 계급독재의 역할을 가치절하한 것으로 비판받게 된다.

1949~50년에 헝가리에서 전개된 '반(反)루카치 캠페인', 그리고 이와 동시에 벌어진 러이크 재판 등은 루카치로 하여금 지금까지의 스탈린주의적 요소들에 대한 투쟁의 환상성을 각성시켜준다. 부분적인 '요소적' 비판이 아니라 원칙적인 비판, 곧 발본적으로 행해지는 스탈린적 방법들과 체계에 대한 비판의 필요성이 분명하게 인식되었던 것이다. 여기에는 제2차 세계대전 이후 중부유럽에서 인민민주주의 국가들이 수립되고 중국에서 공산당 정권이 들어서게 됨에 따라 '일국사회주의 시기의 방법'은 그 유효성을 상실했다는 판단 또한 추가되어 있었다. 새로운 전략과 전술을 요구할 수밖에 없었던 새로운 세계 상황에서 스탈린은 오히려 '공개재판' 시기의 방법들, 즉 조작과 숙청을 통한 항구적인 계엄상태의 분위기를 유지하는 방법들을 계속 반복함으로써 그의 이론과 실천의 모순을 전면에 부각시켰다는 것이 루카치의 생각이었다(SzIP, pp.650-651 참조).

루카치는—1969년에 발표한 한 짧은 글에서—1950년대에 이르기까지의 스탈린주의에 대한 자신의 입장이 "오랜 기간에 걸친 고유한 환상들"(Lukács, 1969a: 220)을 지니고 있었음을 솔직하게 인정하고 있다. 하지만 그는 "나 자신이 아직 스탈린을 지지한다고 믿었을 때에 이미 객관적으로는 스탈린적 방법들의 적대자"(p.221)였으며, 이 방향에서 "일직선적인 전진"(p.221)을 해왔다고 자부한다.

1956년 소련 공산당 제20차 당대회에서 흐루시초프에 의해 스탈린격하 발언이 있은 이후 루카치는 비로소 스탈린주의에 대한 공개적인

민주주의의 동맹"(p.432)이라고 주장한다.

비판을 시작한다. 그는 흐루시초프에 의해 개시된 스탈린 비판과 평화공존 노선을 따르면서도 스탈린주의의 문제를 '개인숭배'의 문제로 돌리는 데에는 반대하였다. 페퇴피 클럽의 연설(1956년 6월 15일)을 필두로 시작된 루카치 고유의 반스탈린주의 투쟁은 하나의 방법적 체계로서의 스탈린주의와의 단절과, 이로부터 가능할 수 있을 '맑스주의의 르네상스'를 모토로 생애 마지막 순간까지 계속되었다.

그렇다고 해서 1956년 이후 전개된 루카치의 사유가 전적으로 동질적인 연속체를 이루는 것은 물론 아니다. 1956년 10월에 있었던 '헝가리사태' 이후 루카치는 일체의 공직을 박탈당하고 칩거상태에서 연구작업에 매진할 수밖에 없었는데, 이러한 상황으로 인해 집필될 수 있었던 『미적인 것의 고유성』(1960년 초에 초고 완성, 1963년 출간)은 '위대한 리얼리즘' 구상으로 대변되던 1950년대 초반까지의 문학론과 일정한 차별성을 보여준다.[77] 게다가 그의 장구한 지적 도정의 결정판이라 할 수 있는 『사회적 존재의 존재론을 위하여』의 관점에서 보면, 『미적인 것의 고유성』은 또 그 나름대로 하나의 '이행기적 작품'으로서 자리매겨진다.[78]

한편, 정치 이데올로기의 측면에서 보면 1968년을 고비로 1969년부터 루카치가 새로운 단계에 접어들었다고 보는 미셸 뢰비의 해석도 참조할 만하다. 그는 루카치가 1968년에 베트남전, 국제적 규모에서 전개된 학생봉기, 프랑스의 5월투쟁, 중국의 문화혁명, 그리고 '프라하의 봄'과 이에 대한 소련의 무력 진압 등을 경험하면서 새로이 "혁명적 좌파로 정향"(Löwy, 1976: 208)되기 시작했다고 파악한다. 뢰비의 이러한 파악은 스탈린주의에 대한 루카치의 비판이라는 차원에서 보더라

---

77) 주로 1930~40년대의 저작으로 구성되는 중기 루카치의 문학론과 후기 미학 간의 연속성과 불연속성에 관해서는 불충분하나마 Brenner, 1990, p.190 이하 참조.

78) 『미적인 것의 고유성』의 '이행기'적 성격에 관해서는 Sziklai, 1995, pp.192-193 참조.

도 일정한 설득력을 지닌다. 즉, 루카치의 스탈린주의 비판이 1956부터 1967년까지는 주로 '상부구조적' 측면에 한정되어 있었다면, 1968년 말에 씌어진 『사회주의와 민주화』에서는 스탈린주의에 대한 역사적·이론적 분석이 시도되고 있는 것이다. 그리고 스탈린주의의 철학적 기반에 대한 비판이 1968년 이전에는 주로 '주관주의' 내지는 '주의주의'의 이름으로 행해진 데에 반하여, 루카치 생애 마지막 작품인 『삶으로서의 사유』에서는 '초합리주의'라는 개념이 처음으로 등장하기도 한다.[79]

하지만 여기에서 필자는 1956년부터 1971년까지 루카치의 사유를 구성하는 여러 계기들이 구체적으로 어떻게 발전했으며 어떠한 불연속적 국면들을 거쳐갔던가 하는 문제에 대한 본격적인 검토를 차후의 과제로 남겨둘 수밖에 없다. 이러한 역사적이고 세밀한 분석 대신에 다음 장에서는 '스탈린의 방법'과 공식적인 '사회주의 리얼리즘'에 대한 루카치의 비판을 재구성하는 것으로 그칠 것이다. 이를 통해서도 우리는 루카치의 사유와 스탈린주의의 대립성을 부각시킨다는 이 글의 문제설정을 만족시킬 수 있을 것인데, 그도 그럴 것이 루카치에게 있어서 스탈린주의와의 근본적이고 원칙적인 단절이라는 문제의식 자체는 1956년부터 1971년까지 수미일관하게 지속된 것이기 때문이다.

2. 스탈린주의 비판 내용의 재구성

1) 스탈린적 방법 비판

흔히 루카치의 '정치적 유언'이라 불리는 『사회주의와 민주화』[80]에서 루카치는 스탈린주의에 관한 역사적·이론적 분석을 전개하고 있는

79) 이에 관해서는 제3부 4장 참조.

80) 1968년 '체코사태'를 계기로 집필된 이 책의 발생사에 관해서는 Benseler, 1987a 참조.

데, 그것은 1917년 러시아 혁명에서부터 시작된다. 루카치에 따르면, 맑스가 이론적으로 상정한 프롤레타리아 혁명은 두 가지 표지(標識)를 지니고 있다. 프롤레타리아 혁명은 맨 먼저 가장 발전한 자본주의 국가들에서 발발하리라는 것이 그 첫번째 표지라면, 그 혁명은 "그 본질상 문명화된 세계의 국제적 사건"이리라는 것이 그 두 번째 표지이다(SD, p.38 참조). 이미 그 첫번째 표지에 비추어보더라도 "러시아의 프롤레타리아 혁명은—맑스의 의미에서—그러한 세계사적 이행의 '고전적인' 구현은 아니었다"(같은 곳). 하지만 이러한 비고전적·비전형적인 소련의 모델을—소련의 사회주의로의 이행이 지닌 비고전적인 성격을 분명히 인식하고 그것의 비전형성을 강조하였던 레닌과는 반대로—스탈린은 사회주의로의 이행의 일반적인 모델로 '전범화'한다. 루카치에 따르면, 스탈린의 이러한 일반화가 문제이지 자본주의 체제를 전복한 10월혁명 자체가 정치적으로 잘못된 것은 아니었다. 그것이 비록 '비고전적인' 혁명이긴 하지만 이 혁명은 당시 민중의 일상생활로부터 절박하게 제기된 요구, 즉 전쟁의 종식과 토지 배분의 요구를 충족시킬 수 있는 유일한—집단적—결단이었지 소수의 혁명가들에 의한 자의적인 '고안물'은 아니었다는 것이다(p.39 이하 참조).

하지만 10월혁명의 이러한 정치적 정당성에도 불구하고 러시아의 경제적·사회적 후진성의 문제는 그대로 남는다. 스탈린주의는 궁극적으로 이처럼 "경제적으로, 그리고 그렇기 때문에 사회적으로도 후진적인 나라에서 이루어진 사회주의의 실현"(pp.38-39)과 연관된 역사적 현상, 다시 말해서 "사회주의로의 이행의 비고전적 해결"(p.41)과 연루되어 있는 역사적 현상이라는 것이 루카치의 생각이다. 그렇지만 러시아 혁명이 발생했던 역사적 조건 자체가 필연적으로 정치적 권력구조 및 결정구조의 획일화를 특징으로 하는 관료주의적 정치체제를 초래할 수밖에 없었던 것은 아니라고 그는 주장한다. 스탈린적 방법을 맑스 및 레닌의 그것과 대비하면서 양쪽의 차이를 강조하는 루카치의 서술도 궁극적으로는 스탈린적 관료체제의 '불가피성'을 반박하는 데 기여하는 것이다.

스탈린주의 문제를 해결하는 진정한 길은 교조주의도 수정주의도 아니라 "제3의 길, 즉 진정한 맑스주의의 갱신"(IdSzr, p.39)에 있음을 밝히고 있는 한 편지에서 루카치는, 스탈린의 이론과 실천을 "하나의 체계"(p.40)[81]로 볼 것을 권하고 있다. 루카치에 따르면 스탈린의 문제를 '개인 숭배'의 차원에서 파악하거나 사안별 오류의 차원에서 파악하는 것은 사태의 본질과는 거리가 먼 피상적 고찰에 불과하다. 그는 맑스나 레닌 등과 구별되는 스탈린 고유의 방법이 존재하며 그러한 스탈린적 방법의 여러 계기가 하나의 통일적인 체계를 구성하고 있는 것으로 본다. 바로 이러한 의미에서 특정한 스탈린주의가 존재하는바, 이러한 파악을 통해 루카치는 진정한 맑스주의와 나름의 방법적 체계를 갖춘 스탈린주의를 구분하고 스탈린이 어떤 지점에서 맑스주의를 왜곡시키고 있는지를 부각시키고자 한다.

(1) 매개의 배제와 그 양상들

루카치는 "전략에 앞서며 사회적 존재의 존재론의 내용으로서의 인류의 전체 발전 경향에 관한 이론에도 당연히 앞서는 전술의 우선성이 스탈린적 방법의 핵심"(SD, p.65)이라는 요지의 발언을 1956년 이후 여러 곳에서 말한 바 있다. 스탈린주의를 다룰 때 "전술의 우선성"이라는 관점에서부터 출발하여 여러 양태들을 고찰하는 것이 루카치의

81) 루카치는 자신이 말하는 '체계'는 어떤 생각들이 '체계적인 형태로' 설명되어 있을 때에만 '체계'가 존재한다고 보는 아카데믹한 의미에서의 '체계'가 아니라고 한다. '체계'의 문제와 관련해서 그는, 어떤 사상가의 흩어져 있는 생각들을 체계화해야 할 뿐만 아니라 실제로 체계가 존재할 경우에도 진정한 체계와 말로 표현된 체계를 동일시해서는 안된다는 맑스의 말에 유의하라고 한다(IdSzr, p.39 참조).

글들에서 나타나는 일반적인 서술 양상이지만, 여기에서 필자는 '매개의 배제'에 초점을 맞추어 루카치의 논지를 재구성하고자 한다. 루카치가 스탈린적 체계를 구성하는 여러 계기의 근저에 관류하는 기본 경향이자 "방법론적 기초"(SD, p.63)를 "전술의 우선성"으로 파악한다면, '매개의 배제'는 그러한 경향이 이론과 실천에서 관철될 때 활용된 주요한 방법적 계기라 할 수 있다. 이러한 '매개의 배제'가 스탈린주의를 구성하는 각종의 측면에서 어떻게 구사되며 또 어떤 결과를 초래하고 있는가 하는 데에 초점을 두고 루카치의 논지를 재구성하는 것은, 일찍이 『역사와 계급의식』에서 본격적인 면모를 드러낸 '직접성' 비판이 자본주의의 사물화 현상뿐만 아니라 스탈린적 방법에 대한 비판으로도 이어진다는 사실, 그리고 특히 1930년대 문학론에서 축을 이루고 있는 자연주의 비판이 스탈린적인 '사회주의 리얼리즘'에 대한 비판으로도 재해석될 수 있다는 사실을 밝히기에 유리할 것이다.

루카치가 스탈린주의에 있어서의 '매개의 배제' 문제를 가장 명료하게 표현하고 있는 글은 1962년에 알베르토 카로시에게 보낸 공개서한(「Brief an Alberto Carocci」)일 듯하다. 『사회주의와 민주화』 이전에 씌어진 글 가운데 스탈린주의의 문제를 가장 포괄적으로 다루고 있는 이 글에서 루카치는, "스탈린적 경향이란, 가능한 한 모든 곳에서 전체 매개들을 배제하고 날 것 그대로의 사실들을 가장 일반적인 이론적 입장들과 직접적으로 연관시키는 것"(SzIP, p.664)이라고 규정하고 있다. 루카치는 이러한 스탈린적 경향은 이론과 전략과 전술 내지는 이론과 선전과 선동의 연관관계를 설정하는 방식에서 가장 분명하게 드러난다고 보는데,[82] 그에 따르면 이론과 전략(선전)과 전술(선동)을 정확히 구분하

82) 이론과 전략과 전술의 연관관계는 때에 따라서 이론 대신에 "가장 일반적인 원리" 혹은 "역사적 전망", "세계사적 전망" 등과 전략과 전술의 연관관계 문제로 설정되기도 하며, 문맥에 따라서는 전략의 자리에 선전이, 전술의 자리에 선동이 놓이기도 한다.

고 그것들을 결합하는 매개들을 현실에 기반하여 면밀히 탐구함으로써 이론에 입각한 전략(선전), 전략(선전)에 바탕한 전술(선동)을 확정했던 맑스 및 레닌과는 정반대로, 스탈린의 방법은 일체의 매개를 배제하고 이론과 전술적 결정(선동)을 직접적으로 결합한다. 여기에서 이론은 모순적·역동적인 현실에 대한 과학적 탐구를 통해 풍부하게 되고 실천을 통해 구체화되는 것이 아니라, '기성품'으로 주어져 있는 것으로 설정된다. 즉, '맑스-레닌주의 과학'은 모든 문제를 이미 다 다루었으며, 이제 이미 완성되어 있는 과학적 결과들을 활용하여 개별 경우들에 '적용'하면 된다는 식의 이론관이 스탈린주의에 내재해 있다는 것이다. 스탈린 시기에 이론이 도그마로 고정되고, 맑스와 레닌의 텍스트에 나오는 구절들을 인용하는 것으로 '구체적 상황의 구체적 분석'을 대신한 "교조주의와 인용술"(SzIP, p.598) 등은 여기에 그 세계관적 뿌리를 두고 있다는 것이 루카치의 생각이다.

문제는 여기에서 그치지 않는다. 루카치에 따르면, 스탈린 시기에 이루어진 이론과 전술의 직접적·무매개적 결합에서—이미 앞에서 말한 바처럼—우선권은 전술에 있다. 이에 따라 맑스 및 레닌에서 볼 수 있었던 이론·전략·전술의 연관성이 완전히 역전되는바, 일시적 시기에 적용되는 스탈린의 조치들과 당의 결정들을 위해 "사이비 이론적인 '근거부여'"(SzIP, p.667)가 자행된다. 여기에서 발생하는 이론의 도구화가 이론의 단순화와 속류화를 낳는 것은 필연적이다. 루카치는 이것을 다음과 같이 표현하고 있다.

> 스탈린은 자신이 내린 결정이 기관을 통해 정확히 수행되고, 가능하다면 아주 광범한 대중의 동의도 얻는 것을 필요로 했습니다. 그 때문에라도 그는 자신의 이론적 진술들을 아주 철저하게 단순화했지요. 매개의 배제, 즉 가장 일반적인 원리들과 일상적 실천의 구체적인 요구들의 직접적인 결합은 이를 위해 아주 적합한 수단으로 보였습니다. 여기에서도 이론은 실천에 적용되는 가운데 구체화되지 않았습니다. 오히려 그와는 정반대로, 원

리들은 실천의－많은 경우에는 단지 그렇게 여겨졌을 뿐인－필요에 따라서 통속화될 정도로 단순화되었습니다(SzIP, pp.667-668).

루카치에 따르면 맑스와 레닌의 경우에 우선적인 것은 결코 전술적인 결정이 아니라 변증법적 방법에서 생겨난 “역사적 전망들”(SD, p.57)이었다. 즉, 전술적 결정은 인류의 거대한 역사적 발전과정의 부분 계기일 따름인바, 레닌은 이러한 발전과정에 대한 역사적 전망에 입각하여 당대의 역사적 경향을 과학적으로 분석, 전략으로 집약하는 것이 가능하다고 보았으며, 그러한 역사적이고 이론적·과학적으로 정초된 틀 내에서 ‘구체적인 상황의 구체적인 분석’을 통해 “현실주의적인 전술”(같은 곳)을 결정하였다는 것이다. 레닌이 맑스의 불균등발전론의 의미를 열정적으로 강조한 것도 바로 이러한 입장과 통한다는 것이 루카치의 주장이다.[83]

그런데 레닌과는 정반대의 방향, 즉 전술적 결정의 절대적 우선성에서 출발하는 입장은 오직 스탈린에게만 고유한 것이 아니었다. 루카치는 레닌 사후에 그의 후계자 그룹에 속하는 모든 이들에게서 ‘역사적 전망’의 우선성이 현저하게 약화되는 것을 볼 수 있다고 한다. 가령, 경제적 재건을 둘러싼 노선투쟁에서 ‘좌파’와 ‘우파’ 공히 “공산주의의 예비단계로서의 사회주의”(SD, p.42)를 파악할 수 있는 역사적 전망을 망각하고 전체 문제를 순수하게 경제적인 문제로 환원시키고 있는바, 이로써 노선투쟁은 본질적으로 “전술적 대안”(p.60)의 문제로 집중될

---

83) 이상에 관해서는 SuD, pp.56-57 참조. 1970년 초에 있었던 한 좌담에서 루카치는 맑스에게 있어서의 방법-전망-전략-전술의 연관관계를 다음과 같이 명료하게 정식화하고 있다. “맑스의 견해에 따르면 그의 변증법적 방법에서 하나의 거대한 세계사적 전망이 생겨납니다. 그는 이러한 방법의 경제적이고 정치적인 기반들을 그의 모든 저작들에서 설명하려고 시도했습니다. 이러한 전망은 맑스의 행위에 주된 자극을 제공했지요. 이러한 자극에 힘입어 그는 자기 당대에 전략의 기반들을 분석했고, 각각의 상황에 따라 주어진 전략의 내부에서 전술도 결정했습니다. 스탈린은 이 모든 것을 뒤집었습니다”(Lukács, 1970a: 202).

수밖에 없었다는 것이다. 스탈린 또한 문제 설정의 이론적 수준에서는 그의 경쟁자들과 마찬가지였지만, 단지 전술적으로 그들보다 우월했기 때문에 권력투쟁에서 승리할 수 있었다는 것이 1960년대 후반기에 루카치가 내리고 있는 판단이다(이상은 p.60 참조).

루카치에 따르면, 이러한 전술의 우선성에서 출발하는 입장은 베른슈타인으로 대표되는 사회민주주의에서도 일찍부터 관철된 것이며(pp.57-58 참조) 이른바 '개인숭배'를 극복했다고 하는 스탈린 시기 이후의 소련 정책에서도 변함없이 유지되고 있다(p.62 참조). 루카치가 보기에 스탈린 시기 및 그 이후의 교조주의와 제2인터내셔널의 수정주의는 현상적으로는 대극적인 위치에 있지만 실상은 동일한 방법론적 기초 위에 입각한 양면적 현상이기도 한 것이다.

다른 한편, 스탈린적 방법에 있어서의 '매개의 배제'는 특수한 시기에 불가피했던 조치들을 곧바로 이론적 차원에서 일반화하는 데에서도 드러난다. 1930년대 후반기에 '사회주의의 완성' 및 그에 따른 '무갈등' 테제[84]와 아울러 제출된 "프롤레타리아트 독재에서 계급투쟁의 부단한 격화는 필연적"(SzIP, p.672)이라는, 스탈린의 일견 역설적인 테제가 그 대표적인 경우인데, 루카치는 여기에서도 레닌의 파악방식을 대비시킨다. 즉, 이른바 '전시공산주의' 시기에 레닌은 전시공산주의의 실천적 불가피성을 인정했지만 그것을 상황에 따른 불가피한 조처로

84) 1930년대 후반 소련에서는 '조화의 법칙'이 강요되는 가운데 무갈등적인 사회주의상이 생겨났으며, 이는 1938년 9월의 스탈린 연설을 통해 확고해졌다. 스탈린은 협소한 생산력 개념에 입각해 사회주의에 있어서 생산력과 생산관계의 일치론을 주장함으로써 사회주의는 갈등도 충돌도, 따라서 모순도 없다는 논리를 전개했다(Sziklai, 1986: 152-153 참조). 이에 반해 루카치는 특히 「맑스와 이데올로기적 몰락의 문제」, 「민중의 호민관이냐 관료냐?」 등 1930년대 후반에 씌어진 글들에서 모순성을 사회 일반의 원리로 보편화함으로써 사회주의 사회의 무갈등 테제를 암암리에 반박했다. 그는 모순성은 계급적대가 지양되더라도 없어지지 않는 것으로 파악하고, 사회주의의 내적 모순을 민주주의를 통해 '지양'해나가기를 기대했다.

파악했지 사회주의에 이르는, 이론적으로 적법한 경로로 인정한 적은 결코 없었다는 것이다(IdSzr, p.40). 이에 반해 스탈린은 실제로 사회의 존망이 달린 혁명적 상황에서 불가피했을 수도 있는[85] 모든 것을 자의적·주관적으로 일반화하여 "소비에트 일상의 기초"(SzIP, p.673)로 만들어버린다. 그리하여 위급한 혁명적 상황이 인위적으로 지속됨으로써 "항구적인 계엄상태의 분위기"(pp.672-673)가 연출·조작되며, 이에 따라 삶의 모든 현상을 획일적으로(monolithisch) 취급하는 경향은 더욱 강화되었다는 것이 루카치의 생각이다.

루카치는 스탈린의 종파주의도 '매개의 배제'를 통해 파악한다. "이론의 가장 기초적인 문제들을 시사적 문제들과 직접적으로 결합하는 것은 종파주의와 교조주의의 특징"(SzIP, p.607)이라고 보는 루카치가 종파주의의 예로 빈번히 드는 것은 '사회파시즘' 테제인데, 루카치에 따르면—그 자신도 1930년대 초반까지 견지했던—이 테제는 자본주의와 사회주의의 대립이라는 "세계사적 대립"이 "무매개적·직접적으로 정치적 대립으로 환치"(p.603)된 대표적 경우이다.

물론 사회주의 운동사에서 종파주의는 이미 일찍부터 있어왔다. 『역사와 계급의식』 시기의 루카치 자신도 종파주의적 경향('메시아주의적 종파주의')을 지녔으며, 1930년대 초반까지 그의 정치관이나 이론도—'메시아주의적 종파주의'와는 다른 맥락에서이긴 하지만—종파주의적 구도를 완전히 극복했다고는 보기 힘들다. 하지만—루카치에 따르면—스탈린적 종파주의는 종파주의의 역사에서 "결정적으로 새로운 현상"(p.689)이다. 예전의 종파주의는 소수집단의 운동이었음에 반하여 스탈린과 더불어 종파주의는 거대한 당, 막강한 한 국가의 지배적 방

85) 1930년대 후반기가 실제로 그러했는지는 역사적 분석이 있은 연후에야 판단이 가능하겠지만, 적어도 '사회주의에 있어서 계급투쟁의 격화' 테제는 스탈린 체제의 공고화를 위해 자행된 '공개재판' 시기에, 이를 정당화하기 위해 제공된 이론이었다고 루카치는 말한다. 이에 관해서는 Lukács, 1970a: 202 참조.

향이 되었다. 아울러 이 종파주의는 엄격하게 중앙 집중화된 거대한 장치를 전제로 하는바, 이에 따라 모든 선전주의적 작업은 그러한 장치의 필요성을 강화하는 데 복무하는 역할을 하게 된다. 결국 종파주의가 지배하는, "아래쪽으로 갈수록 점점 더 작아지는 스탈린들로 구성된 하나의 피라미드"(p.689)로서의 거대한 관료체제가 스탈린 시기의 소련 사회를 지배했다는 것이 루카치의 판단이다.

(2) 루카지의 매개 중심적 시각

앞에서 보았다시피, 루카치는 '사회주의와 자본주의의 적대', '프롤레타리아트와 부르주아지의 적대'라는 세계사적 대립을 당장의 정치적 대립으로 직접 환치하는 '사회파시즘' 테제를 종파주의의 대표적 경우로 파악하고 있다. 루카치에 따르면, 세계사적 차원에서 보면 사회주의와 자본주의의 투쟁이 "우리 시대 전체의 근본문제", "시대의 근본경향"이지만, 그렇다고 해서 이 시대의 특정 시기 혹은 현상이 이로부터 "직접적이고 완전히" 규정된다고 보는 일종의 본질 환원주의적 입장은 오류이다(이상 4: 462 참조). 그럴 것이 "현실은 객관적·주관적 매개들을 대량 생산하며, 그 매개들의 작용으로 인해 근본문제가 현상되는 방식은 본질적으로 수정"(같은 곳)되기 때문이다. 이러한 관점에 따라 그는 제2차 세계대전의 종결을 분기점으로 그 이전에는 파시즘과 반파시즘의 대립이, 그 이후에는 인류를—자본주의와 사회주의라는—두 개의 적대적 세계로 나누려는 냉전전략 대 평화운동의 대립이 "사회적·정치적 삶의 본질적 편성"(4: 463)의 축이라고 파악한다.[86]

이러한 매개 중심적 시각은 진보를 위한 주체 형성의 문제에도 그대

---

86) 1960년대에 들어와 루카치는, 당대를 '조작의 시대'로 파악하면서 이에 맞서 '의미있는 삶'을 추구하는 것을 '새로운 소외에 맞선 새로운 투쟁의 형태'로 제시한다. 이에 관해서는 제3부 1장 참조.

로 적용된다. '자본주의와 사회주의의 대립', '부르주아지와 프롤레타리아트의 적대'라는 근·현대 사회의 근본적인 대립을 진보의 주체의 문제에 무매개적·직접적으로 적용하는 '계급환원주의'를 종파주의로 보는 관점에는 진보의 주체가 '선험적으로' 고정되어 있는 것이 아니라 운동과정에서 '형성'된다는 관점이 내포되어 있다. 물론 그러한 '형성'이 아무런 사회적·물질적 전제 없이 가능한 것은 아니겠지만, 위에서 말한 "사회적·정치적 삶의 본질적 편성"은 부르주아 대중뿐만 아니라 프롤레타리아 대중에 있어서도 모종의 재형성을 함축하고 있는 것이다. 부르주아 출신의 개인, 그 가운데에서도 특히 다수의 민주주의적 지식인이 반파시즘운동과 평화운동에 가담했다면, 적지 않은 수의 노동자가 파시즘에 의해 유인(誘引)되고 냉전 이데올로기의 영향력하에 흡수된 것이 사실이다. 나아가 반파시즘운동이나 평화운동 등 이행기적 운동에 동참한 부르주아 지식인이—최상의 경우—사회주의자로 전환되는 것이 가능하듯이, 즉자적으로 프롤레타리아트에 속하는 개인들이 반동화하는 것도 충분히 가능한 일이다. 결국 '계급으로서의 프롤레타리아트'는 주어져 있는 것이 아니라 '형성'되는 것이다. 이에 따라 루카치는 '자본주의와 사회주의의 대립', '부르주아지와 프롤레타리아트의 적대'는 제2차 세계대전 이후의 국면에 직접적으로 적용될 수 없음을 강조하며, 동시대적 경향을 특징짓는 것은 '부르주아지와 프롤레타리아트의 적대'가 아니라 오히려 "사회주의자들과 시민적 인사들이 함께 투쟁하면서 나아가는 것"(4: 463)이라고 주장한다. 이러한 입장에서 보면 사회주의는 이러한 연대투쟁의 전략적 출발점이나 직접적 목표가 아니라 장구한 투쟁의 성과가 쌓이면서 도달하게 될 정점—물론 그 자체로서는 공산주의를 준비하는 예비단계로서의 정점—으로 설정된다. 루카치의 이러한 입장은 이미 1930년대 후반기의 『역사소설』에서 표명된 것이자—일정한 유보조항을 단다면—「블룸-테제」로까지 거슬러올라가는 관점이 연속적으로 발전된 것이라 할 수 있다.

루카치는 평화운동의 이데올로기적 특성으로, '차이의 인정'을 꼽고 있다. 그가 평화운동은 "세계관적 차이들을 배제하고 제외하는 지반 위에서"(4: 464) 생기며, 그러한 차이들이 동일한 목표로 노력을 집중하는 데 방해가 되지 않는다고 주장하는 대목은 요즘 유행하는 말로 표현하자면 '차이의 인정'에 다름 아닌 것이다. 여기에서 특히 유의할 것은, "사회주의자들과 시민적 인사들이 함께 투쟁하면서 나아가는 것"이 결코 전술적 차원에서 설정된 것이 아니라는 사실이다. 이는 반파시즘 투쟁기에서도 마찬가지로 표명된 관점인데, 그는 반파시즘 인민전선정책을 전술적 차원에서 활용한 스탈린과는 달리 그것이 지닌 "세계사적 파장력"(6: 319)을 역설할 만큼 높게 평가하였다. 그렇다고 해서 그의 입장이 차이의 상대주의적 인정, 곧 '다원주의'적 사고로 귀결되는 것은 결코 아니다.[87] 이는 평화운동의 '세계관'을 논하는 대목에서 분명하게 표현되는데, 루카치에 따르면 평화운동이 관념상의 상상적 행위가 아니라 현실적 운동이자 실천인 한, 그것은 필연적으로 "모종의 세계관적 성격"(4: 464)을 지니는 일련의 문제를 제기한다. 사회현실 속에 어떤 식으로든 간에 '이성의 힘'이 관류할 수 있다는 확신, 개인의 결단을 포함한 인간 행위가 현실적 사건들의 진행에 영향을 미칠 수 있다는 확신이 없이 어떻게 개별 인간이 평화를 보전하기 위한—가상적 행위가 아닌—현실적 실천에 가담할 수 있겠는가 하고 반문하는 루카치는, 바로 이러한 차원에서 "평화를 위한 투쟁에 있어서의 '세계관'의 공통성"(같은 곳)을 규정하는바, "세계 속에 있는 이성의 힘, 개인이 자기가 내린 결정의 결과에 대해 지니는 책임성"(같은 곳)이 그것이다.

---

87) 앞에서 '차이'라는 용어와 마찬가지로 '다원주의'라는 용어도 엄밀한 규정에 따라 사용하는 것이 아님을 밝혀둔다. 에리히 한은 '형식적 원리로서의 다원주의'와 '이론적 다원주의'를 구분하고 있는데, 여기에서 내가 '다원주의'라는 용어로 지칭하는 것은 후자에 가깝다. 에리히 한, 「다원성과 총체성의 변증법—다원주의 이데올로기 비판」, 서도식 옮김, ≪이론≫ 통권 제16호, 1996 겨울/1997 봄, 113-131쪽 참조.

"세계 속에 있는 이성의 힘"에 대한 루카치의 확신은—우리가 이미 앞에서 보았다시피—일찍이 1926년「모제스 헤스」에세이에서 헤겔의 "현실과의 화해" 개념을 방법론적 차원에서 진보적인 것으로 확정한 이후 일관되게 표명되어왔다. 이러한 확신은 1930년대 후반기에 그의 문학론의 중심 거점으로 자리잡게 된 '리얼리즘의 승리론'의 전제로 기능하기도 했는데, 1940년 2월에 씌어진「진보의 모순과 문학」에 나오는 다음과 같은 대목은 이를 분명하게 보여주고 있다.

> 괴테의『파우스트』와 헤겔의『정신현상학』은 개인의 운명과 인류의 운명 사이에 존재하는 새로운, 비극으로 가득 찬 모순적인 관계를 서로 독특하게 다르면서도 기이하게 수렴하는 가운데 표현하고 있다. 여기에서 '화해'는 어디에 있는가? 그것은 통일성과 역동적 힘, 인류발전의 '이성'이 현실 자체에 포함되어 있으며, 이러한 발전은 가장 천재적인 개인보다도 '더 이성적'이라는 확신, 그리고 사상가와 문학가의 위대성은 자신의 주관적인 격정을 현실에 투사하여 해석하는 데 있는 것이 아니라 이와는 정반대로 현실에 내재하는 그러한 이성을 현실에서 간파하며 숙고하고 형상화하는 데에 있다는 확신에 있는 것이다(MS, pp.82-83).

루카치는 이러한 "현재와의 화해" 개념과 아울러 헤겔의 "이성의 간지(die List der Vernunft)" 개념을 받아들이는데, 이러한 용어들은 흔히 스탈린주의에 대한 루카치 자신의 '화해'를 이론적으로 정당화하는 증거로 지적되거나 혹은 그의 '목적론적 역사철학'의 기초로 오인되곤 했다. 하지만 "현실과의 화해" 개념에서 표출되는 그의 확신은, 스탈린주의는 물론 맑스주의를 '목적론적인 역사철학'으로 변형시킨 일체의 시도들에 대해 비타협적인 논쟁을 벌이고 있는『사회적 존재의 존재론을 위하여』에서도 계속되는데, 인류나 어떤 계급에게—개인의 경우와는 달리—절대적으로 막다른 골목이란 없다는 식의 발언에서도 그것을 엿볼 수 있다. 이러한 확신은 '목적론적 역사철학'과 동일시될 수 있는 것이 아니라[88] 실천적 사상가에게는 불가피한—루카치의 말을 빌려 표현하자면–"세계사적 낙관주의"(4: 586)[89]로 간주되어야 할 것이다.

더군다나 '이성의 간지'는–루카치에 따르면–현실을 정당화하는 사유 모델이 아니라 "인간적 존재의 근본사실"[90]을 표현하는 것이며, 이른바 '객관적 법칙'의 한 측면을 시사하는 것이기도 하다. 그리고 바로 이를 통해–앞에서 인용한–"개인이 자기가 내린 결정의 결과에 대해 지니는 책임성"이라는, 강하게 윤리적인 색채를 띤 규정도 가능하게 된다. 이 문제를 조금 더 자세히 살펴보기 위해 루카치의 윤리학적 구상의 기초를 보여주는 1950년대 초의 한 강연문[「철학자의 사회적 책임(Die soziale Verantwortung des Philosophen)」]을 거쳐가도록 하자. 여기에서 루카치는 '이성의 간지'에 관해 다음과 같이 말하고 있다.

> 다소 신화적으로 들리는 헤겔의 '이성의 간지'라는 표현에는 사회적·역사적 삶에 의문의 여지 없이 현존하는 하나의 사실이 함축되어 있다. 즉, 인간적 행위들의 결과들은–그것이 개인적인 것이건 집단적인 것이건 간에–의도들에 그대로 부합하지 않으며 이러한 의도들을 질적으로 넘어서게 된다는 사실이 함축되어 있는 것이다(p.19).

역사는–물론 자기가 선택한 것이 아니라 미리 주어져 있는 상황하에서–인간이 만드는 것이며 인간의 관계들의 체계가 변화하는 것에 다름 아니지만, 동시에 그것은 인간의 직접적 의도로 환원되지 않는다는 것을 헤겔은 '이성의 간지'의 구조를 통해 우리에게 가르쳐주고 있다는 것이 루카치의 생각이다. 여기에서 이른바 '객관적 법칙들'이라는 것도 성립하는데, 그것이 인간의 관계들에서, 인간들의 행위(인간 상호

---

88) 이에 관해서는 제3부 4장 참조.

89) 루카치는 "세계사적 낙관주의"를 "단순한 국가공인적 낙관주의"로 바꾸어 버린 것이 '사회주의 리얼리즘'의 추상적 도식주의를 초래하고 있다고 한다(4: 586 참조).

90) G. Lukács, "Die soziale Verantwortung des Philosophen," Dannemann/Jung (편), 1995, pp.11-29, 인용한 곳은 p.19.

간의 작용과 자연에 대한 인간의 공동적·집단적 작용)에서 생겨나는 것이지만, 그렇기 때문에 "인간 행위들의 종합"(p.24)이지만, 인식하는 인간의 의도에 따라 자의적으로 좌우될 수 없으며, "인식하는 의식과는 무관하게 작동하는 법칙"(p.23)이기에 '객관적인' 법칙이다. 하지만 그것이 숙명론적인 의미에서 이해되어서는 안되는데, 그럴 것이 맑스가 말하는 법칙들은 "경향들"로 설정되는바, 법칙들은 "결정적으로 중요한 경우들에 있어서 객관적인 여지, 즉 그것의 범위 내에서 인간적 행위가 결정을 내리는 그런 객관적 여지의 경계를 지을 뿐"(p.25)이기 때문이다. 맑스주의의 법칙 개념이 일종의 자연법칙과 같은 숙명론적인 의미를 띠는 것이 아니라 '경향들'을 의미한다는 이 사실만 보더라도 맑스주의의 체계에서 윤리학의 영역이 배제될 수 없다는 것이 루카치의 생각이다. 맑스주의의 사회적 원리와, 자본주의 사회에서 인간관계들이 사물화된 것을 반영하고 있는 "사회적 환경이론"(23쪽)—이는 '구조결정론'이라는 말로 바꿀 수 있을 것이다—을 혼동하는 사람만이 맑스주의가 경제학과 사회학으로 윤리학을 대체했다고 주장할 수 있다는 것이다.

결국 루카치에 따르면 인간은 아무런 제약도 받지 않는 상황에서 결정을 내리는 것이 아니라 구체적인 여지의 구체적인 범위 내부에서 구체적인 결정을 내리는바, 바로 이러한 결정에서 인간의 선택적 행위가 이루어진다. 이 지점에 루카치는 윤리의 문제로서 '책임성'의 문제를 설정하며, 윤리적 태도를 "책임있는 선택"(p.25)의 태도로 규정한다. 이상과 같은 루카치의 생각은 다네만에 의해서 다음과 같이 간결하게 정식화된 바 있다.

> 윤리적 태도를 루카치는 '책임있는 선택'의 태도로 규정한다. 역사유물론이 말하는 사회의 '운동법칙들'은, 그 내부에서 '인간적 행위가 결정을 내리는' 객관적인 여지들이다. 윤리적으로 책임있는 행위에서 개인은 유적인 것과 관련되며, 반성된 형태 속에서 개인은 이미 즉자적으로 존재해 있는 '세계사적 개인'으로 된다(Dannemann, 1993: 153).

이렇게 보면 앞에서 루카치가 "평화를 위한 투쟁에 있어서의 '세계관'의 공통성"을 말하면서 "세계 속에 있는 이성의 힘"과 아울러 "개인이 자기가 내린 결정의 결과에 대해 지니는 책임성"을 말했을 때, 그것은 윤리적인 문제 영역에 속하는 것이기도 하다.[91] 루카치가 여기에서 '세계관'이라는 용어를 "그 말의 아주 제한적인 의미에서만"(4: 464) 사용한다고 밝히며, 이렇게 이해된 "'세계관'의 공통성"은 완전히 대립적인 방식의 철학적 해석, 종교적 해석 등등을 허용할 수 있다고 한 것도 이러한 맥락에서 이해할 수 있다. 이러한 '세계관'은 굳이 유물론적 역사·사회이론에서뿐만 아니라 종교적인 변신론(辯神論)에서도 있을 수 있는 것이며, 따라서 이러한 측면에서의 '차이'는 인정되어야 한다는 것이 루카치의 주장이었던 것이다.[92]

루카치가 규정한 평화운동의 '세계관'에 적대적인 것은, 따라서 관념론도 그것이 절대화된 형태인 종교도 아니다. 이제 새로이 규정된 진보적 '세계관'에 적대적인 것은 바로 "숙명론적 세계관"(4: 464)이다. 그리고 루카치의 주장에 따르면 이러한 '숙명론'은 종교적인 것 혹은 '비합리주의'[93]적인 것일 수도 있지만, 사이비 과학적으로 정초될 수도

91) 올드리니에 따르면, 루카치의 미학적·역사철학적 관심과 나란히 또 다른 연구영역으로서 '맑스주의적 윤리학의 구상'은 1940년대 말부터 등장하기 시작한다. Oldrini, 1998, p.150 이하 참조.

92) 이상의 논지를 루카치는 헤겔의 말을 빌려 "동일성과 비동일성의 동일성"(4: 464)이라고 표현하기도 한다. '통일성'과 '차이'를 편향적·대립적으로 이해하는 '본질환원주의'와 '다원주의'를 동시에 배제하는 루카치는, "동일성과 비동일성의 동일성"을 변증법의 요체로 파악하며, 이를 "우리 시대에 인간을 편성하는 새로운 형태의 원리"(4: 465)라고 규정한다.

93) 루카치의 『이성의 파괴』는 독일의 비합리주의에 대한 역사적·이론적 비판으로 유명하다. 여기에서 루카치는 헤겔과 맑스의 변증법적 사상(곧, '이성'의 다른 이름)을 철학의 정점으로 간주하며, 이에 따라 비합리주의는 복합적인 현실이 우리에게 제기하는 문제들에 직면하여 이러한 노선에서 이탈하는 것으로 규정한다. 루카치에 따르면, 현실의 무한한 다층성(Vielschichtigkeit)과 복잡성은 우리의 인식 가능성과 항상 긴장관계에 놓일 수밖에 없다. 인식과정에서 인간은 존재에 무한히 접근할 수 있을 뿐인데, 비합리주의는 이러한 상대적

있다. 여기에서 전자가 『오해된 리얼리즘에 반대하여』[94](1955~57년 집필, 1958년 출판)에서 비판되는 '모더니즘'[95]의 세계관적 기초와 연관된 것이라면, 후자, 즉 사이비 과학적으로 정초되는 숙명론은 '실증주의'뿐만 아니라 스탈린주의와도 관련될 수 있다. 하지만 스탈린주의와 관련하여 이러한 문제의식이 그에 합당한 개념을 얻는 것은 루카치의 생애 마지막 순간에 이루어지는데, 『삶으로서의 사유』에서 스탈린주의에 대한 철학적 판정으로 등장하는 "초합리주의"라는 개념이 그것이다.[96]

어쨌든 간에 루카치의 이러한 시각은 그가 스탈린에 대한 환상에서 완전히 벗어났음을 보여준다. 물론 1930년대—특히 1930년대 후반—에 성취된 그의 문학 이론적·비평적 성과와 철학사적 연구에도 반종파주의적 경향들이 기본 주조를 이루고 있지만, 기본적으로 그는 스탈린과 그에 의해 지도(지배)되는 소련 공산당을 반파시즘투쟁의 선도세력으로 보았으며, 따라서 '진보'의 주도체로 규정했다. 하지만 제2차 세

난점들을 절대적 난점으로 만들고, 존재란 그 본질상 인식과정을 통한 모사에 대립한다고 주장한다. 우리 인식능력의 불가피한 역사적 한계에서 생기는 이성의 상대적 불완전성에서 이성의 절대적인 존재론적 무능력을 도출하려고 하는 것, 이것이 루카치가 '비합리주의'라고 부르는 것이다. 이상에 관해서는 Tertulian, 1987, p.101 참조.

94) 이 글은 전집 제4권에 「비판적 리얼리즘의 현재적 의미(Die Gegenwartsbedeutung des kritischen Realismus)」라는 제목으로 수록되어 있다. 본문에서 인용은 전집에 수록된 글에 따라서 한다.

95) 루카치의 글에서 '모더니즘'이라는 용어는 후기에 드물게 등장하는데, 그것도 대개는 작은따옴표가 붙어 있다. 하지만 예컨대 「삶으로서의 사유」에서 그 자신이 "'모더니즘'과 스탈린의 조작에 동시에 반대"(GD, p.270)했다고 적고 있는 데에서 알 수 있다시피, '모더니즘'이라는 용어로 그는 자신이 1930년대 이래 '전위주의(Avantgardismus)'라 부른 것을 지칭하고 있다. 이와 관련하여 A. 아이스테인손은 루카치가 '전위주의'에 관해 기술하면서 실상 다룬 것은 '모더니즘'이었음이 분명하다고 하면서, 루카치가 '아방가르드'라는 용어에 의존한 것은 그 당시 비평사에서는 이보다 더 적절한 용어가 없었기 때문이라고 한다(A. 아이스테인손, 『모더니즘 문학론』, 임옥희 옮김, 현대미학사, 1996, 8쪽 참조; 이러한 사정에 관해서는 백낙청, 1984, 396-397쪽도 함께 참조).

96) 이에 관해서는 제3부 4장 참조.

계대전 이후의 정황에서 루카치는 진영 테제, 즉 '현실사회주의' 진영과 '제국주의적 자본주의' 진영을 대립의 양대 축으로 설정하고 전자를 진보진영으로, 후자를 반동진영으로 규정하는 진영 테제의 획일적 규정력에서 어느 정도 벗어난다. 이미 1956년에 루카치는 우리 시대의 기본 모순을 자본주의와 사회주의의 모순(부르주아지와 프롤레타리아트의 모순)으로 보는 시각은 견지하되, "진보와 반동은 추상적인 대립에서 생기는 척도와는 다른 척도로써 재어져야"(SzIP, p.612) 한다고 주장한다. 세계사적 경향의 모순성, 부분과 전체의 모순성을 강조하는 루카치의 입장에서 보면, 주관적으로는 사회주의에 충실하다고 하더라도 이러한 모순성을 간과하는 종파주의자는 객관적으로 '반동'이다. 1950년대 중·후반에 반동과 진보의 전선을 전쟁과 평화의 전선, 냉전과 공존의 전선, 식민지적 억압과 자치의 전선으로 규정하고 있는 그는, '현실사회주의'의 종파주의 세력과 자본주의의 부르주아지는 공히 자본주의와 사회주의의 대립전선을 공고하게 만들려고 하며, 따라서 전자는 의도와는 무관하게 객관적으로 후자와 반동적인 동맹관계에 있다는 진단을 내린다(SzIP, p.631 참조). 이러한 입장은 1960년대에 들어와 그가 '새로운 소외'에 맞선 '저항의 새로운 형태'로 내건 '반(反)조작(操作) 투쟁'에서도 그대로 관철된다.

2) '사회주의 리얼리즘' 비판

우리가 앞 절에서 보았다시피, 루카치가 주장하는 스탈린주의의 근본적인 청산은 맑스주의의 거부가 아니라 오히려 "진정한 맑스주의의 갱신"으로 이어지는 것이었다. 이러한 입장은 사회주의 문학에 관한 고찰에서도 그대로 적용된다. 루카치는 스탈린적 방법이 고착화된 시기의 이른바 '사회주의 리얼리즘'을 철저히 비판하고 그것과의 원칙적인 단절을 주장하지만, 그 대안을 '모더니즘'에서 찾는 1950~60년대의 유행적 경향에 대해서도 마찬가지로 비판한다. 스탈린적 '사회주의 리얼리즘'을 고수하는 교조주의도, 리얼리즘 일반으로부터 등을 돌리는 '모더니즘'적 전향도 아닌 '제3의 길'로서 그가 제시하는 것은 진정한 "사회주의 리얼리즘의 갱생"(Lukács, 1964: 10)이었다. 루카치는 맑스, 엥겔스, 레닌 등이 '진정한 맑스주의'를 구현했듯이, 1920년대 소련에서는 숄로호프, A. 톨스토이, 청년기 파제예프 등에 의해서 "사회주의 리얼리즘의 발양기(發揚期)"(p.9)가 형성되었다고 본다.

루카치에 따르면, 이러한 1920년대의 전통을 되살리는 가운데 성취될 "사회주의 리얼리즘의 갱생"은, 하지만 그것의 직선적인 연속이거나 그것으로의 복귀를 의미하는 것은 아니며 또 그럴 수도 없다. 그럴 것이, 인간의 삶과 갈등의 구조가 근본적으로 변화했으며, 따라서 당대의 삶을 규정짓는 역동적·구조적 형식들을 포착하는 양식 또한 필연적으로 변할 수밖에 없기 때문이다(p.27 참조). 따라서 사회주의적 존재와 의식의 변화된 토양 위에서 이루어질 사회주의 리얼리즘은 말 그대로 새로 태어나야 한다. 이러한 "사회주의 리얼리즘의 갱생"은, 하지만 막연한 바람이나 당위가 아니라 솔제니친, 아이트마토프 등의 작품에서 그 조짐을 볼 수 있다는 것이 루카치가 1960년대에 내린 문학적 진단이었다.[97]

여기에서는 스탈린 시기 및 그 이후 시기의 공식적 '사회주의 리얼리즘'에 대한 루카치의 비판을 '전망' 범주와 '당파성' 범주를 중심으로 검토하고자 한다. 사실, '관료주의적 국가사회주의' 모델의 붕괴와

97) 물론 사후적(事後的) 관점에서 우리는 그의 기대에 찬 진단이 현실 역사에서 현실화되지 못했다는 것을 알고 있다. 그가 타진하고 소원한 새로운 '싹'이 '개화'되기는커녕 그 토양마저 송두리째 잃어버린 것이 그의 사후(死後)에 진행된 현실 역사의 과정이었다. 하지만 그의 진단에 내포된 '현실성'이 단순히 현존하는 역사를 기준으로 재단될 수는 없을 것이다. 부단한 과정으로서의 역사의 한 순간에 살면서 그 과정 속에서 인간들이 내리는 진단들 가운데에는 현재에서 소진되지 않는 '미래적 현실성'을 지닌 것들도 있을 수 있다. 루카치의 진단이 과연 그러한 힘을 지닌 것인지 여부는, 따라서 현존 현실의 기준이 아니라 더 큰 역사의 문맥에서 시도되는 기획 속에서 점검되어야 할 것이다.

아울러 '당파성'과 '전망' 범주는 적실성을 상실한 시대착오적인 범주로 보이기까지 한다.

하지만 1980년대 중·후반은 물론이고 1990년대 초반까지만 하더라도 한국의—넓은 의미에서의—'민족문학' 담론에서 이 두 범주는 적지 않은 역할을 담당했으며, 또 그 와중에 이에 관한 루카치의 논의 또한—긍정적으로든 비판적으로든 간에—수용되었던 것이 사실이다. 따라서 루카치가 이 두 범주를 실제로 어떻게 파악했던가, 그리고 그 과정에서 어떻게 '탈스탈린화'시켰던가 하는 것을 검토하는 작업은, 우리 문학에서 이루어졌던 논의에 대한 암묵적인 반성까지 포함하는 것이 될 것이다. 물론 이러한 이론적 반성이 이 두 범주의 현재성에 대한 논증으로 곧바로 귀결되는 것은 아니다. 어떤 미학적 범주의 운명은 궁극적으로 우리가 사는 삶의 방식에 달려 있는 것이며, 그 속에서 자라나는 문학적·예술적 성취의 성격에 기반하는 것일 터이기 때문이다. 하지만 루카치에 대한 제대로 된 이해를 통해 우리는 새로운 모색 가능성의 일단을 엿볼 수 있을지도 모른다.

(1) '전망'을 중심으로[98)]

① 사회주의적 자연주의와 혁명적 낭만주의

루카치가 사회주의 리얼리즘 문학을 다룬 부분은 이른바 '비판적 리

98) 이 부분의 집필이 끝난 후에 변상출의 논문(「루카치 리얼리즘론의 두 가지 중심 범주—전형과 전망」, ≪문예미학≫ 4호, 1998년 9월, 79-104쪽)을 접하게 되었다. 루카치의 전망 문제를 다룰 때 그가 「전망의 문제」에 준거하고 있는 것이나 에르하르트 욘의 관점을 대비하고 있는 것은 공교롭게도 필자와 똑같았다. 하지만 루카치를 파악하는 기본적인 관점에서 그는 필자와 차이를 보이며, 이에 따라서 전망 범주의 해석에서도 차이를 드러내고 있기 때문에 이 글에 별다른 수정을 가하지는 않았다. 여기에서 필자의 논의는 '사회주의 리얼리즘(론)'에 대한 루카치의 비판에 국한되어 있으며, 따라서 '전망' 범주에 대한 검토도 마찬가지로 이 범위를 벗어나지 않는다는 것을 분명히 해둔다.

얼리즘'론에 해당하는 대목에 비해 상대적으로 드물며(이로 인해 그는 1940~50년대에 비판받기도 했다) 여러 곳에 산재되어 있다.[99] 그 가운데에서 스탈린적 방법이 고착화된 시기의 '사회주의 리얼리즘'에 관한 직접적인 검토는 『오해된 리얼리즘에 반대하여』 제3장에서 집중적으로 이루어지고 있다. 여기에서 그는 스탈린적 방법의 계기를 이루는 '매개의 배제'가 그 이데올로기적 토대로서의 '주관주의'와 상호 전화하면서 '사회주의 리얼리즘'에서도 규정적으로 작용하고 있음을 보여준다.

먼저 루카치는 "변증법적 매개들을 파열"(4: 581)함으로써 "교조주의와 실천주의라는 서로 짝을 이루는 잘못된 양극"(같은 곳)이 생겨난 데에 주목한다. 현실적으로 존재하는 매개들을 제거함으로써 한편에서는 이론이 도그마로 경화(硬化)되는 결과가 생겼으며, 다른 한편에서는 실천주의(Praktizismus)가 초래되었다는 것이다. 문학에서는 특히 후자에 따라 개별적 사태들은 '있는 그대로의 사실(factum brutum)로서의 직접성'을 그대로 유지한 채 상대적으로 일반적인 원리(스탈린의 테제, 당의 강령과 전술적 결정 등)와 결합되었는데, 이러한 양상이 관철된 문학을 루카치는 새로운 자연주의, 즉 "'사회주의적' 자연주의"(4: 590)로 규정한다.

루카치는 문학사에서 나타난 각종의 자연주의적 경향들에서 확인되는 한 가지 공통적 특징을 "개별적 사실과 세계관적 원리들 간의 구체

---

99) 물론 소련 망명기에 씌어진 그의 문학론의 대부분이 각각의 마지막 장에 당대 소련 문학을 함께 검토하는 구성을 취하고는 있지만 이를 사회주의 리얼리즘 문학(론)에 관한 본격적인 발언으로 보기는 힘들다. 그가 명시적으로 사회주의 리얼리즘론을 피력하고 있는 것으로는 전집 제5권(*Probleme des Realismus III: Der russischer Realismus in der Weltliteratur*, Neuwied u. Berlin, 1964)에 실려 있는 사회주의 리얼리즘 문학 관련 논문들, 『오해된 리얼리즘에 반대하여』의 제3장{「사회주의 사회에서의 비판적 리얼리즘(Kritischer Realismus in der sozialistischen Gesellschaft)」}, 그리고 아마도 루카치의 마지막 실제비평에 해당할 두 편의 솔제니친론(*Georg Lukács: Solschenizyn*, Neuwied u. Berlin, 1970) 등을 꼽을 수 있을 듯하다.

적인 매개가 … 현저하게 약화되거나 완전히 사라져버리는"(4: 582) 데에서 찾는다. 이러한 자연주의적 경향은, 하지만 사회주의 사회에서는 자본주의에서의 그것과는 다른 독특한 외관을 띠는바, 루카치는 그것을 "문학의 도해적(圖解的) 성격"(4: 583)으로 파악한다. 여기에서 도해되는 일반적 원리는 단순히 맑스주의의 일반 원리에 그치는 것이 아니다. 앞에서 말한 '실천주의'에 따라 맑스주의 일반 원리가 "시사적 문제와 직접적으로 결합된 것"(4: 583), 즉 전술적 결정이 오히려 주된 도해대상이 된다. 루카치에 따르면, 바로 이러한 전술적 결정이 "형식을 요구하는 문학의 이념내실"(4: 583)로서 위치하며, 작가는 이러한 이념내실에 형식의 옷을 입히는 역할을 떠맡는다. 작가는 더 이상 현실을 고유한 방식으로 연구하여 형상화하는 '현실의 탐구자'가 아니라 당의 규약이나 결정, 스탈린의 테제와 조치들을 '문학적으로' 예증하는 도해가(圖解家)로 전락했다는 것이다. 이러한 문학의 도해적 성격은 앞 절에서 우리가 이미 살펴본 바 있는 스탈린 시기의 이론적 기본 경향, 즉 '이론과 선전과 선동의 연관관계의 전도'가 문학에 적용된 결과이기도 하다. 문학에서 선동이 "규제이념"(4: 584)이 됨으로써 문학은 전술적 결정들을 '선동'하는 것으로 그 주된 임무가 규정되는데, 이로부터 문학이 정치에 복속되는 것은 필연적인 귀결이었다.

한편, 루카치는 '사회주의 리얼리즘'의 또 다른 구성성분으로 '혁명적 낭만주의'를 지적한다. 그의 주장에 따르면, 자연주의적 경향과 마찬가지로 스탈린의 "경제적 주관주의의 미학적 등가물"(4: 591)인 '혁명적 낭만주의'는, 도식적·정태적인 모든 자연주의 문학에서 필연적으로 사라지는 "삶의 포에지"(같은 곳)를 보충하기 위한 그릇된 고안물에 불과하다. 그것은 자연주의에 "한갓 국가 공인적(ärarisch) 낙관주의"(4: 586)를 추가한 것에 불과하며, 따라서 '사회주의 리얼리즘'을 더욱 악화시키는 역할을 할 뿐 진정한 세계관적·미학적 해결책과는 거리가 멀다는 것이다. 이러한 파악에 따라 루카치는 스탈린 시기의 '사회주의 리얼리즘'이란, "국가 공인적 자연주의가, 마찬가지로 국가 공인의 이른바 혁명적 낭만주의와 결합된 채 리얼리즘의 자리를 대신"(Lukács, 1964: 15)한 것이라고 규정한다.

'사회주의 리얼리즘'을 소비에트 문학과 문학비평의 "주요방법(Hauptmethode)"으로 처음 공식화했던 〈제1차 소비에트작가전연방대회〉(1934년 8월 17일~9월 1일)에서 이미 '혁명적 낭만주의'는 '사회주의 리얼리즘'의 "통합적인 구성성분"[100]으로 인정되었다. 물론 이러한 관계를 설정하기까지에는 이론이 없었던 것은 아니었지만,[101] 1934년 작가 대회에서 발표된 소련 측의 발언들은 '혁명적 낭만주의'와 '사회주의 리얼리즘'의 내적 친화성을 확정하는 데에서는 대동소이한 면모를 보여주고 있다.[102] 여기에서 '혁명적 낭만주의'는—"최고의 영웅주의와 거대한 전망"[103] 운운하는 쥐다노프의 발언에서 알 수 있듯이—혁명적 파토스와 낙관주의적인 건설 의지, 그리고 사회주의적 미래에 대한 확신 등을 표현하는 개념으로 받아들여졌다.

'혁명적 낭만주의'를 '사회주의 리얼리즘'의 구성성분으로 이해하는 관점이 그 이후에도 대체로 유지되었다는 것은, 예컨대 에르하르트 욘의

---

100) 『사회주의 현실주의의 구상. 제1차 소비에트작가전연방회의 자료집』(슈미트, 슈람 편/문학예술연구회 미학분과 옮김, 태백, 1989)에 실려 있는 안드레이 쥐다노프의 연설문(「소비에트 문학, 가장 풍부한 사상을 담은 가장 선진적인 세계문학」, 17-24쪽) 중 23쪽.

101) 예컨대 1920년대 후반에 보론스키는 '추상적인 혁명적 낭만주의'를 격렬히 비판했으며[주 100)에서 소개한 책 「독어판 편자 서문」 중 13쪽 참조], 루나차르스키는 1933년의 한 논문에서 어떠한 낭만적 요소들도 새로운 리얼리즘과는 화합할 수 없음을 주장하였다(15쪽 참조).

102) "세계를 실천적으로 변화시키는 현실과의 혁명적인 관계를 촉진"(같은 책, 40쪽)하는 것으로 낭만주의를 인정하고 있는 고리키의 발언, 사회주의 리얼리즘은 혁명적 낭만주의를 배제하는 것이 아니라 "전제로 한다"는 파제예프의 발언(같은 책, 114쪽, 각주 6), 혁명적 낭만주의는 사회주의 리얼리즘의 "한 부분을 이룬다"는 부하린의 발언(같은 책, 368쪽) 등을 참조.

103) 같은 책, 23쪽.

저작에서 확인할 수 있다. 1978년에 5판이 나온 『미학 입문』에서 욘은, 낭만주의를 '반동적 낭만주의'와 '혁명적 낭만주의'로 나눈 뒤,[104] 후자가 "사회주의 리얼리즘의 예술적 진리와 불가분의 관계"(181쪽)에 있다고 단언한다. 욘에 따르면, 오늘날에는 '혁명적 낭만주의'라는 개념 대신 "전망의 예술적 형상화"(179쪽)라는 표현이 주로 사용되지만, 양자의 함의는 마찬가지라고 한다. 다시 말해서, '혁명적 낭만주의'는 '사회주의 리얼리즘'의 유기적인 구성성분이며, 이를 표현하는 현대적 개념이 '전망의 예술적 형상화'라는 것이다.

이러한 논의들과는 달리 루카치의 문학론에서 '혁명적 낭만주의' 개념은 결코 긍정적으로 수용되지 않는다. 루카치도 '영웅주의' 혹은 '혁명적 파토스'와 같은 표현, 그리고 '전망'이라는 개념을 사용하기는 했지만, 그렇다고 해서 그가 이러한 요소들에 '혁명적 낭만주의'라는 별도의 규정을 부가한 적은 결코 없었다. 1930년대 이후의 그의 문학이론적 혹은 철학적 개념 체계에서 '낭만주의' 내지 '낭만적'이라는 용어는 기본적으로 부정적인 맥락에서 사용된다. 더욱이 문학·예술적 사조로서의 낭만주의에 대해서도 그는 철저하게 비판적인 입장을 지니는데, 이는 그가 독일 낭만주의를 고찰하는 대목에서 분명하게 확인할 수 있다.[105] 따라서 그가 '전망' 범주를 사용할 뿐 아니라 '전망의 예술적

104) 에르하르트 욘, 『마르크스-레닌주의 미학입문』, 임홍배 옮김, 사계절, 1989. 욘은 "예술주체가 사회 현실 내에서 오늘은 비록 미약하지만 그러나 결코 정복당하지 않는 새로운 맹아를 천박한 현실과 대비시키고 사회 현실 내에서 이러한 맹아를 발견하고 그 전망을 예술적으로 설득력있게 형상화할 수 있을 때"(181쪽) 이를 '혁명적 낭만주의'라고 표현할 수 있다고 한다.

105) 독일 낭만주의에 대한 루카치의 비판적 견해는 『독일문학사: 계몽주의에서 제1차 세계대전까지』(게오르그 루카치/반성완·임홍배 옮김, 심설당, 1987) 가운데 73-103쪽 참조. 독일 낭만주의의 출발점을 "프랑스 혁명이라는 세계사적 사건과 독일과의 대결"(77쪽)에서 찾는 루카치는, 마찬가지의 문제군에서 출발하고 있는 독일 고전주의와 대립되는 노선으로 낭만주의를 규정한다. 루카치에 따르면, 독일 낭만주의는 "사회적으로 뿌리가 없는 새로운 지식인들"(83쪽)이 "독일적 참상"을 "비합리적 방법"으로 극복하려 시도한 것이다(98쪽 참조). 독

형상화'라는 표현을 사용하더라도, 그것은－에르하르트 욘이 설명하고 있는 바처럼－'혁명적 낭만주의'의 대용어는 결코 아닌 것이다.

② 전망의 형상화

'전망'은 동구 사회주의권의 문학·예술적 담론에서뿐만 아니라 우리 문학에서도 적지 않은 역할을 했다. 특히 1980년대 중·후반의 사회주의적 내지는 사회주의 지향적 문학담론에서 '전망'은 거의 유행어처럼 사용되었다. 뿐만 아니라 일제 식민지 시대의 프로문학 내지는 사회주의 문학을 연구한 국문학자들이 전망 개념을 유효한 이론적 도구로 활용하기도 했는데, 특히 여기에서 루카치의 전망 범주는 중요한 준거점을 제공했다.[106] 하지만 이 개념 또한 '80년대적 개념들'이 겪어야 했

일 낭만주의의 사회적·정치적 지향과 관련하여 루카치는, 그것이 전(前)자본주의적 사회질서의 복원을 추구한 "봉건적 운동"이 아니라, 시민적인 사회적 토대 위에서 "정치적으로나 사회적으로 반동적인 자본주의"를 추구한 것이라고 한다(75-77쪽 참조). 물론 루카치도 낭만주의 내부의 모순을 인정하고 있다. 그리하여 그는, 예컨대 반동적 낭만주의와 자유주의적 낭만주의, 혹은 민중지향적 낭만주의 등을 구분하기도 한다(100-101쪽 참조). 하지만 클라이스트 혹은 E. T. A. 호프만의 몇몇 탁월한 작품은 낭만주의적 경향의 산물이 아니라 "낭만주의적 편견에 대한 리얼리즘의 승리"(99쪽)의 소산이라는 것이 그의 생각이다. 즉, 흔히 문학사에서 낭만주의에 편입되는 일부 작가들의－루카치의 기준에서 볼 때－몇몇 위대한 작품은 낭만주의가 아니라 리얼리즘의 역사에 속하게 되는 것이다. 이때 그가 생각하고 있는 낭만주의적 예술 내지 이론의 특징은 무엇보다도 '주관성의 숭배'에 있다. "창조적 주관성의 무제한적 자유로 인한 예술형식의 해체"(84쪽)를 낭만주의의 미학적 핵심으로 간주하는 관점 위에서 그는 낭만주의가 그 이후에 나타나는 "데카당스의 주된 경향을 선취한 것"(81쪽)으로 자리매김하고 있다. 낭만주의가 그 어느 때보다도 '각광'을 받고 있는 목하의 이론적 조류에 기반하여 본다면, 루카치의 낭만주의관은 완전히 '시대착오적인 것'으로 평가받아 마땅한 것으로 여겨질 것이다. 따라서 루카치의 문학론에서 이 문제를 다루고자 한다면 남다른 이론적 긴장이 필요하겠지만, 필자는 그것을 감당할 수 없으며 또 이 자리에서 그럴 의도도 없다. 필자가 독일 낭만주의에 대한 루카치의 견해를 아주 짧게 도식적으로 요약한 것은 단지 한 가지 의도, 즉 그가 '혁명적 낭만주의' 개념을 부정적으로 취급하는 이론적 맥락을 부각시키고자 하는 의도에 따른 것이다.

던 일반적인 운명에 따라 '과거의 개념'이 되어버린 것이 작금의 형편이다.

사실 루카치의 문학론에서도 전망은—핵심적인 것은 아닐지라도—중요한 범주일 수 있다. 그 자신이 전망의 있고 없음을 리얼리즘과 자연주의(그리고 그 연장으로서의 '전위주의')의 변별 기준으로 삼기도 했으며, 특히 사회주의 리얼리즘과 관련된 논의에서는 '사회주의적 전망'의 문제를 논의의 중심에 두기도 했다. 루카치의 사회주의 리얼리즘론에서 '방법으로서의 사회주의 리얼리즘'이나 '혁명적 낭만주의', 그리고 '사회주의적 당파성'(루카치의 용어를 빌리면, '스탈린적 당파성') 등의 개념은 어떠한 역할도 하지 않는 반면, '맑스주의적 세계관'과 '의식성', 그리고 이와 더불어 '사회주의적 전망' 등의 개념은 주요한 이론적 계기를 이루고 있는 것이다.

그렇다면 루카치가 말하는 '전망'이란 무엇일까? 이에 대한 가장 명확한 규정은 1956년 1월 11일 〈제4차 독일작가대회〉에서 발표한 「전망의 문제(Das Problem der Perspektive)」에서 볼 수 있다. 이 글에서 루카치는 전망을 다음과 같이 규정하고 있다.

> 첫째, 그 어떤 것이 전망으로 규정되어 있는 것은, 그것이 아직 실존하지 않기 때문이다. 만약 그것이 실존한다면, 그것은 우리가 형상화하는 세계와 관련된 전망이 아닐 것이다.
>
> 둘째, 하지만 이러한 전망은 단순한 유토피아나 한갓 주관적인 꿈이 아니다. 그것은 문학적으로 일련의 인물들이 특정한 상황 속에서 발전되어 나가는 가운데 객관적으로 표현되는 객관적인 사회적 발전의 필연적인 귀결이다.
>
> 셋째, 그것은 객관적이지만 숙명론적인 것은 아니다. 만약 그것이 숙명

---

106) 루카치의 '전망' 개념을 처음 원용하였다는 정호웅의 석사학위논문(「1920~30년대 한국 경향소설의 변모과정 연구」, 서울대 국문과 석사학위논문, 1983)에서부터 이상경의 연구서(『이기영—시대와 문학』, 풀빛, 1994)에 이르기까지 다수의 국문학 연구논문들이 루카치의 '전망' 개념을 이론적 도구로 활용한 바 있다.

론적이라면, 그것은 결코 전망이 아닐 것이다. 그것은 아직 실재가 아니기 때문에 전망이다. 하지만 현실 속에는 이러한 실재의 현실화로 향한 경향이 존재한다(4: 651).

첫번째 규정에서 우리는 전망이 어떤 미래적 상태와 연관된 것임을 알 수 있다. 하지만—두번째 규정에서 알 수 있다시피—그것은 추상적·주관적인 것이 아니라 "객관적인 사회적 발전의 필연적인 귀결"로서의 미래적 상태이다. 그리고 그것이 필연적 귀결이긴 하지만—세번째 규정에서 볼 수 있다시피—숙명론적인 것은 아니다. 이를 루카치는 '경향' 개념으로 설명하고 있는데, 이 개념은 일찍이 『역사와 계급의식』에서부터 단순한 경험의 '사실'과 대비되어 강조되어왔던 것이다. 사물화된 자본주의 사회에서 그 이데올로기적 효과에 사로잡힌 사유가 '직접성'에 매달려 '사실들'의 방법적 우선성을 주장하는 반면, 맑스주의는 '사실들'을 사회적 발전의 과정으로 해소하며, 이 과정에서 일종의 '이성의 간지'로서 관철되는 '경향들'을 파악한다(2: 366-371 참조)는 그의 주장은, 『역사와 계급의식』의 이론적 기초를 극복한 후에도 계속되는 그의 기본적인 관점이다. 한편, 사회적 발전의 과정성과 법칙성을 '경향'으로 파악하는 것은 곧 사회적 발전법칙들의 '비숙명론적' 성격을 강조하는 것이기도 하다. 역사는 인간의 목적론적 행위에 의해 만들어지는 것이지만, 여기에는 그들의 의도와는 무관하게 인과적인 계열을 이루는 법칙들이 '경향적으로' 관철된다. 그것들이 경향적으로 관철되기 때문에 이에 대해 올바른 파악, 즉 이론이 필요한 것이지 만약 법칙들이 숙명론적인 경직성을 지닌 것이라면 현실을 변화시키기 위한 인간의 이론도, 이에 따른 주체적 실천도 무망한 일일 것이다. 다른 한편, 이와 반대로 현실 자체가 완전한 카오스일 경우에도 일체의 이론적 노력은 헛될 수밖에 없다. 따라서 현실의 발전과정에는 일정한 법칙들이 '경향적으로' 관류한다고 보는 관점에 설 때에야 비로소 '이론과 실천의 통일'이라는 말도 빈말이 아니게 된다.

루카치는 이렇게 이해된 사회적·역사적 경향들 가운데 전망의 현실화로 향한 어떤 경향이 존재한다고 본다. 다시 말해서, 인류의 긍정적인 미래상과 연관된 어떤 경향이 모순적인 현실 속에서 관류한다고 보는 것이다. 따라서 루카치가 말하는 전망은—앞 절에서 말한 바 있는—일종의 "이성의 힘"(4: 464)으로서 현실 속에 내재하는 특정한 경향에 기반한 것이다. 하지만 이러한 전망의 실현은, 한편으로는 그것이 경향의 귀결점을 의미하기 때문에, 다른 한편으로는 그 경향을 파악하는 우리의 한계로 인하여 "착종된 경로들을 통해 … 아마도 우리가 상상하는 것과는 전혀 다르게"(4: 651) 이루어질 것이다. 다시 말해서, 경향은 그것을 담지하는 특정한 인간들의 사유와 행위를 통해 관철되고 촉진되는 것이기 때문에 착종된 경로를 거칠 수밖에 없는 것이며, 또한 현재의 경향을 파악하는 인간의 인식능력이 항상 사회적·역사적으로 규정된 한계에서 벗어날 수 없기 때문에 그 귀결은 "우리가 상상하는 것과는 전혀 다르게" 이루어질 수 있는 것이다. 이러한 견지에서 루카치는 "전망의 겸손"(4: 655)을 강조한다. 아무리 방대하고 포괄적인 소설이라 하더라도 그것은 "단지 발전의 한 단계만"(4: 653)을 포괄할 수 있을 뿐이며, 그 전망이라는 것은 "단지 바로 다음의 행보, 바로 다음의 고리만을"(4: 653) 구체적으로 조명할 수 있을 뿐이라는 것이다. 이렇게 보면 루카치가 말하는 '전망'이란, 1930년대 초 「경향성이냐 당파성이냐?」에서 "작가는 단지 의식하도록 만들 뿐인 (맑스적 의미에서) 사회 발전 자체의 경향"(4: 27)이라고 한 것을, 더 거슬러올라가자면 1926년의 「모제스 헤스와 관념론적 변증법의 문제들」에서 "현재 속에서 구체적으로, 실제적으로 미래를 향해 가는 경향들"(2: 653)이라고 한 것을 딱 한 걸음 더 앞으로 밀고 나간 것이라고 할 수도 있겠다.

루카치가 이렇게 "전망의 겸손"을 강조하는 한층 더 본질적인 이유는, 여기에서 문제 되는 전망은 일반적인 의미에서의 전망 내지는 추상적인 전망이 아니라 바로 문학적 전망, 예술적 전망이기 때문이다. 앞에서 인용한 전망에 대한 규정 가운데 두 번째 항목에서 그는 "문학적으로 일련의 인물들이 특정한 상황 속에서 발전되어나가는 가운데 객관적으로 표현되는" 전망을 말하고 있다. 우리는 루카치가 여기에서 사용하고 있는 전망이라는 말은—그의 모든 미학적 개념들이 그렇듯이—무엇보다도 '미학적 범주'라는 사실을 우선 분명히 해야 한다. 즉, 루카치의 이론적 사유에서 문제영역은 개별 인간으로서의 작가가 지닐 수도 있는 직접적인 전망 그 자체가 아니라 문학적·예술적으로 형상화된 전망인 것이다. 전자와 후자가 전혀 무관한 것이 아님은 물론이지만, 그렇다고 해서 후자가 전자로 환원될 수는 없다. 전자를 예술가 개인의 주체성의 영역에 포함될 수 있는 것으로 본다면, 그 주체성은 작품의 창작과정에서—그것이 성실하게 이루어진다면—고유한 미적 논리에 따라 '고양'된다는 것이 루카치의 생각이다.[107] 그렇기 때문에 예술가 개인의 주체성과 작품에 구현된 주체성은 전혀 무관한 것은 아니지만 그렇다고 해서 동일시될 수는 없다. 따라서 미학적 연구는 무엇보다도 작품에서 구현되고 성취된 전망을 그 대상으로 삼는 것이지 작가가 직접적으로 지니고 있는, 혹은 스스로 지니고 있다고 생각하는 전망을 따지는 것은 아닌 것이다. 루카치가 '작가의 전망'이라는 표현을 사용할 때에도 그것은 작품에서 확인할 수 있는 전망을 의미하지 작가의 '작품 이전(以前)'의 사유에서 확인할 수 있는 전망을 말하는 것은 아니다.

루카치의 문학론에 대한 낯익은 비판 가운데 많은 부분이 바로 이러한 사실을 오해한 데에서 비롯되었는데, 루카치의 전망 개념과 관련된 아도르노의 비판도 이에 해당한다. 서구적인 루카치 비판의 모델을 제공한 논문 「강요된 화해」에서 아도르노는, 먼저 루카치의 반영론을 '속류유물론'의 수준으로 격하시킨 뒤(Adorno, 1958: 253) 그 연장선상에

107) 이에 관해서는 루카치의 당파성론을 다루고 있는 다음 절의 해당 부분 참조.

서 루카치가 말하는 리얼리즘을 거의 자연주의에 가까운 것으로 왜곡한다. 즉, 루카치의 리얼리즘 구상에서 문학은 "경험적 실재의 모사"(p.254) 수준에 있다는 것이 그의 주장이다. 자연주의에 대한 루카치의 투쟁을 무시하는 그의 논리에서 루카치는 일종의 '소재주의자'로 전락하며,[108] 이에 따라 루카치는 결국 "의미의 내재성"을 추구한 그의 주관적 의도와는 달리 "의미를 외부로부터 구성물 속에 억지로 끌어들이는"(p.253) 이론을 전개하는 것으로 평가받는다. 여기에서 그는 루카치가 말하는 전망이 예술 외적인 것으로서, 예술작품에 인입된 것이라고 보고 있는데, 이러한 그의 비판 구도는 루카치가 '사회주의 리얼리즘' 문학을 비판할 때 적용했던 구도, 즉 자연주의와 혁명적 낭만주의의 결합이라는 구도가 루카치 자신에게 적용된 듯한 인상마저 불러일으킨다.

루카치에게 있어서 문학과 예술은 무엇보다도 인간의 문제, 인간의 운명을 다루는 것이다. 그것도 추상적으로 다루는 것이 아니라 구체적인 인간의 구체적인 운명을 다루는 것이다. "문학에서는 구체적이고 특수한 인간이 일차적인 것이며 형상화의 출발점이자 목적지"(Lukács, 1964: 15)라는 입장 위에서 루카치는, 전망이 "객관적인 사회적 진실로서, 이와는 단지 느슨하게 개인적으로 연관되어 있는 특정한 인간들에게 결부되는 그런 것이 아니라, 예술작품을 형성하는 구체적인 인간들의 발전 경향에서 생장할 때에만"(4: 652) 진정한 전망이라 할 수 있다고 한다. 다시 말해서 문학적 전망에서 '객관적인 사회적 진실' 그 자체는 진정한 전망 개념의 절반밖에 충족시키지 못하며, 그것이 구체적인 인간, 개별적 인간들의 운명에서 생장하는 전망일 때에만 문학적

108) 아도르노는 루카치가 예술작품을 예술작품으로 만드는 '어떻게'의 문제를 무시함으로써 예술작품의 개념 자체를 지양하게 된다고 한다(p.253 참조). 하지만 루카치도 '어떻게'를 통해서 예술은 예술이 된다고 보기는 마찬가지이다. 문제는 그 '어떻게'에 대한 양자의 견해가 다른 것이며, 아도르노와 달리 루카치에게는 '어떻게'와 동시에 '무엇을'도 중요하다는 것이다.

전망으로서의 요건을 갖춘 것이다. 요컨대 루카치가 말하는 전망은, "사회적으로 필연적인 것이 나아가는, 현실적인 바로 다음 발걸음"이 "전형적으로 파악된 개체적인 것 속에서 … 실현되는 양상"(4: 655)을 보여줄 때 성취되는 것이다. 바로 그렇기 때문에 전망은 "겸손"할 수밖에 없다.

루카치는 전망에 대한 이러한 규정에 입각하여 스탈린주의적인 '사회주의 리얼리즘'에서 나타나는 전망의 양상에 대해 비판하는데, 여기에서 그는 "전망의 겸손"이라는 자신의 '전망' 이해와 스탈린주의적 전망의 대립성을 부각시키기 위해 "전망의 과장"(4: 579)이라는 표현을 사용한다.

루카치 역시 리얼리즘의 역사에서 사회주의 리얼리즘의 질적인 새로움을 인정하기는 여타의 '맑스-레닌주의적 미학'의 지지자들과 마찬가지였다. 그렇지만 '질적인 새로움'을 인정하는 것과 예술적 가치를 평가하는 것은 다른 문제이다. '질적인 새로움'은 역사적인 '발전'의 문제이며, '발전' 개념에는 어떤 가치평가가 내포된 것이 아니다. "발전은 (고차적인 단계로의 발전도)—윤리적, 문화적, 미학적 등등의 의미에서의—평가와는 무관하다"(13: 614). 공식적인 '사회주의 리얼리즘'론에서 흔히 사회주의 리얼리즘을 인류의 예술 역사상 완전히 새로운 현상으로 평가함과 동시에 그것을 곧 질적으로 가장 우월한 것으로 간주하기도 했는데, 이는 두 가지 다른 차원에 있는 문제를 혼동한 데에서 비롯된 것이라고 할 수 있다.

어쨌든 루카치는 사회주의 리얼리즘의 새로움을 가능케 하는 세계관적 기초로 "사회주의 세계관, 사회주의의 전망"(4: 578)을 말하기도 한다. 하지만 바로 여기에 사회주의 문학이 빠져들 수 있는 위험 또한 존재한다고 보는데, 그러한 위험 중 중요한 것으로 그가 지적한 것이 바로 "전망의 과장"이었다. 그가 말하는 "전망의 과장"이란, 미래를 가리키는 경향을 현실 자체와 동일시하며, 단지 맹아로서만 존재하는 단초들을 완전히 전개된 실재로 서술하는 것, 즉 "전망과 현실을 기계적으로 등치"(4: 579)하는 것을 의미한다. 루카치는 자신이 "전망의 기계적 형상화 혹은 기계적 변형"(4: 651)이라고 표현하기도 한 바로 이 "전망의 과장"이야말로 사회주의 문학에서 나타난 "도식주의의 원천들 중 하나"(같은 곳)라고 한다. 이때 그 이데올로기적 기초로 그가 주목한 것은 무엇보다도 스탈린주의의 '주관주의적 편향'이었는데, 그것은 '당파성'의 문제에서 가장 명확하게 드러난다.

(2) '당파성'을 중심으로

① 스탈린주의적 당파성

루카치에 따르면 주관주의는 스탈린의 당파성관에서 가장 "순수한 형태"로 드러난다. 1962년 알베르토 카로시에게 보낸 공개 서한에서 이는 다음과 같이 표현되고 있다.

> 스탈린적 방법의 여러 계기들은 하나의 통일적인 체계를 이루며, 그 체계 내부에서 상호전환합니다. 지금까지 말한 것만 보더라도 스탈린이라는 인물에서 나타나는 주관주의가 당신 눈에 띄었을 게 분명합니다. 실제로 그것은 이러한 체계에서 근본적인 계기를 이루고 있습니다. 그것은 스탈린의 당파성관(觀)에서 그 순수한 형태를 보존하고 있습니다(SzIP, p.668).

루카치에 따르면, 스탈린은 당파성에서 객관적 측면을 완전히 배제하고 객관성의 추구를 '객관주의'로 치부해버린다. 객관성의 측면이 배제되면서 당파성은 당의 강령과 결정에 충실하는 것으로 그 함의가 축소되는데, 스탈린을 정점으로 거대한 관료주의적 피라미드 체계를 갖추고 있는 소련에서 이는 결국 스탈린의 지시와 조치에 충실함을 의미하는 것에 다름 아니게 된다. 바로 이러한 당파성을 근거로—우리가 앞에서 확인했던 바처럼—선동이 이론과 선전에 대해 우선적인 것, 선차적인 것으로 되는 것도 정당화될 수 있었다는 것이 루카치의 진단이었다. 루카치는 제2차 세계대전 중 독일에 맞선 선동을 위해 헤겔을 프랑스 혁명에 저항한 반동 이데올로그로 왜곡한 것이나, 『당사(黨史)』에서 '당파성'이 필요에 따라 사람들과 사실들을 지우거나 창조하는 '조물주' 역할을 한 것 등을 그 예로 들기도 한다.(SzIP, pp.669-670 참조).

루카치에 따르면, 스탈린은 다른 문제에서와 마찬가지로 당파성 문제에서도 레닌을 계승하고 있음을 과시하기 위해 레닌의 텍스트를 왜곡·날조했다. 이는 레닌의 「당조직과 당문헌(Parteiorganisation und Parteiliteratur)」[109]이 문화의 전영역에 적용되는—따라서 문학과 예술에도 적용되는—당파성의 '경전'으로 격상된 일을 두고 하는 말이다. 레닌의 이 텍스트는 짜르의 양보로 당 사업의 일부를 합법적으로 전개할 수 있게 된 1905년의 새로운 조건에서 당 출판물의 원칙을 정하기 위해서 작성된 것이지 예술적 문학과는 직접적인 관계가 없음에도 불구하고 스탈린 시기에 이 텍스트는 문화의 전 영역, 그 중에서도 특히 문학에서 관철되는 "'당파성'의 성경"(SzIP, p.669)으로 격상되었다는 것이 루카치의 주장이다.[110] 이에 따라 "문학의 당파성을 형식적인 당부합성

109) 1905년에 씌어진 이 글에서 특히 유명한 다음과 같은 구절은 이후 '사회주의적 당파성'의 이론적 확립과정에서 가장 중요한 준거점이 되었다. "그렇다면 이러한 당문헌(당문학)의 원칙은 어디에 그 본질이 있는가? 그것은 사회주의적 프롤레타리아트에게 있어서 문필활동(문학활동)이 개인이나 집단의 이익의 원천이어서는 안된다는 점에만 있는 것이 아니다. 문필활동(문학활동)은 보편적인 프롤레타리아적 과업과는 무관한 그 어떤 개인적인 용무이어서는 결코 안된다. 무당파적 문사들을 타도하자! 문학적 초인을 타도하자! 문필활동(문학활동)은 보편적인 프롤레타리아적 과업의 일부분이 되어야 하며, 전체 노동자계급의 정치적으로 의식적인 전위들 전체에 의해 가동되는 통일적이고 거대한 사회민주주의적 메커니즘의 '톱니바퀴와 나사'가 되어야만 한다. 문필활동(문학활동)은 조직적이고 계획적이며 통일적인 사회민주주의적 당사업의 구성요소가 되어야만 한다"(W. I. Lenin, *Über Kunst und Literatur*, Moskau 1977, p.59. 괄호 안에 넣은 번역은 「당조직과 당문헌」에 대한 동구사회주의권의 일반적인 해석 맥락에 따른 것이다).

110) 홍승용은 「당조직과 당문헌」에 대한 루카치의 해석이 레닌의 문건을 역사

으로 재해석"(Lukács, 1969d: 74)함으로써 '당파적' 문학은 "당의 결정을 문학적으로 도해(圖解)"(SzIP, p.671)하는 것으로 전락했다는 것이다.

소비에트 문학비평에서 당파성 개념은 사회주의 리얼리즘에 대한 최초의 논의들이 전개되는 와중(1932~34년)에 처음 등장하는데, 이미 여기에서부터 레닌의 「당조직과 당문헌」은 결정적인 이론적 전거로 활용되었다. 하지만 그것이 가하는 부정적인 영향을 경험한 레닌의 미망인 크룹스카야(N. Krupskaia)가 레닌의 이 문건은 문학을 염두에 두고 씌어진 것이 아님을 밝히기도 했지만, 스탈린 시기에 이러한 사실은 은폐되었다.[111] 하지만 크룹스카야의 증언이 공개된 1960년 이후에도, 소련과 동독 등에서 이루어진 '사회주의 리얼리즘'론에서 「당조직과 당문헌」이 '당파성' 범주의 이론적 준거 자료로 활용되기는 마찬가지

화하려는 노력이라는 점에서는 정당하지만, 그렇다고 해서 레닌의 당파성 개념을 당 언론에만 관련시키는 것은 그 실질적 내용을 충분히 파악하지 못하는 것이라고 한다. 레닌의 텍스트는 명백히 작가의 의식적 당파성과 작가의 실질적 자유를 결합시키는 데에 강조점을 두고 있다는 것이 그의 주장이다(홍승용, 「루카치의 리얼리즘론 연구」, 56-59쪽, 그리고 「루카치 리얼리즘론의 쟁점－당파성」, 189-192쪽 참조). 실상 레닌의 문건 자체만 두고 보면 이러한 해석은 정당성을 지닐 수도 있다. 하지만 바로 이러한 논리가 '현실사회주의'의 유일당으로서의 공산당에 작가가 이념적·예술적으로뿐만 아니라 조직적으로 결합(결국은 추종)할 것을 요구하는 논리로 발전되었던 것이 과거의 실상이라면, 그리고 사회주의 운동의 조직 모델이 반드시 '전위 정당'의 형태를 취해야 하는지조차 재고되어야 하는 것이 현재의 상황이라면, 루카치의 해석은 레닌의 문건을 '역사화'한 것이라는 홍승용의 제한적 평가는 루카치의 문학론뿐만 아니라 나아가서는 '당파성' 범주 자체의 '현재화'의 가능성을 '제한'하는 결과를 낳는 것이 아닐까, 다시 말해서 홍승용의 해석은 루카치에 대한 '생산적인' 독서와는 거리가 있는 것이 아닐까 싶다.

111) 루카치가 스탈린이 자행한 레닌의 왜곡·날조에 대한 증거로 들고 있는 크룹스카야의 노트(IdSzr, p.47; SzIP, p.699 참조)는 1937년 5월에 작성된 것으로서, 1960년에 처음 공개되었다. 이 노트에는 다음과 같은 대목이 있다. "문건이 어떤 동기에서, 어떤 사건과의 연관 속에서 씌어졌는지를 말해야 한다. 레닌의 글 「프롤레타리아 문화에 대하여」, 「당조직과 당문헌」, 그리고 「청년동맹의 과제」 등은 예술적 문학작품과는 무관한 것이다"(인용은 Günther, 1984, p.24에 따라서 함).

였다.[112] '현실사회주의'에서 전일적 지배장치로서의 당의 위치가 변하지 않는 한, 레닌의 문건은 당의 전일적·전방위적 '지도'를 정당화하기에 충분한 효용가치를 지니고 있었던 것이다. "성경을 성경으로 놓아두려는 … 경향들"(SzIP, p.669)은 '관료주의적 국가사회주의'가 붕괴될 때까지 지속된 주된 경향이었음은 1986년에 동독에서 출간된 한 문예학 사전[113]에서도 엿볼 수 있다.

당파성과 당문학이 레닌의 「당조직과 당문헌」에 의해 정초된 개념임을 명시하고 있는 이 사전에서 당파성은 과거에 존재했던 '당파취함(Parteiergreifen)'과 엄격하게 구분된다. 당파성이 "역사적 의식성의 의미에서 맑스-레닌주의 당의 투쟁, 그 노선과 목표에 대한 예술가의 확신에 찬 합일"로 규정되고 있는 데에서 알 수 있다시피, 여기에서 '당파성'의 핵심은 당과의 결속(이념적·예술적 결속뿐만 아니라 조직적 결속까지 포함한)에 있으며, 결과적으로 당이 모든 판단의 기준점으로 자리매겨진다. 이러한 당파성 규정에 따라 '레닌적 단계' 이전의 모든 정치적·인본주의적 당파취함은 '경향성' 혹은 '앙가주망'으로 설정되는 반면, 당파성은 '사회주의 리얼리즘'의 "새로운 질"을 나타내는 "사회주의 리얼리즘의 중심 원리"로 설정된다. 과거의 리얼리즘에는 존재하지 않았던 새로운 원리가 '사회주의 리얼리즘'의 중심 원리로 되는 이상, '사회주의 리얼리즘'이 과거의 모든 리얼리즘(예컨대, 호메로스적 리얼리즘, 르네상스 리얼리즘, 계몽주의 리얼리즘, 고전적 리얼리즘, 비판적 리얼리즘 등)과 질적으로 완전히 구분되는 것은 필연적이며, 이에 따라 '사회주의 리얼리즘'의 예술적 우월성마저 주장되기도 했다.

---

112) 소련에서 전개된 당파성론에 관해서는 Mozejko, 1977, pp.86-91 참조. 동독에서 이루어진 당파성론의 일단은 『현실주의연구 I』(제3문학사, 1990)에 실린 번역논문 「레닌의 논문 '당조직과 당문학'과 그 현재적 의미」(H. 코흐) 및 「당파성에 관하여」(E. 프라흐트/W. 노이베르트) 참조.

113) Claus Träger(편), *Wörterbuch der Literaturwissenschaft*, Leipzig, 1986. 당파성(Parteilichkeit) 항목은 p.389.

② 루카치의 당파성론

루카치 자신도 '당파성'이라는 용어를 중요한 문학·예술적 개념으로 사용했으며, 또 1930년대 중반 이래 여러 곳에서 '레닌적 당파성'이라는 표현을 구사하기도 했다. 하지만 그는 당파성 개념의 정립을 위해 「당조직과 당문헌」에 준거한 적은 한 번도 없었다. 뿐만 아니라 그는 엥겔스의 소위 '경향문학'론[114]을, 즉 사회주의 리얼리즘 이전의 문학에 관한 논의를 레닌의 몇몇 발언과 함께 당파성 논의에 끌어들이는 서술 전략을 통해 사회주의 리얼리즘과 과거의 리얼리즘 간에 '만리장성'을 쌓으려는 일체의 논리에―암묵적으로―반대했다. 그가 예술적 당파성 개념을 정립하기 위해 레닌을 인용할 때도 그것은 주로 당파성의 '객관성'을, 다시 말해서 문학적으로 구체화된 현실 맥락 속에서 매개되고 객관화된 당파성, 문학적으로 구체화된 주체성('작품의 당파성')을 강조하는 문맥에서 이루어졌지 개별 작가의 직접적인 주체성에 초점을 두는 '작가의 당파성'을 논의하기 위한 맥락에서 이루어진 것은 아니었다.[115]

루카치는 『미학의 범주로서의 특수성에 관하여』에서 '당파성의 문제'를 "서술된 세계에 대한, 작품 속에서 예술적 수단들을 통해 형상화된 입장취함"(10: 710)의 문제로 정식화하고 있다. 여기에서 먼저 주목해야 할 것은, 루카치가 말하는 당파성의 문제는 현실 그 자체가 아니라 서술된 세계, 다시 말해서 **형상화된 현실**에 대해 예술가가 취하는 입장과 관계된 문제라는 것, 그리고 현실에 대한 자신의 입장 혹은 태도라고 예술가 스스로 생각하고 있는 것이 문제가 아니라 작품 속에서 예

114) 루카치는 엥겔스가 민나 카우츠키에게 보낸 1885년 11월 26일자 편지(MEW, 제36권, pp.392-394)와 1888년 4월 초순에 마가레트 하크네스에게 보낸 편지(MEW, 제37권, pp.42-44)를 가장 빈번하게 인용한다.

115) 이러한 점들과 연관하여 그의 당파성론이 '정관적' 혹은 '객관주의적' 당파성론으로 비난받곤 했다는 것은 잘 알려진 사실이다. 이에 관해서는, 루카치의 이론을 '옹호'하는 입장에서 이러한 비난의 내용을 소개하고 반박을 가하는 홍승용의 논문 「루카치 리얼리즘론의 쟁점―당파성」 가운데 특히 181-189쪽 참조.

술적 수단을 통해 형상화된 입장취함이 문제라는 것이다. 예술가가 현실의 삶에서 특정한 경향이나 사태에 대해 어떤 입장을 취하거나 혹은 어떠한 입장을 취한다고 스스로 생각하는 것은 '전기적인 사안'이지 '미학적인 사안'은 아니다. 그가 이렇게 생각하는 것은, 예술가 개인의 주체성, "예술가의 개성"(10: 697)이 예술작품에 영향을 미치는 본질적 요소라 하더라도 예술작품은 그것으로 환원될 수 없는 '고유한 세계', 즉 "작품적 개체성(Werksindividualität)"(10: 738 이하 참조)으로 존재하며, 여기에 구현되어 있는 주체성은 예술가 개인의 "직접적 주체성"과는 구분된다고 보기 때문이다.[116] 루카치에 따르면, 작품의 창작과정에서 "직접적 주체성"은 변화를 겪게 된다. 즉, 진정한 예술창작 과정이라면 그 속에서 "주체성의 고양"(10: 703)이 이루어짐으로써 주체성은 정상적인 일상생활에서 가능한 수준을 넘어선다는 것이다.

루카치는 "예술작품에는 인간으로부터, 인간의 주체성으로부터 분리될 수 있다고 여겨질 수 있는 … 계기란 단 하나도 없다"(10: 696)고 한다. 바로 이러한 측면을 강조하여 『미적인 것의 고유성』[117]에서 그

116) 이에 따라 루카치는 예술가 개인의 "직접적 주체성"(10: 701)과, '예술적 주체성', '창조적 주체성' 등과 동의어로 사용되는 "미적 주체성"(10: 696)을 구분한다.

117) 『미적인 것의 고유성』의 '서설' 맨 첫머리에서 루카치는 "미적인 정립방식을 철학적으로 정초하고 미학의 특수한 범주를 도출하며 다른 영역과 그것을 경계짓는 것"(11: 13)이 이 책의 중심 과제라고 밝히고 있다. 일종의 인식론으로서의 반영론에서 출발하는 1930~40년대의 문학론에서와는 달리 여기에서 루카치는 외부세계에 대한 인간의 작용과 반작용으로서의 인간적 정립행위의 총체 가운데에서 역사적으로 형성된 "미적인 정립방식"의 특수성을 규정하려 시도한다. 즉, 더 이상 인식론적 모델이 아니라 일종의 '행위이론'이—암묵적으로—상위 모델로 설정되어 있는데, 이로부터 그는 인간적 정립 방식들(특히 일상적 삶과 사유를 출발점이자 귀결점으로 하는 양극단의 정립방식으로서의 예술과 과학)의 역사적 발생과 그 분화과정을 역사적·발생적 서술과 논리적·체계적 설명을 교직하는 가운데 그려내고, 그 가운데에서 미적인 것의 고유성을 규정하려 시도하는 것이다. 여기에서 작동되는 루카치의 방법적 절차는 "발전의 논리적 과정의 (함축적인) 추상적 모델로부터 출발하여 그것을 계속되는 역사

는 '탈인간형태화하는(desanthropomorphisierend)' (과)학적 반영과 대비적으로 미적(예술적) 반영을 '인간형태화하는(anthropomorphisierend)' 반영이라고 규정하기도 하며, '미적 주체 없는 미적 객체는 없다(Kein ästhetisches Objekt ohne ästhetisches Subjekt)'는, 일견 관념론적인 주장을 하기도 한다.118) 이 말이 예술창작을 예술가의 '직접적 주체성'의

적 구체화를 통해 경험적 내실을 갖춘 이론으로 완성"(Pasternack, 1985: 44)하는 수순을 밟는다. 이러한 방법적 절차로 인해 다시금 반영론의 주체-객체-관계가 인간과 외부세계의 상호작용 가운데 가장 보편적인 기반이자 가장 추상적인 규정들, 맑스의 말을 빌리자면 "가장 박(薄)한 추상 개념들(die dünnsten Abstrakta)"로서 출발점에 놓이며 결국 인식론적 설명이 이론적 분석의 토대로 기능하지만, 여기에서 그것은 이미 행위이론적으로 확장된 형태에서 이해되고 있다. 그것은 『미적인 것의 고유성』의 핵심 범주인 미메시스 내지는 모방(Nachahmung)에 대한 규정에서 알 수 있는데, 미메시스(=모방)는 비록 인식론적 설명에 의거해 있지만 단순히 인식론적 차원의 '반영'이 아니라 "현실의 어떤 현상의 반영을 고유한 실천으로 옮긴 것에 다름 아닌 것"(11: 352)으로 이해되고 있다. 파스테르나크에 따르면 루카치의 미메시스 구상은 객관화와 수용을 동시적으로 지향하는 가운데 구조화되어 있으며(Pasternack, 1985: 95) 이로써 인식과 행위를 포괄한다. 또 그는 역사적·체계적으로 정초될 수 있는 미메시스 구상에는 구성과정과 영향과정이 내적으로 연관되어 있음으로써 그것은 전통적인 작품미학과 기능론적·수용미학적 이론들을 포월하는 것이라고 한다(p.95; p.104). 반영론에서 출발하는 '중기' 루카치의 문학론과 후기 미학의 차이와 공통점, 나아가 후기 미학과 '존재론'의 연관 등에 관한 파스테르나크의 선구적인 연구의 일단이 국내에도 번역되어 소개된 바 있다(G. 파스테르나크, 「미메시스 개념과 미적 원리들」, 『루카치의 현재성: 문예미학 4』, 235-263쪽). 그리고 후기 루카치와 초기 루카치의 연관성을 파악하면서 파스테르나크의 연구를 더 진척시키고 있는 테만의 학위 논문도 소개할 만하다(Themann, 1996). 테만의 연구 성과 가운데 이미 두 편이 문예미학회에 의해서 소개되기도 했다(Th. 테만: 「'미적 유아론'—루카치의 다원주의 예술철학」, ≪문예미학≫ 3호, 211-230쪽; 「루카치의 후기 저술에서 미메시스의 다원론적 존재론」, ≪문예미학≫ 4호, 265-285쪽). 『미학』에 대한 구체적인 고찰은 필자의 차후 과제로 남겨둔다.

118) 루카치에 따르면, (과)학적 반영은 모든 인간학적 제한들, 즉 감각적, 정신적 제한들로부터 벗어나서 대상들과 그 관계들을 "즉자적으로, 의식과는 독립되어 존재하는 그대로"(11: 25) 모사하려 하며, 이런 의미에서 '탈인간형태화하는' 반영으로 규정될 수 있다. "이에 반해 미적 반영은 인간의 세계에서 출발하고, 인간의 세계로 지향되어 있다"(같은 곳). 그렇다고 해서 이것이 단순한

단순한 '표현'과 동일시하는 것이 아님은 물론이다. 이는 '직접적 주체성'이 예술적 창작과정에서 고양된 '미적 주체성'으로 전환된다는 그의 주장만 보더라도 분명하게 알 수 있는 사실이다. 그렇다면 문제는 이러한 전환이 일어날 수 있는 근거는 무엇인가 하는 것일 터인데, 루카치는 객관적 현실의 예술적 모사와 재생산이 예술창작의 출발점이자 목표라는 점에서 그것을 찾고 있다(10: 699). 예술적 반영은 비록 인간형태화하는 반영이긴 하지만—이 점에서 (과)학적 반영과 본질적으로 변별되지만—그것은 또한 동시에—(과)학적 반영과 마찬가지로—객관적 현실의 반영이기도 하다는 것이며, 바로 이 후자의 계기를 통해 "주체성의 고양"이 발생할 수 있다는 것이다.

'객관적 현실의 반영'이자 동시에 '인간형태화하는 반영'으로서 표현된 루카치의 예술적 반영관은 테르툴리안의 설명을 통해 적절히 이해될 수 있을 것이다. 그에 따르면, 루카치의 미학은 크로체적 예술관과 하이데거적 예술관이라는 두 대극적 예술관에 대한 "일종의 중재적 위치"(Tertulian, 1990: 26)에 있는 것으로 파악된다. 즉, 루카치의 미학에서 예술은 "순화·고양되고, 실천과의 관계를 통해 풍부화된 주체성의 표현"이자 동시에 "세계의 객관적 규정들의 종합과 반영"으로 파악됨으로써(같은 곳) "예술의 서정적 성격과 미메시스적 성격"이 "불가분한 통일체"(p.27)를 이루고 있다는 것이다. 이러한 "불가분한 통일체"로서의 예술을 우리가 이론적으로 추상화해서 보면, "예술의 서정적 성격"에서 포착되는 주체성의 표현은 바로 객관적 현실의 반영, 즉 "미메시

주관주의를 의미하는 것은 아닌데, 이때에도 반영되고 형상화되는 대상은 "즉자적으로 있는 그대로의 세계"(11: 305)이기 때문이다. "그러나 이 즉자존재는 지양 불가능한 방식으로 인간과 연관되어 있으며, 사회적으로 생겨나고 사회적으로 발전된 인간의 유적 욕구들과 관련되어 있다"(같은 곳). 바로 이 점을 미적 반영의 특성으로 보기 때문에 루카치는 그것을 '인간형태화하는' 반영이라고 칭한다. 그리고 이러한 예술은, (과)학적 반영이 '…에 대한 의식'인 데에 반하여 '인류의 자기의식', '인류발전의 자기의식'이 된다. 이에 관한 국내의 연구물로는 이주영, 1998; 홍승용, 1998 참조.

스적 성격"을 통해 "고양"된다고 할 수 있다. 즉, 예술적 창작에서 발생하는 "주체성의 고양"은 바로 객관적 세계의 규정들과의 깊고도 다면적인 접촉을 통해 이루어질 수 있는 것이다. 루카치가 예술적 창작에서 '직접적 주체성'이 '미적 주체성'으로 전환되면서 "주체성의 고양"이 이루어질 수 있는 근거로, 객관적 현실의 예술적 모사와 재생산을 말하고 있는 것은 이러한 의미에서이다. 이에 따라 루카치는 진정한 예술작품이 되기 위해서는 "인간의 의식으로부터 독립하여 존재하는 현실을 객관적으로 진실하게 서술함과 **동시**에 인간적인, 인간과 공통적인 세계를 서술할 필요"(10: 705)(강조는 인용자)가 있다고 말하는 것이다.

한편, 예술이 '인간형태화하는 반영'인 이상 예술가, 더 정확히 말하자면 '미적 주체'가 자신에 의해 형상화된 현실에 대해 특정한 입장을 취하는 것은 "불가피"(10: 709)하며, 따라서 "예술작품에서는 입장취함이 불가피"(10: 715)하다는 것이 루카치의 생각이다. 예술적 창작과정에서 특정한 소재를 선정하는 행위 자체에도 이미 현실에 대한 입장취함이 내포되어 있을 뿐만 아니라, 모든 미적 재생산이 전적으로 감정에 의해 침윤되어 있다는 단순한 사실만 보더라도 특정한 경향들에 대한 찬반의 태도는 불가피하다는 것이다. 가령 풍경화의 정조만 하더라도 거기에는 현실 속에서 작용하는 특정한 경향들에 대한—물론 종종 아주 복잡한 방식으로이긴 하나—긍정적 혹은 부정적 태도가 표현되고 있다(10: 714 참조). 루카치가 당파취함, 입장취함 등의 표현을 당파성 혹은 당파적 입장 등과 거의 같은 맥락에서 사용하고 있다는 점을 고려한다면, 결국 그는 모든 예술작품은 당파적이라고 주장하고 있는 셈이다. 즉, 진정한 예술만이 당파적인 것이 아니라 모든 예술이 당파적이다.

루카치는 이러한 당파성은—예술가가 원하든 그렇지 않든 간에—예술작품의 전체와 구체적인 디테일에 속속들이 관류하고 있다고 보며, 이를 예술의 "보편적인 자연발생적 당파성"(10: 710)이라고 규정한다. 따라서 모든 진정한 문학은 '초당파적(überparteilich)'이라는 견해와 당파성을 사회주의 리얼리즘만의 특질로 간주하는 견해는 공히 당파성에 대한 편견에 불과하다는 것이 그의 주장이다(10: 709-710 참조). 그렇다고 해서 그가 사회주의 리얼리즘의 당파성이 "질적인 새로움"(10: 710)[119]을 지닌다는 것을 부정하는 것은 아니다. 그는 그것을 "맑스주의적 세계관을 통해서만 획득될 수 있는 … 의식적 당파성"(같은 곳)이라고 규정하고 있다. 다시 말해서, 그는 사회주의 리얼리즘의 당파성을 자연발생적인 입장취함과 대비되는 의식성에서, 그것도 맑스주의적 세계관을 통해 획득될 수 있는 의식성에서 여타의 당파성과 질적으로 구분하고 있는 것이다. 여기에서 그가 의식성을 강조한다고 해서 주체적 계기의 강화만을 의미하고 있는 것은 결코 아니다. 오히려 루카치가 말하는 사회주의 리얼리즘의 당파성의 질적인 새로움은 바로 객관성의 고양에 있다. 즉 그는 맑스주의적 세계관을 통해 "더 높은 단계의 객관성"(10: 716)을 성취할 수 있다는 점을 사회주의 리얼리즘의 당파성의 우선적 특징으로 꼽고 있는 것이다. 예술에서 객관성과 당파성의 결합이 의미하는 것은, 당파성이 대상들에 주석을 가하거나 판단을 내리는 것이 아니라 "형상화된 대상성을 직접적으로든 간접적으로든 질적으로 고양"시키는 방식으로 예술작품의 미적 대상성과 분리되지 않는 "유기적 통일체"를 이루는 것을 말한다(10: 718 참조). 이는 그가 일찍이 1930년대 중반 이래 '레닌적 당파성'이라는 말로 강조했던 "객관성의 당파성"(4: 621)[120]이 문학적으로 성취된 것에 다름 아닌데, 이를 우리는 1949년에

119) 다시 말하지만, '질적인 새로움'을 지닌다는 것이 반드시 예술적 성취의 우월성을 의미하는 것은 아니다. 역사적 발전에 따른 현상으로서의 '질적인 새로움'이 곧 예술적 가치평가의 기준으로 된다면, 지나간 인류문화는 나중의 것에 비해 항상 열등할 수밖에 없다는 단순논리로 전락하기 십상이다.

120) 루카치의 논의에서 당파성 범주가 본격적으로 개진된 최초의 논문은 1932년 6월, 독일 BPRS의 기관지 ≪좌선회≫에 발표된 「경향성이냐 당파성이냐?(Tendenz

발표된 한 논문[「비르타의 『고독』(Wirta: *Einsamkeit*)」]을 통해 확인할 수 있다.

사회주의의 승리를 서술하는 소설은 적을 그 전체적 면모에서 생생하게 형상화하는 대신 허수아비로 그릴 수밖에 없는가라고 묻는 한 헝가리 작가에게 답하는 형식으로 씌어진 이 글에서, 루카치는 비르타(Wirta)의 『고독(*Einsamkeit*)』을 예로 들어 결코 그렇지 않다는 것을 입증하고 있다. 여기에서 그는 소설의 정태적 도식주의를 초래하는 '주관주의'와 '레닌적 당파성'을 엄격하게 대립시킨다. 주관주의를 비판하기 위해 그는 맑스가 "셰익스피어화"와 "쉴러화"를 구분한 것을 끌어들이는데,[121] 사회주의 리얼리즘을 위해 바람직한 비르타의 서술방식은 맑스가 "셰익스피어화"라고 지칭한 것에 다름 아닌 반면, 주관주의적 도식주의는 "관념론적 '쉴러화'", "'쉴러화'의 주관주의적 관점"과 상통

---

oder Pareilichkeit?)」이었다. 이어서 1934년 후반에 쓴 것으로 추정되는 「예술과 객관적 진리(Kunst und objektive Wahrheit)」에서 다시 당파성 범주가 등장하는데, 이 두 논문은 당파성 범주를 다루는 데에 있어서 강조점의 이동을 보여주고 있다. 전자에서는 프롤레타리아트의 사회적 존재가 가능케 하는 인식론적 특권이 강조되면서 당파성 범주 역시 강한 계급성을 띠고 있는 반면에, 후자에서 등장하는 당파성 범주는 후기의 미학적 작업에서 이론적으로 일반화된 당파성론과 연속적인 관계를 보여주고 있다. 즉, 전자에서 당파성은 현실의 올바른 변증법적 모사의 결과일 뿐만 아니라 '전제조건'으로 설정되며(4: 32 참조) "우리 시대의 역사적 진보의 담지자인 계급, 즉 프롤레타리아 계급의 편에 선 당파성"(같은 곳)으로 한정되고 있는 반면, 후자에서는 작가의 사회적·계급적 전제조건이나 주체적인 계급적 입장보다는 오히려 그러한 입장마저 현실 속에서 매개되고 객관화되어야 함을 강조하는 '객관성의 당파성', '당파성의 객관성'이 주장된다. 이러한 강조점의 이동과 범주 이해에서의 미미한 차이는 우리가 이 글 제2부 1장에서 서술한 역사적 정세의 변화 및 루카치 이론의 변화과정 속에서 이해될 수 있을 것이다.

121) 맑스는 라쌀레가 쓴 『프란츠 폰 지킹엔』을 계기로 그와 서면 논쟁을 벌였는데, 그 중 1859년 4월 19일자 편지에서 다음과 같이 말하고 있다. "그리고 당신은 당신 나름대로 더 셰익스피어화했어야만 했습니다. 저는 당신이 쉴러화한 것, 즉 개인들을 시대정신의 단순한 메가폰으로 전락시킨 것이야말로 가장 중대한 오류라고 여깁니다"(인용은 10: 485-486에 따라서 함).

한다는 것이다(5: 372). 루카치에 따르면, 후자에서는 "현실의 객관적 변증법이 아니라 작가의 주관적 견해가 서술되며, 형상들은 현실 자체가 아니라 이러한 주관성을 보여준다"(같은 곳). 여기에서 루카치는 작가의 주관적 사념과정이 아니라 현실 자체의 객관적 변증법을 서술함으로써 형상이 그 자체의 삶을 살아가도록 하는 "셰익스피어화"는 곧 "레닌적 당파성"과 통하는바, "레닌적 당파성"은 "결코 객관성을 거부하는 것이 아니라 오히려 그와는 정반대로 객관성의 최고의 형식, 즉 현실의 진정한 변증법의 서술을 의미"(같은 곳)한다고 주장한다.[122)]

루카치는 이미 1931년의 논문 「맑스, 엥겔스와 라쌀레 사이의 지킹엔 논쟁(Die Sickingendebatte zwischen Marx, Engels und Lassalle)」에서 '셰익스피어 대 쉴러'라는 대립구도를 세계관 및 혁명관, 그리고 미학적인 문제와 연관지어 다음과 같이 설명한 바 있다.

> 그러나 셰익스피어 대 쉴러라는 문제에서 맑스와 엥겔스에게 결정적으로 중요한 것은, 그들이 극에 대해 요구하는 것, 즉 역사적인 계급투쟁들을 있었던 대로 힘차게, 리얼리즘적으로 서술하며, 계급투쟁들 속에서 작용하

---

122) 그 "객관적 변증법"의 "최고의 구현체는 혁명적 변혁의 주체적 요소, 즉 노동계급과 그 전위인 볼셰비키의 당이다"(10: 372)라는 구절이 한 문장 내에서 바로 이어지고 있다. 1930년대 중반 이후 루카치의 글들에서 찾아보기 힘든 이러한 표현은, 이 논문이 발표된 시점을 고려할 때 이해할 만하다. 즉 1949년은 헝가리 내에서 루카치에 대한 비판이 시작된 해인 것이다. 사실, 노동계급과 그 당이 최고의 객관성을 구현해야 한다는 것은 루카치가 일관되게 지녀온 신념으로 이해할 수 있다. 문제는 신념 혹은 당위 수준의 주장이 존재하는 사실로서 표현되고 있다는 데 있다. 신념과 현실을 혼동하는—더 정확히 말하면, 그러한 혼동을 조장하는—표현방식은 '현실사회주의' 국가의 수많은 글들에서 확인할 수 있는 현실추수적·무비판적 태도의 전형적 표현방식이다. '현실사회주의' 내에서 그러한 문제를 일관되게 문제 삼았던 대표적 인물이 바로 루카치이며, 그가 '객관성'을 내내 강조한 것도 이와 연관되어 있다는 것을 상기한다면, 그리고 위의 표현이 위치하는 문장의 맥락을 함께 고려한다면, 위 표현 자체는 당시의 정치적 상황에 따른 '전술적' 표현으로 보는 것이 적절할 듯하다.

> 는 현실적인 추동력, 현실적인 객관적 갈등들을 뚜렷하게 형상화하는 일이며, 여기에서 맑스가 '셰익스피어화'라는 표현으로 지칭하는 그 문학적 수단들로써만 이것이 가능하다는 것이다(10: 486-487).

루카치 스스로 "맑스주의 미학을 위해 쓴 최초의 글"(11: 16)이라고 말한 이 논문에서도 이미 반주관주의적인 '객관성'이 강조되면서 현실의 객관적인 추동력을 '셰익스피어화'할 것이 주장되고 있다. 이는 곧 1930년대 중·후반 이래 그가 '자연주의' 내지는 그것의 허위적 대립물로서의 '전위주의'와 대립되는 참다운 예술적 방향으로서 강조한 '리얼리즘'에 다름 아닌 것으로서, 여기에서 우리는 그가 정치적 층위에서는 아직 스탈린주의를 '추수'하고 있었고 문학론의 틀 자체도 종파주의적 구도에서 벗어나지 못했을 때조차도 그가 생각한 문학의 요체는 스탈린 시기의 주관주의적 도해 문학과 원칙적으로 대립했다는 것을 확인할 수 있다. 여기에서 객관성의 강조가 루카치가 이러한 대립을 의식하고 행한 의도적 행위인지 여부는 전혀 별개의 문제이다. 중요한 것은 작가의 의도가 아니라 그의 작품 자체이며 '작가의 당파성'보다는 '작품의 당파성'이—적어도 미학적 차원에서는—관건이라는 루카치의 일관된 입장은 바로 루카치 자신을 연구하는 데에도 적용될 수 있을 것이다.

이상에서 알 수 있다시피 루카치의 당파성 개념이 곧바로 정치적인 의미를 띠는 것은 아니다. 그것은 문학·예술에서 형상화된 구체적인 시·공간 속에서 구체적인 경향들에 대해 미적 주체가 취하는 구체적인 입장취함을 의미하는, 상당히 포괄적인 개념이지 곧바로 정치적인 맥락으로 재해석될 수 있는 것은 아니다. 물론 우리가 '정치적'이라는 말을—루카치도 받아들이고 있는—아리스토텔레스의 인간 규정, 즉 '인간은 정치적 동물'이라는 규정에서 사용된 그런 의미로 이해한다면(4: 469 참조) 당파성은 정치적 맥락 속에 있는 개념이다. 하지만 이보다는 협소한 통상적인 의미에서의 '정치성'과 연관된 문학을 루카치는 당파성이 아니라 '당문학'과 '당문학가'라는 별도의 용어로 규정하고 있다. 바로 여기에서 당과 작가의 관계에 관한 루카치의 입장도 구체적으로 알 수 있는데, 아래에서는 1945년에 씌어진 「당문학(Parteidichtung)」을 소재로 삼아 이에 대한 루카치의 입장을 살펴보도록 하겠다.

③ 당문학론: 당과 문학의 관계

'인간은 정치적 동물'이라는 의미에서의 폭 넓은 '정치성' 이해에 따르면, 모든 작가는 글을 쓰면서 정치화하는 것이며, 그렇기 때문에 모든 문학에는 당파취함이 내포되어 있다고 말할 수 있다. 따라서 문제는 정치성을 지녔느냐 아니냐, 당파적이냐 '초당파적'이냐 하는 것이 아니라 "어떤 의식성을 가지고" 정치화하고 당파를 취하는가 하는 것일 뿐이라는 것이 루카치의 생각이다(SzIP, p.385 참조).

이러한 관점에서 그는 의식성을—그 스스로도 강조하고 있다시피—"도식적으로"(p.385) 세 단계로 나눈다. 여기에서, "무의식적으로, 종종 자신의 의도와 의지에 반하여 정치화하는 작가"(같은 곳)가 의식성의 첫번째 단계에 속한다면, 그가 '위대한 리얼리스트'로 부르곤 한 괴테, 발자크, 켈러, 톨스토이, 토마스 만 등은 두번째 단계를 구성하는 작가군이다. 후자의 유형 내부에서도 물론 각각의 의식성은 상당한 편차를 보여주는 것이 사실이다. 하지만 "도식적으로" 유형화해서 볼 때, 이들은 세계의 변화된 내용과 구조를 냉정하게 추적하는 가운데 '의식적으로' '인본주의적인' 당파를 취하지만, 그렇다고 해서 "일상의 정치생활"에 항상 열정적으로 휩쓸려 들어가지는 않았던 작가들, "사회적 삶의 역사서술자"(필딩)라는 말로 그 문학적 기본 경향이 잘 파악될 수 있는 작가들이라고 루카치는 말한다(이상은 pp.386-387 참조). 그는 이 두 번째 유형과 구분되는 "본래적인 정치적 문학가", "진정한 정치적 문학가"(p.387)를 의식성의 세 번째 단계에 해당하는 작가로 분류하며 이들을 "당문학가(Parteidichter)"(같은 곳)라는 범주로 묶는데, 그에 따르면 레씽, 셸리, 하이네, 페퇴피, 고리키, 어디 등이 여기에 해당하는 작가이다.

루카치에 따르면, 세 번째 유형의 작가들은 전체적이고 완전히 발전된 인간을 위한 투쟁을 의미하는 인본주의적 경향을 함축하고 있다는 점에서 두 번째 유형의 작가와 공속성을 지니지만, "사회적 파토스의 경향"에서 그 차별성을 보여준다. 즉, 두 번째 유형의 작가의 인본주의적 경향이 객관적인 발견을 통해 현실의 객관적인 변증법으로 이어지는 길을 통해 구현된다면, "당문학가"의 사회적 파토스는 직접적으로 사건들에 개입하고자 한다는 것이다(p.389 참조). 따라서 전자의 유형에서는 작가의 그릇된 세계관에도 불구하고 '리얼리즘의 승리'가 성취될 수 있는 여지가 있지만, 후자의 유형에서 작가의 그릇된 의식은 곧바로 파국적인 결과를 초래할 수 있다. 그도 그럴 것이 여기에서는 작가의 견해, 주관적인 사상과 감정이 객체의 형식 부여자일 뿐만 아니라 직접적으로 서술된 객체 자체일 수도 있기 때문인데, 바로 그렇기 때문에 인류의 발전경로에 대한 더 높은 의식성은 '당문학가'의 필수 불가결한 전제이다(p.390 참조).[123]

루카치는 '당문학가'라는 표현을 무엇보다도 "진정한 정치적 문학가"를 의미하는 것으로 사용하지, 현존하는 당과 직접 결속된 작가를 지칭하는 것으로 사용하지 않는다. 그렇기 때문에 "당 없는 당문학가"(p.388)라는 표현도 성립할 수 있다. 즉, 루카치에 따르면 레씽, 셸리, 하이네 등은 조직화된 현대적인 당이 생기기 이전에 존재한 정치적 문학가이기 때문에 '당 없는' 문학가이지만, 그들이 진정한 정치적 문학가인 한

123) 양 유형의 차별성은 각각에 친화적인 장르에서도 드러나는데, 직접적으로 현재적 문제에 개입하고자 하는 '당문학'의 경우, 본질적으로 중대한 시대적 문제들을 폭넓게 파악하는 가운데 시사적 문제들을 배후로 밀어내는 객관적 형식들, 즉 드라마와 서사문학보다는, 문학가의 의사가 직접 표현되고 주체성이 즉각적으로 작용할 수 있는 서정시가 친화적인 장르라는 것이 루카치의 생각이다(SzIP, pp.390-391 참조).

'당문학가'라는 것이다.

'당 없는 당문학가'라는 루카치의 표현에서 우리는 '당'에 대한 루카치의 입장을 엿볼 수 있다. 여기에서 루카치는 당을 현존하는 당 그 자체로서보다는 자신이 생각하고 있는 일종의 이념태로서 이해하고 있다. 즉 당은 "위대한 민족적, 인본주의적, 세계사적 소명"(p.396)을 지닌 조직체로 규정되고 있는 것이다. 루카치가 현존 당의 종파주의적 경향을 비판하면서, "종파주의의 청산을 통해 자기 자신을 **되찾기**"(pp.396-397)(강조는 인용자)를 역설하는 것도 이러한 '규제 이념적' 당관(黨觀)에 입각해 있기 때문에 가능한 일이다. 따라서 루카치가 말하는 '당문학가'란, 넓은 의미에서는 당의 소명을 '의식적으로' 추구하는 작가라 할 수 있으며, 더 정확한 의미에서는 이러한 의식성을 견지하는 가운데 당대의 사건들에 문학적으로 직접 개입하는 작가라 할 수 있다. 여기에서 루카치가 레씽이나 하이네 등을 '당 없는 당문학가'로 규정하고 있는 것은, 이들이 비록 '공산주의자'가 아닌 것은 분명하지만 이들의 문학적 성취는 루카치 자신이 생각하고 있는 당의 "위대한 민족적, 인본주의적, 세계사적 소명"에 부합한다고 보기 때문이다.

한편, '당문학가'에 대한 규정에서 루카치는 '당문학가'가 무엇보다도 '문학가'임을 강조한다. 그렇기 때문에 루카치 자신이 상정하고 있는 진정한 당이 존재한다고 하더라도, 그리하여 당과 문학가가 서로 조우하는 행복한 경우라 하더라도, 당과 문학가 사이에는 일정한 갈등과 긴장이 있을 수 있으며, 또 필연적으로 그럴 수밖에 없다고 한다. 이를 후기 루카치의 언어로 설명하자면, 당과 문학가 사이의 필연적 긴장을 주장하는 근저에는 주체성을 특수자로 일반화함과 동시에 모든 보편자를 특수자의 인간화된 주체성으로 지양하는 것이 "올바른 예술적 특수성의 길"(10: 705)이라는 보는 루카치 자신의 고유한 예술관이 전제되어 있다고 볼 수 있다. "보편성과 개별성이라는 양 극단을 특수성으로 지양"(10: 671)하는 것이 후기의 루카치가 생각하는 가장 기초적인 '미적 원리들'[124] 가운데 하나라는 것을 염두에 둔다면, 개별적 작가의 주체성 또한 결코 완전히 사라지는 것이 아니라 '탈개별화'되면서 특수성의 영역으로—보편자와 함께—'지양'되는 것이다. 따라서 '당문학가'가 문학가인 이상 그는 필연적으로 개인적인 문학적 체험세계로부터 분리될 수 없다. 문제는 개인적 체험을 절대화하며 그것을 체험 내용과 동일시하는 데 있는 것이지 문학이 그 내용과 형식에서 개인적 체험으로부터 분리될 수 있는 것은 아니며, 작가는 자신의 고유한 체험세계를 제약할 것이 아니라 그것이 놓인 역사적·사회적 문맥 속으로 그것을 확대·지양해야 한다는 것이 루카치의 생각이다(SzIP, p.398 참조). 문학 및 문학가의 특성을 이렇게 파악함으로써 루카치는 당문학가 진정한 문학가라면, 개별적 인간으로서의 자기 자신의 "절망의 목소리"도 낼 수 있으며, 문학적 자유에는 바로 이 "절망할 자유"도 포함되는 것이라고 주장한다.[125] 이러한 견지에서 루카치는 당과 당문학가의 관계를 유명한 '빨치산' 비유를 통해 다음과 같이 규정하고 있다.

> 당문학가는 결코 지도자나 단순한 병사가 아니라 항상 빨치산이다. 이 말의 의미는 다음과 같다. 즉, 그가 진정한 당문학가라면, 당의 역사적 소

---

124) 파스테르나크는 루카치의 후기 미학에서 '미적인 것의 고유성'을 정초하고 있는 가장 일반적이고 기초적인 미적 원리들을 다음과 같이 규정하고 있다. "① 통일적이고 직접적인 생활연관의 구조적 중단: 원리로서의 탈실용화, ② 전체성으로의 의향을 지닌 작품세계의 구조적 완결성: 총체성의 원리, ③ 미메시스적 구조물의 구성과 현실인상의 환기에서 이루어지는, 미메시스적 재생산과 현실경험의 연관화: 원리로서의 리얼리즘, ④ '감각적으로 명백한 것'의 개별적 보편화의 가능성: 원리로서의 특수성, ⑤ 유(類)의 자기의식으로의 주관성의 탈개별화"(Pasternack, 1985: 66).

125) "…개인인 문학가는 그가 당문학가라 하더라도 자신의 삶의 출구 없는 상태의 트루바두르가 될 수 있으며, 더욱이 항상 또 그래야 한다. 문학적 자유에는 절망할 자유도 포함되는 것이다"(SzIP, p.399). 이와 동시에 루카치는 문학가를 절망으로 몰고 가는 그 체험의 힘 속에는 문학적 비전을 통해 미래의 목표들을 포착하고 감지하게 만드는 작가의 능력이 들어가 있는 것이라고 한다(p.400 참조).

> 명, 당에 의해 규정되는 중대한 전략적 노선과의 깊은 통일성이 존재한다. 이러한 통일성 내에서, 하지만 그는 자기 고유의 수단들을 가지고 스스로 책임지는 가운데 행동해야 한다(SzIP, p.400).

이러한 관점에서 루카치는 당의 '세계사적 소명'을 퇴색시킨 종파주의와 문학의 본질적인 대립성을 강조한다. 당의 지침과 전술을 도해하는 문학만을 '당문학'으로 인정하고 여기에서 벗어나는 것을 당파성에 반하는 것으로 규정하는 종파주의적 판결에 따른 '당문학가'란, 당의 본질에도 어긋나고 문학의 논리에도 위배되는 거짓 당문학가에 불과하다는 것이다(SzIP, p.396 참조).

스탈린주의에 대한 공개적인 비판이 가능하게 된 시점, 즉 1956년 중반 이후에 씌어진 글들에서 루카치는 자신이 이전에 '관료주의', '종파주의' 등의 용어로 지칭한 현상들이 실은 스탈린주의의 내실이며 '자연주의'의 이름을 빌려 비판한 문학적 현상은 '사회주의 리얼리즘'에도 해당한다는 것을 명백히 보여주고 있다. 그 가운데에서도 특히 '당파성과 객관성의 통일'에 대한 그의 일관된 강조는 주관주의화된 스탈린적 당파성에 대한 이론적 저항이었음이 밝혀지는데, 이렇게 보면 늦어도 1930년대 중반 이래 루카치의 문학론은 적어도 그 기본 경향에 있어서는 일관되게 반스탈주의적인 노선을 걸어왔다고 할 수 있다. 나아가 그것은 스탈린주의에 의해 오염된 '전망'이나 '당파성' 등의 범주와 '사회주의 리얼리즘'을 진정한—물론 루카치 자신이 생각하는—맑스주의적 의미에서 '재탈환'하고자 하는 의식적 시도로 발전했다고 할 수 있다. 따라서 1930～40년대에 루카치가 '리얼리즘'의 입장에서 비판한 '자연주의'라는 용어는 곧 "전술적 완곡어법으로서" '사회주의 리얼리즘'에 대한 "약호 기능"을 담당했다는 제임슨의 해석은 과장된 것이 아니다(Jameson, 1988: 52 참조).

제3부

다시, 맑스로!: 1960년대 초·중반 이후의 루카치

> 오늘날의 서구 맑스주의가 모든 곳에서 지주(支柱)를 찾으려고 하는 것을 그 심리의 측면에서는 이해할 수 있습니다. 하지만 객관적으로 볼 때 이것은 오류로 보입니다. 나로서는 맑스주의의 방법들을 올바르게 이해하고 이러한 방법들로 되돌아가며, 맑스가 죽고 난 뒤의 역사를 그러한 방식으로 설명하는 것이 절대적으로 본질적인 일이라고 생각합니다(G. Lukács).[1]

1956년 이후 그 누구보다도 강력하고 일관되게 스탈린주의에 대한 근본적인 청산을 주장한 루카치였지만, 그는 자신이 한때 스탈린(주의)에 대해 주관적인 믿음을 가졌다는 사실을 숨기지 않았다. 하지만 제2부에서 우리가 확인했듯이, 그러한 주관적인 '환상'에서 벗어나지 못했을 때조차도 그의 사유의 기본 경향은 스탈린주의와 대립하는 것이었다. 2차 세계대전 이후 그것은 '미국적 생활방식'으로 상징되는 소비자본주의적 개인주의와 스탈린주의적 전체주의에 대한 이데올로기 투쟁으로 발전했는데, 루카치 자신은 이를 "아메리카주의뿐만 아니라 스탈린주의에 맞선 양면전선투쟁"(Lukács, 1969a: 219)이라고 규정한 바 있다.

---

1) Lukács, 1970a, p.202.

그러한 "양면전선투쟁"에서 선결과제는 내부의 적을 극복하는 것이라는 게 루카치의 생각이었다. 그리하여 그는 생애 마지막 순간까지 스탈린주의와의 근본적인 단절을 역설하였고, 그 연장선상에서 '현실사회주의'의 사회주의적 성격의 결핍을 비판하였다. 그렇다고 해서 그가 '현실사회주의'의 완전한 실패를 인정한 것은 아니었다.[2] 우리에게는 이미 '역사적 사회주의'로 변한 '현실사회주의'의 총체적 실패를 인정하는 대신 그 속에서 새롭게 피어날 "진정한 사회주의"에 대한 희망을 간직하고 그 실현 시점을 미래로 연기하면서[3] 새로운 시작을 역설하는 것이 노년의 루카치가 취한 태도였다. 궁극적으로—루카치 자신의 표현을 빌리자면—"세계사적 낙관주의"에 의해 뒷받침된 그의 태도는, 하지만 당대 현실에 대한 인식에 있어서는 여하한 낙관적 환상도 배제하고자 하는 엄정한 태도와 결부된 것이었다. '조작의 시대'에 민주주의와 사회주의의 통일적 활력을 대중의 의식에서 일깨우는 과제는 차라리 19세기 초반의 상황에 견줄 만한 조건에서 출발해야 하며, 따라서 그러한 과제를 자임한 이데올로그는 필연적으로 '고독'할 수밖에 없다는

2) 루카치의 자서전을 완성한 이슈트반 에외르시에 따르면, 루카치로부터 사회주의의 실패를 인정하는 말을 딱 한 번 들은 적이 있지만 루카치는 그 말을 두 번 다시 되풀이하지는 않았다고 한다. "딱 한 번, 구체적으로 말하자면, 바르샤바 조약군이 프라하로 진격한 지 얼마 지나지 않았던 1968년 가을에 나는 그의 입에서 다음과 같은 말을 들었다. '아마도 1917년에 시작됐던 실험 전체가 실패였던 것 같다. 전부 다시 한 번, 다른 곳에서 시작되어야 한다.' 물론 그는 이 말을 두 번 다시 되풀이하지 않았으며 기록한 적도 없다. 공개하도록 정해져 있지도 않았던 그의 마지막 인터뷰들에서도 그는 이 말을 하지 않았다"(GD, p.14). '현실사회주의' 전체를 실패로 간주한다면 그것은 "공산주의자로의 발전은 정말이지 내 생애에서 가장 위대한 선회이자 발전의 결과"(GD, p.262)라고 고백하는 인간에게 있어서는 그의 삶 전체의 의미가 무화(無化)되는 것으로 귀결될 수도 있었을 것이다.

3) 예컨대 다음과 같은 말을 보라. "맑스주의자이고자 하는 사람이라면, 그가 특정한 사건들이 일어나기를 기대하더라도 자기 생애 내에 그 사건들에 동참할 수 있으리라고 생각할 수 없다는 결론에 도달하게 될 것이다"(Lukács, 1970a, pp.201-202).

요지의, 1966년의 한 대담에서 그가 한 발언은 말년에 그가 지녔던 태도를 잘 보여주고 있다. 조금 길지만 그대로 인용해보기로 하자.

> 그리고 오늘날 주체적 요소를 일깨우는 데에 있어서 20년대를 새로이 이어갈 수 있는 것이 아니라, 지금까지의 노동운동과 맑스주의를 통해 우리가 지니게 된 모든 경험들을 가지고 새로운 시작의 지반 위에서 시작해야 한다는 것을 우리는 분명히 알아야 합니다. 우리는 새로운 시작과 관계하고 있다는 것을, 혹은—비유를 사용하자면—우리는 지금 20세기의 20년대에 있는 것이 아니라 어떤 의미에서는 19세기의 초반에, 프랑스 혁명 이후 노동운동이 서서히 형성되기 시작했던 19세기 초반에 있다는 것을 분명히 알아야 한다는 말입니다. 나는 이러한 생각이 이론가에게는 매우 중요하다고 생각하는데, 그럴 것이 특정한 진실에 대한 발언이 아주 작은 반향만을 얻으면 아주 급속하게 절망감이 생길 것이기 때문입니다. 생시몽과 푸리에가 말했던 중요한 사안들이 그 당시에는 극히 작은 반향만을 얻었다는 사실을, 그리고 19세기의 30~40년대가 되어서야 비로소 노동운동이 활기를 띠기 시작했다는 사실을 잊지 마십시오. … 우리가 새로운 시기의 시초에 있다는 것, 그리고 이러한 시기에 인간의 가능성들을 명백히 하는 것이—대중들에게 지금 당장은 이러한 인식의 반향이 적으리라는 것을 알면서도 말입니다—이론가로서의 우리의 의무라는 것을 우리는 분명히 알아야 한다고 말할 때 내가 무엇을 뜻하는지 당신은 이해하리라 믿습니다 (Lukács, 1967: 48-49).

이것이 루카치가 자신의 위치를 "단지 이데올로그"[4]로서 재설정할 때 근저에 놓여 있었던 상황인식이자 맑스주의자로서 취한 태도였다. 당장의 변화를 기대하는 대신 먼 미래를 위한 새로운 시작을 대비하는 이데올로그로서 그는 맑스의 방법을 그 진정한 의도에 따라 재창출하고 이를 통해 맑스 이후의 시기를 비판적으로 고찰함으로써 우리의 현

---

4) 이는 루카치가 메모해둔 자서전 초안 마지막 장의 제목["단지 이데올로그일 뿐"(GD, p.274)]에서 따온 말로서, 그가 1950년대 이후의 자신의 삶에 대해 내리고 있는 규정이다.

재적 행위에 유효한 전망들을 이론적·실천적으로 정초하는 것을 자신의 이데올로기적 과제로 설정한다. 우리가 제2부에서 살펴본 루카치의 스탈린주의 비판이 그러한 과제를 부정적인 방식으로 수행한 것이었다면, 『사회적 존재의 존재론을 위하여』(아래에서 『존재론』으로 표기)는 새로운 국면으로 접어든 세계사적 상황에서, 새로운 시작을 감당할 수 있는 적극적인 철학적·이론적 대안으로 그가 제시한 것이라고 할 수 있다.

1. 조작의 시대와 존재론

1960년대에 들어와 루카치는 당시의 세계사적 상황을 총괄하는 표현으로 "조작의 시대"라는 말을 빈번히 사용한다. 그에 따르면 19세기 말엽부터, 특히 1929년의 대공황 이후에는, 생산재 산업만이 대(大)자본제적으로 조직화되었던 맑스의 시기와는 달리 전체 소비의 영역마저 자본주의적으로 재편된다. 이렇게 생겨난 이른바 대량생산과 대량소비의 시대는 그에 걸맞는 특수한 구매장치들을 필요로 하는데, 이로부터 "조작의 체계"가 생겨났다. 본질적으로 경제적 필요에서 생겨난 이러한 "조작의 체계"는 사회와 정치의 영역으로까지 확장되며 마침내 "대통령 선거에서부터 넥타이와 담배의 소비에 이르기까지 사회적 삶의 모든 표현들을 지배"하기에 이르렀다는 것이 루카치의 진단이었다.[5] 그는 자본주의의 사회를 지배하고 있는 이러한 '조작'을 "부드러운, 형식적으로는 강권(强權)이 없는 조작"(SzIP, p.705)이라고 규정한다. 한편, 루카치는 '현실사회주의' 역시 스탈린 시기를 근본적으로 청산하지

5) 맑스의 시기와는 대별되는 자본주의의 성격의 변화 및 그에 따른 소외문제의 양상의 변화, 그리고 새로운 형태의 저항 등에 관한 루카치의 고찰에 대해서는 Lukács, 1967, p.41 이하 참조. 인용한 대목은 p.42.

못하는 한 '조작'에 의해 지배되기는 마찬가지라고 본다. 그는 '현실사회주의'를 지배하고 있는 '조작'이 자본주의의 '부드러운 조작'과는 달리 강권에 의해 유지되는 양상을 띠기 때문에 "난폭한 조작"(SzIP, p.705)이라고 부르기도 하는데, 이렇게 '조작'의 양상이 다르듯 그것의 성격 또한 다르다는 것이 루카치의 생각이다. 그에 따르면, 자본주의 체제를 지배하고 있는 '조작'은 본질적으로 자본의 필요에 따라 생겨난 것이기 때문에 자본주의의 극복 없이는 그러한 '조작' 또한 없어질 수 없는 반면에, '현실사회주의'를 지배하는 '조작'은 "사회주의적 건설에 있어서 생소한, 제거될 수 있고 제거되어야 할 요소"(같은 곳)이다.

루카치는 동·서 양 체제를 지배하고 있는 이러한 '조작의 시대'가 1960년대 말엽에 들어와 "세계적인 차원에 걸쳐 있는 위기의 문턱"[6]에 서게 되었다고 본다. "난폭한 조작"에 의해 지탱되던 '현실사회주의'는 1956년에 있었던 소련 공산당 제20차 당대회 이후 그 위기가 시작되었다면, 서구의 '68사태'는 '미국적 생활방식'으로 상징되는 "새로운 조작적 자본주의"(Lukács, 1970b: 227-228)가 개혁의 요구에 직면했음을 보여준다는 것이다. 이러한 두 체제의 위기의 시발점에서 그는 이러한 상황을 뚫고 나갈 수 있는 이론적 출구로 다시 맑스로 돌아갈 것을 권유한다.

거대한 두 체제: 위기, 유일한 출구로서의 진정한 맑스주의의 중요성(GD, p.276)

스탈린주의에 의해 왜곡될 대로 왜곡된 맑스 본래의 사상을 '복원'하기 위해 '다시, 맑스로 가는 길'은 이미 1960년대 초반부터 시작되었다. 그리고 그것은 그의 생애 마지막 10여 년을 빈틈없이 채운다.

---

6) "세계사적으로 보아 우리는 세계적 차원에 걸쳐 있는 위기의 문턱에 서 있다. 이러한 시기는 50여 년이 지속될 수도 있다"(Lukács, 1970b: 277).

스탈린주의적 체제 바깥에서, 혹은 그것의 붕괴 이후에 사유를 전개하거나 또 그럴 수 있었던 서구 맑스주의자들과는 달리, 스탈린주의적 체제 속에서 그것을 넘어서려 한 그의 독특한 입지는, 그의 맑스주의 기획에 서구 맑스주의의 그것과는 다른 부담과 긴장을 부여했다. 이러한 입지는 '본래의 맑스 그대로'의 모습에 다가가고자 한, 맑스에 대한 그의 보기 드문 '충절'의 한 이유이자 그 결과일 수 있다. 1960년대 후반에 루카치 자신도 접할 수 있었던 구조주의와 맑스주의의 융합 시도, 그리고 이전부터 있어온 정신분석학과 맑스주의의 융합 시도 등과는 달리—상대적으로—가장 전통적인 개념들로써 그는 새로운 맑스주의의 한 영토를 개척하는데, '사회적 존재의 존재론'이 바로 그것이다. 맑스주의의 역사에서는 생경하기 그지없는 '존재론'을, 20세기 후반기에 생명력을 지닐 수 있는 맑스주의적 대안으로 제시하려 한 그의 시도는, 루카치 삶 전체의 실천적 경험과 사유가 응축된 대작인 『존재론』으로 수렴된다.

『존재론』을 집필하기 위한 준비작업이 본격적으로 시작된 시점은 1960년 5월경으로 짐작된다.[7] 그 무렵에 『미적인 것의 고유성』의 초고를 완성한 루카치는 「윤리학」의 '서문' 작업에 착수한다. 하지만 그 '서문'은 약 10여 년의 시간에 걸쳐 완성된, 무려 1,500쪽(「프롤레고메나」를 포함하면 약 1,800쪽)에 달하는 『존재론』으로 탈바꿈하게 된다. 루카치는 『미적인 것의 고유성』이 미적인 것을 사회적 존재의 계기로 취급하는 한 그것은 본래 『존재론』의 준비작업이었다고 밝히면서, 「윤리학」이 아니라 『존재론』에 집중하게 된 동기에 대해 다음과 같이 말한 바 있다.

> 나는 원래 『존재론』을 윤리학의 철학적 토대를 놓는 작업으로 계획했습니다. 하지만 이 토대 위에서 윤리학은 『존재론』으로 대체되었습니다. 왜

7) 『존재론』의 집필과정과 그 발생사에 관해서는 Benseler, 1986 참조.

냐하면 문제는 현실의 구조이지 하나의 동떨어진 형식이 아니기 때문이죠 (GD, pp.224-225).[8]

루카치의 『존재론』은 당시 철학에서 '신실증주의'가 행사하는 철학적 헤게모니에 맞서기 위한 것이자[9] 스탈린주의와 원칙적으로 단절하기 위한 철학적 시도로 볼 수 있다. 우리의 주제인 후자의 문제에 국한해서 보자면, 스탈린주의와 근본적으로 단절하기 위해서는, 스탈린적 방법에 대한 비판뿐만 아니라 그것을 넘어서서 맑스 본래의 사상에 바탕한 "진정한 맑스주의"를 '복원'하는 일이 필요하다는 것이 루카치의 생각이었다. 스탈린주의가 관료주의적 정치체제에 의한 비인간성의 시대일 뿐만 아니라 "맑스의 전체 사상을 그 실체에 이르기까지 도착(倒

8) 그렇다고 해서 루카치가 윤리학 집필계획을 포기한 것은 아니었다. 노년에 다시 화해한 청년기 친우(親友) 에른스트 블로흐에게 보낸 편지(1970년 12월 30일)에서 우리는 『존재론』을 위한 「프롤레고메나」와, 그것을 이론적으로 확장하여 "인간의 유적 성질의 발전"을 다루게 될 윤리학, 그리고 자서전 집필을 루카치가 자기 일생의 마지막 작업으로 계획하고 있었다는 것을 알 수 있다. "이 세 가지 일을 모두 끝낼 수 있을 동안 일할 힘이 있다면 좋을 텐데"[Karlola Bloch 외(편), *Ernst Bloch Brief 1903-1975: Erster Band*, Frankfurt am Main, 1985, pp.207-208] 하는 루카치의 바람은, 하지만 암과 급격하게 악화된 동맥경화로 인해 다 이루어질 수는 없었다. 그의 바람은 「프롤레고메나」의 집필과, 루카치의 경이적인 의지력에 힘입어 완성된 자서전으로 그치고, 윤리학은 구도만 잡힌 미완의 작업으로 남게 되었다(이것은 1994년 헝가리에서 출판되었다. G. Mezei(편), *Georg Lukács: Versuche zu einer Ethik*, Budapest, 1994). 1971년 6월 4일, 87세의 나이로 루카치는 "나무의 죽음"(Heller, 1995, p.125)을 맞았다.

9) '신실증주의'에 대한 루카치의 비판은 『존재론』 제1권 앞부분에서 행해지고 있다(13: 343 이하). 존재론적 문제를 형이상학의 영역에 속하는 것으로 축출하고 현실을 인지적(認知的) 이해로 제한한 '신실증주의'를 루카치는 "지배적인 조작을 철학적으로 보증하는 것"(Tertulian, 1995: 150)으로 간주한다. 카르납(Carnap)이 대표하는 '신실증주의'에 맞서 루카치의 존재론은 현실의 존재론적 자율성과 그 내포적 총체성, 인식으로 환원될 수 없는 현실의 무진성(無盡性), 단순한 조작으로의 환원불가능성 등을 강조하였다(같은 글, pp.150-152, p.155 참조).

錯)시킨 이론적 견해들의 총합"(Tertulian, 1995: 151)을 의미한다면, 단지 스탈린주의 자체뿐만 아니라 맑스주의의 역사 전체에 걸쳐 맑스의 사상을 왜곡한 지점들을 바로잡는 것이 필요하며, 이를 통해 재정립된 "진정한 맑스주의"만이 "거대한 두 체제"의 "위기"에 대한 "유일한 출구"를 제시할 수 있다는 것이다. 그리하여 루카치는 맑스주의의 발생의 문제, 즉 헤겔과의 관계 문제로 다시 돌아가며, 헤겔의 유산을 철저하게 극복하지 못한 엥겔스에서부터 이미 스탈린주의적 '도착'의 싹은 존재했던 것으로 파악한다. 물론 루카치는 맑스와 더불어 엥겔스와 레닌을 유일하게 맑스주의의 '고전적 대가'로 인정한다. 하지만 『존재론』에서 그는 엥겔스와 레닌의 철학적 업적은 업적대로 존중하되 그들의 '불충분한' 지점까지 적출함으로써 실상은 **새로운 맑스주의**를 기획하고 있다. 맑스주의의 완전한 '도착'을 의미하는 스탈린주의는 말할 것도 없고 맑스-엥겔스·레닌의 정합적 관계를 설정하는 기왕의 맑스주의 노선도 넘어서고자 한 것이다. 이때 그가 맑스 사상의 요체로 파악한 것을 표현하는 말이 바로 "유물론적·역사적 존재론"이다. 루카치는 맑스의 업적 중 철학에서 결정적으로 중요한 것은, "헤겔의 논리적·존재론적 관념론을 극복하는 가운데 이론적으로 그리고 실천적으로 유물론적·역사적 존재론의 윤곽을 그린 데 있다"(Lukács, 1969c: 32)고 보는데, 이러한 관점에 따라 그는 맑스 사상의 기본적인 범주들을 존재론적으로 새로이 검증하고 재구성하는 가운데 왜곡된 맑스주의로부터 "진정한 맑스주의"에 이르기 위한 시도, 시대의 요구를 감당할 수 있는 '맑스주의의 갱신'을 위한 거대한 시도를 감행한 것이다.

루카치가 맑스의 철학적 사상을 '존재론'으로 이해한 것은 맑스주의의 역사에서 유례없는 일이었다. 루카치 역시 1950년대 중반까지만 해도 '존재론'이라는 표현을 주로 부정적인 맥락에서 사용했던 것이 사실이며, 동구사회주의 블록의 공식적 맑스주의에서 그 개념은 이후에도 계속 이단시되었다. 실상 그 내용에서는 『존재론』을 예비하는 작업일 수도 있는 『미적인 것의 고유성』에서만 하더라도 루카치는 맑스주의를 '존재론'이라는 범주를 통해 이해하지 않았다.

"맑스주의를 미학의 문제에 가능한 한 올바르게 적용"(11: 16)하려는 이론적 시도라고 규정한 바 있는 『미적인 것의 고유성』에서 루카치는, '맑스주의'라는 말로 맑스에 의해 발견된 "유물론적 변증법의 방법"(11: 17)을 우선적으로 지칭하고 있다. 여기에서 '유물론적 변증법'은 곧 '변증법적 유물론'과 '역사적 유물론'을 총칭하는 말인데, 루카치의 구상에 따르면 '미학'의 제1부와 제2부에서는 변증법적 유물론의 관점들이 "지배적"(11: 15)이며, 제3부에서는 역사적 유물론의 방법이 "지배적"으로 적용될 예정이었다.[10] 비록 연구 영역과 대상에 따라 각기 "지배적"인 방법으로서 변증법적 유물론과 역사적 유물론이 구분되고 있지만, 본질적으로 양자는 "영속적이고 생생한 상호작용"(11: 16)을 하는 것으로 설정되어 있다. 이러한 관점에서 그는 이러한 양자의 관계를 도식적으로 양분한 것이야말로 스탈린 시기에 있었던 "맑스주의의 속류화 경향들"(11: 15)이라고 비판하고 있으며 또, '역사적·체계적 방법'에 의한 『미적인 것의 고유성』의 실제 서술은 "지배적"이라는

---

10) 루카치의 '후기 미학'으로 알려진 『미적인 것의 고유성』은 원래 3부작으로 계획된 '미학'의 제1부에 불과하다. 루카치는 '미학'의 제1부에서는 미적 영역의 고유성을 근거짓는 미적 구조 및 범주들을 "극히 일반적인"(11: 15) 차원에서 도출하고 개괄하는 데 그치며, 그것을 구체화하는 과제는 제2부의 몫으로 돌렸다. '예술작품과 미적인 반응방식'이라는 제목이 붙을 예정이었던 제2부에서 루카치는, 제1부에서 단지 일반적인 차원에서 개괄되었던 예술작품의 특수한 구조를 구체화하는 가운데 미적 생산과 수용의 문제를 분석하려 했다. 따라서 예술작품의 구조 분석을 통해서 형식과 내용, 세계관과 형식화, 기법과 형식 등등의 "진정한 구체적 본질"(같은 곳)이 조명되는 한편, 일상, 과학적 행위방식, 윤리적 행위방식 등과 미적인 생산 및 수용의 "실질적인 관계"(같은 곳)가 구체화될 예정이었다. 제3부의 가제(假題)는 '사회적·역사적 현상으로서의 예술'이었다. 여기에서는 예술들의 발생의 역사적 규정과 특징, 그것들의 전개와 위기, 그것들의 주도적 혹은 종속적 역할 등등의 문제가 탐구되는 가운데, 특히 이와 연관된 '불균등발전의 문제'가 중요한 역할을 할 예정이었다 (이상은 11: 14-15 참조).

표현이 불러일으키는 절충주의적 인상을 불식시킬 정도로 양자의 불가피한 통일성을 입증하고 있다. 그렇지만 어쨌든 간에 루카치가 개념 사용에 있어서 양자를 구분하고 있는 것은 사실이며, 이것은 그의 사유의 실제적 전개가 관행적인 개념들에 의해 제약받고 있음을 말해주는 것이기도 할 것이다.

아그네스 헬러는 '미학'이 제1부의 집필로 중단된 이유를 이와 연관해 설명하고 있다. 그녀에 따르면, '미학'이 제1부로 중단된 것은 제1부로 인해 제2부의 집필이 불가능해졌기 때문이다. 원래 제1부에서는 '변증법적 유물론'이, 제2부에서는 '역사적 유물론'이 '적용'되고 제3부에서는 이 양자의 종합으로서 '예술 장르들의 이론'이 서술될 계획이었지만(Heller, 1986: 130) 실제로는 "'역사적인' 제2부"가 이미 제1부에서 씌어져버렸기 때문에 제2부를 쓰는 것은 불가능해졌다는 것이 그녀의 해석이다. 다시 말해서, "소위 '변증법적' 유물론과 '역사적' 유물론의 이분화를 아무런 성찰 없이 받아들인 것이 이론적 실천에서 불합리한 것으로 입증되었다"(p.139)는 것이다. 사실 헬러의 이 말은 루카치의 계획을 정확하게 옮긴 것은 아니다. 루카치의 말을 있는 그대로 옮기자면, 제1부와 제2부에서는 변증법적 유물론의 관점이 지배적이며, 제3부에서—제2부가 아니라—역사적 유물론의 방법이 지배적이다. 따라서 헬러가 제2부가 씌어지는 것이 불가능했던 이유로 들고 있는 것은, 헬러 자신의 논리를 그대로 따른다면, 제2부가 아니라 제3부가 씌어질 수 없었던 이유인 셈이며, 따라서 왜 제2부는 씌어지지 않았는가 하는 문제는 별도로 설명되어야 하는 꼴이 된다. 하지만 여기에서 변증법적 유물론과 역사적 유물론의 구분에 관한 헬러의 문제제기는 그 자체로 중요하다고 볼 수 있다. 그런데 『존재론』에 이르면 이러한 구분 자체가 사라진다. 『존재론』에서 루카치는 새로운 개념적 도구들을 사용하여 자신의 맑스주의를 전개하는데, 이러한 측면에서도 『미적인 것의 고유성』은 『존재론』에 이르는 "이행기의 작품"(Sziklai, 1995: 19)으로 볼 수 있을 것이다.

사실 '존재론'에 이른 길은 루카치의 생애 전체에 걸쳐 있다고 볼 수도 있겠지만,[11] 『존재론』에 이르기까지 획득된 존재론적 '계기들'이 '존재론'이라는 틀 속에서 재배치되고 재정렬되는 과정, 즉 루카치가 '존재론'을 맑스주의 본연의 철학으로 확정하게 된 것은 1960년대에 들어와서다. 이 과정에서 '존재론'이라는 개념을 적극적·긍정적으로 받아들이게 된 데에는 니콜라이 하르트만(Nicolai Hartmann)의 영향이 결정적이었다는 것이 일반적인 해석이다. 루카치는 1950년대 초반에 볼프강 하리히(Wolfgang Harich)의 강력한 권고에 의해 하르트만을 다시 정독(精讀)하게 되는데,[12] 이를 통해 '존재론'이라는 문제설정에 다가가게 된다.

2. 존재론의 기본 구도와 노동

한 대담에서 루카치는 서양에는 그 누구도 따를 수 없는 위대한 사상가가 세 명이 있다고 하면서, 아리스토텔레스와 헤겔, 그리고 맑스를 거명한 적이 있다(RL, p.182). 이들이 루카치에게 가장 많은 영향을 미친 과거의 사상가라면, 당대의 철학자 가운데 특히 『존재론』과 관련하

---

11) 루카치 자신의 회고에 따르면, "예술들은 존재한다. 어떻게 그것들은 가능한가?"라는 '하이델베르크 미학'의 기본적인 문제설정에서부터 이미 존재론으로의 선회가—비록 "완전히 무의식적으로" 이루어지긴 했지만—시작되었다(GD, p.252). 『역사와 계급의식』의 좌초 이후 새로운 맑스주의의 구축을 위한 루카치의 '의식적' 출발점을 이루는 것은 1930년부터라고 할 수 있다. 『경제학-철학 수고』의 독서는 새 출발의 단서가 되었다. 루카치 사유의 전개과정에서 이후 존재론으로 지양되는 제반 이론적 계기들에 관해서는 Oldrini, 1998 참조.

12) 하리히와 루카치가 주고받은 편지는 몇 년 전 독일의 한 철학잡지에 발표된 바 있다. "Wolgang Harich-Georg Lukács, Briefwechsel," *Deutshe Zeitschrift für Philosophie*, 45(1997. 2), pp.281-304.

여 큰 영향을 미친 철학자는 니콜라이 하르트만이었다고 할 수 있다. 하르트만의 철학이 루카치의 "유물론적·역사적 존재론"에 미친 영향에 대해서는 이미 많은 연구자들이 입증한 바 있는데, 그 중에서 특히 테르툴리안의 연구가 대표적이다. 그는 하르트만의 철학 가운데 다음과 같은 세 가지 특징, 즉 실재의 인식 도구와 현상 그 자체와의 관계에 있어서 후자의 선차성 인정, 세계를 복합적 층들(Schichten)로 보는 관점, 목적론적 사유에 대한 비판(Tertulian, 1986: 952-953 참조) 등이 루카치의 "유물론적·역사적 존재론"의 형성에 특히 큰 영향을 미쳤다고 한다. 물론 이 세 가지 특징은 루카치의 이전 사유에서도 충분히 확인할 수 있는 것이지만, 그것을 '존재론'으로서 개진한 것이 루카치에게 '영감'을 주었을 것이다.

하지만 '비판적 존재론'이라고 명명되는 하르트만의 철학에는 역사성이 탈각되어 있는 반면, 루카치는 역사성을 "존재론적인 기본사실"(Lukács, 1967: 15), "존재의 기본사실"(p.16)로 파악한다는 점에서 양자간에는 큰 차이가 있다. 역사성을 "존재의 기본사실"로 보는 입장에서 루카치는 자신의 존재론은 맑스가 오직 하나의 과학, 즉 역사과학만이 존재한다[13]고 말했을 때의 바로 그것이라고 주장하며, 따라서 "역사에 기반한 본래의 철학"(GD, p.235)으로서의 '존재론'은 전혀 새로운 것이 아니라 오히려 본래의 맑스에 충실한 것이라고 말한다.

루카치가 '존재론'을 "역사에 기반한 본래의 철학"으로 설정하고 있는 데에서도 알 수 있다시피, 루카치가 말하는 '존재'는 어떤 초역사적인 실체가 아니다. 서구의 철학사에서 존재했던 여러 가지 '존재론'에서 상정되곤 한 어떤 초역사적이고 그 자체로 부동하는 '실체'로서의

13) 맑스는 『독일 이데올로기(*Deutsche Ideologie*)』(1845)에서 다음과 같이 말한 바 있다. "우리는 오직 하나의 과학 즉 역사과학만을 알고 있을 뿐이다. 역사는 두 측면에서 고찰될 수 있기 때문에 자연의 역사와 인간의 역사로 나뉘어질 수 있다. 이 두 측면은 인간이 존재하는 한 분리될 수 없으며, 자연의 역사와 인간의 역사는 서로를 제약한다"(MEW, 제3권, p.18).

'존재'란 결코 존재하지 않는다는 것이 루카치의 생각이다. 사실 루카치도 '실체'라는 개념을 사용하긴 하지만 그가 쓰는 '실체' 개념은 그 자체는 부동하는 제1원인과 같은 것이 아니라 "변화 속의 지속"(13: 613)을 뜻한다. '불변'과 '지속'은 엄연히 다른 것으로서, 그의 1930년대 문학론에서 '본질'을 '지속'으로 설명하는 대목이 등장하는 것을 보더라도 일찍부터 루카치는 서구 전래의 '본질주의' 내지는 '실체주의'와는 거리가 멀었다는 것을 알 수 있다. 루카치의 '실체' 개념은 프랑코의 다음과 같은 정식화, 즉 "자기 자신을 보존하지만 세계 과정에의 참여 속에서 스스로를 새롭게 함으로써 동시에 변전하는 본질성"(Franco, 1987: 118)이라는 정식화를 통해서 적절히 이해될 수 있다. 이런 맥락에서 루카치는 다음과 같이 말한다.

> 엄격한 의미에서의 존재란 결코 없습니다. 우리가 일상존재라고 부르곤 하는 그 존재조차 역사적 과정 내부에 있는 복합체들의 특정한, 극히 상대적인 고정물입니다(Lukács, 1967: 15).

역사성을 '존재의 기본사실'로 보는 관점에 따라 '존재론'에서 역사성의 범주는 가장 기본적인 범주로 된다. 『존재론』에서 역사성의 범주, 즉 발전과 과정성의 범주는 "여러 상이한 범주들이 마치 핵을 둘러싼 것처럼 그것을 둘러싸고 편성되는 부단한 연관점"(Jung, 1989: 12)으로서, "사회적 존재를 정초하는 범주"(GD, p.236)로서 자리하고 있다. 여기에서 루카치가 생각하는 범주들은 "물질 자체의 운동하고 운동되는 형식들"이지, "어떤 존재하고 있는 것이나 형성되고 있는 것에 대한 언표"나 "물질의 (관념적인) 형식화 원리들"이 아니다(Lukács, 1969c: 32). 즉, 범주들은 "그것들이 관념 형식으로 되는 한에서는 반영형식이지만, 일차적으로는 존재형식"(GD, pp.236-237)이며, 바로 그렇기 때문에 맑스는 범주들을 "현존재 형식들, 실존 규정들(Daseinsformen, Existenzbestimmungen)"(MEW, 제13권, p.637)이라고 정식화했다는 것이 루카치의 생각이다.

『존재론』은 크게 두 부분으로, 즉 신실증주의와 실존주의, 하르트만과 헤겔과 맑스 등을 존재론적 입장에서 검토하고 있는 제1권과 노동, 재생산, 이데올로기, 소외 등 네 가지 주요 범주를 다루는 제2권으로 나누어지는데, 제2권에서 루카치는 이 네 가지 범주들을 역사적·체계적으로 역사성의 범주와 연관시키며, 이 범주들을 이용해 인간의 사회적 존재를 그 발전과정 속에서 현현(顯現)시키려고 시도한다. 융의 말대로 사회적 존재의 존재론은 "네 가지 범주들의 변전하는 연관틀에 의거해 기술될 수 있는 존재방식의 역사적·체계적 재구성"(Jung, 1995: 260-261)을 의도하는 것이다.

『존재론』에서 무엇보다도 '사회적 존재'의 본질과 특성을 규정하려는 루카치는 존재의 일반적 문제들, 즉 "세 가지 대(大)존재양식들(비유기적 자연과 유기적 자연, 사회)의 연관성과 상이성"(13: 8)에서부터 논의를 시작한다. 존재 전체는 "엄격하게 인과적으로 결정되어 있는 존재발생적인 발전과정, 즉 역사"(Jung, 1989: 12)를 거쳐가는바, 비유기적 존재에서 유기적 존재가, 유기적 존재에서 사회적 존재가 발생한다. 그런데—루카치에 따르면—새로운 존재형식은 한층 단순한 존재형식에서 한층 복잡한 존재형식으로 "도약"함으로써 생성되며, 따라서 후자는 "질적으로 새로운 것"이다(Lukács, 1969c: 33). 그렇기 때문에 나중의 존재형식(사회적 존재)이 그 이전의 존재형식(자연적 존재)에서 '도출'될 수는 없지만, 그렇다고 해서 전자가 후자에서 완전히 벗어날 수 있는 것은 아니라고 루카치는 말한다. 사회적 존재는 자연적 존재에 그 기반을 두고 있으며 그것을 '지양(Aufhebung)'(폐기하고 보존하고 고양한다는 헤겔적 의미에서의 지양)할 수 있을 뿐이라는 것이다. 따라서 통시적·공시적 차원에서 존재의 구조는 세 가지 근본적인 형식, 세 가지 근본적인 층위를 지닌다고 할 수 있으며, 이 세 가지 존재양식의 공존이야말로 "모든 사회적 존재의 불변적 토대"(13: 9)를 이룬다.

이 세 가지의 근본적인 존재형식 가운데 사회적 존재는 곧 인간 존재를 규정하는 말이다. 루카치는 인간과 자연적 존재를 가르는 핵심적인 계기를 노동에서 찾는다. 노동을 통해, 노동 속에서 인간은 '사회적 존재', '유적 존재'가 되며, 주변계와의 생물학적 관계에 사로잡혀 있는 상태를 넘어서 역사과정에 능동적으로 진입할 수 있었다는 것이다.

여기에서 루카치가 말하는 노동은 하버마스가 규정하는 식의 '도구적 행위'에 머무르지 않는다. 비록 노동이라는 범주 자체만 놓고 보면 주체-객체 관계의 차원에 있는 것으로서 상호주체적 관계를 표현하는 '의사소통' 범주를 명시적으로 포함하고 있지는 않지만, 루카치가 노동 범주를 통해 부각시키고자 하는 지점은 이미 상호주체적 관계를 내포한다. 노동은 사회적 존재가 행하는 사회적 행위라는 것이 전제되어 있는 것이다. 그리고 재생산, 이데올로기, 소외를 다루는 장들에서 상호주체적 연관으로서의 '의사소통'의 문제가 규명되는바, 루카치는 노동을 의사소통에 도구적으로 종속시키는 하버마스와는 달리 노동과 의사소통을 통일적인 현상으로 파악하며, 그 통일성 내에서 노동을 의사소통의 근거로 규정한다. 루카치가 노동을 "사회적 존재의 근원현상이자 모델"(14: 10) 혹은 "실천의 근원형식"(14: 28)으로 설정하는 것은 이런 맥락에서이며, 따라서 루카치의 존재론은 "표출주의적 모델"[14]과는 거리가 멀다.

여기에서 루카치가 설정하는 '노동'의 핵심은 '목적론적 정립'이다.

---

14) 하버마스는 자신이 '생산패러다임'에서 '의사소통패러다임'으로의 이행을 역설한 것은, 비판적 사회이론이 "본질적인 힘들의 외화와 재전유의 표출주의적(expressivistisch) 모델의 규범적 내용들"에 더 이상 의거할 필요가 없다는 것을 의미한다고 말한 바 있다(Habermas, 1985: 244). '표출주의적 모델'에 대한 하버마스의 비판이 비록 루카치의 『역사와 계급의식』에는 어느 정도 적중할 수 있다 하더라도, 『존재론』의 경우에는 사정이 다르다. 이에 관해서는 루카치의 사물화 구상에 관한 다네만의 연구서 가운데 사물화론에 관한 하버마스의 재정식화와 『존재론』의 '소외' 구상을 비교하고 있는 대목(Dannemann, 1987b: 215-232) 참조.

그것은 우선 맑스가 『자본』에서 말한 "인간의 합목적적 활동"15)으로서의 노동을 의미하며, 노동에 내포된 "구상적 성격, 선취의 계기, 다시 말해서 의식에서 이미 선취된 결과"(Jung, 1995: 261)를 강조하는 말이다. 의식의 힘을 통해 인간은 역사과정에 능동적으로 참여하여 스스로 역사를 만든다. 하지만 이러한 능동성은 무제한적인 것이 아니다. 인간은 "자기가 선택한 상황하에서가 아니라, 직접적으로 앞에 놓여 있고 주어진, 전승된 상황하에서"(MEW, 제8권, p.115)만 역사를 만들 수 있다. 목적론적 정립은 앞에 놓여 있는 조건들을 받아들이는 한에서만 실행될 수 있는 것이다. 이런 의미에서 루카치는 노동은 인과성과 목적론을 상호 결합시킨다고 한다(13: 13-15 참조).

여기에서 인과성과 목적론은 이중적으로 결합되어 있다. 사회적 존재의 특수성으로서의 목적론적 정립은 전혀 맥락 없이, 자의적으로 실행될 수 있는 것이 아니라, 이미 주어져 있는 선행하는 인과계열만을 작동시키는 정립방식이다. 이런 의미에서 루카치는, "노동은 그때그때 인과계열들을 작동시키는 목적론적 정립들로 구성되어 있다"(Lukács, 1969c: 35)고 한다. 한편, 인간사회에서 대부분의 인간행위가 목적론적 근원을 지니지만 그 결과들의 총화는 결코 목적론적인 성격을 띠지 않는다. 사회적 과정은 "결코 언제 그 어디에서도, 그 어떤 관계에서도 목적론적 성격을 띨 수 없는 인과연관들"(같은 곳)로 구성되는 것이다. 이를 루카치는 "사회적·존재론적 기초"(같은 글, p.39)라고 규정하면서 다음과 같이 정식화하고 있다.

> 모든 사회적 사건은 목적론적인 개별적 정립들에서 생겨난다. 하지만 그 자체는 순수하게 인과적인 성격을 지닌다(같은 곳).

---

15) 꿀벌이 벌집을 짓는 것과 인간 건축가의 노동을 대비하는 『자본』의 유명한 구절 마지막 부분에서 맑스는 "노동과정의 기본 계기들은 합목적적 활동 혹은 노동 그 자체, 그리고 노동의 대상과 노동의 수단"(MEW, 제23권, 193쪽)이라고 정식화한다.

이는 사회의 전체 과정이 "자기 고유의 법칙성들을 지니고 있는 인과적 과정"(같은 글, p.40)임을 의미하는 것이면서 이와 동시에 "기계적·자연발생적으로 작동하는 필연성"(p.39) 일체를 부인하는 말이기도 하다. 그도 그럴 것이 '사회적 필연성'은 각 개인의 목적론적 정립들에서 생겨나기 때문이다. 여기에서 각 개인의 목적론적 정립은 그 조건들을 남김없이 조망하고 검토한 위에 이루어지는 것이 아니다. 유한한 사회적 존재로서의 개별 인간이 무한한 현실적 연관을 다 검토한다는 것은 불가능한 일이다. 뿐만 아니라 각 개인의 행위의 결과는 다른 개인의 행위의 결과들과 겹쳐진다. 그렇기 때문에 각 개인의 행위 결과는 개인의 의도를 넘어선다. 인간의 합목적적 활동은 객체에 대한 절대적 지배에는 결코 도달할 수 없는 것이다.

"인간은 자기 자신들의 역사를 만들지만 그들은 그것을 … 직접적으로 앞에 놓여 있고 주어진, 전승된 상황하에서 그렇게 한다"(MEW, 제8권, p.115)는 맑스의 말도 이와 같은 메커니즘과 관련이 있다는 것이 루카치의 생각이다. 루카치는 바로 이 '주어진 상황'에 인간은 '선택적'으로 반응한다고 본다. 즉, 사회적 과정에는 선택적 정립의 가능성이 주어져 있으며, 인간의 합목적적 활동은 선택적 결정들을 통해 이루어진다는 것이다. 물론 사회의 전체 과정이 인과적 과정인 이상 그 선택 가능성의 범위는 항상 '규정'되어 있지만, 이 말이 일체의 선택이 불가능하게 기계적으로 '결정'되어 있다는 뜻은 아니다. 바로 이 선택적 결정에 인간의 '자유'가 존재하는바, 따라서 절대적 자유도 있을 수 없지만, 이와 반대로 절대적 필연의 지배 또한 있을 수 없다. 이를 루카치는 "사회적 존재에 모순적으로 불가분하게 내재하는 자유와 필연의 통일성"(Lukács, 1969c: 44)이라고 표현한다. 이는 이미 노동에서 "목적론적인 선택적 결정들과, 제거 불가능한 인과적·필연적 전제 및 결과의 불가분한 모순적 통일성"(같은 곳)으로서 작동했던 것으로서, 모든 개인적 인간 층위에서 부단히 재생산된다는 것이 루카치의 생각이다.

3. 불균등발전의 문제

루카치에 따르면, 이와 같이 필연과 자유, 인과성과 목적론을 통일적으로 파악하는 맑스주의의 본질을 일면적으로 이해함에 따라 맑스주의 역사에서 양대 편향이 생겨났다. 다시 말해서 필연과 인과성의 측면만을 일면적으로 강조함에 따라 "기계적, 기계주의적 필연성 숭배"(Lukács, 1967: 95)가 생겨났다면, 그 역편향으로 생겨난 것이 각종의 "주의주의(Voluntarismus)"(같은 곳)라는 것이다. 이러한 양대 편향들 가운데 특히 전자와 관련하여 루카치가 중요하게 제기하는 문제가 바로 불균등발전의 문제이다.

불균등발전의 문제가 주요하게 제기된 맑스의 『정치경제학 비판 강요』의 「서설」[16]은 루카치가 맑스주의적 문학론을 수립하는 과정에서도 항상 가장 중요한 준거 자료로 활용되었다. 일찍이 1920년대 초반에 씌어진 「문학의 발생과 가치」[17](≪적기≫ 1922년 10월 17일)에서부터 이미 루카치는 「서설」에 근거한 문학연구의 방법을 모색하고 있으며, 1930년대 중반에 오면 특히 불균등발전의 문제를 '속류유물론'에 대항하는 이론적 근거로 설정하기도 한다. 이제 맑스주의의 역사를 재구성하고 새로운 맑스주의를 제시하고자 한 『존재론』에서 불균등발전의 문제는 맑스주의의 몇 가지 핵심적인 지점들을 재해석하는 주요한 이론

16) 「서설」[「정치경제학 비판 서설(Einleitung zur Kritik der Politischen Ökonomie)」]은 『정치경제학 비판 강요[*Grundrisse der Kritik der Politischen Ökonomie (Rohentwurf)*]』라는 제목으로 1939년 독어로 처음 출판된 맑스의 수고 앞부분에 "일반적 서설(eine allgemeine Einleitung)"로 씌어져 있는 글이다(1857년 8월말에서 9월 중순에 작성). 「서설」은 1902년 발견되어 1903년, ≪신시대(*Die Neue Zeit*)≫에 처음 발표되었다.

17) "Entstehung und Wert der Dichtungen," Manfred Brauneck(편), *Die Rote Fahne. Kritik, Theorie, Feuilleton 1918-1933*, München, 1973, pp.184-187. 이 글에서 루카치는 "맑스주의의 의미에서 적합하고도 방법적인 완전한 역사적 문학고찰"(p.187)의 필요성을 역설하면서, 맑스주의적 문학연구의 대상과 방법을 「서설」에 근거해 제시하고 있다.

적 계기로 활용된다.

1966년에 있었던 한 대담에서 루카치는 존재론의 특수한 방법론적 형식을 묻는 질문에 "발생론적 방법(die genetische Methode)"(Lukács, 1967: 14)과 아울러 "선차적으로 실존하는 것은 복합체"(p.12)라는 점을 강조한 바 있다. 먼저 전자와 관련해서 보자면, 존재자 내부에 존재하는 연관관계를 파악하는 존재론은, 예컨대 칸트의 인식론처럼 삶의 각각의 현상형식을 그 최고의 객관화 형식들에서 파악한 뒤 더 낮은 형식들로 되돌아가는 방법이 아니라 이와는 정반대의 방향으로 이루어지는 방법, 즉 한층 단순한 형식에서 더 복잡한 형식으로 '상승'하는 "발생론적 방법"을 취한다는 것이 루카치의 생각이다(pp.10-12 참조). 그리하여 사회적 삶에 대한 존재론적 파악은 일상적 삶의 가장 단순한 사실들에서부터 출발하여 그 일상적 삶에 대한 개념 파악으로 귀결하는 것이 되는데, 이를 루카치는 "개념 파악되지 않고 단지 현실로서 촉발하면서 지각되는 현실로부터, 그것에 대한 가장 적절한 존재론적 파악으로"(13: 438) 나아가는 것이라고 정식화한다. 이처럼 일상생활이 그의 사유의 중핵을 이루기에 루카치는 자신의 존재론을 "일상생활의 존재론(die Ontologie des Alltagslebens)"(14: 487)이라고 지칭하기도 했던 것이다.

우리의 주제인 '불균등발전의 문제'와 직접 관련되는 것은 후자, 즉 "선차적으로 실존하는 것은 복합체"라는 관점이다. 이러한 관점에 따라서 루카치는 우리가 존재자를 연구할 때에도 복합체를 복합체로서 파악하고, 복합체로부터 그 요소들과 요소적 과정으로 나아가는 순서를 밟아야지 그 역의 순서여서는 안된다는 것을 분명히 한다. 가령 생물학의 경우, 생명체를 복합체로 파악하고 이 전체적 유기체로서의 생명체가 개별적인 부분 과정들을 궁극적으로 규정짓는 것으로 파악할 때 생물학도 가능한 것이다. 유기체의 부분들(예컨대 근육운동, 세포운동 등등)을 그 자체로 아무리 정밀하게 연구했다고 하더라도 그것들의 총합에서 유기체가 생겨날 수는 없다. 부분과정들은 복합적인 유기체의 부분과정들로서만 이해될 수 있다는 것이다(Lukács, 1967: 12 참조). 한편, 여기에서 유기체의 부분과정들은 그 자체로 또 하나의 복합체로 존재한다. 그럴 것이 "선차적으로 실존하는 것은 복합체"이기 때문이다. 사회를 태양계로, 노동을 그 태양계의 원자로 비유한다면, 사회 자체의 원자인 노동조차 그 자체로 지극히 복잡한 복합체라는 것이 루카치의 생각이다. 하물며 태양계 내부에서 행성에 해당하는 경제, 법, 정치, 예술 등등이 각각 고유한 복합체를 이루고 있다는 것은 두말할 나위도 없다(p.13 참조).

바로 이러한 관점에서 루카치는 사회를 "복합체들로 된 복합체"(같은 곳)로 파악할 것을 역설한다. 앞에서 우리는 사회적 "실천의 근원형식"으로서의 노동을 "목적론적 정립"으로 파악한 바 있다. "복합체들로 된 복합체"로서의 인간사회를 구성하는 각각의 복합체는 특정한 사회적 욕구에 따라 그 욕구를 만족시킬 수 있는 고유의 목적론적 정립에서 출발한다. 각각의 목적론적 정립은 그 실현을 위한 수단들을 가지며, 그 실현 수단들은 고유하고 내재적인 변증법적 연관을 이룸으로써 하나의 독자적인 체계를 형성한다. 이로부터 목적론적 정립체계들간의 이질성이 생겨나는바, 루카치는 이를 "복합체들 상호간의 … 존재론적 이질성"(13: 654)이라고 규정한다.[18] 이처럼—'복합체'라는 개념에서 이미 알 수 있듯이—요소에 대한 전체의 선차성의 관점, 그리고 각각의 복합체간의 이질성을 강조하는 관점은 무엇보다도 복합체들의 발전 상태의 비동일성, 즉 '불균등발전'을 강조하는 결과를 낳는다.

루카치는 '불균등발전'의 문제를, "사회적 존재의 범주들이 경제적으로 조건지어진 가운데 점점 더 사회적으로 됨에 따라 이루어지는 인간적 능력들의 발전에 있어서의 불균등성"(13: 651)의 문제로 정식화하

---

18) 이상에 대해서는 경제와 법의 존재론적 이질성을 설명하고 있는 13: 654 이하 참조.

는데, 여기에서 우리는 이 정식화를 통해 루카치가 말하는 불균등발전의 문제를 조금 더 구체적으로 이해해보기로 하자.

앞에서 이미 보았듯이 루카치는 인간을 사회적 존재로 규정한다. 존재를 근본적으로 세 가지 층위(비유기적 존재, 유기적 존재, 사회적 존재)로 나누는 루카치는 인간이 노동을 통해서 자연적 존재에서 사회적 존재로 질적 도약을 한다고 보며, 이에 따라 노동을 "사회적 존재의 모델" 혹은 "실천의 근원형식" 등등으로 규정한다는 것도 우리는 이미 앞에서 보았다. 이처럼 자연적 존재와 사회적 존재 사이에는 노동을 통한 질적 도약이 놓여 있지만, 인간은 자연적 존재를 떠날 수가 없다는 것이 루카치 생각이기도 하다. 양자는 분리될 수 없으며, 사회적 존재인 인간은 동시에 자연의 일부로서 존재한다는 것이다. 인간은 자연적 존재로서 부단히 자기를 재생산해야 하는, 결코 지울 수 없는 '자연적 한계'를 지니고 있다. 루카치에 따르면, 유기적 존재의 단계이든 사회적 존재의 단계이든 간에 생명의 생물학적 재생산은 "비유기적 자연과의 모든—항구적인—상호작용에 있어서 결정적이고 지배적인 계기"(14: 204)이다. 경제는 자연적 양상을 띤 이러한 기본적 욕구가 사회적 형식 속에서 조절되는 영역이다. 물론 인간외적인 자연과 인간류(Menschengattung)[19]의 발전 사이에는 개별적인 인간존재의 생물학적

19) '인간류'라는 개념은 알튀세와 그 제자들에 의해 전형적으로 인간학적인 개념, 즉 맑스가 포이어바흐의 영향에서 벗어나지 못한 상태에서—그들의 표현을 빌리면 '인식론적 단절' 이전의 상태에서—사용한 관념론적 개념으로 해석되고 배척되었다. 그렇다면, 이러한 개념을 주요하게 사용하고 있는 루카치 또한 '맑스 이전의 맑스주의자'에 불과한가? 루카치에 따르면 '개별성(Einzelheit)'과 마찬가지로 '유(Gattung)' 또한 존재의 자연 범주임이 분명하다. 단순한 생물학적인 관계로서의 '유'는—「포이어바흐에 관한 테제」에서 맑스가 말한 바처럼—침묵하는 일반성에 불과하다. 이러한 '유'는 어떠한 의식도 갖지 못하며, 개별자도 유적 의식을 지니지 못한다. 여기에서 개별자란 추상적인 유의 한갓 개별적인 표본에 불과하다. 그런데 유기적 존재의 이 양극이 사회적 존재에서는 '인간적 개성'과 '인간류'로 고양된다는 것이 루카치의 생각이다. 그에 따르면 이는 오직 동시적으로만, 그리고 사회가 점점 더 사회화되는 과정

인 재생산을 매개하는, 점점 더 복잡하게 되는 체계가 들어온다. 이를 통해 인간적 자연과 인간외적 자연의 신진대사과정은 사회적 범주들에 의해 점점 더 많이 규정된다. 하지만, 여기에서 자연적 한계가 폐기되는 것은 결코 아니다. 앞에서 사회적 존재로서의 인간이 '점점 더 사회적으로 된다'고 말한 것은 "자연적 한계의 퇴각"(13: 678)을 의미하는 것이지 '자연적 한계' 자체가 없어진다는 것은 아니다. 이처럼 지워버릴 수 없는 '자연적 한계'에서 비롯되는 것, 다시 말해 인간 생명의 재생산이 사회에서 "경제영역의 존재론적 선차성"(13: 673)으로 표현된다는 것이 루카치의 생각이다. 그에 따르면, 사회적 존재의 내부에서 경제의 영역은 사회적 삶을 "선차적으로 가동하는 중심"(13: 596)이며, 경제외적 관계들에 대해 "존재론적 선차성"을 지닌다. 따라서 "복합체

속에서만 일어나는 일이다. '인간류'는 처음부터 노동, 언어, 교환, 교통 등과 같은 사회적 범주들에 의해 형성되고 매개된다. 따라서 '인간의 유적 성질'은 원칙적으로, 오직 의식적으로 작용하는 연관들과 관계들 속에서만 실현되는 것이다. 자연범주로서의 개별자에서 '개인'으로 발전할 수 있는 것은 오직 이러한 유적 성질을 통해서만 가능하다. 따라서 진정한 개인으로의 발전, 인간적 개성의 실현은 인간의 유적 성질과 무관하게 이루어지는 것이 아니다. 한편, '보편 인간적인 것'과 루카치가 말하는 '유적 성질'도 분명하게 구별되어야 한다. 양자를 동일시할 경우 '인간류'는 인간적 관계의 구체적 형태들(계급, 민족, 성 등)과 배타적인 형이상학적 대립에 놓이게 된다. 루카치가 말하는 유적 성질은 오히려 이러한 인간적 관계의 구체적 형태들 속에서 관철되는 것이다. 인간은 이미 그 시초부터 즉자적으로 유적, 사회적 존재인데, 이러한 즉자적인 유적 성질을 대자적인 유적 성질로 고양시키는 것(이는 곧 진정한 인간적 개성을 꽃피우는 것과 동시적으로 진행되는 일이다)이 인간을 인간답게 형성하는 과정이며, 루카치가 바라는 '자유의 왕국'에 사는 인간의 참모습이다. 이렇게 보면 루카치가 '인간류'라는 개념을 사용한 것은 한편으로는, 자연적 존재와 사회적 존재의 질적 차이를 확실히 함과 동시에 자연적 존재와 사회적 존재의 연관성을 누락시키지 않기 위한 것으로 볼 수 있으며, 다른 한편으로는, 맑스주의에서 계급 개념의 환원론적 사용을 막고 계급을 여타의 사회적 범주들과 중층적으로 얽혀 있는 것으로 파악하려는 의도, 그리하여 사회적 존재의 중층결정된 구체성을 파악하려는 의도에 따른 것으로 볼 수 있을 듯하다. 여하튼간에 루카치는 『경제학-철학 수고』의 맑스를 이런 식으로 읽었으며, 따라서 그 책을 쓴 맑스와 후기의 맑스 사이에 '만리장성'을 쌓지 않았다.

들로 구성된 복합체"로서의 사회 전체, 사회적 총체성에서는 각각의 부분복합체들이 단순하게 상호작용하는 것이 아니라, 비(非)경제적인 부분복합체들에 대한 경제의 존재론적 선차성이 관철되는 가운데 상호작용하는 것이다. 루카치는 바로 이러한 형태의 객관적 변증법에 의해서 사회적 존재는 그 전체성에 있어서 매 역사적 발전단계에 부합하는 구조와 역학을 지니게 된다고 한다. 여기에서 경제는—헤겔이 말한—일종의 "장악적인 계기(das übergreifende Moment)"(14: 204)인 셈인데, 복합체들간의 상호작용만이 존재하고 그러한 상호작용에서 "장악적인 계기"가 없다면 그것은 구조도 운동도 없는, 궁극적으로 정적인 상태로 귀결된다는 것이 루카치의 생각이다.

루카치는 "경제의 존재론적 선차성"을 강조한다고 해서 그것이 어떤 "위계적 관계(hierarchisches Verhältnis)"(13: 677)를 자체 내에 포함하는 것은 결코 아니라는 점을 분명히 한다. '경제의 존재론적 선차성'은 '경제결정론'과는 다르다. 루카치에 따르면 "경제의 존재론적 선차성"은, 상부구조의 사회적 실존이 그 존재상 부단히 경제적 재생산과정의 사회적 실존을 전제로 하고 있다는 사실, 이 모든 것이 경제 없이는 존재론적으로 생각할 수 없다는 사실을 의미할 뿐이지, 경제가 상부구조의 모든 형태와 내용을 일방적으로 결정짓는다는 것과는 거리가 멀다.

이러한 일반적인 관점에서 루카치는 "전통적 맑스주의"(13: 674)[20]에서 「서론」[21]의 토대-상부구조론을 이해하는 방식을 비판한다. 먼저

---

20) 루카치는 『존재론』에서 그가 '공식적 맑스주의'(즉, 스탈린 이래 현실사회주의의 맑스주의)라고 부른 것뿐만 아니라 그 이전의 맑스주의 역사 전반을 검토하고 있으며, 이에 따라 엥겔스, 플레하노프, 제2인터내셔널의 이론가 등을 포괄하는 '전통적 맑스주의'라는 표현을 사용한다.

21) 「서론」은 『정치경제학 비판을 위하여(*Zur Kritik der Politischen Ökonomie*)』의 「서론」을 말한다. 이 글은 앞에서 소개한 「서설」보다 2년 뒤인 1859년에 씌어졌는데, 이 글을 두고 맑스 자신은 『자본』 2판 후기(1873년)에서 "나의 방법의 유물론적 기초"(MEW, 제23권, p.25)라고 말한 바 있다. 여기에서 맑스는 '토대-상부구조'라는 건축학적 비유를 통해 사회 형성(gesellschaftliche Formation)

그는 플레하노프 등의 파악에서 드러나는 "사회적 존재와 사회적 의식의 그릇된 이원론"(13: 674)을 지적한다. 루카치에 따르면, 이것은 의식 없는 존재와 순수하게 인식하는 의식이라는 인식론적 가상의 도식을 사회적 존재에 적용한 것으로서, 이로부터 존재론적 상황에 대한 이중적 왜곡이 생겨난다. 즉, 한편으로는 사회적 존재 자체가, 특히 경제 현실이 순수하게 자연적인 어떤 것(결국 의식 없는 존재)으로 나타나며, 다른 한편으로는 "경제적 필연성의 기계적·숙명론적 과장"(13: 675)이 생겨난다. 루카치에 따르면 맑스의 이론은 개별적인 목적론적(따라서 의식적으로 시작되는) 행위들의 경제적 결과들이 어떤 고유한 객관적 법칙성(4장 참조)을 갖는다는 것을 말하고 있는 것이지, 사회적 존재와 의식 간의 형이상학적 대조와는 무관할 뿐만 아니라 숙명론적 의미에서의 경제적 필연성과도 전혀 거리가 멀다.

여기에서 루카치가 플레하노프의 이원론은 인식론적인 가상의 도식을 사회적 존재에 적용한 것이라고 비판한 대목은 특히 주목을 요한다. 인식형식에 대한 대상성형식들의 선차성을 인정하고, 대상세계의 실재성을 인식의 필연적인 전제조건으로 인정한다는 점에서 루카치의 존재론은 관념론과 단절한다. 하지만 인식과정은 존재과정의 부분이며 이로부터 분리될 수 없다. 인식대상과 인식주체의 구분은 인식론의 영역 내에서 행해지는 추상의 산물로서 오로지 이 영역 내에서만 상대적이고 방법론적인 정당성을 지닌다. 존재론은 인식론에 대해 선차성을 지니며 인식론은 항상 존재론에 종속되는 위치를 지니는 데 반하여, 데카르트 이래 서구 근대철학은 인식론이 지배하는 가운데 존재의 문제를 배제하고 축출했다는 것이 루카치의 생각이다. 이렇게 보면 루카치의 문학론 및 미학을 인식론으로서의 반영론에 그 근거를 두고 정립된 것으로 보는 해석방식들은, 후기 미학은 말할 것도 없고 반영론에 기

의 골간구조를 설명하고 있다.

반해 있음을 루카치 스스로 명시하는 1930년대의 문학론에조차 내재해 있는 존재론적 계기들을 간과하기 쉽다.[22)]

한편, 토대-상부구조론과 관련하여 루카치는 엥겔스도 비판한다. 비록 엥겔스가 토대와 상부구조의 관계를 마치 원인과 결과의 관계인 양 파악하는 '속류유물론'에 맞서 싸운 것은 사실이지만, 맑스의 방법에서 벗어나는 것에 대해 항상 원칙적으로 반박하는 데 성공하지는 못했다는 것이다. 루카치에 따르면 엥겔스는 "내용(경제)과 형식(상부구조) 간의 상보적인 대립"(13: 676)으로 토대-상부구조 연관을 설정한다. 하지만 형식과 내용은 언제 어디에서나 통일적으로 존재하는 것으로서, 복합체들간의 관계에 있어서 어떤 것을 내용으로 삼고 다른 것을 형식으로 설정하는 것은 있을 수 없다는 것이 루카치의 생각이다.

이제 우리는 앞에서 논의의 출발점으로 설정한 명제, 즉 "사회적 존재의 범주들이 경제적으로 조건지어진 가운데 점점 더 사회적으로 됨에 따라 이루어지는 인간적 능력들의 발전에 있어서의 불균등성"이라는 정식화의 전반부를 루카치의 해석에 따라 이해할 수 있게 되었다. 여기에서 인간이 사회적 존재로 규정되는 이상 '인간의 인간화'는 곧 '인간의 사회화'를 의미하며, 이는 결코 그 끝이 있을 수 없는 부단한 과정일 수밖에 없다. 이러한 과정을 통해—'자연적' 능력이 아니라 사회적 존재로서의—"인간적 능력들의 발전"[23)]이 이루어지는데, 불균등 발전이란 바로 이 "인간적 능력들의 발전에 있어서의 불균등성"의 문

---

22) 이에 관해서는 볼프의 연구논문 가운데 『존재론』의 시각에서 『역사와 계급의식』 및 1930년대의 반영론까지 '역진'하여 루카치의 인식론을 고찰하고 있는 대목을, 불충분하나마 참조할 수 있을 것이다(Wolf, 1986: 233-252).

23) 루카치에 따르면 '발전'은 노동의 "존재론적 본질표지(ontologisch[es] Wesenszeichen)"에 속한다(Lukács, 1969c: 38). 따라서 노동과 더불어 그것을 행하는 '인간적 능력들의 발전'도 존재론적으로 같이 주어져 있다(같은 글, p.35). 하지만 흔히 오해하듯이 '발전' 개념이 가치평가를 내포하는 것은 아니다. "발전은 (고차적인 단계로의 발전도)—윤리적, 문화적, 미학적 등등의 의미에서의—평가와는 무관하다"(13: 614)고 루카치는 말한다.

제로 볼 수 있게 된 것이다.

한편, 이러한 불균등발전에서는 각 복합체의 구성성분들의, 그리고 복합체 상호간의 존재론적 이질성이 표현된다. 이미 "실천의 근원형식"으로서의 노동에서만 하더라도 목적과 수단 사이에 필연적으로 존재론적 이질성이 존재하는바, 이처럼 동일한 목적론적 정립 내에서도 존재론적 이질성이 필연적이라면, 가령 경제와 법 혹은 예술처럼 각각 상이한 목적론적 정립 체계 사이에서 존재론적 이질성은 더욱 첨예화될 것이다. 따라서—루카치에 따르면—불균등발전은 "사회적 존재의 성질에서 발원하는 필연적인 현상방식"(13: 655)이다.

경제의 발전과 법, 예술 등등 사이에 존재하는 이 같은 필연적 불균등성의 강조는 우선적으로 "역사적 과정을 부당하게 논리주의적으로 합리화하고 단순화하는 것"(13: 659)에 반대하는 것을 의미한다. 하지만 그것은 또한 일체의 합법칙성을—경험주의적으로 혹은 비합리주의적으로—거부하는 모든 입장에 대해서도 대립하는 것이다. 그도 그럴 것이 "불균등발전은 그 모든 이질적 구성성분들의 복잡한 종합에도 불구하고—존재론적 의미에서—합법칙적인 발전"(같은 곳)이기 때문이다. 이러한 입장에서 루카치는 발전의 불균등성의 의미를 다음과 같이 말하고 있다.

> 발전의 불균등성은 '단지' 다음과 같은 것을 의미할 따름이다. 즉 사회적 존재의 운동에 있어서의 큰 흐름, 곧 모든 범주, 관계, 연관의 사회성의 증대가 직선적으로, 어떤 합리적인 '논리'를 따라 전개될 수 있는 것이 아니라 때로는 우회로들을 통해 (심지어는 막다른 골목도 거치면서) 전개될 수 있으며, 때로는 개별 복합체들—전체 발전은 이것들의 통합된 운동을 통해 형성된다—이 서로간에 상응하지 않는 관계 속에 있을 수밖에 없는 식으로 전개될 수도 있다는 것이다(같은 곳).

이와 같은 의미의 불균등발전에서 그 계기를 이루는 것으로 루카치는 "역사에 있어서 제거될 수 없는 우연"(Lukács, 1967: 106)을 강조한다. 사회적 과정은 각각의 복합체가 존재론적으로 이질적인 다른 복합체들과 만남으로써 이루어진다. 바로 이 '만남'에는 결코 완전히 제어하고 극복할 수 없는 '우연(성)'이 작동하며, 따라서 우연(성)은 제거될 수 없는 존재론적 사실이라는 것이 루카치의 생각이다.

4. 필연성 숭배와 목적론적 역사철학 비판

이상의 근거들, 즉 불균등발전과 그 존재론적 계기로서의 우연(성)에 대한 강조를 통해 루카치는 맑스주의의 역사에서 존재한 한 편향, 즉 '필연성 숭배'를 정정하고자 한다. 그는 '경제결정론' 및 그에 기반한 직선적이고 획일적인 역사관, 그리고 "속류적인 진보신앙"(13: 190) 등과 결부되어 있는 "무제한적인 절대적 필연성"(Lukács, 1967: 17)이란 머리로 짜낸 것에 불과하다고 말한다. 이에 반해 현실에 존재하는 것은 오로지 "조건부적 필연성(Wenn-Dann-Notwendigkeiten)", "조건부적 합리성"(같은 곳)뿐이라는 것이 그의 생각이다.

우리가 제2부 2장에서 이미 확인했듯이, 『존재론』 이전에도 루카치가 '사회적 필연성'을 일종의 '자연법칙'처럼 기계적으로 파악했다고는 말할 수 없다. 그곳에서 우리는 루카치의 '객관성'에의 강한 집착 및 그 가운데에서 파악된 '경향' 개념은, 사회적 법칙성의 문제에 대한 '자연주의적' 이해와 그 현상적 대극물로서의 '주관주의'가 상보적으로 관철된 스탈린 시기의 지배적 경향에 대한 비판을 의미한다고 해석하기도 했다. 하지만 『존재론』에서는 인식론적, 논리주의적 관점을 명시적으로 부정하고 현실적 필연성의 상대성을 강조하는 경향이 강화되었을 뿐만 아니라 모든 논의의 중심을 이루고 있다. 이에 따라 새로운 개념들이 도입되기도 하는데, 앞에서 말한 "조건부적 필연성"이 하나의 예이다. 이에 따라 루카치는 소위 '역사발전의 5단계론' 및 "사회주의의, 논리적으로 매개된 목적론적 필연성"(13: 643)을 부정한다. 그것은 유럽 중심주의적인 '목적론적 역사철학'의 연장선상에 있는 헤겔의 "논리주의적 역사철학"(13: 643)의 잔재에서 맑스주의가 벗어나지 못했기 때문에 생긴 이론적 결과라는 것이 루카치의 주장이다.[24) 이러한 그의 생각은 다음과 같이 표현되기도 한다.

> 고대사회는 존재적 필연성에 따라 생겨나며, 봉건제에 의해 대체되는 것도 이와 마찬가지로 존재 필연적이다. 하지만 고대노예제에서 봉건제가 논리적·합리적으로 '뒤따른다'고 말할 수는 없다. 물론 이러한 사후적 분석과 확증들에서 유사한 발전과 관련한 결론들이 추출될 수 있으며 마찬가지로 일반적인 미래적 경향들도 지금까지 일반적으로 인식된 경향들에서 추출될 수 있다. 하지만 이러한 존재론적 필연성은, 사람들이 그것으로부터 논리적으로 정초된 '역사철학'을 만들려고 하는 순간 왜곡되어버린다(13: 645).

루카치의 『존재론』에 대한 심도 깊은 연구를 계속해온 테르툴리안에 따르면, 합리성의 과장, "이성의 과장"(Tertulian, 1987: 104)에 대한 바로 이와 같은 비판이야말로 『존재론』을 이전 시기의 루카치와 구분하는 진정 새로운 지점이다.

> 따라서 존재론은 사회이론에서의 확실히 과장된 합리주의의 비판을 통해 이전 작업과의 관계에서 그 풍부함과 새로움을 입증하고 있다. 역사적 법칙과 역사적 필연성 개념의 물신화의 폐기는 이러한 정향의 결과이다(존재론적 방식은 실제로 이러한 개념들의 타당성을 한층 더 정확하게 제한하는 것

24) 루카치에 따르면, 유럽의 역사적 발전과정에는 모종의 일직선적 성격이 포함되어 있으며, 따라서 헤겔의 역사철학의 경우처럼 여기에 "목적론적 이성(eine teleologische Vernunft)"을 투영시키는 '목적론적 역사철학'이 생기기 쉽다. 하지만—앞에서 보았다시피—이러한 '목적론적 필연성'은 현실에 존재하지 않는다는 것이 루카치의 생각이다(Lukács, 1967: 112 참조).

을 가능하게 만든다. 즉, 법칙은 항상 경향적인 성격을 지니는데, 그럴 것이 그 기초에 놓여 있는 결합들이 현실의 내재성 내부에서 홀로 작동하는 것이 아니어서 필연성은 부단히 상대화된다. 그것은 항상 '조건부'의 원리에 따라 기능한다. 그것은 조건부 필연성이다)(Tertulian, 1986: 953).

이러한 관점에 입각하여 루카치는 자신의 최후의 작업인 자전적 담화(『삶으로서의 사유』)에서 스탈린주의는 철학적으로 "초합리주의의 한 형태"(GD, p.170)로 규정할 수 있다고 한다. 스탈린주의 역시 일종의 '이성의 파괴'임에는 분명하지만, 그것은 『이성의 파괴』에서 그가 공박한 '비합리주의'와는 다른 것으로서, 오히려 합리주의가 거의 부조리한 경지로 넘어가는 형태를 띤 것이라는 주장이다. 현실의 합리성은 항상 구체적인 것과 연관되어 있음에 반하여, 이 현실적·구체적인 것의 추상적 특징을 지나치게 강조하다 보면 현실적·구체적 합리성은 비합리적인 것으로 바뀌어버린다. 이런 맥락에서 그는 스탈린주의를 철학적으로 지배하고 있는 것은 '초합리주의'라고 한 것인데, 그에 따르면 그 철학적 뿌리는 헤겔을 철저하게 극복하지 못한 엥겔스로까지 소급되는 것이며, 제2인터내셔널의 사회민주주의자들에게도 마찬가지로 관철된 것이다. 이들은 맑스가 말한 실제적인 사회적 연관관계와는 반대로 논리적 필연성의 관점에 입각했다는 것이 루카치의 생각이다.

내가 생각하기에 무엇보다도 가장 중요한 왜곡은—이러한 왜곡 없이는 스탈린주의란 불가능했을 것입니다—사회의 영향이라는 측면과 관련하여, 맑스가 말한 실제적인 사회적 연관관계와는 반대로 엥겔스 및 그후의 사회민주주의자들이 논리적 필연성의 관점에 입각했다는 것입니다. 본래 맑스가 늘 말한 것은 특정 사회의 X의 사람들은 어떤 주어진 노동체계에 X의 방식으로 반응한다는 것, 그리고 그 사회에서 일어나는 과정은 그런 X의 반응들의 종합이 될 것이라는 겁니다. 그것은 '2×2=4'라는 것과 같은 의미에서는 사실상 더 이상 필연적일 수가 없는 거지요(GD, pp.173-174).

그렇다고 해서 루카치가 사회적 과정에서 일체의 필연성을 부인하는 것은 물론 아니다. 그는 "이성의 과장"에 따른 기계적 필연성론과 같은 숙명론적 사고를 부정하는 것이지 필연성 개념 자체나 심지어 세계사적 차원에서 확인할 수 있는 '경제적 필연성'을 부인하는 것은 아닌 것이다.

여기에서 루카치가 말하는 '경제적 필연성'을 이해하기 위해서는 이미 앞에서 확인한 '필연성' 개념을 다시 한 번 분명하게 짚고 갈 필요가 있다. 루카치는 사회의 과정에서 "자연적 양상을 띤 필연적 과정이란 존재하지 않는다"(Lukács, 1969c: 41)는 것을 분명히 한다. 비록 맑스가 관념론을 비판하면서 종종 그런 표현을 사용하기는 했지만—앞에서 볼 수 있었다시피—경제가 개인들의 목적론적 정립으로 구성되며, 모든 경제적 행위(생산뿐만 아니라 소비에 이르기까지)에는 선택적 결정이 내포되어 있는 한, "자연적 양상을 띤 필연적 과정"이란 있을 수 없다. 그리고 그는 비록 경제의 영역에서 '일반적인 경향들'을 볼 수 있다 하더라도 이 경향들이 현실적·구체적으로는 '불균등하게' 관철되기 때문에, 그 구체적인 성질에 관한 우리의 긍정적 인식은 "사후적 성격"(같은 곳)을 지닐 수밖에 없다고 한다.

이러한 전제하에서 루카치는 지금까지의 경제의 발전과정에서 세 가지의 일반적인 발전 경향을—이 또한 '사후적으로'—확인할 수 있는바, 이는 인간의 목적론적 정립의 의도와는 무관하게 발전하는 것이며 그런 의미에서 "경제적 필연성들"(Lukács, 1967: 98)로 규정할 수 있다고 한다. 루카치가 말하는 세 가지 경향이란, 첫째, 인간의 재생산을 위한 사회적 필요노동시간의 부단한 감소 경향, 둘째, '자연적 한계의 퇴각' 경향, 셋째, 제사회의 부단한 통합화의 경향 등이다(Lukács, 1969c: 41).

'자연적 한계의 퇴각'이라는 말로 표현된 두 번째 경향과 관련해서 부언하자면, 이는 곧 인간의 삶에서 사회적 범주들이 점점 더 폭 넓게 연관되는 층을 형성하는 경향, 다시 말해서 사회의 사회화의 부단한 발전 경향을 의미한다. 여기에서 주의할 것은—이미 앞에서 말했다시피—인간은 사회적 존재일 뿐만 아니라 기본적으로 자연적 존재이기도 한 이상 '자연적 한계'가 완전히 사라지는 일은 결코 있을 수 없고 단지 그것의 '퇴각'이 이루어질 뿐이라는 점이다. 이러한 두 번째 경향과 밀접히 결부된 세 번째 경향과 관련해 루카치는, 오늘날 점점 더 강력하게 실현되는 세계시장의 경제적 지배는 적어도 경제적 차원에서는 이미 "통합된 인류"(Lukács, 1969c: 42)를 보여주는 지점에까지 도달했다고 한다. 요즘 유행하는 말로 하자면 이른바 명실상부한 '세계화'의 실현단계에 도달했다는 것인데, 여기에서 루카치는 이러한 경향이 '필연적'이기는 하지만 문제는 어떤 형태의 통합인가 하는 것이며, 바로 여기에서 인간의 능동성, 즉 개별적이고 집단적인—루카치의 표현을 빌리자면—'목적론적 정립'의 역할이 결정적으로 중요한 역할을 한다고 한다(Lukács, 1967: 101 참조).[25] 이러한 '목적론적 정립'으로서의 인간적 실천은 무엇보다도 당대 자본주의의 성격을 파악하고 이에 따라 저항의 형태를 설정하는 가운데 이루어질 수 있을 터인데, 이 점에서 루카치는 앞에서 말한 첫번째 경향에 특히 주목한다. '사회적 필요노동시간의 감소'는 계급투쟁이 임금과 노동시간의 문제를 중심으로 "의미 충만한 삶의 **객관적 조건들**"(같은 글, p.43)(강조는 인용자)을 창출하는 데에 집중되었던 맑스의 시기와는 달리 현재에는 그러한 "객관적 조건" 자체가 어느 정도—물론 지구상의 인류 전체의 견지에서 보면

---

25) 이상에서 요약된 '경제적 필연성'과 관련해서 Lukács, 1969c: 41-42, 그리고 13: 670 이하도 함께 참조. 여기에서 루카치는 이러한 과정, 즉 "사회적 의미에서의 인간류를 향한 길"(13: 671)이 결코 목적론적 과정이 아님을 강조한다. 즉, 이것은 합법칙적 과정이지만 비목적론적인 과정이라는 것이다(13: 670-671). 앞에서도 말했다시피, 루카치는 목적론의 해당영역은 "인간적·사회적 행위의 개별 행동"에 제한된다고 봄으로써 모든 일반화된 형태의 목적론을 거부한다(13: 615 참조).

여전히 한정된 현상이지만—확보되었다는 것을 의미한다. 하지만 인간의 사회적 삶 전체를 지배하며 의식을 조종하는 "조작"은 실존하는 인간과 의미 충만한 삶 사이를 가르는 "내적인 장벽"을 세우고 있는바, 루카치는 이것을 맑스의 시기와는 다른 "소외의 새로운 형태"라고 보고 있다(같은 곳). 이러한 "소외의 새로운 형태"에 맞서 루카치가 제시하는 "저항의 새로운 형태"(같은 곳)는 인간적 가치가 있고 인간의 발전에 상응하는 형태를 띤 노동방식을 획득하기 위한 투쟁과, "조작"에 의해 내몰린 노동 외(外) 시간을 여가(Muße)로 전환하여 "인간적 개성의 발전에 대한 진정한 욕구들"을 일깨우는 투쟁을 주요한 구성성분으로 하고 있다(같은 글, pp.44-45 참조). 이를 "인간 개혁"(p.46)의 문제라고 총칭하고 있는 루카치는, 이를 위한 투쟁은 곧 '자유의 왕국(das Reich der Freiheit)'에 이르는 길을 넓히는 과정이라고 주장한다.

우리는 이러한 주장이 1966년 독일의 지식인들과 대담하는 과정에서 나온 것이며, 따라서 1960년대 중반 선진자본주의에서 해방운동의 돌파구를 어떻게 잡을 것인가를 논하는 차원에서 행해진 것이라는 점을 염두에 두어야 한다. 따라서 그의 주장 자체를 시간적, 공간적 한계를 떠나서 일반화시킬 수는 없다. 그리고 또, 이 자리는 해방운동의 경로를 논하는 자리도 아니다. 여기에서 우리의 관심사는 그의 이러한 주장의 근저에 놓여 있는 존재론적 사유의 모습을 그려보는 것인바, 그 맥락에서 '목적론적 역사철학'에 대한 그의 비판을 다시 한 번 더 강조해두도록 하자. 루카치의 사유 전체는 궁극적으로 '목적론' 내지는 '목적론적 역사철학'에 의해 지탱되고 있다고 보는 것이 특히 국내의 연구자들 사이에 아직도 만연한 통념 가운데 하나이기 때문에 이러한 강조가 필요하다는 생각이다. 이러한 통념은 루카치에 대해 비판적인 입장을 견지하는 반성완의 논문[26]에서뿐만 아니라 그에 대해 상대적으로

26) 예컨대, 루카치의 "예술적 당성" 개념은 독일 고전철학의 "목적론적 역사관"에 입각한 "초계급적 당성"이라는 그의 평가를 보라. 「독일 시민문학의 가능

옹호적인 입장을 취하는 홍승용[27]과 이주영[28]의 논문에서도 찾아볼 수 있다.

이미 앞에서, 즉 제2부 2장에서 우리는 비록 루카치가 현실에 내재하는 "이성의 힘"이라는 다소 '비과학적인' 표현을 사용하긴 했지만, 그리고 "이성의 간지"라는, 목적론적 혐의를 받을 수 있는 표현을 사용하기도 했지만, 그것이 '자본주의의 필연적 붕괴와 사회주의의 불가피한 승리'를 의미하는 것과는 거리가 멀다는 것을 확인한 바 있다. 그리고 『존재론』에서 그가 맑스주의에 남아 있는 바로 그 '목적론적' 성격이야말로 유럽 중심주의적 역사관의 연장이며 헤겔을 근본적으로 극복하지 못한 결과라고 힘주어 비판하고 있음도 확인했다. 『존재론』에서 루카치가 파악한 "인류의 전체 발전의 경향"(SD, p.65)이라는 것은 결코 "논리적 필연성"에서 도출된 것이 아니라 "사후적"으로 인식된 것이며, 더군다나 "경향"으로, 즉 자연법칙적인 필연성이 아니라 구체적인 인간의 사유와 행위에 의해 실현되는 "경향"으로 설정되어 있다. 그리고 그가 세 가지 경제적 일반 경향을 말할 때에도 그는 그러한 경향의 구체적인 형태를 규정짓지 않았다. 그의 사유를 우리가 지금 목

성과 한계」, 42쪽 참조.

27) 루카치를 적극적으로 옹호하고 있는 그의 학위논문에서 그가 거의 유일하게 지적하고 있는 루카치의 한계가 바로 루카치의 '목적론적 역사철학'이다. 루카치의 전체적인 구도를 옹호하고 있기 때문에 그는 '목적론적 역사철학'이라는 표현 대신 "역사적 환상"이라는 애매한 표현을 사용하고 있지만, 루카치는 "객관적 현실의 발전 경향이 … 필연적으로 프롤레타리아트의 승리로 귀결될 것"(167쪽)이라고 확신했으며 그것이 그의 이론의 밑바탕에 놓여 있었다는 식의 해석은, 결국 루카치의 '목적론적 역사철학'이 그의 이론 전체를 추동한 궁극적인 힘이었다는 결론에 이르게 한다. 홍승용, 「루카치의 리얼리즘론 연구」, 55쪽, 167쪽 참조.

28) 루카치의 당파성론을 논하는 대목에서 이주영은, 루카치가 말하는 "리얼리즘 예술의 당파성이란 … 객관적인 현실의 총체성과 목적론적인 역사관(역사는 인간의 본질적인 삶을 구현하는 길로 나아간다는)의 표현이어야 한다"(이주영, 『루카치 미학 연구』, 1998, 25쪽)고 말하고 있다.

도하고 있으며 그 속에서 나날을 살아가고 있는 이른바 '자본주의의 전지구화'를 예로 들어 설명하면, 이것은—루카치의 사유에 따를 때—제사회의 부단한 통합화의 경향을 보여주는 것이며 적어도 경제적인 차원에서는 "통합된 인류"를 보여주는 것이라고 할 수 있다. 하지만 그러한 경향이—마찬가지로 그의 사유에 따르면—궁극적으로 '자본주의의' 전지구화로 끝날 것인지 아니면 진정한 '인류의 공동체'로 귀결될 것인지는 역사를 살아가는 인간의 실천에 달린 것이다. 즉 인간이 '인류의 전사(前史)'를 마감하고 '자유의 왕국'으로 진입하는 것은 목적론적 과정이 아니라 지금까지 인류사의 발전과정이 창출해낸 객관적인 조건 위에서 이루어질 수 있는 주체적인 실천의 성질과 능력에 달린 것이다. 이는 자본주의가 역사발전의 마지막 단계라는 것(이미 고전적 자유주의에서부터 있어온, 그리고 최근에 후쿠야마가 다시 유행시킨 '역사의 종언')을 부정함과 동시에 공산주의가 자본주의적 모순의 필연적인 결과(자본주의의 필연적 붕괴와 공산주의의 불가피성)라는 것도 부정하고 있는 『공산당 선언(*Manifest der Kommunistischen Partei*)』에서의 맑스의 입장과 정확히 일치한다. 억압자와 피억압자의 계급투쟁에서 그 투쟁은 "매번 전체 사회의 혁명적 재편으로 끝났거나 **혹은** 투쟁하는 계급들의 공멸로 끝났다"(MEW, 제4권, p.462)(강조는 인용자)는 맑스의 말은 과거의 계급투쟁에만 국한된 판정이 아니라 현재와 미래의 계급투쟁에도 적용되는 발언일 것이다. 따라서 루카치의 말대로 "통합된 인류"를 실감하게 된 현시점에서 이제 우리는—단지 한 국지적 사회의 파멸이 아니라—인류 전체의 공멸이냐 아니면 **인간의 순리에 맞는** 전지구적 재편이냐 하는 구도를 설정하지 않을 수 없게 된 셈이다. 이를 다른 말로 표현하자면, 우리는 '자유의 왕국'으로의 길이냐 아니면 '인류의 공멸'이냐는 선택적 갈림길에 직면해 있다고 할 수 있는데, 그 갈림길에서 인간은 '선택'을 해야 하며, 그 '선택'의 구체적인 성질과 능력에 따라 인류는 공망할 수도 있고 공생할 수도 있다는 것이 루카치가 뜻하는

바에 가까울 것이다.

다음 장에서 우리가 살펴볼 “일상생활의 민주주의”라는 모델을 통해 루카치가 모색하고자 한 것은 지금·여기에서 바로 그 ‘자유의 왕국’으로 가는 길을 어떻게 넓힐 수 있을 것인가 하는 것이었다. 대부분의 인간은 일상적 삶 속에 사로잡혀 있으며, 따라서 일상적 삶 바깥에는 아무것도 없다고 할 수 있을지 모르지만, 절대적인 필연성이 없듯이 사물화의 절대적인 지배, 조작의 절대적인 지배 또한 있을 수 없다는 것이 루카치의 확신이었다. 조작이 인간의 일상적 삶을 아무리 전일적으로 지배한다 하더라도 인간이 삶을 살아가는 한 그 삶 속에는 조작에 의한 가상과 현실 간의 모순이 발생할 수밖에 없으며, 따라서 그러한 모순을 견디고 극복하고자 하는 인간의 실천의 동력은 일상적 삶 속에서 포착되고 확장될 수 있다는 믿음! 이러한 믿음마저 ‘목적론적 역사철학’이라고 치부한다면 현실적인 인간의 실천이란 도무지 무망한 일이 아닐까.

5. 일상생활의 민주화

스탈린주의에 대한 비판을 넘어서 그가 ‘현대의 문제’를 능히 감당할 수 있는 맑스주의를 재정립하기 위해 다시 맑스로 되돌아가 파악해낸 철학적 기획이 ‘존재론’이라는 이름으로 제시되었다면, 그것이 정치적 영역에 적용된 것이자 루카치의 정치적 대안이라 할 수 있는 것은 ‘일상생활의 민주화’로 요약될 수 있다. 이를 통해 그는 ‘인간 개혁’이 실제로 실현될 수 있는 정치적 형태의 방향을 제시하고자 한다.

스탈린주의가 사회주의의 역사를 연속적이고 올바른 발전으로 바라보고 결코 불연속성을 인정하지 않았던 반면, 스탈린주의와의 ‘근본적인 단절’을 요구하는 루카치는 바로 그 이유로 인해 사회주의 역사의

"불연속성"(RL, p.173)을 강조했다. 그렇다고 해서 루카치가 '현실사회주의'의 사회주의적 성격 일체를 부인하는 데로까지 나아간 것은 아니었는데, '현실사회주의'와 관련한 그의 입장을 단적으로 표현하자면 그것은 "저항이 아니라 개혁"(GD, p.275)이었다.

루카치는 '현실사회주의' 국가들의 역사적·현실적 양상이 여하튼간에 자본주의의 극복태는 사회주의라는 것을 의심하지 않았다. 물론 '현실사회주의'가 "진정한 사회주의적 민주주의(일상생활의 민주주의)로의 이행이냐 아니면 항구적인 위기냐"(GD, p.276)하는 선택적 상황에 처해 있는 것으로 파악하는 냉정한 태도를 견지하지만, 그것은 '현실사회주의'의 행로에 관한 문제이지 자본주의에 비해 사회주의가 지닌 '역사적인 선진성'을 의심하는 것과는 거리가 멀었다. 그가 자본주의 체제의 부르주아지와 사회주의 체제의 스탈린주의 간의 일정한 공생관계를 파악하며 양체제의 동시적 변혁을 주장하고 있지만, 따라서 그러한 변혁운동의 전략적 매개로서 '반전·평화운동'(1950년대) 혹은 '반조작 투쟁을 통한 의미있는 삶'(1960년대 중·후반) 등을 설정하고 있지만, 그가 그러한 변혁운동의 우선적인 거점으로 보는 곳은 '현실사회주의'였다. 그의 '악명 높은' 발언, 즉 "최악의 사회주의조차 최상의 자본주의보다 더 낫다"(Lukács, 1969b: 358)[29]는 발언도 그의 이러한 확신에 근거한 것이었다.

'관료주의적 국가사회주의'의 붕괴 이후의 시점에서 되돌아볼 때 루카치의 이러한 발언은 '구좌파'의 '맹목성'의 증표로 여겨질 수도 있을 것이다. 하지만 그의 이러한 발언조차 그저 추상적인 신념으로서만 이해해서는 안되는데, 그럴 것이 그것은 인류문화를 말살하려는 히틀러의 세계지배를 차단한 것은 미국이 아니라 소련이었으며, '미국적 생활

---

29) 앞에서 인용한 ≪신좌파평론≫과의 대담에서도 루카치는 "나는 항상 사회주의의 가장 나쁜 형태가 자본주의의 가장 훌륭한 형태보다 살기에 더 낫다고 생각해왔습니다"(RL, p.181)라고 말하고 있다.

방식'의 전세계적 지배를 좌초시킨 것도 다른 자본주의 국가들이 아니라 소련이었다는 판단에 입각해 있는 것이다. 그가 보기에 이 두 가지 위험으로부터 인류를 구한 것은 "가장 나쁜 사회주의"인 '스탈린의 소련'뿐이었다(Lukács, 1969b: 358 참조).

이러한 그의 입장은 '현실사회주의'의 사회적·정치적 내용에 대한 긍정적 인정에 기반한 것이라기보다는 그것의 반체제적 성격을 강조한 것으로 이해되어야 할 것이다. 미국식 자본주의의 전지구적 확산에 대항할 수 있는 영역으로서 '현실사회주의'의 '반체제적' 성격을 인정하되 그것이 긍정적인 대안으로 전환되기에는 본질적인 것—바로 사회주의적인 것!—이 결핍되어 있다는 인식, 이것이 루카치의 생각에 가까울 터이다.[30]

루카치에 따르면, 스탈린시기를 거치면서 낙후된 생산력의 발전이 불완전하게나마 이루어진 것은 사실이지만, 이 생산은 '진정한 사회주

30) '반체제운동'이라는 표현을 널리 퍼뜨린 월러스틴은, '현실사회주의'를 자본주의 세계체제에 포섭된 하위체제로 보는 관점에서 '반체제운동'이라는 표현을 사용하고 있다. "대부분의 사람들은 이른바 종전의 사회주의 블록 국가들을 이 체제(자본주의 세계체제—인용자) '밖에' 두었다. 그들은 이 국가들이 그 체제로부터 어떤 의미에서 '탈퇴했다'고 생각했다. 나도 그렇지만 몇몇 사람들이 보기에, 이는 바로 당시 역사적으로 일어나고 있던 일들을 잘못된 방식으로 개념화하는 것이었다"(이매뉴엘 월러스틴, 『사회과학으로부터의 탈피—19세기 패러다임의 한계』, 성백용 옮김, 창작과비평사, 1994, 188쪽). 그에 따르면, 사회주의 블록은 그 의미에도 불구하고 자본주의 체제에 대한 '대안적 체제'를 제시한 것이 아니라 자본주의 세계체제 내부에서의 '하나의 반체제영역'을 의미했다는 것이다. 물론 월러스틴의 이러한 입장과 루카치의 입장 사이에는 분명한 차이가 존재한다. 루카치가 '현실사회주의'의 종파주의적 세력과 자본주의의 부르주아지 간의 상호보완적 관계를 파악하긴 했지만, 어쨌든 간에 사회주의 체제를 자본주의 체제와 대립하는 하나의 독자적인 체제로 인정했음은 분명하다. 따라서 필자가 여기에서 사용하는 '반체제'라는 용어는 월러스틴의 용법을 정확히 따른 것이라기보다는 그것을 다소 자의적으로 변용시킨 것이다. 그것은 긍정적인 대안적 체제로서의 능력을 갖추지 못한 단계에 있는, 그렇지만 자본주의의 전일적 지배에 맞서는 기능을 하는 체제로서의 '현실사회주의'를 의미한다.

의'로의 이행을 위한 길을 준비하는 생산으로 전환되지 못했다. 따라서 그는 소련의 노동자 혹은 농민의 생활방식이 유럽의 노동자들에게 '사회주의적인 것'으로서의 유인력을 가지기란 전혀 불가능하다는 것을 인정한다. 루카치는 '현실사회주의'의 일상생활에서 사회주의적인 것이 실현되지 않는 한, 사회주의가 1917년에 지녔던 흡인력을 재창출하는 것도, 국제적인 사회주의 연대를 재창출하는 것도 불가능하다고 본다. 여기에서 그는 '현실사회주의'의 사회주의적 성격을 회복하기 위한 개혁의 방향으로 무엇보다도 '일상생활의 민주주의'를 회복할 것을 주장하고 있다. 이를 통해서야 비로소 '현실사회주의'는 '진정한 사회주의'로 나아갈 수 있으며, 국제 사회주의운동의 활성화도 기할 수 있다는 것이다(Lukács, 1970b: 278 참조).

루카치는 "일상생활의 민주주의"를 "시민적 민주주의"와 구분하여 "사회주의적 민주주의"(RL, p.171) 내지는 "일상생활의 사회주의"(같은 곳)로 규정한다. 루카치에 따르면, 자본주의 경제를 물적 토대로 하여 형성된 "시민적 민주주의"는 "인간을 공적인 삶에서는 **공민**으로, 사적인 삶에서는 **부르주아**로 나누는 것"(같은 곳)을 결정적인 원리로 삼고 있는, 자본주의 경제구성체에 조응하는 상부구조이다. 하지만 사회주의는 자본주의와는 달리 그 경제에 적합한 인간상을 그 체제와 더불어 자연스럽게 생산하거나 재생산하지 않는 최초의 역사적 경제구성체이자, 자본주의와 공산주의 사이에 이행기 형태로 존재하는 과도기이다. 사회주의의 이러한 특성과 역사적 성격에 따라 루카치는 "사회주의의 구성원들은 사회주의에 맞게끔 **교육**"(같은 글, p.172)되어야 하며, 바로 그러한 역할을 담당하는 것이 "사회주의적 민주주의"의 요체라고 규정한다. 구체적으로 '현실사회주의'의 민주화와 관련하여 그는 국가와 노동조합과 당의 분리를, 그리고 이 모든 제도와 조직의 민주화를 요구하기도 한다(SD, p.120 이하 참조). 또, 정치적 "탈집중화의 필요성"(SD, p.105)을 강조하는 그는, 장기간에 걸친 관료주의적 통치하에서 조성된 대중의 정치적 무력감과 이로부터 생겨난 정치적 "무관심"(SD, p.103)을 극복하기 위해서는 "분파 형성"(SD, p.105)의 자유까지도 보장되어야 한다고 주장한다. 하지만 당의 내적 개혁을 위해 "당내 민주주의"의 실질화를 주장하지만 그것은 "다당제의 체제"를 인정하는 것으로까지 나아가지는 않는다. 루카치가 보기에 다당제의 체제를 통해 내적 개혁을 실현하려는 시도는 "시민적 민주주의"를 수용하는 것에 불과하다(SD, p.116 참조).[31] 루카치는 위기에 처한 '현실사회주의'의 대안으로 "시민적 민주주의"를 설정하는 이상, 그 미래는 CIA의 개입에 의해 사회주의 정부가 붕괴된 "그리스적 전망"(SD, p.33)뿐이라고 한다.

이러한 인식을 통해 그가 주장하는 "사회주의적 민주주의"의 모델은 파리 코뮌, 그리고 1905년 및 17년의 러시아 혁명에서 존재했던 "노동계급의 민주주의 체제인 평의회"(RL, p.172)였다. 혁명의 와중에 폭발적·자연발생적으로 생겨났던 평의회운동에서 루카치가 특히 주목한 것은, 그것이 "공적인 사안들에 있어서 대중들을 **주체적인 활동의** 행위방식에 … **익숙하게** 만들었다"(SD, p.106)(강조는 인용자)는 점이다. 인간의 주체적인 활동성과 자주적인 행위방식의 활성화에 대한 그의 강조는 이미 1930년대 중반에 그가 호메로스 서사시의 근거로, 그리고 사회주의 리얼리즘 소설에 내포된 "서사시로의 **경향**"(MS, p.54)의 근거로 주목한 "인간의 자립성 및 주체적인 활동성"(MS, p.19)과 바로 통하는 지점이며, 그것을 "익숙하게 만든다"고 했을 때 루카치가 준거하고 있는 레닌의 '습관'에 관한 발언은 1940년에 발표된 「민중의 호민관이냐 관료냐?」에서 이미 주목된 바 있었다.[32] 이렇게 보면 "사회주

31) 이러한 입장은 그가 사회주의적 민주주의의 실천적 현실화를 위한 전제로 "맑스주의의 방법의 재창출"(SuD, p.114)을 주장할 때, "다원주의"적 입장을 거부하는 것과도 통한다. "맑스주의의 자기교정과 르네상스를 위해서"(SuD, p.115) 현실에 대한 탐구와 비판적 토론 과정은 절대적으로 보장되어야 하지만 이것이 "다원주의"를 그 방도로 설정하는 것과는 다르다. 루카치에 따르면, "신실증주의적인 사유 조작의 기초도 다원주의적일 수 있다"(같은 곳).

의적 민주주의"의 구상은 결코 "갑작스럽게"[33] 등장한 것이 아니라 오히려 루카치 사유의 연속적인 면모를 정확히 보여주는 지점이라 할 만하다. 다시 말해서, "사회주의적 민주주의"는 서사문학의 사회적·'인간학적' 토대에 대한 그의 탐구와 1930년대 중반 이후 본격적으로 가시화되기 시작한 그의 민주주의 구상이 발전하여 구체적인 표현을 얻은 것이라 할 수 있는 것이다. 물론 여기에는 차이 또한 존재한다. 1930년대 중반에 그가 프롤레타리아의 계급투쟁에서 생성되는 "인간의 영웅적인 주체적 활동성"(MS, p.52)에 주목했다면, 이제 그것은 더 이상 '영웅적인' 모습이 아니라 '일상생활'의 '습관'이 될 수 있어야 한다는 것, 바로 이것이 루카치가 생각하는 사회주의적 경제구성체를 "구체적·정치적으로 조정하는 힘"(SD, p.9)으로서의 "사회주의적 민주주의", 곧 "일상생활의 민주주의"의 요체이다.

평의회운동의 모델에 그 근거를 둔 "일상생활의 민주주의"가 직접적으로는 '현실사회주의'의 개혁의 대안으로 제시된 것이지만, 그것이 지닌 의미는 여기에 한정되지 않는다. '일상생활의 민주화'[34]라는 말로 한층 더 적절하게 표현될 수 있을 그의 평의회 민주주의 모델은, 바로 그 관료주의적 특성으로 인해 민주주의를 말살한 스탈린주의뿐만 아니라 제도화된 대의제를 골간으로 하는 "시민적 민주주의"와도 다른, 새로운 민주주의적 모델을 제시한 것으로 볼 수 있다.

---

32) 반관료주의운동의 형태로서 민주주의의 활성화를 제시하고 있는 이 논문에 관해서는 제2부 1장 2절 참조.

33) Claussen, 1990, p.26. 클라우센은 '사회주의적 민주주의'가 "갑작스럽게" 등장한다고 말하는데, 그가 하는 말이 '사회주의적 민주주의'관에 내포된 루카치의 입장이 아니라 '사회주의적 민주주의'라는 범주 자체의 '갑작스러운' 등장을 의미할 뿐이라고 보더라도 그의 해석은 잘못된 것이다, 즉, '실증적인' 차원에서 보더라도 이미 1936/37년에 씌어진 『역사소설』에서 '사회주의적 민주주의'라는 범주가 등장한다(6: 422).

34) 루카치는 '민주주의'라는 표현보다는 '민주화(Demokratisierung)'라는 표현이 더 적확하다고 하는데, 그럴 것이 민주주의는 그 "존재상 일차적으로 상태가 아니라 과정이 … 중요하기 때문이다"(SuD, p.9).

여기에서 우리는 루카치의 평의회 민주주의 모델에 함축된 발상이 이른바 '신사회운동'의 발상과 유사하다는 것을 확인할 수도 있을 것이다. 루카치가 일상생활의 직접적 욕구들과 이해관계들에 접해 있지만 파편적 개별성(Partikularität)의 차원에서 소진되지 않는 정치적 단초를 평의회운동의 특성으로 파악한다는 점에서, 이 모델은 '기초 민주주의적 정향'을 특성으로 하는 '신사회운동'의 정치문화에 대한 구상과 유사성을 보여주는 것이 사실이다. 하지만 루카치의 평의회 민주주의 모델이 자본주의 사회에 적용될 경우 그것은 근본적으로 자본주의적 소외형식과 사물화형식의 극복을 목적으로 하는 것이며, 따라서 자본주의적 계급관계의 극복이 그 모델에서 탈각될 수는 없는 것이다. 이에 반해 '신사회운동'에서는 사회적 악화(惡化)의 계급적 형식들이 배후로 밀려나며, 시민사회를 각인하고 있는 공민과 부르주아지간의 적대에 주목한 루카치와는 달리 이러한 적대의 토대를 극복하려는 기획이 결여되어 있다. 그런 한에서 '신사회운동'은 자신의 '기초 민주주의적 정향'과는 모순되게도 자본주의의 성장 및 산업화 패러다임과 '보완'의 관계 속에서 공생할 위험을 항상 지니고 있다.[35]

물론 루카치가 제시한 민주주의 모델은 일차적으로 '현실사회주의'의 개혁을 위한 방도로 제출된 것이었으며, 그것도 구체적인 논의를 위한 방향 정도만을 그리고 있는 것에 불과하다. 따라서 지금·여기의 현실적인 운동의 정치적 모델로 상정되려면 훨씬 더 많은 구체화가 필요하지만, 일상생활에서 인간이 파편적 개별성에 매몰되지 않고 "자립성 및 주체적인 활동성"을 확장할 수 있는 방도를 궁구하고자 한 그의 방향 설정 자체는 결코 가벼이 넘길 수 없는 현재성을 내포하고 있다. 더군다나 그것이 단지 개별성들의 집단화로 전락하기 쉬운 '신사회운

35) 루카치의 평의회 민주주의 패러다임과 '신사회운동' 사이의 유사성과 차이에 관한 이상의 논의는 다네만의 글(Dannemann, 1987a: 특히 142-145)에 따른 것이다.

동'과는 달리 근대 자본주의 사회의 근본적인 극복이라는 문제의식에 기반하고 있는 이상, 새로운 '거대서사'를 그리는 가운데 나날의 실천을 다잡아나갈 수 있는 방도를 모색하고자 할 때 충분히 참조할 만한 이론적 잠재력을 지니고 있다. 물론 일체의 해방적 담론 자체를 목적론으로, 불연속성과 차이와 이질성을 억압하고 지배하는 '거대서사'로 파악하는 입장에서 보면, 아무리 열려 있고 유연한 '거대서사'라고 하더라도 억압적인 것이긴 마찬가지이며, 따라서 그러한 기획을 '새로이' 모색한다는 것 자체가 새로운 억압을 준비하는 것에 다름 아닌 것으로 여겨지겠지만 말이다.

마치면서

> 내가 현재를 위해 과거와 미래 사이에 놓으려고 했던 다리가 정말로 오래갈 것인지는 결정적일 수 없는 별개의 문제이며 중요한 문제도 아니다. 내가 극히 불리한 시대 속에서 단지 부교(浮橋)를 놓은 데 불과하다면, 이 연결이 정신적 삶을 위해 제 몫의 의미를 획득하자마자 철거되고 보다 견고한 것으로 대체될 것이다. 매우 혼란스러운 과도적 시대에 다만 소수의 사람들에게라도 내가 과거와 미래 사이의 길을 수월하게 해줄 수 있었다면, 나 개인으로서는 대단히 만족스럽다(7: 19).

루카치가 '일상생활의 민주화'를 통해 확장할 수 있으리라 생각한 인간의 진정한 "자립성 및 주체적인 활동성"은, 이미 그의 1930년대 문학론에서 서사문학의 사회적·'인간학적' 토대로 설정된 것이었다. 그리고 그 연장선상에서 루카치는 자본주의적 분업의 효과를 뚫고 나갈 수 있는 작가적 태도를 역설하기도 했는데, 그 철학적 기초는 1920년대 초반에 씌어진 『역사와 계급의식』으로까지 거슬러올라간다. 그곳에서 루카치는 자본주의의 노동과정의 추상화, 합리화는 경제과정의 주체와 객체에 변화를 일으켜 주체와 객체를 파편화하고 해체한다고 진단한 바 있다(2: 262-263 참조). 여기에서 그는 자본주의 사회에서 주체 태도의 원형이 생긴다고 보았으며, 그것을 노동 주체의 노동과정에 대한 "정관적 태도"(2: 264)라고 규정지었다. 그리고 그것은 1930년대의 문학론에서 자연주의 및 그것의 가상적 대립물로서의 전위주의, 즉 '모더니즘'에 대한 비판에 전용되고 있다. 예컨대 톨스토이의 『안나 카레니나(*Anna Karenina*)』와 졸라의 『나나(*Nana*)』를 극명하게 대조하는 가운데 전자는 '서사(Erzählen)'하고 후자는 '묘사(Beschreiben)'한다는 논리를 펴고 있는 「서사냐 묘사냐?(Erzählen oder Beschreiben?)」(1936년)에서 루카치는 작가의 기본적 입장과 삶의 문제로서, 나아가 형상화된 등장인물의 성격과 관련하여 '동참(Mitleben)'과 '관찰(Beobachtung)'을 유형화하고 있다. 여기에서도 그는 1920~30년대의 모든 글에서와 마찬가지로 1848년의 분기설을 펴고 있다. 즉, 1848년 6월사건 이후 서유럽에서 시민적 작가는, 만약 그가 정직하고 위대한 작가라면 더 이상 자기 시대의 정치체제와 사회체제에 '동참'하는 태도를 취할 수 없게 되었다는 것이다. 플로베르와 졸라의 경우가 그러한데, 이들은 자기 시대의 사회에 영혼을 팔아넘기기에는 "지나치게 위대했고 지나치게 정직했"(4: 205)기 때문에 더 이상 사회의 삶에 능동적으로 '동참'할 수가 없었다는 것이 루카치의 주장이다. 이들은 자기 시대의 정치체제와 사회체제에 대한 증오와 혐오 그리고 경멸로 인해 "자본주의 사회에 대한 비판적인 관찰자"(같은 곳)로 될 수밖에 없었는데, 그러나 바로 이로 인해 이들은 자본주의적 분업의 메커니즘에 편입된다. 즉 그들은 순수한 직업문필가라는 의미에서의 작가, 자본주의적 분업이라는 의미에서의 작가로 되어버렸다는 것이다(같은 곳).

그런데 작가가 '전문적인' 작가로서의 삶을 영위하고 삶에 대한 그의 태도와 시각이 '비판적인 관찰자'의 그것으로 고정되어 있는 이상, 그가 삶 속에서 '이성의 힘'을 포착하는 것은 불가능하다는 것이 루카치의 생각이다. 이러한 작가에게 현실적 삶은 오로지 혐오와 경멸의 대상이며 그 자체에는 어떠한 변화의 소지도 내포되지 않은 '정태적인'

상태의 '죽은 객관성'으로 다가온다. 이로부터 작가는 유일한 '진정성'의 영역으로서 내면으로 도피하지만, 그것 또한 마찬가지로 '공허한 주관성'에 불과하다는 것이 루카치의 주장이다. 여기에는 "개인의 진정한 정신적 풍부함은 전적으로 그의 현실적 관계들의 풍부함에 달려 있다"(4: 275)는 인식이 전제되어 있는데, 그렇기 때문에 루카치는 "인간의 외부세계가 지니는 객관적인 현실성을 존재론적으로 천시하고 이에 따라 인간의 주관성을 과대평가"(4: 475)하면, 그 결과 현실만 제거되는 것이 아니라 인간적 "개성의 해체"(같은 곳)마저 수반된다고 하는 것이다. "인간적 개성의 발전"은 "함께 살아가는 사람들, 외부세계와의 상호작용 속에서 이루어지는"(4: 479) 법이라고 보는 기본적인 입장 위에서 그는, 사회적 인간관계로부터 유리된 개인, 오로지 자기 자신 위에만 정립된 개인이 현실의 진정한 본질과 동일시되는 유아론적인 인간관을 그 문학적 세계관으로 삼고 있는 서구의 지배적인 예술 경향을 비판한다. 그것은 현실을 해체할 뿐만 아니라 주체마저 해체하는 것이며, 따라서 그 가운데에서 작가의 의도가 아무리 저항적이고 또 설사 작품에 저항적 계기가 있다 하더라도 그러한 저항은 공허하고 추상적인 저항에 머무를 뿐이라는 것이 루카치의 판단이다(4: 480-481 참조).

이것이 1848년 이후 자본주의의 발전에 따라 서유럽의 작가들이 취하는 "사회적으로 필연적인 태도"(4: 206)이지만 그렇다고 해서 그것이 '숙명론적인' 의미에서 그런 것은 아니라는 것이 루카치의 생각이었으며, 그러한 지배적 경향에서 벗어날 수 있는 출구로 그가 '리얼리즘의 승리'라 부름직한 경로를 제시했다는 것을 이미 이 책의 제2부에서 확인한 바 있다. 결국 '리얼리즘의 승리'는 예술에 불리한 역사적, 사회적 상황 속에서 올바른 작가적 태도는 삶의 현실 속에서, 현실과의 관계 속에서 자신을 검증하고자 할 때 형성될 수 있음을 말하는 것이며, 그러한 태도가 문학 내적으로 구현된 것을 가리키는 것이다. 이를 통해서야 비로소 이데올로기의 '보편적 몰락기'에 살고 있는 작가는 '허위적 객관성'과 마찬가지로 '허위적인 주관성'의 딜레마 속에서 빠져 나올 수 있다는 것이 루카치의 주장이었던 것이다.

루카치의 이러한 문학관은 그의 철학과 인간관 그리고 변혁관 등과 복합적으로 얽혀 있다. 이 책의 제3부에서도 말했다시피 루카치는 근대인의 삶이 완전히 소외되어 있으며, 근대인의 의식은 완전히 물신화되어 있다는 입장에 단호히 반대한다. 소외와 물신화 혹은 조작이 아무리 지배적이라 하더라도 그 속에서 인간은 현실적인 '선택'을 수행하며, 이러저러한 '선택'을 통해—비록 항상 상대적이긴 하지만—현실적인 자유를 유효하게 만들 수 있고 확장할 수도 있다. 따라서 근대 자본주의 세계를 일체의 희망도 선택의 가능성도 없는 완전히 닫힌 세계로, '막다른 골목'으로 서술하는 작품은, 물신화된 세계를 '폭로'하고자 하는 그 의도에도 불구하고 이미 그 세계가 내면화된 상태에서 그것을 '표현'하고 있는 것이며, 따라서 '탈(脫)·물신화'하는 것이 아니라 오히려 '물신화'에 기여하는 것이다.

이에 반해—서사문학의 경우에 한해서 보자면—진정한 예술에서 인간은, 그때그때 존재하는 사회적 상태 및 경향과의 연관 속에서, 사회의 전환에 규정받고 거기에 반작용하는 가운데 존재하는 인간으로 파악된다는 것이 루카치의 주장이다(Lukács, 1969: 75). 이러한 피규정과 반작용을 통해 "직접적인 시대 문제들을 보편적인 인류발전과 연관시키고 그것과 결합하는"(Lukács, 1967: 28) 예술, 그것을 루카치는 호메로스에서 고리키까지 공통적으로 관류되는 경향으로서의 '리얼리즘'이라고 불렀다. 그것은 자본주의 사회의 '직접성'에 사로잡힌 채 고독한 인간의 실존을 인간의 본질로 승격시키고 그럼으로써 인간을 '개별성'에 못박는 입장과는 대극적인 세계관, 즉 본질적으로 인간은 사회적 존재이며 상호주체적인 존재라고 보는 세계관에 그 근거를 둔 것이자 그것을 문학적으로 구현하고 있는 것이다. 그리고 또 그것은—마찬가지로—자본주의 사회의 '직접성'에 사로잡힌 채 현실을 '정태적'으로 파악하는 입장과는 대립적인 세계관, 즉 현실을 과정적인 것으로 파악하는 세계관에 근거한 것이자 그것을 문학적으로 체현하고 있는 것이기도 하다.

인간은 사회적 존재, 상호주체적인 존재이며 과정적인 존재라는 루카치의 기본적인 입장은 바로 '전망' 범주를 통해서 표현된다. 사회적 현실을 정태적인 것으로 보는 세계관적 기초 위에서 전망의 구현은 어불성설이다. 사회와 인간의 과정성과 가변성을 신뢰하는 입장에 설 때야만 전망 범주는 설 자리를 찾을 수 있는데, 여기에서 작품에 긍정적인 전망이 가시화되어야 하느냐 아니냐 하는 것은 부차적인 문제이다. 작품이 근거하고 있는 현실의 양태와 작품의 장르에 따라서 전망은 철저하게 숨겨져 있을 수도 있지만, 진정한 예술이라면 그러한 숨겨짐 속에서 전망이 부정적으로 작동한다는 것이 루카치의 입장이며, 이는 그가 솔제니친의 노벨레 『이반 데니소비치의 하루(*Ein Tag im Leben des Iwan Denissowitsch*)』를 분석하면서 말하고 있는 것이기도 하다(Lukács, 1964: 12-13, 19-20 참조). 하지만 노벨레가 아니라 장편소설인 『암병동(*Krebsstation*)』과 『지옥의 제일원(第一圓)(*Der Erste Kreis der Hölle*)』에서도 전망이 약화되어 "무전망의 가상"(Lukács, 1969d: 83)조차 생기는 것은 솔제니친이 기본적으로 "평민적·비판적인 인간 형상화의 수준"(같은 곳)을 넘어서지 못한 징표이기도 하다는 것이 그의 분석인데, 여기에서 현실의 운동성 및 과정성과 합일하는 세계관이자 인간과 사물을 그 뿌리에 이르기까지 파악할 수 있는 세계관이 바로 맑스주의라는 것은 루카치가 시종일관 견지한 신념이었다. 그리고 이러한 세계관이 현실의 사회주의적 양태와 인간의 사회주의적 삶에 그 근거를 두고 예술적 힘으로 전화되는 것, 그것이 그가 기대한 진정한 사회주의 리얼리즘이었다.

그렇다고 해서 그가 진정한 예술의 성취를 위해서는 모든 작가가 맑스주의적 세계관을 가져야 한다고 주장한 것은 물론 아니다. 그리고 그에게 있어서 '세계관'이라는 것이 어떤 '사회과학적' 지식을 의미한 것은 더군다나 아니다. 이것은 일찍부터 루카치가—개인의 신조에서는 사회주의에 가까우며 '사회과학적' 지식에서 남다른 수준에 달한—졸라가 아니라 발자크를 진정한 문학적 유산으로 설정하고 있는 것이나 '리얼리즘의 승리'를 내세우고 있는 것만 보더라도 오해의 여지가 없는 것이다. 그가 작가들에게 요구한 것은 궁극적으로 삶을 보는 시각, 삶을 대하는 태도의 문제와 연관된 것이지 어떤 '과학적' 내지는 '철학적' 지식의 문제가 아니었던 것이다. 여기에서 그가 제시한 삶의 형태는 '동참적인' 태도였다. 사물화와 조작의 영향력이 아무리 강한 사회라 하더라도 개별 인간의 삶 자체에는 그것에 대한 거부가 부단히 생성되는바, 진정한 저항의 모티프는 삶에 동참적인 태도를 취하고 그러한 삶을 살 때 포착될 수 있으며, 그 속에서 인간에 대한 사랑, 인간의 온전성과 고결성을 옹호하기 위한 당파적 입장도 생겨날 수 있다는 것이 그의 생각이었다. 비록 힘들지만 자본주의의 사물화의 효과에 순응하지 않는 세계관적 기초는 이렇게 생성될 수 있다는 것이다.

인간을 위한 당파성은 곧 인간의 '객관적인 가능성'을 명확히 하고 그것을 위해 단호한 입장을 취하는 것이다. 그것은 부분적인 개별성에 사로잡혀 있는 인간을 유적 성질로 부단히 접근시키는 가운데 구현되는데, 바로 여기에 예술의 고유한 사명이 있다는 것이 루카치의 생각이다. 그리고 그것은 "신발보다 더 자주 나라들을 바꾸면서 전쟁들과 계급들을 지나갔던"(브레히트) 그의 삶의 원칙이자 동력이기도 했다. 자서전을 집필하기 위한 메모 「삶으로서의 사유」 마지막 단락이 "(진정한!) 호기심과 허영심의 투쟁으로서의 삶—주된 악덕으로서의 허영심: 인간을 그들의 부분적 개별성에 못박음(부분적 개별성 수준에 멈추는 것으로서의 좌절)"(GD, p.277)이라는 문구로 끝나고 있는 것은 우연이 아닌 것이다. 그 무엇으로도 환원될 수 없는 개별 인간의 개체성이 이미 내재된 유적 성질과 의식적으로 결합함으로써 형성될 수 있는 진정한 개성! 그것은 곧 모든 인간에게 내포되어 있는 즉자적인 유적 성질이 대자적인 유적 성질로 전환하고 확장되는 과정에서 부단히 형성될 수 있는 것이며, 아무리 힘들더라도 모든 인간에게 그 성취가 가능하다는 믿음, 이것이 그의 삶과 사유를 밀고 나간 궁극적인 추동력이었으며, 그의 사상의 근거지였다.

이상에서 우리는 스탈린주의의 극복과 맑스주의의 갱신이라는 문제와 관련하여 루카치 사상의 몇 가지 계기들을 살펴보았다. 그의 사상이 현재성을 지닐 뿐만 아니라 미래에도 생명력을 지닐 수 있을지 여부는 쉽게 이야기할 수 없는 성질의 문제이지만, '과거와 미래를 잇는 다리'로서 그의 사상이 지닌 잠재력이 쉽사리 부인될 수는 없을 것이다. 그의 사상에는 서구의 장구한 정신적·지적 전통이 인간 해방을 위한 역사적 실천의 입장에서 '해체·구성'되어 있을 뿐만 아니라 무엇보다도 20세기 노동운동과 맑스주의의 실천적·이론적 경험이 용해되어 있기 때문이다. 하지만 그러한 과거를 미래와 잇는 것은 현재를 살아가는 우리의 몫이며, 우리가 우리 삶의 형태와 질을 어떻게 만들어나갈 것인가에 달려 있는 문제이다. 우리가 현재에 만족하거나 굴종하지 않고 그 대안을 찾고자 하는 노력을 중단하지 않는 이상 과거는 계속 되새김질될 수밖에 없으며, 그 가운데에서 루카치의 사상은 하나의 의미있는 유산으로, 해방적 사유의 주요한 한 원천으로 계속 살아남으리라 믿는다.

참고문헌

* 『게오르크 루카치 저작집(*Georg Lukács Werke*)』에 실린 논문들과 『게오르크 루카치. 이데올로기와 정치학 논집 Georg Lukács. Schriften zur Ideologie und Politik』에 실린 논문들의 제목은 따로 밝히지 않는다. 저자의 이름 뒤에 괄호 속에 적은 연도는 본문의 줄임말에서 표시되어 있는 연도이다.

I. 1차 문헌

GLW, Bd.2.: *Georg Lukács Werke. Bd.2. Frühschriften II. Geschichte und Klaassenbewußtsein*, Neuwied 1968.

GLW, Bd.4.: *Georg Lukács Werke. Bd.4. Probleme des Realismus I. Essays über Realismus*, Neuwied 1970.

GLW, Bd.5.: *Georg Lukács Werke. Bd.5. Probleme des Realismus II. Der russische Realismus in der Weltliteratur*, Neuwied 1964.

GLW, Bd.6.: *Georg Lukács Werke. Bd.6. Probleme des Realismus III. Der historische Roman*, Neuwied 1965.

GLW, Bd.7.: *Georg Lukács Werke. Bd.7. Deutsche Literatur in zwei Jahrhunderten*, Neuwied 1964.

GLW, Bd.9.: *Georg Lukács Werke. Bd.9. Die Zerstörung der Vernunft*, Neuwied 1962.

GLW, Bd.10.: *Georg Lukács Werke. Bd.10. Probleme der Ästhetik*, Neuwied 1969.

GLW, Bd.11/12.: *Georg Lukács Werke. Bd.11/12. Die Eigenart des Ästhetischen*, Neuwied 1963.

GLW, Bd.13/14.: *Georg Lukács Werke. Bd.13/14. Zur Ontologie des gesellschaftlichen Seins*, Darmstadt und Neuwied 1984/1986.

EoM: *Georg Lukács. Existentialismus oder Marxismus?*, Berlin 1951.

GD: *Georg Lukács. Gelebtes Denken. Eine Autobiographie im Dialog*, Frankfurt am Main 1980.

IdSzr: *Ist der Sozialismus zu retten? Briefwechsel zwischen Georg Lukács und Werner Hofmann*, hrsg. v. G. Mezei, Budapest 1991.

MS: *Georg Lukács. Moskauer Schriften. Zur Literaturtheorie und Literaturpolitik 1934-1940*, hrsg. v. F. Benseler, Frankfurt am Main 1981.

RD: *Revolutionäres Denken: Georg Lukács. Eine Einführung in Leben und Werk*, hrsg. v. F. Benseler, Darmstadt und Neuwied 1984.

RL: *Georg Lukács. Record of a Life. An Autobiographical Sketch*, London 1983.

SuD: *Georg Lukács. Sozialismus und Demokratisierung*, Frankfurt am Main 1987.

SzIP: *Georg Lukács. Schriften zur Ideologie und Politik,* ausgewählt u. eingeleitet von Peter Ludz, Darmstadt und Neuwied 1967(인용은 1973년 제2판에 따라서 함).

TdR: *Georg Lukács. Die Theorie des Romans. Ein geschichtsphilosophischer Versuch über die Formen der großen Epik*, Frankfurt am Main 1971.

Lukács, Georg(1922): Der Nachruhm Balzacs, in: Manfred Brauneck (Hrsg.): *Die Rote Fahne. Kritik, Theorie, Feuilleton 1918-1933*, München 1973, S.143-146.

ders.(1922): Entstehung und Wert der Dichtungen, in: Manfred Brauneck(Hrsg.): a.a.O., S.184-187.

ders.(1922): Stawrogins Beichte. Besprechung von F. M. Dostojewsky: *Die Beichte Stawrogins*, München, Musarion-Verlag 1922, in: Jörg Kammler u. Frank Benseler(Hrsg.): *Georg Lukács. Organisation und*

Illusion. Politische Aufsätze III, 1921-1924, Darmstadt u. Neuwied 1977, S.152-157.

ders.(1926): L'art pour l'art und proletarische Dichtung, in: Alfred Klein: *Georg Lukács in Berlin. Literaturtheorie und Literaturpolitik der Jahre 1930/32*, Berlin u. Weimar 1990, S.195-200.

ders.(1930): Tolstoi in Deutschland, in: Alfred Klein: a.a.O., S.205-209.

ders.(1931): Über den Dostojewski-Nachlaß, in: Alfred Klein: a.a.O., S.240-247.

ders.(1932): Kritik der Literaturtheorie Lassales, in: Alfred Klein: a.a.O., S.280-298.

ders.(1933): Grand Hotel 'Abgrund', in: RD, S.179-196.

ders.(1933): *Wie ist die faschistische Philosophie in Deutschland entstanden?*, hrsg. v. Lászlo Sziklai, Budapest 1982.

ders.(1934): Die Bedeutung von "Materialismus und Empiriokritizismus" für die Bolschewisierung der kommunistischen Parteien. Kritik und Selbstkritik zu "Geschichte und Klassenbewußtsein", in: *Geschichte und Klassenbewußtsein heute(2) Beiträge 1923-1969*, Frankfurt am Main 1977, S.254-262.

ders.(1935): Der Roman, in: MS, S.17-56.

ders.(1940): Die Widersprüche des Fortschritts und die Literatur, in: MS, S.79-86.

ders.(1964): Solschenizyn. "Ein Tag im Leben des Iwan Denissowitsch", in: *Georg Lukács: Solschenizyn*, Neuwied und Berlin 1970, S.5-29.

ders.(1967): Theo Pinkus(Hrsg.): *Gespräch mit Georg Lukács*, Reinbek bei Hamburg 1967(전체 3부 가운데 제1부를 「존재론과 미학, 미학과 존재론」이라는 제목으로 번역해 〈부록〉에 실음).

ders.(1969a): Über Stalin hinaus, in: Detlev Claussen(Hrsg.): *Blick zurück auf Lenin. Georg Lukács, die Oktoberrevolution und Perestroika*, Frankfurt am Main 1990, S.215-222.

ders.(1969b): Deutschland, dein Marx! Gespräch mit Adelbert Reif, in: *Neues Forvm*, Heft 185, Mai 1969, S.357-360.

ders.(1969c): Die ontologischen Grundlagen des menschlichen Denkens und Handelns, in: Dannemann, Rüdiger/Jung, Werner(Hrsg.): *Objektive Möglichkeit. Beiträge zu Georg Lukács' "Zur Ontologie des gesellschaftlichen Seins"*, Opladen, S.31-48(이 책 〈부록〉에 「인간의 사유와 행위의 존재론적 기초」라는 제목으로 번역해 실음).

ders.(1969d): Solschenizyns Romane, in: *Georg Lukács: Solschenizyn*, Neuwied und Berlin 1970, S.31-85.

ders.(1970a): Nach Hegel nichts Neues, in: *Neues Forvm*, Heft 195/1, Anfang März 1970, S.201-202.

ders.(1970b): Erst Demokratie, dann Wirtschaftsreform, in: *Neues Forvm*, Heft 195/2, Mitte März 1970, S.277-278.

Wolfgng Harich-Georg Lukács. Briefwechsel, in: *Deutsche Zeitschrift für Philosophie*, 45(1997)2, S.281-304.

Interview with *New Left Rewiew*(7/8. 1971), in: RL, pp.171-182.

G. 루카치(외): 『레닌』, 김학노 역, 도서출판 녹두, 1985.

G. 루카치(외): 『리얼리즘 미학의 기초이론』, 이춘길 편역, 한길사, 1985.

G. 루카치(외): 『문제는 리얼리즘이다』, 홍승용 역, 실천문학사, 1985.

G. 루카치: 『소설의 이론』, 반성완 역, 심설당, 1985.

G. 루카치: 『변혁기 러시아의 리얼리즘문학』, 조정환 역, 동녘, 1986.

G. 루카치: 『우리 시대의 리얼리즘』, 우리예술연구회 역, 인간사, 1986.

G. 루카치: 『현대리얼리즘론』, 황석천 역, 열음사, 1986.

G. 루카치: 『역사와 계급의식－맑스주의 변증법 연구』, 박정호·조만영 역, 거름, 1986.

G. 루카치: 『청년 헤겔 Ⅰ』, 김재기 역, 동녘, 1986.

G. 루카치: 『청년 헤겔 Ⅱ』, 서유석·이춘길 역, 동녘, 1987.

G. 루카치: 『역사소설론』, 이영욱 역, 거름, 1987.

G. 루카치: 『독일문학사－계몽주의에서 제1차 세계대전까지』, 반성완·임홍배 역, 심설당, 1987.

G. 루카치: 『루카치의 변증-유물론적 문학이론』, 차봉희 편저, 한마당, 1987.

G. 루카치: 『리얼리즘 문학의 실제비평』, 반성완 외 역, 까치, 1987.

G. 루카치: 『미학서설: 미학 범주로서의 특수성』, 홍승용 역, 실천문학사, 1987.

G. 루카치: 『미와 변증법』, 여균동 역, 이론과실천, 1987.

G. 루카치: 『영혼과 형식』, 반성완·심희섭 역, 심설당, 1988.

G. 루카치: 『루카치의 문학이론－1930년대 논문선』, 김혜원 편역, 도서출판 세계, 1990.

G. 루카치: 『사회주의와 민주화 운동』, 박순영 역, 한겨레, 1991.

G. 루카치: 『미학논평』, 홍승용 역, 문화과학사, 1992.

G. 루카치: 『루카치 미학사 연구－쉴러에서 니체까지』, 김윤상 역, 이론과실천, 1992.

G. 루카치: 『이성의 파괴Ⅰ－혁명들 사이의 비합리주의』, 전태국 역, 열음사, 1993.

G. 루카치: 『게오르크 루카치－맑스로 가는 길』, 김경식·오길영 편역, 솔, 1994.

G. 루카치: 『사회적 존재의 존재론』, 김성민 역, 동녘, 1996.

G. 루카치: 『이성의 파괴』, 변상출 역, 백의, 1996.

G. 루카치: 『이성의 파괴』, 한기상 외 역, 심설당, 1997.

G. 루카치: 『발자크와 프랑스 리얼리즘』, 변상출 역, 문예미학사, 1999.

소련콤아카데미 문학부 편: 『소설의 본질과 역사』, 신승엽 역, 도서출판 예문, 1988.

II. 2차 문헌

1. 국외 문헌

Adorno, Th. W.(1958): Erpreßte Versöhnung. Zu Georg Lukács' *Wider den mißverstandenen Realismus*, in: ders.: *Noten zur Literatur*, hrsg. v. R. Tiedemann, Frankfurt am Main 1981, S.251-280.

Almasi, Miklos(1990): Zusammenhang und Unterschied von Früher und Später Ästhetik, in: Gerhard Pasternack(Hrsg.): *Zur späten Ästhetik von Georg Lukács. Beiträge des Symposiums vom 25. bis 27. März 1987 in Bremen*, Frankfurt am Main 1990, S.15-24.

Anderson, Perry: *A Zone of Engagement*, London·New York, 1992.

Arato, Andrew/Breines, Paul: *The Young Lukács and the Origins of Western Marxismus*, New York 1979.

Bahr, Ehrhard: Die angelsächsische Lukács-Renaissance, in: Heinz Ludwig Arnold(Hrsg.): *Text+Kritik. Georg Lukács*, Heft 39/40, München 1973, S.70-75.

Balibar, E./Macherey, P.: Thesen zum materialistischen Verfahren. Literatur als ideologische Form, in: *Alternative*, 98(10. 1974), S.193-221.

Ban, Sun-Wan: *Das Verhältnis der Ästhetik Georg Lukács' zur deutschen Klassik und zu Thomas Mann*, Frankfurt am Main 1977.

Barck, Simone(1975): "Wir wurden mündig erst in deiner Lehre …. Der Einfluß Georg Lukács' auf die Literaturkonzeption von Johannes R. Becher, in: W. Mittenzwei(Hrsg.): *Dialog und Konstroverse mit Georg Lukács*, Leipzig 1975, S.249-285.

Benseler, Frank(1981): Einleitung, in: MS, S.9-15.

ders.(1986): Nachwort, in: GLW, Bd.14, S.731-753.

ders.(1987a): Editorische Nachbemerkung, in: SuD, S.131-136.

ders.(1987b): Zur 'Ontologie' von Georg Lukács, in: U. Bermbach/G. Trautmann(Hrsg.): *Georg Lukács. Kultur-Politik-Ontologie*, Opladen 1987, S.253-263.

ders.(1995): Gedanken zur Ontologie des gesellschaftlichen Seins, in: R. Dannemann/W. Jung(Hrsg.): *Objektive Möglichkeit*, Opladen 1995, S.127-146.

Bertram, Georg W(1993): *Verschriebene Rahmung*, Wien 1993.

Bloch, Karlola u.a.(Hrsg.): *Ernst Bloch Brief 1903-1975 in 2 Bänden*, Bd.1, Frankfurt am Main 1985.

Brenner, Karin(1990): *Theorie der Literaturgeschichte und Ästhetik bei Georg Lukács*, Frankfurt am Main 1990.

Buhr, Manfred/Lukács, Jozsef(Hrsg.): *Geschichtlichkeit und Aktualität. Beiträge zum Werk und Wirken von Georg Lukács*, Berlin 1987.

Buhr, Manfred(1987): Anmerkungen zu Georg Lukács, in: M. Buhr/J. Lukács(Hrsg.): a.a.O., S.11-25.

Bürger, Peter: *Prosa der Moderne*, Frankfurt am Main 1988.

Claussen, Detlev(1990): Blick zurück auf Lenin, in: ders.(Hrsg.): *Blick zurück auf Lenin. Georg Lukács, die Oktoberrevolution und Perestroika*, Frankfurt am Main 1990.

Dannemann, Rüdiger(Hrsg.): *Georg Lukács-Jenseits der Polemiken. Beiträge zur Rekonstruktion seiner Philosophie*, Frankfurt am Main 1986.

ders.(1986): Einleitung, in: ders.(Hrsg.): a.a.O., S.9-22.

ders.(1987a): Rätebewegung und Basisdemokratie. Das politische Testament Georg Lukács', in: SuD, S.137-147.

ders.(1987b): *Das Prinzip Verdinglichung. Studie zur Philosophie Georg Lukács'*, Frankfurt am Main 1987.

ders.(1992): Georg Lukács' Kritik der gesellschaftlichen Vernunft. Krise des Marxismus und marxistische Ontologie, in: *Deutsche Zeitschrift für Philosophie*, Heft 1/2(1992).

ders.(1993): Ethik, Ontologie, Verdinglichung. Grundlinien der Ethik Georg Lukács' und die aktuellen Probleme 'weltgeschichtlicher Totalität', in: W. Jung(Hrsg.): *Diskursüberschneidungen Georg Lukács und andere. Akten des Internationalen Georg-Lukács-Symposiums "Perspektiven der Forschung" Essen 1989*, Bern 1993, S.151-160.

ders.(1997): *Georg Lukács zur Einführung*, Hamburg 1997.

Dannemann, Rüdiger/Jung, Werner(Hrsg.): *Objektive Möglichkeit*, Opladen 1995.

Fehér, Ferenc/Heller, Agnes/Márkus, György/Vajda, Mihaly: Aufzeichnungen für Genossen Lukács zur "Ontologie", in: R. Dannemann (Hrsg.): a.a.O., S.232-253.

Franco, Vittoria(1987): Ontologie, Ethik und Erneuerung des Marxismus bei Georg Lukács, in: A. Münster/M. Löwy/N. Tertulian(Hrsg.): *Verdinglichung und Utophie. Ernst Bloch und Georg Lukács zum 100. Geburtstag. Beiträge des internationalen Kolloquiums in Paris, März 1985*, Frankfurt am Main 1987, S.112-122.

Franz Michael(1985): Auf der Suche nach der Vermittlung. Die dialektische Natur des Besonderen als ästhetische Problemfeld in der Sicht von Georg Lucács, in: Georg Lucács: *Über die Besonderheit als kategorie der Ästhetik*, Berlin u. Weimar 1985, S.267-325.

Gallas, Helga: *Marxistische Literaturtheorie. Kontroversen im Bund proletarisch-revolutionärer Schriftsteller*, Neuwied u. Berlin 1971.

Gallée, Caroline: *Georg Lukács. Seine Stellung und Bedeutung im literarischen Leben der SBZ/DDR 1945-1985*, Tübingen 1996.

Günther, Hans(1984): *Die Verstaatlichung der Literatur. Entstehung und Funktionsweise des sozialistisch-realistischen Kanons in der sowjetischen Literatur der 30er Jahre*, Stuttgart 1984.

Habermas, Jürgen: *Theorie des kommunikativen Handelns in 2 Bänden*,

Frankfurt am Main 1981.

ders.(1985): *Die Neue Unübersichtlichkeit. Kleine Politische Schriften V*, Frankfurt am Main 1985.

Heise, Wofgang(1987): Georg Lukács-historische Position und sein Totalitätsbegriff, in: M. Buhr/J. Lukács(Hrsg.): a.a.O., S.187-199.

Heller, Agnes(1978): *Das Alltagsleben. Versuch einer Erklärung der individuellen Reproduktion*, Frankfurt am Main 1978.

dies.(1986): Die Philosopie des alten Lukács, in: R. Dannemann(Hrsg.): a.a.O., S.125-142.

dies.(1995): Der Schulgründer, in: R. Dannemann/W. Jung(Hrsg.): a.a.O., S.105-126.

Heller, Agnes u.a.(Hrsg.): *Die Seele und das Leben. Studien zum frühen Lukács*, Frankfurt am Main 1977.

Heller, A/Dannemann, R.: Ethik-Briefwechsel, in: R. Dannemann(Hrsg.): a.a.O., S.195-208.

Holz, Hans Heinz(1987): Georg Lukács und das Irrationalismus-Problem, in: M. Buhr/J. Lukács(Hrsg.): a.a.O., S.60-81.

Illés, Lászlo(1990): Georg Lukács' Bemühungen um Realismustheorie, in: E. Kowalski(Leitung) u.a.(Hrsg.): *Literaturtheorie und Literaturkritikin der frühsowjetischen Diskussion*, Berlin u. Weimar 1999, S.538-572.

Jameson, Fredric(1988): History and Class Consciousness as an 'Unfinished Project', in: *Rethinking Marxism*, 1/1, (Spring 1988), pp.49-72.

ders.(1996): Die Gegenwart des Marxismus, in: Rüdiger Scholz/Klaus-Michael Bogdal(Hrsg.): *Literaturtheorie und Geschichte. Zur Diskussion materialistischer Literaturwissenschaft*, Opladen 1996, S.16-52.

Jung, Werner(1989): *Georg Lukács*, Stuttgart 1989.

ders.(1995): Zur Ontologie des Alltags. Die späte Philosophie von Georg

Lukács, in: R. Dannemann/W. Jung(Hrsg.): a.a.O., S.249-300.

Klatt, Gudrun(1984): *Vom Umgang mit der Moderne*, Berlin 1984.

dies.(1987): Zwischen Dekadenz und “Sieg des Realismus”. Zu Georg Lukács’ literaturpolitischem Konzept zwischen 1933/34 und 1938, in: M. Buhr/J. Lukács(Hrsg.): a.a.O., S.233-243.

Klein, Alfred(1990): *Georg Lukács in Berlin. Literaturtheorie und Literaturpolitik der Jahre 1930/32*, Berlin u. Weimar 1990.

Kleinschmidt, Sebasctian(1987): Georg Lukács und die Wertabstufungen in der Kunst, in: M. Buhr/ J. Lukács(Hrsg.): a.a.O., S.244-263.

Koch, Hans u.a.: *Georg Lukács und der Revisionismus*, Berlin 1960.

Kofler, Leo(1952): Das Wesen und die Rolle der Stalinistischen Bürokratie, in: *Stalinismus und Bürokratie*, 1970[이 논문에 관해서는 Löwy(1976), p.205 참조].

Labica, Georges/Bensussan, Gérard(Hrsg.)/Wolfgang Fritz Haug(Hrsg. d. dt. Fassung): *Kritisches Wörterbuch des Marxismus*, Bd.8. Argument-Verlag 1989(프랑스어 초판은 1982).

Lehmann, Joachim: *Die blinde Wissenschaft. Realismus und Realität in der Literaturtheorie der DDR*, Würzburg 1995.

Lehmann, Günter K.(1981): Ästhetik im Streben nach Vollendung, in: Georg Lukács: *Die Eigenart des Ästhetischen, Bd. 2*, Berlin u. Weimar 1981, S.839-880.

Lyotard, J-F.: Beantwortung der Frage: Was ist postmodern?, in: P. Engelmann(Hrsg.): *Postmoderne und Dekonstruktion*, Stuttgart 1997.

Löwy, Michael(1976): *Georg Lukács. From Romanticism to Bolschevism*, translated by P. Camiller, London 1979(본문의 줄임말에서 표기되어 있는 연도는 프랑스어 책 초판이 나온 해).

ders.(1986): Der junge Lukács und Dostojewski, in: R. Dannemann (Hrsg.): a.a.O., S.23-38.

ders.(1987): Die revolutionäre Romantik von Bloch und Lukács, in: A.

Münster/M. Löwy/N. Tertulian(Hrsg.): a.a.O., S.17-29.

Márkus, György(1977a): Die Seele und das Leben. Der junge Lukács und das Problem der 'Kultur', in: Heller, Agnes u.a.(Hrsg.): *Die Seele und das Leben. Studien zum frühen Lukács*, Frankfurt am Main 1977, S.99-130.

ders.(1977b): Lukács' 'erste' Ästhetik. Zur Entwicklungsgeschichte der Philosophie des jungen Lukács, in: a.a.O., S.192-240.

MEW: *Karl Marx·Friedrich Engels Werke*, hrsg. v. Institut für Marxismus-Leninismus, Bd.1-42, Dietz Verlag Berlin.

Matzner, Jutta(Hrsg.): *Lehrstück Lukács*, Frankfur am Main 1974.

Metscher, Th.(1990): Mimesis und künstlerische Wahrheit, in: Gerhard Pasternack(Hrsg.): *Zur späten Ästhetik von Georg Lukács. Beiträge des Symposiums vom 25. bis 27. März 1987 in Bremen*, Frankfurt am Main 1990, S.121-137.

ders.(1992): *Pariser Meditationen. Zu einer Ästhetik der Befreiung*, Wien 1992.

Mezei, György I.(Hrsg.): *Georg Lukács. Versuch zu einer Ethik*, Budapest 1994.

Mittenzwei, Werner(1967): Marxismus und Realismus. Die Brecht-Lukács-Debatte, in: J. Matzner(Hrsg.): a.a.O., S.125-164(본문의 줄임말에서 표기되어 있는 연도는 동독에서 처음 발표된 해).

ders.(1975): Gesichtspunkte. Zur Entwicklung der literaturtheoretischen Position Georg Lukács, in: ders.(Hrsg.): *Dialog und Konstroverse mit Georg Lukács*, Leipzig 1975, S.9-104.

ders.(1977): Lukács' Ästhetik der revolutionären Demoktratie, in: *Georg Lukács. Kunst und objektive Wahrheit. Essays zur Literaturtheorie und-geschichte*, hrsg. v. W. Mittenzwei, Leipzig 1977, S.5-17.

Mozejko, Edward(1977): *Der sozialistische Realismus. Theorie, Entwicklung und Versagen einer Literaturmethode*, Bonn 1977.

Müller, Reinhard(Hrsg.): *Die Säuberung. Moskau 1936: Stenogramm einer geschlossenen Parteiversammlung*, Reinbek bei Hamburg 1991.

Münster, Arno/Löwy, Michael/Tertulian, Nicolas(Hrsg.): *Verdinglichung und Utophie. Ernst Bloch und Georg Lukacs zum 100. Geburtstag. Beiträge des internationalen Kolloquiums in Paris, März 1985*, Frankfurt am Main 1987.

Negt, Oskar(1974): Marxismus als Legitimationswissenschaft. Zur Genese der stalinistischen Philosophie, in: *Nikolai Bucharin/Abram Deborin. Kontroversen über dialektischen und mechanistischen Materialismus, Einleitung v. Oskar Negt*, Frankfurt am Main 1974, S.7-48.

Oldrini, Guido(1990): Die ontologische Stütze der großen Ästhetik, in: G. Pasternack(Hrsg.): a.a.O., S.55-66.

ders.(1998): Zu den Ursprünge der (marxistischen) Ontologie von Georg Lukács, in: F. Benseler/W. Jung(Hrsg.): *Lukács 1997. Jahrbuch der Internationalen Georg-Lukács-Gesellschaft*, Bern 1998, S.133-162.

Pasternack, Gerhard(1985): *Georg Lukács. Späte Ästhetik und Literaturtheorie*, Konigstein/Ts. 1985.

ders.(Hrsg.): *Zur späten Ästhetik von Georg Lukács. Beiträge des Symposiums vom 25. bis 27. März 1987 in Bremen*, Frankfurt am Main 1990.

Pike, David(1986): *Lukács und Brecht*, Tübingen 1986.

ders.(1987): Georg Lukács und Stalinismus, in: *Exil. Forschung-Erkenntnisse-Ergebnisse, Sonderband 1. Realismuskonzeptionen der Exilliteratur zwischen 1935 und 1940/41. Tagung der Hamburger Arbeitsstelle für deutsche Exilliteratur 1986*, Maintal 1987, S.144-155.

Pott, Hans-Georg(1974): *Alltägliechkeit als Kategorie der Ästhetik*, Frankfurt am Main 1974.

Renner, Rolf-Günther(1976): *Ästhetische Theorie bei Georg Lukács: Zu ihrer Genese und Struktur,* München u. Bern 1976.

Rockmore, Tom(1995): Lukács über Rationalität und Irrationalität, in:

R. Dannemann/W. Jung(Hrsg.): a.a.O., S.265-294.

Rosenberg, Johanna(1975): Das Leben Georg Lukács'—Eine Chronik, in: W. Mittenzwei(Hrsg.): a.a.O., S.396-428.

Rücker, Silvie(1974): *Totalität bei Georg Lukács und in nachfolgenden Disskussionen*, Diss., Münster 1974.

Schober, Rita(1986): Wirklichkeitseffekt oder Realsmus? – Versuch einer Bilanz, in: *Weimarer Beiträge*(10. 1986), S.1591-1617.

Steigerwald, Robert(1987): Aspekte der bundesdeutschen Lukács-Rezeption, in: M. Buhr/J. Lukács(Hrsg.): a.a.O., S.219-232.

Stephan, Alexander(1975): Georg Lukács' erste Beiräge zur marxistischen Literaturtheorie, in: *Brecht-Jahrbuch 1975*, hrsg. v. John Fuegi u.a., Frankfurt am Main 1975, S.79-111.

Sziklai, Lászlo(1986): *Georg Lukács und seine Zeit 1930-1945*, Köln 1896.

ders.(1995): Brücke in die Zukunft. Methodologische Bemerkungen zu einer 'bereits möglich gewordenen Ästhetik', in: R. Dannemann /W. Jung(Hrsg.): a.a.O., S.185-200.

Tertulian, Nicolas(1986): Ontologie des gesellschaftlichen Seins, in: G. Labica/G. Bensussan(Hrsg.): a.a.O., S.949-955.

ders.(1987): "Die Zerstörung der Vernunft"—Ein Rückblick nach 30 Jahren, in: A. Münster/M. Löwy/N. Tertulian(Hrsg.): a.a.O., S.93-111.

ders.(1990): Die Lukácssche Ästhetik. Ihr Kritiker, ihre Gegner, in: G. Pasternack(Hrsg.): a.a.O., S.25-40.

ders.(1995): Gedanken zur Ontologie des gesellschaftlichen Seins, angefangen bei den Prolegomena, in: R. Dannemann/W. Jung (Hrsg.): a.a.O., S.147-166.

Themann, Thorsten(1996): *Onto-Anthropologie der Tätigkeit. Die Dialektik von Geltung und Genesis im Werk von Georg Lukács*, Bonn 1996.

Tietz, Udo(1990): Georg Lukács und der Stalinismus, in: *Deutsche*

Zeitschrift für Philosophie, 38. Jg. 1990, S.953-963.
Träger, Claus(Hrsg.): *Wörterbuch der Literaturwissenschaft*, Leipzig 1986.
Weisser, Elisabeth(1992): *Georg Lukács' Heidelberger Kunstphilosophie*, Bonn u. Berlin 1992.
Wirkus, Bernd: *Zur Dialektik der Aufklärung in der Ästhetik. Struktur-und Methodenprobleme der Ästhetik Georg Lukács'*, Köln 1975.
Wittich, Dieter(1987): Georg Lukács und W. I. Lenins "Materialismus und Empiriokritizismus", in: M. Buhr/J. Lukács(Hrsg.): a.a.O., S.165-174.
Wolf, Ulrich(1986): *Georg Lukács: Zur Ontologie des gesellschaftlichen Seins. Studie zum Verhältnis von Marxismus und Ontologie*, Hannover 1986.

2. 국내 문헌

강영주: 『한국 역사소설의 재인식』, 창작과비평사, 1991.
강필중: 「특수성의 새 위상－루카치 리얼리즘론의 숙제」, 영미문학연구회 편: ≪안과 밖≫ 제2호, 1997년 상반기.
구중서: 「한국 리얼리즘 문학의 형성」, ≪창작과비평≫ 1970 여름.
김경식: 「'삶으로서의 사유'－다시, 루카치를 읽기 위하여(I)」, ≪작가연구≫ 제4호, 1997 하반기.
김경식: 「게오르크 루카치의 수용 경향과 연구 현황에 관한 검토－다시, 루카치를 읽기 위하여(II)」, ≪문예미학≫ 4호, 1998년 9월.
김남천: 「소설의 장래와 인간성 문제」, ≪춘추≫ 1941년 3월.
김남천: 「소설의 운명」, ≪인문평론≫ 1940년 11월.
김성민: 「헤겔의 존재론적 근본 원리 비판－루카치의 『사회적 존재의 존재론』을 중심으로」, ≪시대와 철학≫ 제10호, 1995 봄.
김영룡: 「사회주의 현실주의 논의의 역사적 전개에 관한 일 고찰」, 문학예술연구소 편: 『현실주의 연구1－사회주의 리얼리즘에 대하여』,

제3문학사, 1990.
김외곤: 「1930년대 후반 창작방법론에 미친 외국이론의 영향(1)」, 한국현대연구회 편: 『한국문학과 리얼리즘—한국의 현대문학』 4권, 한양출판, 1995.
김유동: 「루카치 문학관의 총체적 이해와 올바른 수용을 위하여」, ≪독일문학≫ 43집, 1989.
김유동: 「루카치냐 아도르노냐」, ≪독일문학≫ 46집, 1991.
김유동: 『아도르노와 현대사상—이론과 실천의 가능성을 찾아서』, 문학과지성사, 1997.
김윤식: 「루카치 소설론의 수용양상」, 『한국 근대문학 사상사』, 한길사, 1984.
김윤식: 「사회주의 리얼리즘론」, 『김윤식 선집』 3권, 솔, 1996.
김윤식: 「비평의 운명과 그 표정들—'발자크론'을 둘러싸고」, ≪문예중앙≫ 1997 여름.
김정현: 「루카치, 니이체 그리고 정치적 미학주의의 담론—루카치의 니이체 오독(誤讀)에 대한 비판적 고찰」, 정영도 외: 『니이체 철학의 현대적 이해와 수용』, 세종출판사, 1999.
김현: 「한국 소설의 가능성—리얼리즘론 독견(督見)」, ≪문학과지성≫ 창간호, 1970 봄.
김현돈: 「현실주의 문학이론에 관한 연구—게오르그 루카치를 중심으로」, 부산대 철학과 박사학위논문, 1991.
김현돈: 「미학적 범주로서의 전형성과 총체성 —게오르그 루카치를 중심으로」, ≪시대와 철학≫ 제12호, 1996 봄.
문병호: 「변증법적 예술 이론의 현재적 의미—환경 위기 시대에 있어서 루카치, 아도르노 이론의 상호 보완 가능성」, ≪문학과 사회≫ 제27호, 1994 가을.
문학예술연구소 편: 『현실주의연구 I—사회주의 리얼리즘에 대하여』, 제3문학사, 1990.
박영신: 「자본주의 사회와 문화—베버와 루카치」, 『역사와 사회변동』, 민

영사, 1990.
박정호: 「루카치의 역사철학에서 사물화와 주체성의 문제」, 서울대 철학과 박사학위논문, 1993.
박정호: 「게오르크 루카치」, 박정호 외 편, 『현대 철학의 흐름』, 동녘, 1996.
반성완: 「독일 시민문화의 전통과 독일 현대미학」, ≪문학과지성≫ 1978 가을.
반성완: 「18세기의 독일시민사회와 독일시민문학」, ≪세계의 문학≫ 1980 여름.
반성완: 「독일 시민문학의 가능성과 한계－루카치와 브레히트의 리얼리즘논쟁」, ≪창작과비평≫ 1980 여름.
반성완: 「독일고전주의 예술 이념의 현대적 의미－토마스 만과 루카치와의 관계」, ≪현상과인식≫ 1982 봄.
반성완: 「루카치 현대문학사관의 비판적 고찰」, 백낙청 편, 『서구 리얼리즘 소설 연구』, 창작과비평사, 1982.
반성완: 「변증법적 미학의 현대적 전개－아도르노 미학과 루카치 미학의 공통점과 차이점」, ≪예술과 비평≫ 1984 가을.
반성완: 「루카치의 역사소설이론과 우리의 역사소설」, ≪외국문학≫ 1984 겨울.
반성완: 「총체성의 이념과 변증법적 인식」, ≪오늘의 책≫ 1985 겨울.
반성완: 「루카치와 바흐찐 소설이론의 공통점과 차이점－시간개념을 중심으로」, ≪외국문학≫ 1990 봄.
반성완: 「부다페스트의 지식인들－루카치, 하우저, 만하임」, 반성완 편역, 『변증법적 미학에 이르는 길－루카치와 하우저의 대화』, 문학과비평, 1990.
Ban, Sung-Wan: Der Totalitätsbegriff von Georg Lukacs in der 'Theorie des Romans', ≪한양대 인문논총≫ 제14호, 1987.
방민호: 「리얼리즘론의 비판적 재인식」, ≪창작과비평≫ 1997 겨울.
백낙청 편: 『문학과 행동』, 태극출판사, 1974.

백낙청: 「모더니즘에 관하여」(1984), 『민족문학과 세계문학 II』, 창작과 비평사, 1985.
백낙청: 「민족문학론과 리얼리즘론」(1990), 『현대문학을 보는 시각』, 솔 1991.
변상출: 「지배이데올로기의 도구적 반이성—비합리주의」, ≪문예미학≫ 3호, 1997년 12월.
변상출: 「루카치 리얼리즘론의 두 가지 중심범주—전형과 전망」, ≪문예미학≫ 4호, 1998년 9월.
설헌영: 「실천철학에 대한 검토—루카치와 그람시를 중심으로」, ≪창작과비평≫ 57호, 1985년 10월.
설헌영: 「현실변혁과 변증법—루카치 수용의 의미에 대한 검토」, 철학연구회 편, ≪철학연구≫ 1988 겨울.
손영주: 「문학적 재현의 문제에 관하여—지에르지 루카치와 롤랑 바르뜨의 논의를 중심으로」, ≪현대비평과 이론≫ 1997 봄/여름.
송근호: 「루카치의 『역사소설론』과 역사소설의 문제」, 한국문학연구회 편, 『다시 읽는 역사문학—현대문학의 연구 5』, 평민사, 1995.
양호민: 「지외르지 루카치」, 『현대의 사상 77인』, ≪신동아≫ 1971년 1월호 별책부록.
우기동: 「한국 마르크스주의 사회철학의 수용과 반성」, ≪사회철학≫ 제2호, 1994년 봄.
원희연: 「미적 반영론(리얼리즘론) 재평가」, 표재명 외, 『헤겔에서 리오타르까지』, 지성의샘, 1994.
윤형식: 「마르크스-레닌주의, 정통주의의 시대」, 김수행 외 편: 『1980년대 이후 한국의 마르크스주의 연구』, 과학과사상, 1995.
이기식: 「예술 형식과 역사의 변증법—루카치의 『소설의 이론』」, ≪현대비평과 이론≫ 8호, 1994년 가을/겨울.
이덕형: 「진보의 모순성과 총체적 전형성—루카치 『역사소설론』의 이해」, ≪문예미학≫ 4호, 1998년 9월.
이상경: 『이기영—시대와 문학』, 풀빛, 1994.

이영욱: 「루카치의 사상체계와 변모」, ≪예술과 비평≫ 제21호, 1990 가을.

이주영: 「루카치와 하이델베르크시대」, 지순임 외, 『고전미학연구』, 민음사, 1992.

이주영: 「게오르그 루카치 미학의 윤리성에 대한 연구」, 홍익대 미학과 석사학위논문, 1985.

이주영: 「루카치 미학 연구 – 미메시스론을 통해 본 예술과 현실의 관계」, 홍익대 미학과 박사학위논문, 1996.

이주영: 『루카치 미학 연구』, 서광사, 1998.

이주영: 「루카치 미술관 – 회화에 있어서 리얼리즘」, ≪문예미학≫ 4호, 1998년 9월.

이진숙: 「루카치의 소설이론에 대한 비판적 고찰」, 서울대 독문과 석사학위논문, 1992.

임철규: 「루카치와 황금시대」, 『왜 유토피아인가 – 유토피아, 문학, 이데올로기에 관한 비평』, 민음사, 1994.

임한순: 「루카치의 소설론 – 『소설의 이론』을 중심으로」, ≪소설과 사상≫ 제8권 제2호, 1999년 여름.

임홍배: 「루카치의 괴테 수용에 대한 비판적 고찰」, ≪문예미학≫ 4호, 1998년 9월.

장순란: 「루카치 문예학의 관념론적 성격과 문제점」, ≪독일문학≫ 제45집, 1990.

전태국: 「루카치 – 이성의 파괴」, 한국 산업사회 연구회 편, 『탈현대사회사상의 궤적』, 새길, 1995.

정문길: 「진보주의의 수용과 전개 – 1970년대 이후 한국에서의 마르크스주의 운동과 연구동향」, 김병익 외 편, 『오늘의 한국 지성, 그 흐름을 읽는다 1975-1995』, 문학과지성사, 1995.

정호웅: 「1920-30년대 한국 경향소설의 변모과정 연구 – 인물 유형과 전망의 양상을 중심으로」, 서울대 국문학과 석사학위논문, 1983.

조만영: 「서구 막스주의 창시자, 게오르크 루카치 – 근대와 물신(物神)을

넘어서」, ≪문학사상≫ 1997년 3월호; ≪문예미학≫ 3호, 1997.
조정환: 「문학가의 전선이탈과 창작의 침체를 돌파하는 노동자계급 문예운동전술—'보고문학창작단' 조직을 제안한다」, 『노동해방문학의 논리』, 노동문학사, 1989.
조현일: 「임화 소설론 연구」, 한국현대문학연구회 편, 『한국문학과 모더니즘—한국의 현대문학』 3권, 한양출판, 1994.
차봉희 편저: 『루카치의 유물-변증법적 문학이론』, 한마당, 1987.
차봉희: 「루카치의 유물-변증법적 문학이론」, ≪독일문학≫ 제39집, 1987.
최유찬: 『한국문학의 관계론적 이해』, 실천문학사, 1998.
최종욱: 「루카치, 네오마르크스주의의 선구자」, ≪사회평론≫ 1992년 3월호.
홍성군: 「루카치 후기 미학이론 비판」, ≪독일문학≫ 제42집, 1989.
홍승용: 「루카치-브레히트 논쟁」, ≪이론≫ 제2호, 1992 가을.
홍승용: 「루카치 리얼리즘론 연구—그 중심개념들의 현실성」, 서울대 독문과 박사학위논문, 1993(본문에서는 1993a로 인용).
홍승용: 「루카치 리얼리즘론의 쟁점—당파성」, ≪이론≫ 제6호, 1993 가을(본문에서는 1993b로 인용).
홍승용: 「루카치 전형론의 재평가」, ≪민족예술≫ 창간호, 1994.
홍승용: 「리얼리즘의 논리」, ≪문예미학≫ 1호, 1994년 6월.
홍승용: 「반영, 진리, 해방」, ≪이론≫ 제12호, 1996 가을.
홍승용: 「루카치의 문예미학—『역사와 계급의식』을 중심으로」, ≪문예미학≫ 2호, 1996년 12월.
홍승용: 「루카치 후기 미학의 인식론적 기초—『미의 고유성』에서의 주체-객체 문제」, ≪문예미학≫ 4호, 1998년 9월.
A. 아이스테인손: 『모더니즘 문학론—그 개념에 대한 연구』, 임옥희 역, 현대미학사, 1996.
A. 캘리니코스: 『현대철학의 두 가지 전통과 마르크스주의』, 정남영 역, 갈무리, 1995.
A. 하우저: 『변증법적 미학에 이르는 길』, 반성완 역, 문학과비평, 1990.

D. 르쿠르(외): 『유물론, 반영론, 리얼리즘』, 이성훈 편역, 백의, 1994.
E. 욘: 『마르크스-레닌주의 미학 입문』, 임홍배 역, 사계절, 1989.
E. 피셔(외): 『예술의 새로운 시각』, 정경임 편역, 지양사, 1985.
E. 한: 「다원성과 총체성의 변증법—다원주의 이데올로기 비판」, 서도식 역, ≪이론≫ 16호, 1996 겨울/1997 봄.
F. 제임슨: 『변증법적 문학이론의 전개』, 여홍상·김영희 역, 창작과비평사, 1984.
H.-J. 슈미트/G. 슈람 편: 『사회주의현실주의의 구상—제1차 소비에트작가전연방회의 자료집』, 문학예술연구회 미학분과 역, 도서출판 태백, 1989.
I. 월러스틴: 『사회과학으로부터의 탈피—19세기 패러다임의 한계』, 성백용 역, 창작과비평사, 1994.
K. 맑스(외): 『맑스주의 문학예술논쟁—지킹엔 논쟁』, 조만영 편역, 돌베개, 1989.
W. 얀카: 『진실을 둘러싼 어려움들』, 안삼환 역, 도서출판 예지각, 1990.

부 록

1. 인간의 사유와 행위의 존재론적 기초

2. 존재론과 미학, 미학과 존재론

인간의 사유와 행위의 존재론적 기초*

1

한 차례의 강연에서 적어도 이러한 문제복합체의 가장 일반적인 원리들이나마 얼마간이라도 조명하는 데에는 이중적인 어려움이 있습니다. 한편으로는 현재의 문제상황을 비판적으로 조망해야 하며, 다른 한편으로는 새로운 존재론의 원리적 구조를 최소한 그 기본 구조에 있어서나마 밝혀야 마땅할 것입니다. 실로 결정적으로 중요한 두번째 문제만이라도 어느 정도 처리할 수 있기 위해서 우리는 첫번째 문제에 관

* 이 글은 "Die ontologischen Grundlagen des menschlichen Denkens und Handelns"를 옮긴 것이다. 강연문으로 씌어진 이 글은 *ad lectors* (Neuwied, 1969)에 처음 실렸으며, 곧이어 오스트리아의 잡지 *Neues Forvm*에도 두 번에 걸쳐 나뉘어 실렸다(1971년 2/3월호와 6/7월호). 이 글은 후기 루카치의 '역사적·유물론적 존재론'의 핵심을 조감하기에 유용하다. 그렇기 때문에 전기, 문학, 정치, 철학 등의 항목에 따라 루카치의 중요 에세이들을 묶어놓은 *Georg Lukács. Revolutionäres Denken. Eine Einführung in Leben und Werk*[F. Beseler(편), Darmstadt/Neuwied 1984]에 수록되었으며, 1995년에 출판된 프랑크 벤젤러의 65회 생일기념논문집[R. Dannemann/W. Jung(편), *Objektive Möglichkeit. Beiträge zu Georg Lukács' "Zur Ontologie des gesellschaftlichen Seins", Frank Benseler zum 65. Geburtstag,* Opladen, 1995]에도 재수록되어 있다. 각주는 모두 옮긴이가 붙인 것이다.

해서는 아주 간략한 해명마저도 포기할 수밖에 없습니다. 지난 수십 년간, 예전의 인식론적 경향들이 급진전되는 가운데 모든 존재론적 문제설정을 비과학적인 것으로 치부하고 원칙적으로 거부하는 신실증주의[1)]가 절대적인 지배권을 행사했다는 것, 그것도 본래의 철학적 생활에서뿐만 아니라 실천의 세계에서도 그러했다는 것은 누구나 다 아는 사실입니다. 현재의 정치, 군사, 경제를 지도하는 세력의 이론적 주도동기가 진지하게 분석된다면, 그것이—의식적으로든 무의식적으로든 간에—신실증주의적 사유방법에 의해 규정되어 있다는 것이 밝혀질 것입니다. 신실증주의적 사유방법이 거의 무제한의 전권(全權)을 행사할 수 있는 기반이 다져진 셈입니다. 장차 현실과의 갈등이 공공연한 위기로까지 진행될 때, 정치·경제 생활에서부터 그 말의 가장 넓은 의미에서의 철학하기(Philosophieren)에 이르기까지 커다란 변혁이 초래될 것입니다. 우리는 겨우 이러한 과정의 초엽에 서 있기 때문에 여기에서는 이같은 암시로 족하리라 생각합니다.

우리의 강연은 지난 수십 년간 존재했던 존재론적 지향들도 다루지 않을 것입니다. 그것들을 극히 문제적인 것으로 간주한다는 단순한 언명으로 그치겠습니다. 그리고 그 문제성과 방향을 최소한 암시나마 하기 위해서 이 방향의 저명한 창도자인 사르트르의 마지막 발전과정에 주의만 환기시키도록 하겠습니다.[2)]

그것은 맑스주의와의 관계 속에서 드러납니다. 우리는 철학사에서 맑스주의가 존재론으로 파악된 적이 거의 없었다는 것을 잘 알고 있습니다. 이 강연이 과제로 삼고 있는 것은 이에 반(反)하는 것입니다. 즉,

---

1) 신실증주의(Neopositivismus)에 대한 루카치의 입장에 관해서는 『사회적 존재의 존재론을 위하여』 제1권(전집 13권) pp.343-375에 있는 '신실증주의와 실존주의' 부분 참조.

2) Jean-Paul Sartre(1905-1980). 프랑스의 작가이자 철학자. 프랑스 실존주의의 주역이었으며 정치적으로는 사회주의를 지향했다. 여기에서 루카치는 사르트르의 『존재와 무』(1943)를 염두에 두고 있다.

맑스의 결정적인 철학적 업적은 헤겔의 논리학적·존재론적 관념론을 극복하는 가운데 이론적으로 그리고 실천적으로 유물론적·역사적 존재론의 윤곽을 그린 데 있다는 것을 밝히는 것이 과제입니다. 헤겔의 예비적 역할은 그가 나름의 방식으로 존재론을 역사로서 파악했다는 데에 기인합니다. 이는—종교적 존재론과는 대조적으로—'아래'에서 출발해서 '위'에 이르기까지, 즉 인간문화의 가장 단순한 객관화물에서 출발해서 가장 복잡한 객관화물에 이르기까지 하나의 필연적인 발전사를 설계한 것이었습니다. 여기에서 역사적인 존재와 그 산물들이 강조되었음은 물론인데, 이는 그의 철학에서 인간이 자기 자신의 창조자로 나타나는 것과 마찬가지로 헤겔의 특징을 이루는 것입니다.

맑스의 존재론은 헤겔의 존재론에서 논리학적·연역적인 요소들, 발전사적으로 목적론적인 요소들을 전부 다 제거합니다. 이와 같이 유물론적으로 '바로 세움'으로써 [헤겔 철학에서 나타나는—옮긴이] 단순한 것의 종합(Synthese des Einfachen)도 과정의 역동적 계기들의 대열에서 사라질 수밖에 없습니다. 맑스가 출발점으로 삼는 것은 과거의 유물론자들처럼 원자도, 헤겔처럼 추상적 존재 자체도 아닙니다. 맑스의 경우에는 존재론적으로 그러한 출발점이 없습니다. 모든 실존하는 것은 항상 대상적일 수밖에 없으며, 어떤 구체적 복합체의 항상 운동하고 운동되는 부분일 수밖에 없습니다. 이로부터 이제 두 가지 근본적인 결과가 생깁니다. 첫째, 전체 존재는 하나의 역사과정(Geschichtsprozeß)입니다. 둘째, 범주들은 어떤 존재하고 있는 것이나 형성되고 있는 것에 대한 언표도, 물질의 (관념적인) 형식화 원리들도 아닙니다. 그것은 물질 자체의 운동하고 운동되는 형식들, 즉 "현존재 형식들, 실존 규정들"[3]입니다. 맑스의 혁신적인—낡은 유물론과는 근본적으로 다른—입

---

3) Karl Marx, *Einleitung zur Kritik der politischen Ökonomie(1857-58)*, 맑스 엥겔스 전집(MEW), 제13권, p.637. 국역본은 『정치경제학 비판을 위하여』, 김호균 역, 중원문화, 1988, 229쪽 참조.

장은 구태의연한 정신 속에서 다양하게 해석되어왔는데, 이에 따라 맑스가 물질적 존재에 비해 의식의 의의를 과소평가했다는 잘못된 생각이 생겨났습니다. 이러한 견해가 잘못되었다는 것은 뒤에서 구체적으로 밝혀질 것입니다. 여기에서 중요한 것은, 맑스가 의식을 물질의 존재론적 발전에서 뒤늦게 생긴 산물로 파악했다는 것을 확인하는 일뿐입니다. 이것이 종교적 창조주의 의미에서 혹은 플라톤적 관념론과 같은 의미에서 해석될 때 물론 그러한 인상[맑스가 물질적 존재에 비해 의식의 의의를 과소평가했다는 인상—옮긴이]이 생겨날 수도 있습니다. 하지만 유물론적인 발전 철학에 있어서는 뒤늦게 생긴 산물이 존재론적 중요성에서 열등한 것일 필연성은 전혀 없습니다. 의식은 현실을 반영하며, 이를 기반으로 현실을 수정·가공할 수 있게 합니다. 이는 존재 상[의식이 지닌—옮긴이] 실질적인 힘(Macht)을 의미하는 것이지, 비현실적인 과장된 시각을 지닌 자들이 판단하듯이 취약함을 의미하는 것이 아닙니다.

2

여기에서 우리는 단지 사회적 존재의 존재론만을 다룰 수 있을 뿐입니다. 하지만 우리가 사회적 존재는 유기적 존재의 토대 위에서만, 그리고 유기적 존재는 비유기적 존재의 토대 위에서만 생겨날 수 있고 계속 발전할 수 있다는 사실에 주목하지 않는다면, 사회적 존재의 특성을 파악하는 것은 불가능합니다. 이미 과학은 하나의 존재양식에서 다른 존재양식으로 이행 중에 있는 예비적 형식들을 밝혀내기 시작했습니다. 여기에서 상대적으로 단순한 존재형식들과 달리 상대적으로 복잡한 존재형식들이 지닌 원리적으로 가장 중요한 범주들이 이미 밝혀졌습니다. 그것은 '단순히 다르게 되는 것'과는 구분되는 삶의 재생산입니다. 즉, 환경을 의식적으로 변화시키면서 환경에 능동적으로 적응하는 것인데, 이는 환경에 단순히 수동적으로 적응하는 것과는 전혀 다른 것입니다. 다음과 같은 사실 또한 분명해졌습니다. 즉, 상대적으로 단순한 존재형식은, 비록 그것이 수많은 과도기적 범주들을 산출한다 하더라도, 더 복잡한 존재형식의 현실적인 발생과 분리되어 있는데, 이러한 분리는 일종의 도약(Sprung)을 통해서 이루어집니다. 상대적으로 더 복잡한 존재형식은 질적으로 새로운 것입니다. 그 발생은 상대적으로 단순한 형식으로부터 결코 단순히 '파생'될 수 없는 것이지요.

매번 그러한 도약에 따라 새로운 존재형식이 구성됩니다. 이때 질적으로 새로운 것이 아무리 부단하게 생겨난다 하더라도 많은 경우에 있어서 이 새로운 것은 기초가 되는 존재의 반응방식들이 새로운 작용범주들—새로이 생겨난 존재의 새로움을 실제로 구성하는 것이 이것인데—로 변한 것 이상이 아닌 것처럼 보일 것입니다. 여기에서 우리는 식물에 순전히 물리적·화학적으로 작용하는(이를 통해 물론 여기에서도 특수한 생명효과를 유발하는) 빛이 어떻게 고등동물의 시각에서는 환경에 대한 특유의 생물학적 반응형식들을 발달시키는지 생각해볼 필요가 있습니다. 어떤 독특한 존재가—비록 그것이 근원적인 존재기초들에 근거하고 있는 상태가 결코 폐지될 수는 없지만—점점 더 분명해질수록, 유기적 자연에서 재생산과정은 그 존재 특유의 본질에 점점 더 부합하는 형식들을 띠게 됩니다. 이 자리에서는 이러한 문제복합체에 관한 암시조차 제공할 수 없지만 다음과 같은 점은 주의하도록 합시다. 즉, 유기적 재생산과정의 고차화, 다시 말해 본래적 의미에서 점점 더 순수하고 분명하게 되는 생물화는 감각지각들의 도움을 받아 일종의 의식도 형성하는바, 그것은 유기적 재생산과정의 성공적인 작동을 위한 고등기관으로서 하나의 중요한 부수현상(Epiphänomenon)입니다.

노동이 새로운 존재양식의 역학적·구조적 기초로서 발생할 수 있기 위해서는 유기적 재생산과정이 일정한 수준까지 발전되어 있어야 합니다. 여기에서도 우리는 단순히 단초로만 머물러 있는 노동의 수많은 단초들은 그냥 지나칠 수밖에 없습니다. 그리고 노동의 일종뿐만 아니라 그것의 필연적인 발전 결과, 즉 분업도 생겨났던 그런 막다른 골목들(꿀벌 등등) 또한 그냥 지나칠 수밖에 없습니다. 꿀벌과 같은 경우를 막다른 골목이라고 하는 까닭은, 이 경우 분업이 유(類)의 표본들을 나누는 하나의 생물학적 차이로 고착됨으로써 새로운 존재로 나아가는 원리가 될 수 없었고 오히려 아무런 발전도 없는 고정상태, 즉 발전과정에서 막다른 골목으로 머물러 있었기 때문입니다.

노동은 생명체들의 이러한 고정상태를 넘어서 그 환경과의 생물학적 대결로 나아가는데, 바로 여기에 노동의 본질이 있습니다. 여기에서 본질적인 구분의 계기를 이루는 것은 생산물들의 완성이 아니라 의식의 역할입니다. 바로 노동에서 의식은 생물학적 재생산의 단순한 부수 현상이기를 그칩니다. 즉, 맑스가 말했다시피 생산물은 그 과정이 시작할 때 "이미 노동자의 표상 속에" 있었던, 따라서 이미 관념적으로 현존했던 결과인 것입니다.[4)]

유기적 자연의 존재와 사회적 존재를 유물론적으로 구획할 때, 의식에 그와 같이 결정적인 역할이 할당되는 것은 아마도 특이하게 보일 것입니다. 하지만 이때 잊어서는 안될 것이 있습니다. 즉, 사회적 존재에서 나타나는 문제복합체—그 최고의 유형은 자유와 필연의 유형인데—는 의식이 능동적인 역할을 할 때에만—바로 존재론적으로—진정한 의미를 지닐 수 있다는 것이 그것입니다. 의식이 존재의 유력한 힘이 되지 못한 곳에서는 이러한 대립[자유와 필연의 대립—옮긴이]이 결코 나타날 수 없습니다. 이에 반해 의식에 객관적으로 그와 같은 역할이 귀속되는 곳에서는 그 어디에서나 이러한 대립들의 해결이 짐으로 지워져 있을 수밖에 없습니다.

---

4) Karl Marx, *Das Kapital, Erster Band*, MEW, 제23권, p.193 참조. 국역본은 『자본 I-1』, 김영민 옮김, 이론과실천, 1990(개역판), 228쪽 참조.

노동하는 인간을, 즉 노동을 통해 인간으로 된 동물을 우리는 대답하는 존재라고 적절히 칭할 수 있습니다. 그도 그럴 것이 모든 노동활동은 그것을 야기하는 욕구(Bedürfnisse)에 대답을 제공하는 해결책으로서 생겨난다는 것은 의문의 여지가 없기 때문입니다. 하지만 여기에서 직접적인 관계를 전제한다면 사태의 본질을 간과하게 될 것입니다. 인간은 직접적인 관계가 아니라 바로 다음과 같은 방식을 통해 대답하는 존재로 됩니다. 즉, 인간은 사회가 발전하면 할수록 점점 더 자신의 욕구 및 그 충족의 가능성들을 질문으로 일반화하며, 대답을 유발하는 욕구에 답하는 가운데 광범하게 분화된 그와 같은 매개들을 통해 자신의 활동을 정초하고 풍부하게 만듭니다. 바로 이를 통해 인간은 대답하는 존재로 되는 것입니다. 여기에서 보다시피 대답뿐만 아니라 질문도 직접적으로, 활동을 주도하는 의식의 산물입니다. 그렇다고 해서 대답하기가 이와 같은 역동적 복합체에서 존재상 선차적인 것이기를 그만두는 것은 아닙니다. 개인적·사회적 재생산과정의 동력인 물질적 욕구가 먼저 노동복합체를 실제로 가동시키며, 모든 매개들은 오직 그런 욕구를 충족시키기 위해서 존재할 따름입니다. 이러한 욕구의 충족은 물론 매개의 사슬들을 통해서 이루어집니다. 이 매개의 사슬들은 사회를 둘러싸고 있는 자연뿐만 아니라 사회 속에서 활동하는 인간, 인간의 관계 등등을 부단히 변전시킵니다. 이는 매개의 사슬들이 자연 속에서 제반의 힘, 연관, 속성 등등을 실천적으로 작동되게 함으로써(매개의 사슬들이 없다면 그런 힘, 연관, 속성 등등은 그와 같은 효과를 유발할 수 없었을 것입니다), 그리고 인간 스스로 이러한 힘들을 방출하고 지배하는 가운데 자신의 제반 능력을 고차적으로 발전시킴으로써 이루어집니다.

따라서 인간 능력들의 고차적인 발전의 가능성, 그 능력들을 행사하는 인간들의 가능성은 노동과 더불어 존재론적으로 주어져 있습니다. 이미 이를 통해서, 그리고 무엇보다도 재생산과정이 환경에 단순 반응하는 수동적 적응과는 다른 것이 됨으로써, 즉 환경의 의식적이고 능동적인 변형을 통해서 노동은 사회적 존재의 새로운 특성이 표현되는 사실(Faktum)로 될 뿐만 아니라—바로 존재론적으로—새로운 존재형식 전체의 모델 케이스로 됩니다.

우리가 노동의 작동방식을 정확하게 고찰하면 할수록 이러한 성격은 점점 더 분명해집니다. 노동은 그때그때 인과계열들을 작동시키는 목적론적인 정립들로 구성됩니다. 이러한 단순 확증적인 단언을 통해 수천 년간 계속 되었던 존재론적 편견들이 제거됩니다. 인과성이란, 전(全)존재형식의 모든 운동이 그 속에서 일반적인 표현을 얻는 그런 자연발생적인 법칙을 의미합니다. 이러한 인과성과는 달리 목적론은 인과성을 특정한 방향으로 이끌긴 하지만 오로지 인과계열들만을 작동시킬 수 있는—항상 의식에 의해 수행되는—정립방식입니다. 따라서 예전의 철학들에서 목적론적 정립이 사회적 존재의 그와 같은 특수성으로 인식되지 않았을 때, 자연과 사회에 목적론적인 발전 경향을 부여하기 위해 한편에서는 초월적인 주체가, 다른 한편에서는 목적론적으로 작용하는 연관들의 특수한 성질이 고안되어야 했습니다. 실질적으로 사회화된 사회에서, 그 총체가 전체를 움직이는 그런 행위들의 대다수는 목적론적인 근원을 지니는 것이 사실입니다. 하지만 그 대다수 행위들의 현실적인 실존은, 그것이 개별적으로 머물러 있든 총괄되든 간에, 결코 그 어디에서도, 어떠한 관계에서도 목적론적인 성격을 띨 수 없는 인과연관들로 구성됩니다. 이러한 사실에서 나타나는 이중성이 여기에서 결정적으로 중요한 관점입니다.

우리가 노동을 사회적 실천의 모델로 본다면, 모든 사회적 실천은 자체 내에 이같은 대립성을 통합하고 있습니다. 한편으로 사회적 실천은 전부 다 선택적 결정입니다. 그도 그럴 것이 모든 개별 인간은 무언가를 할 때마다 항상 그것을 하겠다고 결정하거나 아니면 그러지 않겠다고 결정해야 하기 때문입니다. 따라서 모든 사회적 행동은 미래적인 목적론적 정립들에 대한 선택적 결정에서 나옵니다. 사회적 필연성은 특정한 방향으로 선택적 결정을 내리도록 개인들에게—종종 익명의—압력을 가하는 방식으로만 관철될 수 있습니다. 이러한 상황을 맑스는 다음과 같이 적합하게, 즉 인간은 "몰락의 형벌에 처해지더라도" 상황들에 의해 특정한 방식으로 행동하도록 내몰린다고 묘사하고 있습니다. 하지만 인간은, 비록 종종 자신의 확신에 반해서 행동한다 하더라도 궁극적으로는 자신의 행위를 자기 스스로 행할 수밖에 없습니다.

사회에서 살아가는 인간들의 이러한 상황은 없어질 수 없습니다. 우리가 자유라고 부르곤 하는 복합체의 모든 현실적 문제들은 이러한 상황으로부터—물론 더 복잡한 상황들에서의 더 복잡한 문제들을 고려하면서—도출될 수 있습니다. 본래적 의미에서의 노동의 범위를 넘어서지 않고도 우리는 가치와 당위의 범주를 지적할 수 있습니다. 자연은 가치도 당위도 알지 못합니다. 비유기적 자연에서 상재(相在; Sosein)가 타재(他在; Anderssein)로 바뀜은 물론 가치와 아무런 관련이 없습니다. 재생산과정이 존재 상 환경에 대한 적응을 의미하는 곳인 유기적 자연에서는 적응의 성공 혹은 실패가 말해질 수 있습니다. 하지만 이 대립도—바로 존재상으로 볼 때—단순한 타재의 경계를 결코 넘어서지 않습니다. 이미 노동에서는 이와 사정이 전혀 다릅니다. 일반적으로 인식은 객관적으로 존재해 있는 대상들의 '즉자 존재(Ansichsein)'와, 대상들이 단지 사유된 '우리에 대한 존재(Fürunssein)'—이는 대상들이 인식과정에서 획득하는 것인데—를 아주 분명하게 구분합니다. 하지만 이제 노동에서는 노동산물의 '우리에 대한 존재'는 노동산물의 대상적인 실재적 특성으로 됩니다. 즉 그를 통해서 노동산물이, 만약 올바르게 정립되고 실현된다면 그 사회적 기능들을 성취할 수 있는 그런 특성으로 되는 것입니다. 이를 통해 노동산물은 가치있는 것으로 됩니다(실패할 경우에는 가치없는 것, 가치에 반하는 것으로 됩니다). 가치들은 '우리에 대한 존재'의 현실적인 대상화를 통해서만 실질적으로 발생할 수 있습니다. 가치들은 사회성의 고차 단계들에서는 한층 더 정신적인 형식을 띠는데, 그렇다고 해서 이러한 존재론적 발생의 기초적인 의미가 제거되는 것은 아닙니다.

당위의 경우에도 사정은 비슷합니다. 당위는 사회적인 목표정립(단순히 자연적인 양상을 띤 경향 혹은 자연발생적인 인간적 경향뿐만 아니라)을 통해 규정된 인간태도를 의미합니다. 노동에서는 모든 운동 그리고 그것을 수행하는 인간들이 사전에 정해진 목표들에 의해 조종될 수밖에 없다는 것은 이제 노동의 본질에 속합니다. 따라서 모든 운동은 당위에 복속되어 있습니다. 이러한 역동적인 구조가 순수하게 정신적인 작용영역들로 전이된다 하더라도 여기에서 존재상 결정적으로 중요한 것은 전혀 변하지 않습니다. 변하기는커녕 그와는 반대로 시원적인 것으로부터 이후의 한층 더 정신적인 태도들에 이르는 존재상의 연결고리들이 아주 분명하게 드러납니다. 이는 인식론적·논리학적 방법들과는 대조되는데, 이러한 방법들에서는 고차적인 형식들에서 시원적인 형식들로 이르는 경로가 가시화되지 않으며, 전자(고차적인 형식들)의 관점에서 후자(시원적인 형식들)는 심지어 대립물로 나타나기까지 합니다.

이제 정립 주체로부터 노동의 전체 과정을 보게 되면 다음의 사실이 즉각 밝혀집니다. 즉, 주체가 목적론적인 정립을 의식적으로 행하는 것은 사실이지만, 그는 자기 자신이 행하는 활동의 모든 결과는 말할 것도 없고 그 조건도 다 조망할 수 없는 상태에서 그렇게 합니다. 그렇다고 해서 인간이 행위를 못하게 되는 것은 물론 아닙니다. 상황의 아주 작은 일부분만을 조망할 수 있을 뿐이라는 것을 인식함에도 불구하고, 몰락의 형벌에 처해진다고 하더라도 무조건 행위해야만 하는 상황은 무수히 많습니다. 노동 자체에서도 인간은, 그가 노동 상황의 작은 범위만을 지배할 수 있을 뿐이지만—욕구가 재촉하며 또, 노동은 그것의 충족을 약속하는 것이기 때문에—어쨌든 간에 노동을 수행할 수 있다는 것을 알고 있는 경우가 왕왕 있습니다.

극복될 수 없는 이러한 상황은 두 가지 중요한 결과를 지닙니다. 첫째, 노동의 부단한 완성의 내적 변증법이 그것입니다. 이는 노동을 행하는 동안 그 결과 등등에 대한 고찰로 인해 인식할 수 있게 된 규정들의 영역이 계속 커지며, 이에 따라 노동 자체도 점점 더 다양해지고 점점 더 큰 영역들을 포괄하면서 외연적·내포적으로 점점 더 고차적인 성질을 띠게 됨으로써 이루어지는 것입니다. 하지만 이러한 완성의 과정을 통해 상황 전체를 다 인식할 수는 없다는 근본사실이 극복될 수 있는 것은 아닙니다. 그렇기 때문에 노동의 이러한 존재양식은—노동의 성장과 나란히—초월적인 현실의 체험도 같이 일깨웁니다. 인간은 초월적인 현실의 미지(未知)의 힘들을 여하튼 간에 자신에게 유리하게 만들려고 합니다. 여기는 이러한 상황에서 생겨난 주술적 실천, 종교적 신앙 등등의 여러 상이한 형태를 다룰 자리가 아닙니다. 하지만, 비록 그것들이 이러한 이데올로기적 형태들의 단 하나의 원천에 불과하지만 그렇다고 해서 전혀 거론되지 않아서는 안될 성싶습니다. 이는 특히 다음과 같은 이유 때문에 그렇습니다. 즉, 노동은 모든 인간적 활동의 객관적·존재론적 모델 케이스일 뿐만 아니라, 여기에서 거론된 경우들에 있어서는 신적인 현실 창조에 대한, 전지적 창조자에 의해 목적론적으로 생산된 모든 구성물에 대한 직접적인 전범이기도 한 것입니다.

노동은 의식적인 정립입니다. 따라서 그것은 특정 목표와 수단에 관한, 결코 완벽하지는 않더라도 어느 정도 구체적인 지식을 전제로 합니다. 이미 밝혔다시피 발전, 즉 완성은 노동의 존재론적 본질표지에 속합니다. 그렇기 때문에 노동은 점차 더 고차적인 질서의 사회적 구성물들을 산출하면서 이루어집니다. 이러한 분화 가운데 아마도 가장 중요한 것은 사전(事前) 작업이 점점 더 독자적으로 되는 것, 즉 구체적인 노동 자체에 있어서 목표와 수단에 관한 인식의—항상 상대적인—분리입니다. 수학, 기하학, 물리학, 화학 등등은 원래 노동의 이러한 준비과정의 부분들이자 계기들이었습니다. 이것들은 점차 독자적인 인식

영역들로 성장했는데, 그렇다고 이러한 원래의 기능을 완전히 상실할 수는 없습니다. 이러한 과학들이 보편적이고 독자적으로 되면 될수록 노동 또한 한층 더 보편적이고 완전하게 됩니다. 그것들의 확장과 심화 등등이 더하면 더할수록, 그렇게 생겨난 인식들이 노동의 목표정립과 수단에 대해 행사하는 영향력은 점점 더 커집니다.

그와 같은 분화는 이미 상대적으로 고도화된 분업의 한 형태입니다. 하지만 분업 자체는 노동 자체의 발전에 따른 가장 기본적인 결과입니다. 아직 분업이 완전히 전개되기 이전, 가령 채집경제 시기에, 이러한 결과적 현상은 예컨대 사냥에서 이미 등장합니다. 여기에서 목적론적 정립의 한 새로운 형식이 등장하는데, 이는 존재론적 견지에서 주목할 만합니다. 즉, 여기에서는 자연의 한 부분이 인간의 목표정립에 부합되게 가공되어야 하는 것이 아니라, 한 인간(혹은 몇몇 인간)이 목적론적 정립들을 사전에 규정된 방식으로 행하도록 유발되어야 합니다. 하나의 특정 노동은 비록 그것을 특징짓는 분업이 몹시 분화되어 있다 하더라도 단지 하나의 통일적인 주목표만을 지닐 수 있기 때문에, 노동의 준비와 실행에 있어서 목표정립의 이러한 통일성을 보장하는 수단들이 발견되어야만 합니다. 그렇기 때문에 이 새로운 목적론적 정립들은 분업과 동시에 작용하기 시작해야 하며, 계속해서 모든 분업적 노동의 불가결한 수단으로 남아 있습니다. 한층 더 고차적인 사회적 분화와 함께, 즉 적대적인 이해를 지닌 사회계급들의 발생과 함께, 이러한 종류의 목적론적 정립들은 맑스주의가 이데올로기라고 부른 것의 정신적·구조적 기초가 됩니다. 즉, 비교적 발전된 생산들에 내재하는 모순들로 인해 쌓이는 갈등들 속에서 이데올로기는, 그를 통해 인간들이 이러한 갈등들을 의식하게 되고 그 갈등들을 싸워내는 그런 형태들이 됩니다.

그러한 갈등들은 사회생활 전체에 점점 더 강력하게 파고듭니다. 그것들이 파고드는 범위는, 단일작업 및 일상생활에 있어서 사적인, 그리고 직접 사적으로 해결되는 대립들로부터 시작해서 지금까지 인류가 거대한 사회적 변혁들 속에서 싸워 해결하고자 했던 그런 중차대한 문제복합체들에까지 이릅니다. 하지만 가장 기초적인 구조유형은 어디에서나 본질적으로 공통적인 면모를 보입니다. 즉, 노동 자체의 경우에 사회와 자연의 신진대사를 성공적으로 수행하기 위해서는 문제되는 자연과정에 대한 실질적인 지식이 불가피했는데, 이와 마찬가지로 인간들로 하여금 바람직한 목적론적 정립들을 행하도록 유발하기 위해서는 인간들의 성질 및 그들 상호간의 개인적, 사회적 관계의 성질에 대한 모종의 지식이 필요 불가결합니다. 삶의 욕구에서 생겨난 인식들, 즉 처음에 관습, 전통, 습관, 신화 등의 형태를 띠었던 그러한 인식들에서 나중에 합리화된 태도뿐만 아니라 과학도 성장했는데, 이와 같은 성장의 양상을 폰타네[5]의 말에 따라 표현하자면 그것은 '광야(ein weites Feld)'[6]라고 할 만합니다. 그렇기 때문에 이를 한 차례의 강연에서 다루는 것은 불가능합니다. 우리가 지적할 수 있는 것이라고는, 인간과 인간집단에 영향을 미치고자 하는 인식에 비해 자연과의 신진대사에 영향을 미치는 인식이 목적론적 정립—후자의 인식이 생겨난 것은 이를 확실히 하기 위한 것이었는데—에서 더 쉽게 떨어져나올 수 있음에 틀림없다는 사실뿐입니다. 전자의 경우에 목적과 인식적 정초간의 관계는 후자보다 훨씬 더 밀접합니다. 하지만 이러한 확언으로 인해 통일성이냐 절대적 차이냐라는 인식론적 과장이 초래되어서는 결코 안됩니다. 실상은 존재론적인 공통성과 차이가 동시에 존재하는 것이며, 이것들은 구체적인 사회적·역사적 변증법 속에서만 그 해결책을 찾을 수 있습니다.

---

5) Theodor Fontane(1819-1898). 독일 사실주의의 대표적 작가. 폰타네에 관해서는 루카치 전집 제7권에 실린 "Der alte Fontane" 참조. 이 에세이는 『게오르크 루카치: 리얼리즘 문학의 실제 비평』, 반성완 등 옮김, 까치, 1987, 386-450쪽에 국역되어 있다.

6) 너무 광대해서 조감하기 어려운 영역을 일컫는 말.

이 자리에서 지적될 수 있었던 것은 사회적·존재론적 기초에 불과합니다. 모든 사회적 사건은 개별적인 목적론적 정립에서 발생하지만 그 자체는 순수하게 인과적인 성격을 띱니다. 목적론적인 발생은 모든 사회적 과정과 관련하여 자연히 중요한 결과들을 지닙니다. 한편으로 자연 자체는 결코 생산할 수 없었을 모든 결과들을 지닌 대상들이 생겨날 수 있습니다. 이러한 사태를 소박한 단계에서 거시(擧示)하자면, 가령 바퀴를 생각해봅시다. 다른 한편, 모든 사회는 필연성이 기계적·자연발생적으로 작용하기를 그치는 쪽으로 발전되며, 인간들로 하여금 각자 특정한 목적론적 결정을 하도록 유발하고 내몰며 강제하거나 혹은 그러한 결정을 하지 못하도록 하는 사회의 전형적인 현상방식들이 점점 더 강력해집니다.

사회의 전체 과정은 자기 고유의 법칙성들을 지니고 있는 인과적 과정이지만 그렇다고 해서 객관적으로 목표들을 향해 있는 것은 결코 아닙니다. 인간들 혹은 인간집단들이 자신들의 목표정립을 실현하는 일이 이루어지는 경우에도 그 결과들은 보통 의도된 것과는 전혀 다른 것을 초래합니다(생산력의 발전이 고대에서는 사회의 기반을 허물었다는 사실, 그것이 자본주의의 특정 단계에서는 주기적으로 반복되는 경제공황을 야기했다는 사실 등등을 생각해보십시오). 목적론적인 정립과 그 인과적 결과들 간의 이러한 내적 불일치는 사회들이 성장함에 따라, 그 사회들에 대한 사회적·인간적 관여가 깊어짐에 따라 고조됩니다. 물론 이러한 사실 또한 그 구체적인 모순성 속에서 이해되어야 합니다. 특정한 경제적 대사건(예컨대 1929년의 위기[7])은 저항할 수 없는 자연적 파국의 가상을 띤 채 나타날 수도 있습니다. 하지만 역사는 레닌이 주체적 요소라고 부르곤 했던 것의 역할이 다름 아닌 가장 거대한 변혁들에 있어서 (대혁명들을 생각해보십시오) 정말이지 중요했음을 보여줍니다. 물

7) 1929년 10월 25일 뉴욕에서 있었던 '검은 금요일'의 증권파동 후에 야기된 경제공황.

론 목표정립과 그 결과의 상이성은 사회의 재생산과정에 있어서 물질적 요소들 및 그 경향들의 현실적인 우위로서 표현됩니다. 그렇지만 이것이 그 재생산과정이 항상 필연적으로, 어떠한 저항도 용납하지 않으면서 관철될 수 있다는 것을 의미하는 것은 결코 아닙니다. 그러한 운동경향들에 대한 인간적 반응에서 발원하는 주체적 요소는 수많은 영역에서 때로는 수정하는 요소로서, 때로는 심지어 결정적인 요소로서 항상 남아 있습니다.

3

우리는 사회적 존재에서 결정적으로 중요한 범주들 및 그 연관들이 이미 노동 속에 주어져 있는 양상을 밝히려고 시도했습니다. 이 강연의 범위는 노동으로부터 사회의 총체성에 이르는 단계적 상승을 암시적으로나마 추적하는 것도 허용하지 않습니다(우리는 예컨대 사용가치에서 교환가치로, 그리고 교환가치에서 화폐로 넘어가는 등등의 아주 중요한 이행도 전혀 다룰 수 없습니다). 따라서 청중 여러분은—지금까지 개괄된 존재론이 전체 사회 및 그 발전, 그리고 발전의 전망들에 대해 지니는 의미를 최소한 암시라도 하기 위해서—실로 극히 중요한 매개영역들을 간단히 뛰어넘는 것을 허락해야만 합니다. 이는 사회 및 역사의 이러한 발생론적 시원의 가장 일반적인 연관이나마, 사회 및 역사의 발전 자체와 함께 약간 더 분명하게 밝히기 위한 것입니다.

무엇보다도 중요한 것은, 맑스의 지지자들과 적들이 거의 이해하지 못한 채 그의 저작의 전체상에서 찬양하거나 혹은 경멸하곤 한 그 경제적 필연성의 본질은 어디에 있는지를 파악하는 일입니다. 여기에서는 자연적 양상을 띤 필연적 과정이란 없다는 당연한 사실이 제일 먼저 강조되어야 합니다. 비록 맑스 자신이 관념론을 공격하면서 때때로 그러한 표현들을 사용하긴 했지만 말입니다. 이미 우리는 기초적인 존재론적 근거－목적론적인 선택적 결정들을 통해 작동되는 인과성－를 힘주어 지적한 바 있습니다. 이는 다음과 같은 결과, 즉 구체적으로 본질적인 일에 있어서 이에 관한 우리의 적극적(positiv) 인식들은 사후적인 성격(post-festum-Charakter)을 지닐 수밖에 없다는 결과를 초래합니다. 물론 일반적인 경향들은 가시화됩니다. 하지만 이 경향들은 구체적으로 불균등하게(ungleichmäßig) 관철되기 때문에 그것들의 구체적인 성질에 관해서 우리는 대개의 경우 사후적인 지식을 얻을 수 있을 따름입니다. 비교적 분화되고 복잡한 사회적 구성물들의 실현방식이 대부분의 경우 분명히 보여주는 것이라고는, 이행기의 발전방향이 실제로 어디로 향했는가 하는 것뿐입니다. 따라서 그러한 경향들이 정확하게 파악되는 것은 사후에야 비로소 가능한 일입니다. 그 사이에 이루어진, 그 경향들 자체의 전개와 관련해 결코 전혀 무관하다고 할 수 없는 인식, 지향, 예측 등등도 사후에야 비로소 확증 내지는 반증됩니다.

지금까지의 경제적 발전에서 우리는 그러한 발전방향 세 가지를 인지할 수 있습니다. 그것들은 물론 왕왕 아주 불균등한 방식으로 관철되었지만 그럼에도 불구하고 목적론적 정립의 근저에 놓인 의도 및 지식과는 무관하게, 명백히 관철되었던 것입니다.

첫째, 인간의 재생산을 위한 사회적 필요노동 시간이 경향적으로 부단히 감소합니다. 오늘날 일반적 경향으로서의 이러한 사실을 반박할 사람은 더 이상 없을 것입니다.

둘째, 이러한 재생산과정 자체가 점점 더 강력하게 사회적으로 되었습니다. 맑스가 "자연적 한계의" 부단한 "퇴각"[8]을 말할 때 염두에 두고 있었던 것은 다음과 같은 두 가지 측면입니다. 즉, 한편으로 인간적

---

8) '자연적 한계의 퇴각(Zurückweichen der Naturschranke)'에 관해서는 K. Marx, *Das Kapital, Erster Band*, MEW, 제23권, p.537 참조. 국역본은 『자본 I-2』, 김영민 옮김, 이론과실천, 1990(개역판), 622쪽 참조.

(따라서 사회적) 삶이 자연과정에 그 토대를 두고 있는 상태가 완전히 끝나는 일은 결코 있을 수 없습니다. 다른 한편, 생산뿐만 아니라 생산물에서 한갓 자연적인 양상을 띤 것이 차지하는 몫은 양적, 질적으로 부단히 감소하며, 인간적 재생산의 모든 결정적 계기—영양 섭취 혹은 성(性)과 연관된 감정 및 태도(Geschlechtlichkeit)와 같은 자연적 양상을 띤 계기들을 생각해보십시오—는 사회적 계기들을 자체 내에 점점 더 많이 받아들이며 그것들에 의해 부단히 그리고 본질적으로 변형됩니다.

셋째, 경제적 발전은 원래 아주 작고 독자적이었던 개별 사회들—최초에 인간종족은 객관적이고 실제적으로 이러한 사회들로 구성되었는데—간의 점점 더 결정적인 질적, 양적 결속을 창출합니다. 오늘날 점점 더 강력하게 현실화되고 있는 세계시장의 경제적 지배는 이미—적어도 일반적인 경제적 차원에서는—통합된 인류를 보여주고 있습니다. 물론 이 통합상태는 실재적인 경제적 통일원리들의 존재와 작동으로서만 존재합니다. 그것은 구체적으로 다음과 같은 세계 속에서, 즉 이러한 통합으로 인해 인간 및 민족의 삶과 관련하여 극히 복잡하고 첨예화된 갈등들(예컨대 미국에서의 흑인 문제)이 쌓이는 그런 세계 속에서 실현됩니다.

이 모든 경우에 있어서 사회적 존재의 내·외적 변형의 결정적으로 중요한 경향이 존재하는데, 이를 통해 사회적 존재는 자기 고유의 형태를 획득합니다. 다시 말해 인간은 자연존재에서 인간적 개성(Persönlichkeit)으로, 상대적으로 고등한 동물류에서 인간종족, 즉 인류로 되었습니다. 이 모든 것은 사회복합체에서 생겨나는 인과계열들의 산물입니다. 과정 자체는 목표를 지니지 않습니다. 그렇기 때문에 과정의 고차적 발전은 점점 더 고도화되고 점점 더 근본적으로 되는 모순들의 작동을 내포합니다. 진보가 인간행위들의 총괄인 것은 사실이지만 어떤 목적론적 의미에서의 그 완성은 결코 아닙니다. 그렇기 때문에 몹시 아름답지만 경제적으로 고루한 원시적 완성태들이 이러한 발전에 의해서 계속 파괴됩니다. 이 때문에 객관적인 경제적 진보는 항상 새로운 사회적 갈등들의 형식을 띠고 나타납니다. 그리하여 인간의 원시적 공동체로부터 계급대립이라는 해결될 수 없어보이는 이율배반이 생겨납니다. 따라서 비인간성의 최악의 형태도 그러한 진보의 결과인 것입니다. 그리하여 초기 단계에서는 노예제가 식인(食人)에 비해 진보였다면, 오늘날 인간 소외의 보편성은 경제적 발전이 노동에 대한 인간의 관계를 막 혁명적으로 바꾸려 하고 있다는 것을 말해주는 하나의 징후입니다.

개별성(Einzelheit)은 이미 존재의 자연범주이며 유(Gattung) 또한 마찬가지입니다. 유기적 존재의 이 양극은 사회적 존재에서 인간적 개성과 인간류(Menschengattung)로 고양되는데, 이는 오직 동시적으로만, 그리고 사회가 점점 더 사회화되는 과정 속에서만 일어날 수 있는 일입니다. 맑스 이전의 유물론은 이와 관련해 문제제기조차 하지 못했습니다. 포이어바흐의 철학에서는—맑스의 비판을 따르면—한편에는 고립된 인간 개인이, 다른 한편에는 수많은 개별자들을 단지 자연적으로 묶고 있을 뿐인 침묵하는(stumm) 유가 있습니다.[9] 이에 반해, 역사적으로 된 유물론적 존재론의 과제는 발생, 성장, 모순들을 통일적인 발전과정 내부에서 밝히는 것입니다. 사회의 생산자이자 동시에 생산물

---

9) 포이어바흐에 관한 테제들 가운데 여섯 번째 테제 참조: "포이어바흐는 종교적 본질을 인간의 본질로 용해시킨다. 그러나 인간의 본질은 각각의 개체 속에 내재하는 추상물이 아니다. 인간의 본질은 그 현실에 있어서 사회적 관계의 앙상블이다. / 이러한 현실적 본질의 비판 속으로 파고들지 않는 포이어바흐는 따라서: / ① 역사적 과정을 도외시하고 종교적 심성을 그 자체로 고정시키고 하나의 추상적—고립된—인간 개체를 전제하지 않을 수 없다. / ② 따라서 그 본질은 '유(類)'로서만, 내적이고 침묵하는, 많은 개체들을 오직 자연적으로 묶고 있는 일반성으로서만 이해할 수 있다." K. Marx, "Thesen über Feuerbach," MEW, 제3권, pp.5-7, 인용한 곳은 p.6. 번역은 『칼 맑스 프리드리히 엥겔스 저작선집』 제1권, 최인호 외 옮김, 김세균 감수, 박종철출판사, 1991, 187-189쪽에 따라서 함.

로서의 인간은 추상적인 유의 한갓 개별적 표본 이상의 뭔가를 인간존재 속에서 실현한다는 것, 그리고 이러한 존재 수준에서, 즉 발전된 사회적 존재의 수준에서 유는 그 표본이 '침묵한 채' 귀속되어 있는 단순한 일반화가 더 이상 아니라 오히려 점점 더 분명하게 말하는 목소리로 고양된다는 것, 즉 개체적 존재들(Individualitäten)로 되는 개별자들과, 이들 속에서 자기 의식적으로 되는 인간류의 존재적·사회적 종합(Synthese)으로 고양된다는 것 등을 밝히는 것이 그 과제인 것입니다.

4

이러한 존재와 생성의 이론가로서 맑스는 모든 결론을 역사적인 발전에서 추출합니다. 인간은 노동을 통해 스스로를 인간으로 만들었다는 것, 그렇지만 지금까지의 역사는 단지 인류의 전사(前史)일 뿐이라는 것을 그는 확증하고 있습니다. 진정한 역사는 사회주의의 고차 단계인 공산주의와 더불어서 비로소 시작될 수 있습니다. 따라서 맑스에게 있어서 공산주의는 도달해야 할 상태로 고안된 완성의 유토피아적·사상적 선취가 아닙니다. 이와는 반대로 그것은 지금까지의 발전이 인간화의 중요한 업적들로서 산출하고 재생산했으며 모순에 찬 가운데 더 높이 발전시켰던 진정한 인간적 힘들의 실질적인 전개의 시작입니다. 이 모든 것은 인간들 자신이 행한 행동이며, 그들 자신이 행한 활동의 결과입니다.

"인간들은 자신의 역사를 스스로 만들지만 … 자기가 선택한 상황들하에서 그렇게 하는 것은 아니다"[10]고 맑스는 말합니다. 이 말의 의미

10) 이 말은 『루이 보나파르트의 브뤼메르 18일』 맨 앞부분에 나오는 구절을 약간 변형한 것이다. 맑스의 원문을 그대로 옮기면 다음과 같다: "인간들은 자기 자신의 역사를 만들지만 자기 마음대로, 자신이 선택한 상황하에서 그렇게 하

는 앞에서 우리가 인간은 대답하는 존재라고 정식화한 것과 같습니다. 여기에서 말해지는 것은, 사회적 존재에 모순적으로 불가분하게 내재해 있는 자유와 필연의 통일성입니다. 이것은 이미 노동에서 목적론적인 선택적 결정들과, 제거 불가능한 인과적·필연적 전제 및 결과의 불가분한 모순적인 통일성으로서 작용했던 것입니다. 이는 인간 행위의 사회적으로 개인적인 모든 층위에서 항상 새로운 형식들, 점점 더 착종되고 매개되는 형식들 속에서 부단히 새로 재생산되는 통일성입니다.

그렇기 때문에 맑스는 진정한 인류사의 시작 시기를, "오직 저 필연의 왕국 위에서"(여기에서 필연은 인류의 경제적·사회적 재생산, 즉 우리가 앞에서 지적했던 객관적 발전 경향들을 말합니다) "그것을 토대로 삼아 꽃필 수 있는" "자유의 왕국"이라고 말합니다.[11]

자유의 왕국이 그 사회적·물질적 토대, 즉 경제적인 필연의 왕국에 이렇게 결부되어 있다는 것이야말로 인류의 자유를 인류 자신이 행한 활동의 결과로 보여주는 것입니다. 자유는 말할 것도 없고 그 가능성도 자연적으로 주어진 것이 아니며 '천상'의 선물도,―수수께끼 같은 근원인―인간 본질의 구성성분도 아닙니다. 그것은 인간활동 자체의 산물입니다. 구체적으로 보면 늘 인간활동은 그것이 의도한 것과는 다른 것을 성취하는 것이 사실입니다. 그렇지만 그것은 그 실제 결과들 속에서―객관적으로―자유의 가능성의 여지를 부단히 넓혀갑니다. 그것도 직접적으로는 경제적인 발전과정 속에서 말입니다. 이는 인간 활동이 한편으로는 인간의 선택적 결정들의 수와 영향범위 등등을 확장

는 것은 아니다. 그들은 직접적으로 앞에 놓여져 있고, 주어져 있으며, 물려받은 상황하에서 역사를 만든다." K. Marx, *Der achtzehnte Brumaire des Louis Bonaparte*, MEW, 제8권, pp.111-207, 인용한 곳은 p.115. 번역은 『프랑스 혁명사 3부작』(개정판), 임지현·이종훈 옮김, 소나무, 1991, 163쪽을 참조하였다.

11) '자유의 왕국'과 관련해서는 K. Marx, *Das Kapital, Dritter Band*, MEW, 제25권, p.828 참조. 국역본은 『자본 III-3』, 강신준 옮김, 이론과실천, 1990, 1024-1025쪽 참조.

하며, 다른 한편으로는 인간들 자신의 활동을 통해 자신들에게 제기되는 과제들을 증대시킴으로써 인간능력을 더 높이는 방식을 통해 이루어집니다. 물론 이 모든 것은 아직 '필연의 왕국' 속에 있습니다.

하지만 노동과정과 활동장(活動場)의 발전은 이와는 다른, 한층 더 간접적인 결과들도 지닙니다. 무엇보다도 인간적 개성의 생성과 발달이 그것입니다. 인간적 개성은 능력들의 증대를 불가피한 토대로 삼지만 그 토대가 단순하게 직선적으로 확장된 것은 결코 아닙니다. 물론 지금까지의 발전에서는 능력들간의 대립관계가 왕왕 있었으며 심지어는 지배적이기도 했습니다. 이 대립관계는 발전단계에 따라 서로 다르지만, 발전단계가 높아질수록 첨예화됩니다. 오늘날에는 점점 더 강력하게 분화되고 있는 능력들의 발전이 바로 개성 형성의 장애물로서, 인간적 개성을 소외시키는 매체로서 작용하는 듯합니다.

이미 가장 원시적인 노동과 더불어 인간의 유적 성질(Gattungsmäßigkeit)은 침묵하길 그칩니다. 하지만 그 유적 성질은 맨 처음 직접적으로는 단지 즉자 존재에 이를 뿐입니다. 즉, 그때그때 존재하는, 경제적으로 정초된 사회적 연관에 관한 활동적 의식에 이를 뿐인 것입니다. 사회성의 진보가 아무리 많이 이루어졌다 하더라도, 그 지평이 아무리 넓어졌다 하더라도, 인간종족의 전반적 의식은 인간과 유에 대해 그때그때 주어진 상태의 부분적 개별성(Partikularität)을 아직 넘어서지 못했습니다.

그렇다고 하더라도 고차적인 유적 성질이 역사의 의사일정에서 완전히 사라진 적은 결코 없었습니다. 맑스는 자유의 왕국을 "스스로를 자기목적으로 여기는 인간적 힘의 발전"으로, 따라서 개별 인간 및 사회에 있어서 자기목적으로 여기기에 족할 정도로 내실이 풍부한 인간적 힘의 발전으로 규정합니다. 여기에서 먼저 분명한 사실은, 그러한 유적 성질은 지금까지도 많이 못 미친 필연의 왕국의 어떤 수준을 전제로 한다는 것입니다. 노동이 실제로 인류에 의해서 완전히 지배될 때에야 비로소, 따라서 "살기 위한 수단일 뿐만 아니라"[12] "삶의 일차적인 욕구"일 가능성이 노동에 내재할 때에야 비로소, 즉 인류가 자기재생산의 모든 강제성을 넘어섰을 때에야 비로소 자기목적으로서의 인간활동을 위한 사회적 길은 발굴되어 있는 것입니다.

발굴한다는 것은, 필요한 물질적 조건들을 창출한다는 것이며 자유로운 자기활동을 위한 가능성의 여지를 창출한다는 것입니다. 이 두 가지 모두 인간활동의 산물입니다. 하지만 전자는 필연적인 발전의 산물이며, 후자는 필연적으로 산출된 것을 올바로 인간답게 사용한 데서 생기는 산물입니다. 자유 자체는 불가피한 발전의 필연적인 산물일 수만은 없습니다. 비록 자유를 펼치기 위한 모든 전제조건은 이러한 발전 속에서야 비로소 자유가 존재할 수 있는 가능성을 획득하지만 말입니다.

그렇기 때문에 여기에서 문제는 유토피아가 아닙니다. 그도 그럴 것이 첫째, 자유를 실현할 수 있는 실질적 가능성 전체가 필연적인 과정에 의해 산출된 것이기 때문입니다. 이미 최초의 노동의 선택적 결정들에서 자유의 계기에 그렇게 큰 비중이 놓인 것은 괜한 일이 아닙니다. 인간은 그의 자유를 자신의 행동을 통해 획득해야 합니다. 그는 그럴 수밖에 없는데, 왜냐하면 그의 모든 활동은 이미 자유의 계기를 필연적인 성분으로 포함하기 때문입니다.

그러나 문제는 그것을 훨씬 넘어서는 것입니다. 만약 이 계기가 전체 인류사가 진행되는 도중에 부단히 등장하지 않는다면, 만약 그 속에서 지속적인 연속성을 보전하지 않는다면, 당연히 그것은 거대한 전환기에도 주체적 요소의 역할을 할 수가 없을 것입니다. 하지만 모순에 가득 찬 불균등한 발전 자체는 항상 그러한 결과들을 지녔습니다. 목적론적 정립들의 결과가 지닌 순수하게 인과적인 성격만 하더라도 모든 진보를 진보와 퇴보의 대립성 속에서의 통일로서 나타나게 합니다. 이

12) K. Marx, *Kritik des Gothaer Programms*(1875), MEW, 제19권, p.21.

는 이데올로기들을 통해 의식성으로(종종 허위적인 의식성으로) 고양되고 그때그때 대립적인 사회적 이해관계에 따라 싸워 해결될 뿐만 아니라, 생동하는 총체성으로서의 사회들, 자신의 참된 길을 찾아가는 개성적 존재(Persönlichkeiten)로서의 인간들에 항상 연관됩니다. 따라서 자기목적으로 간주될 만한 인간활동의 세계의-지금까지는 항상 단편적인-형상이 의미있는 개별적 표현들에서 재차 표현됩니다. 각 시대에 획기적이고 실제적이었던 새로운 질서의 대부분이 인류의 기억에서 흔적도 없이 사라진 반면에, 실제적으로나 필요의 측면에서는 쓸데없으며 종종 비극적인 몰락의 선고를 받은 단초들이 다양한 모습으로 끈질기게 인류의 기억 속에 생생히 보존되어 있는 것은 주목할 만한 일입니다.

참된 인간화의 과정에서 대부분의 동시대인들보다 한 걸음 더 나아갈 수 있는 인간들 가운데 최상의 부분이 지닌 의식은, 모든 실천적 문제에도 불구하고 그들의 표현에 그러한 지속성을 부여합니다. 그들 속에서는 개성과 사회의 결속이 표현되는데, 이 결속은 바로 인간의 이러한 완숙된 유적 성질을 지향하는 것입니다. 그들은 정상적으로 획득된 유의 가능성들의 위기 속에서 내적 전진을 개시할 준비태세를 통해, 대자적인 유적 성질(Gattungsmäßigkeit für sich)의 가능성들이 물질적으로 마련되었을 때에 이 대자적인 유적 성질이 실제로 생겨나도록 돕습니다.

대부분의 이데올로기들은 즉자적인 유적 성질(Gattungsmäßigkeit an sich)을 보존하고 발전시키는 데 복무했으며 지금도 그러합니다. 그렇기 때문에 그것들은 부단히 구체적·현안적 사안으로 쏠려 있으며, 그 의도상 상이한 종류들의 시류적 싸움으로 꾸려져 있습니다. 단지 위대한 철학과 위대한 예술(및 몇몇 행위하는 인간의 전범적 태도)만이 이러한 방향으로 작용하면서도 아무런 강제 없이 인류의 기억에 보존되고 인간으로 하여금 자유의 왕국을 위해 내적으로 예비하게 하는 준비조건들로 축적됩니다. 여기에서 무엇보다도 중요한 것은, 이 같은 인간의 인간화에 해를 가하는 경향들을 사회적·인간적으로 거부하는 것입니다. 예컨대 청년 맑스는 '가짐(Haben)' 범주의 지배를 그러한 핵심적 위험으로 파악했습니다. 그의 글에서 인간의 감각들이 이론가들로 되어야 한다는 전망에서 인간의 해방투쟁이 정점에 달하는 것은 우연이 아닙니다.[13] 따라서 맑스의 정신이 형성되는 과정 및 그의 삶에서 위대한 철학자들과 나란히 셰익스피어 및 그리스 비극작가들이 그렇게 큰 역할을 했던 것은 분명히 우연이 아닌 것입니다(레닌이 베토벤의 열정 소나타를 높이 평가한 것도 우연한 에피소드가 아닙니다). 이들의 경우에서 표현되는 것은, 맑스주의의 고전대가들은 정확한 조작에 뜻을 두고 있는 그들의 아류들과는 달리 자유의 왕국이 실현될 수 있는 특수한 방식을 결코 시야에서 놓치지 않았다는 사실입니다. 물론 그들은 필연의 왕국의 불가결한 정초적 역할 또한 이와 마찬가지로 분명하게 평가할 줄 알았습니다.

오늘날, 맑스의 존재론을 갱신하려 시도할 때 두 가지 점이 고수되어야 합니다. 본질에 있어서, 사회적 존재의 성질에 있어서, 물질적인 것의 선차성이 고수되어야 합니다. 그리고 이와 동시에, 현실에 대한 유물론적 파악은 객관적이거나 주관적인 부분적 개별성에 투항하는, 오늘날 흔히 볼 수 있는 현상과는 전혀 공통점이 없다는 인식도 고수되어야 합니다.

---

13) 칼 맑스, 『1844년의 경제학 철학 초고』, 최인호 옮김, 박종철출판사, 1991, 160쪽 참조: "사적 소유가 우리를 너무나 우둔하고 너무나 일면적이게 만들어 버린 결과, 우리가 대상을 가질 때 … 간단히 말해서 **사용할** 때에야 비로소 대상은 **우리의** 것으로 된다. … 따라서 **모든** 육체적 및 정신적 감각들 대신에 이러한 **모든** 감각들의 완전한 소외, 즉 **가짐**이라는 감각이 들어섰다. 인간적 본질은 절대적 빈곤으로 환원되어 자신의 내적 부를 자기 바깥으로 방출하지 않을 수 없었다. … 따라서 사적 소유의 지양은 모든 인간적 감각들과 속성들의 완전한 **해방**이다; 그러나 사적 소유의 지양이 이러한 해방인 것은 바로, 이러한 감각들과 속성들이 주체적으로뿐만 아니라 객체적으로도 **인간적으로** 되어 있기 때문이다. … 따라서 (사적 소유가 지양되었을 때) 감각들은 그 실천상에서 직접적으로 **이론가로** 되어 있다."

존재론과 미학, 미학과 존재론*

홀츠 : 루카치 씨, 당신의 미학[1]에는 몇 가지 존재론적 전제들이 포함되어 있는데, 그것들이 항상 그리고 모든 대목에서 명시적으로 다루어지지는 않더군요. 물론 지금 우리는 당신이 맑스주의에 기반을 둔 존재론을 준비하고 있다는 것을 알고 있습니다. 우리가 읽으려면 조금 더 기다려야 하는 그 책에 관해 이 자리에서 미리 말하고자 하는 것은 아닙니다. 그렇지만 당신의 미학의 특정한 입장들이 그 존재론적 전제들에 의해 어느 정도 조건지어져 있으며 어느 정도 규정되는가 하는 문제를 약간 더듬어보고 싶습니다. 아마도 우리는 이 대담에서 그 존재론적 전제들을 조금 더 분명하게 밝힐 수 있겠지요. 여기에서 이제

---

* 이 글은 Hans Hainz Holz, Leo Kofler, Wolfgang Abendroth 등이 루카치와 나눈 대담을 실은 『게오르크 루카치와의 대화 *Gespräch mit Georg Lukács*』(Theo Pinkus 편, Reinbeck bei Hamburg 1967) 가운데 그 첫번째 장을 옮긴 것이다. 한스 하인츠 홀츠가 대담자로 등장하고 있는 이 장의 원래 제목은 '존재와 의식'인데, 『존재론』의 입장에서 『미학』의 문제를 재론하고 있기 때문에 옮긴이는 '존재론과 미학, 미학과 존재론'이라는 제목을 달았다. 영역본(*Conversations with Lukács*, Translated by David Fernbach, London: The Merlin Press, 1974)도 일부 참조하였다. 각주는 모두 옮긴이가 붙인 것이다.

1) 루카치의 후기 미학, 특히 『미적인 것의 고유성』.

하나의 선행 문제가 생겨나는데, 저는 이 문제로 논의를 시작하고 싶습니다. 그것은 지금 여기 우리 옆자리에 앉아 계신 아벤트로트 씨의 제자들과 마부르크에서 가졌던 토론에서 저에게 특히 중요하게 제기되었던 문제입니다.

도대체 맑스주의적 존재론과 같은 것이 존재합니까? 존재론이라는 말이 맑스주의 철학에서 어떤 의미를 지닐 수 있습니까? 아벤트로트 씨의 제자들이 저에게 제기한 반론은, 맑스주의에 기반을 둔 존재론은 사회학으로 해소된다는 것이었습니다. 존재론적 범주들은 단지 사회적인 범주들로서만, 단지 역사적인 범주들로서만 이해되어야 한다는 것이 그들의 주장이었습니다. 그것들이 항상 사회적이고 역사적인 범주들이라는 것은 확실합니다. 하지만 존재론이라는 말이 그 나름의 의미를 지녀야 한다면, 이러한 존재론적 범주들에는 단지 사회적으로만, 단지 역사적으로만 정의될 수 없는 뭔가가 포함되어야 합니다. 당신이 이 문제에 대해 어떻게 생각하시는지 알고 싶습니다.

루카치 : 제가 말하고 싶은 것은, 사람들이 학자로서 일을 하든 다른 일을 하든 간에 항상 일상생활의 문제들에서 출발한다는 것입니다. 일상생활에서는 존재론적 문제들이 아주 강력하게 제기되지요. 지금 말하고자 하는 것은 아주 단순한 것입니다. 즉, 누군가가 길을 건너간다고 합시다. 인식론의 측면에서 그는 일체의 현실을 부인하는 아주 완강한 신실증주의자일 수도 있습니다. 그럼에도 불구하고 교차로에서 그는 자신이 멈추지 않으면 실제의 자동차가 자신을 실제로 치고 지나갈 것이라고 확신할 것입니다. 자기 실존의 어떤 수학적 공식이 자동차의 수학적 함수에 의해서, 혹은 자신의 표상이 자동차의 표상에 의해서 치이게 된다고는 생각하지 않을 것입니다. 저는 의도적으로 아주 지독하게 단순한 예를 들었습니다. 우리의 생활에서는 항상 여러 가지 존재형식들이 교통(交通)하며, 존재형식들의 이러한 연관관계가 선차적인 것(das Primäre)임을 보여주기 위해서 말입니다. 그렇기 때문에 저

는 어떤 범주가 사회학적 범주냐 아니면 존재론적 범주냐는 식의 문제는 진짜 진지한 문제는 못 된다고 생각합니다. 대학에서 자리잡은 어떤 분과를 독자적인 존재영역으로 생각하는 것이 오늘날 우리에게는 일종의 관습이 되어버렸습니다. 니콜라이 하르트만[2]과 같은 아주 지적인 철학자조차 언젠가 다음과 같은 식으로 주장한 적이 있습니다. 사람들이 200년 혹은 300년 전부터 심리학을 대학에서 고유한 학문으로 강의했기 때문에 심리는 뭔가 독자적인 것임에 틀림없다고 말입니다. 이 모든 것들은 역사적으로 변할 수 있으며, 여기에서 근본적인 것은 존재와 그 존재의 변화들이라는 게 지금 제 생각입니다. 사람들은 여기에서 출발해야 하며, 미학에서 저 또한 여기에서 출발했다고 생각합니다. 사실 『미적인 것의 고유성』이라는 미학의 제목은 아주 적합한 것은 아닐 듯합니다. 더 정확히 말자면 '인간의 정신적 활동들의 틀 내에서 미적 원리의 위치'라고 해야겠지요.[3]

여기에서 말하는 인간의 정신적 활동들이란 강단철학이 생각하는 것

---

2) Nicolai Hartmann(1882-1950): 독일의 철학자로서 마부르크에서 신칸트학파의 영향 아래에서 성장했으나 곧 그 '논리적 관념론'을 떠나 '비판적 존재론'의 철학을 독자적으로 구축하였다. 후설에게서 '현상기술'의 철학적 방법을 수용하나 후설처럼 의식 내부로 들어가 선험적 주관에서 그 철학함의 초석을 찾고 세계를 이의 '지향적 대상'으로 보는 대신, 의식의 '초월적 대상'으로서 주관에 현상하는 실재세계를 철학적 논구의 출발점으로 삼아 존재론을 그 기초에 놓았다. 마부르크 대학에서 하이데거와 함께 교수생활을 했지만 '존재 이해, 존재의 의미'를 발판으로 존재를 밝힌다는 하이데거의 발상을 '인간학적'이라고 비판하며 그의 '기초존재론'에 크게 주목하지 않았다. 1931년부터 베를린 대학에서, 전후에는 괴팅엔 대학에서 활동하였다. 하르트만의 '비판적 존재론'은 루카치가 본격적으로 존재론에 돌입하는 데 큰 영향을 미쳤다.

3) '미적인 것의 고유성'이라는 제목은 어떤 불변하는 미적 원리가 있다는 인상을 줄 수 있다. 루카치는 『미학』에서 '정의'가 아니라 역사적으로 열려 있는 '규정의 방법'을 통해 미적 원리를 규정한다. 그는 미적 원리의 역사와 논리를 특히 (과)학적 사유와 역사적·논리적으로 대비하는 가운데, 그리고 이와 더불어 일상적 사유와 대비하는 가운데 인간의 정신적 활동의 틀 내에서 미적 원리의 상대적 위치를 규정한다.

과 같은 어떤 영혼적 실재들(seelische Entitäten)이 아니라 다음과 같은 여러 가지 형식들입니다. 즉, 항상 외부세계의 작용과 반작용에 내맡겨져 있는 인간들은 자기 자신의 실존을 지키고 계발하기 위해 그러한 작용과 반작용을 모종의 방식으로 여러 가지 형식들에 따라 조직하는데, 이 여러 가지 형식들이 인간의 정신적 활동들인 것입니다. 예를 들어보지요. 남부 프랑스와 스페인에서 발견되었던 놀랍도록 아름다운 구석기시대 벽화들은 원래 사냥을 위한 주술적인 준비였으며, 따라서 그 짐승들은 심미적인 이유에서 그려진 것이 아니었습니다. 어떤 짐승을 잘 모사하면 그 짐승은 더 잘 사냥될 수 있다는 생각을 그 당시 사람들이 지니고 있었기 때문에 그려진 것이지요. 이것은 오늘날 거의 확실한 지식입니다. 여기에서 회화는 아직 일차적으로 생활에 대한 실용주의적 반응입니다. 그런데 사회가 사회화됨에 따라서 생활은 점점 더 폭 넓게 발달하게 되고, 그래서 생활의 직접적 재생산은 이미 조건지어져 있게 됩니다. 여기에서 저는 다시 아주 단순한 것을 말하고자 합니다. 당신이 가게에 가서 넥타이 한 장 혹은 손수건 여섯 장을 산다고 해봅시다. 당신과 그 손수건들이 시장에서 만나기 위해서 필요했던 과정을 지금 생각해본다면, 당신은 아주 복잡하고 뒤얽힌 형상에 이르게 될 것입니다. 저는 현실을 이해할 때 이러한 과정들이 배제되어서는 안된다고 생각합니다. 이것이 제가 이 자리에서 거론하고자 하는 첫번째 지점입니다.

두번째 지점은 방법론적인 것인데, 이건 어떤 의미에서는 이미 훨씬 더 멀리 나아간 것입니다. 고등학문은 삶의 모든 형식, 모든 현상방식을 그 객관화의 최고 형식들에서 파악하고자 하는 경향을 지닙니다. 그리고 그럼으로써 최상의 분석이 주어진다고 여기지요. 칸트의 인식론을 생각해보세요. 그것은 한편으로 인식을 정초하기 위해 그 당시의 수학과 뉴턴의 물리학에서 출발하며, 다른 한편으로 고도로 발달된 도덕적 결단을 실천적인 것의 기반으로 취하고 있습니다. 지금 제 생각으로는 이러한 고차적 형식에서 저차적 형식으로 하강하는 것은 불가능합니다. 뉴턴의 분석형식, 뉴턴의 물리학에서 출발해서, 원시 사냥꾼이 특정한 소리들을 통해 근처에 있는 것이 사슴인지 아니면 노루인지를 확인할 때 지녔던 생각들로 나아가는 것은 불가능합니다. 또, 범주적인 정언 명령에서 출발한다면 저는 일상생활에서 행해지는 인간의 단순한 실천적 행동들을 이해할 수 없을 것입니다. 따라서 우리가 걸어야 하는 길은—이로써 이미 우리는 존재론적 문제들의 한가운데에 들어와 있는데—발생론적 문제라고 생각합니다. 즉, 우리는 관계들을 그 시원적 현상형식들에서 연구하려고 시도해야 하며, 어떠한 조건들 하에서 이러한 현상형식들이 점점 더 복잡해지고 점점 더 매개적으로 될 수 있는지 인식하려고 해야 합니다.

이것은 물론 어떤 의미에서는 과학자들에게 불쾌하게 들릴 수도 있습니다. 그도 그럴 것이 제가 과학을 만들어진 것으로 간주한다면, 과학이라는 사실(Faktum)은 무언가로부터 생겨났음에 틀림없습니다. 노동과 같은 모든 목적론적 정립에는 노동하는 인간이—그가 석기시대의 인간이라 하더라도—이 도구가 그가 지닌 의도에 부합하는지 여부를 따져보는 그런 계기가 있습니다. 노동도구를 생산하기 이전 시기로 되돌아가서 원시인이 특정한 기능을 성취하기 위해 오로지 돌을 주워모으기만 했던 그런 시대를 생각해보면, 저는 그 원시인이 두 개의 돌을 검사한 양상을, 그리고 그가—지금 제가 표현하는 식으로 그가 표현했는지 여부는 아무래도 상관이 없습니다—이 돌은 가지를 잘라내기에 적합하며 이 돌은 적합하지 않다고 말한 양상을 상상할 수 있습니다. 돌의 이러한 선택과 더불어 과학은 시작합니다. 그 이후 과학은 점차 독자적인 매개장치로 형성되었을 뿐이지요. 그 매개장치에 있어서 최종적인 실천적 결정들로까지 이르는 길은, 오늘날 우리가 모든 공장에서 볼 수 있듯이 지극히 긴 길입니다. 저는 과학의 발생경로를 파악할 때 최초의 원시적 노동에서 돌을 주워모으던 일에서부터 출발해서 과학에서 끝내는 것이 고등수학에서 시작해서 돌 모으기로 되돌아가려고 하는 것보다 훨씬 더 확실하다고 믿습니다. 이것은 발생론적 의미에서 현상들을 이해하려 한다면 존재론적 길은 전혀 불가피하다는 것을 의미합니다. 그리고 각 현상의 발생에 수반하는 수많은 우연들의 한가운데에서 전형적인 계기들, 즉 과정 자체에 필연적인 계기들을 포착해내는 것이 중요합니다. 이로써 제가 존재론적인 문제설정을 본질적인 것으로 여기는 이유가 어느 정도 제시된 듯합니다. 여기에서 존재론적으로 볼 때 과학들 사이에 그어지는 정확한 경계들은 부차적인 역할을 합니다.

이제 다시 앞에서 말했던 예로 되돌아가지요. 네거리에서 자동차가 제 쪽으로 오면, 저는 그 자동차를 기술공학적 현상, 사회학적 현상, 문화철학적 현상 등등으로 파악할 수 있습니다. 하지만 실제의 자동차는 저를 치고 지나가거나 혹은 그렇지 않을 하나의 통일체입니다. 사회학적 혹은 문화철학적 대상으로서의 자동차는, 그 자동차의 실제적인 특징들과 연관된 것이자 이 실제적인 특징들을 사유에서 재생산하는 것인 고찰방식에서 일차적으로 생겨난 것입니다. 하지만 실존하는 자동차는, 예컨대 그것에 대한 사회학적 관점보다 말하자면 더 선차적입니다. 왜냐하면 제가 그 자동차를 사회학적으로 고찰하지 않는다 하더라도 그것은 굴러갈 것이지만, 그 자동차의 사회학이 그것을 작동시킬 수는 없기 때문입니다. 따라서, 이렇게 말을 해도 된다면, 실재성에 있어서 실재하는 것의 선차성이 존재하는 것이지요. 우리는 삶의 이러한—제 생각에는—단순한 사실들로 되돌아가서 그 단순한 사실들로부터 복잡한 사실들을 파악하려고 해야 합니다.

홀츠 : 예, 그러니까 일상생활에서의 출발점은 토대, 말하자면 일종의 자연적 세계이해이군요. 이미 딜타이나 후설도 이러한 용어를 사용한 적이 있지요, 물론 당신이 지금 말씀하신 것과는 다른 의미에서이긴 하지만 말입니다.

루카치 : 과거의 목적론들에서도 이러한 용어가 사용되었습니다….

홀츠 : 예. 하지만 지금 문제는, 존재론이 발생론적으로 일상생활에서 출발해야 한다면 존재론은 이 일상적 경험내용의 소여(所與)[4]에 접근하고 그것들을 이른바 이해체계로 전이하는 특수한 방법론적 형식을 지니는 것은 아닌지 하는 것입니다. 그러니까 한층 좁은 의미에서 존재론의 대상은 무엇인가 하는 문제이지요. 예컨대 고전적인 존재론에서라면 사람들은 그것을 범주론(Kategorienlehre)이라고 말할 것입니다.

루카치 : 저라면 그 대상은 현실적으로 존재하는 것(das wirklich Seiende)이라고 말하겠습니다. 그리고 존재론의 과제는 존재하는 것을 그것의 존재(Sein)로 거슬러올라가 탐구하는 것이며, 그리하여 존재하는 것 내부에서 서로 다른 단계들과 결합들을 발견하는 것입니다. 물론 이때 또 한 지점이 나타나는데, 그것이 약간 멀리 나아간 듯 보이지만 우리는 그것에 관해서 곧바로 처음에 말해야 한다는 것이 제 생각입니다. 제가 여기에서 염두에 두고 있는 것은, 제가 아는 한 니콜라이 하르트만이 우리 시대에서 처음 논의에 부쳤던 문제입니다. 그것은 그가 이미 비유기적 자연에서 발견했던 사실로서, 일차적으로 실존하는 것은 복합적인 것(das Komplexe)이라는 겁니다. 그러므로 사람들은 복합체를 복합체로서 연구하고, 복합체로부터 그 요소들과 요소적 과정들로 나아가야지, (과학이 일반적으로 생각하고 있듯이) 어떤 요소들을 먼저 발견하고 그 요소들의 상호작용으로부터 특정한 복합체를 구성하는 식이어서는 안된다는 것입니다. 당신은 하르트만이 한편으로는 태양계를, 다른 한편으로는 원자를 그러한 복합체로 파악했다는 사실을 기억하실 것입니다. 저는 이것이 아주 생산적인 결과를 낳을 수 있는 생각이라고 믿고 있습니다. 우리가 생명체를 본래적인 복합체로, 즉 유기체 전체의 삶이 개별적인 과정들을 궁극적으로 결정하는 힘의 역할을 담

---

4) 인식에 있어서 사유작용에 앞서서 전제되는 것으로, 사유 자체에서 이끌어 낼 수 없는 '주어진 것'을 말한다.

당하는 그런 본래적인 복합체로 파악하지 않는다면, 우리는 생물학이라는 과학을 가질 수 없다는 것은 길게 생각할 것도 없이 분명한 사실입니다. 사람들이 모든 근육운동과 신경운동 그리고 여타의 운동들의 종합에서, 설사 우리가 이러한 운동들 각각을 과학적으로 정확하게 안다고 하더라도, 이러한 부분들의 총합에서 유기체가 생겨나게 할 수는 없으며, 부분과정들은 복합적인 유기체의 부분과정들로서만 이해될 수 있을 뿐이라는 것은 아주 분명한 일입니다.

이제 우리의 문제, 즉 사회로 돌아가면, 사회에서 이러한 복합성은 전체 사회의 특성일 뿐만 아니라 어떤 의미에서는 사회의 원자의 특성이기도 하다는 것이 분명합니다. 인간 자체는 하나의 복합체, 생물학적 의미에서 하나의 복합체입니다. 제가 사회적 현상들을 이해하고자 할 경우 복합적 인간으로서 인간은 분해될 수 없습니다. 그리하여 사회는 애당초 하나의 복합체로서, 즉 복합체들로 구성되는 하나의 복합체로서 파악되어야 합니다. 여기에서 지금 바로 결정적인 문제는, 이러한 복합체들은 어떠한 성질을 지니고 있으며 우리는 그것들의 존재와 기능의 현실적인 본질에 어떻게 다다를 수 있는가 하는 것입니다. 여기에서 논점은, 이미 앞에서 말했다시피 항상 더 뒤에 따라오는 사회학적 등등의 규정들이 아니라 이러한 복합체들의 생성과 형성을 발생론적으로 파악하는 것입니다.

이제 사회를 이러한 관점에서 고찰한다면 당신은 유기적 존재에서는 유사한 것이 전혀 없는 하나의 사실을 사회에서 볼 수 있는데 그것은 노동입니다. 노동은 (이는 인용부호를 치고 하는 말인데) 말하자면 사회 자체의 원자이며, 그 속에서 노동하는 사람의 목적론적 정립을 통해 인과계열이 작동되는 지극히 복잡한 복합체입니다. 노동은 현실적인 인과계열이 작동될 때에만, 그것도 목적론적 정립이 원하는 방향으로 작동될 때에만 성공적으로 이루어질 수 있습니다. 다른 한편, 이러한 복합체를 연구하면 다음과 같은 사실에 도달하게 됩니다. 즉, 노동을 수

행하는 인간은 목적론적으로 정립할 때 자신이 작동시키는 이러한 인과계열들의 전체적인 상황을 결코 다 조감할 수 없으며, 그리하여 원칙적으로 노동에서는 노동하는 사람이 목표로 삼았던 것과는 다른 무언가가 생겨납니다. 물론 어떤 초보적 단계에서는 이와 같은 어긋남이 극히 적을 수도 있겠지요. 하지만 전체 인류의 발전은 그와 같이 미미한 어긋남들에 의존하고 있음에 틀림없습니다. 예컨대 인간들은 돌을 더 잘 연마할 가능성을 아주 우연하게 발견했습니다. 그들은 그와 같이 더 좋은 것을 더 좋은 것으로 차차 인정했으며, 점차 그것은 보편적인 실천으로 되었습니다. 진보란 그러한 발전 없이는 결코 상상할 수 없는 것입니다. 노동할 때 상황들을 다 알지 못한 결과 원래 의도했던 것과는 뭔가 다른 것이, 더 정확히 말하자면 뭔가 다른 것도 항상 생겨납니다. 경험들이 쌓이고 축적됨에 따라서 이러한 미지의 영역이 줄어들리라고 믿는 것은 과학주의에서 생겨난 편견입니다. 저는 그러한 영역이 증대하리라고 생각합니다. 과학은, 따라서 노동은 자연과 상호작용합니다. 이러한 자연을 우리가 더 잘 알게 되면 될수록, 이 미지의 매개영역은 점점 더 분명한 모습을 드러내며 인간의 이후 발전과 관련해 극히 중요한 결과들을 지닙니다. 사회적 재생산의 통제되지 않는 이 미지의 영역은 원시적인 단계들에 국한되어 있는 것이 아니라 발전된 단계들에도 존재합니다. 그것이 복합체의 구성에 관한 존재론적 문제들과 어떻게 연관되는지 당신은 이해하실 것입니다. 공장 소유자 개개인은 자신의 개별 생산을 고대 혹은 중세의 소규모 수공업자들보다 더 잘 통제했습니다. 그럼에도 불구하고 생산과 소비의 복합체에서 미지의 힘들이 생겨났는데, 이는 공황 때에 터져나오지요. 케인즈 등등을 통해 경제를 완전히 통제하게 되었다고 생각한다면, 그것은 오늘날 널리 퍼져 있는 경제학의 편견이라는 것이 제 생각입니다. 독일의 경제기적의 종말을 통해 제기되는 문제들처럼 목하(目下) 아주 중요한 문제들이야말로 경제적 진행의 통제가 얼마나 일시적인 현상인가 하는 것을 보여줍니다.

이제 다시 존재론적 문제로 되돌아갑니다. 즉, 어떤 것의 복합성이 고차적이면 고차적일수록 인간의식은 내포적, 외연적으로 무한한 대상과 더 많이 대면하게 됩니다. 그것에 대한 최상의 지식은 단지 상대적으로 근접하는 지식일 수밖에 없습니다. 제가 X와 Y를 어떤 대상의 성질로 인식했다고 해서, 특정한 상황하에서는 실제로 효력을 나타낼 수도 있는 Z와 다른 성질들이 없으리라는 보장은 결코 없습니다. 지금 저는 오로지 존재론의 형태로만 이러한 사실들에 접근할 수 있다는 것을 말씀드립니다. 존재론에서 우리의 관심사는 존재연관들이며, 여기에서 우리는 어떤 존재연관이 현대적인 과학에 의해서 심리학적으로 다루어지는지 아니면 사회학적으로 혹은 인식론적으로 혹은 논리학적으로 다루어지는지 여부는 완전히 차치해둡시다. 우리는 이러한 연관을 존재하는 연관으로 다룹니다. 이에 비해 어떤 과학으로 그것이 다루어지는가 하는 것은 부차적인 일입니다. 제 생각에 이것이 맑스주의의 본질적인 관점입니다. 여기에서 저는 맑스의 유명한 정의, 즉 범주들은 현존재의 형식들이며 실존 규정들이라는 정의에 준거할 수 있는데, 이는 예컨대 칸트의 범주관 그리고 헤겔의 범주관과도 정반대되는 것입니다. 이로부터 발생론적 방법이 생겨나는데, 이를 당신은 노동이 아니라 가장 단순한 상품교환에서 출발하고 있는 『자본』의 초반부를 보시면 곧바로 알 수 있습니다. 상품교환의 존재론은 이제 보편적 상품으로서의 화폐의 발생론적 도출로 귀결됩니다. 이어서 맑스는 금과 은이 장기간 화폐로 되었던 사실이 금과 은의 물리적 성질과 재차 존재론적으로 어떻게 연관되는지를 밝힙니다. 이러한 금속들은 보편적인 교환의 조건들에 적합했으며, 그리하여 이러한 특성으로부터 보편적인 교환수단, 즉 화폐로서의 금과 은의 지배가 도처에서 생겨났던 것입니다. 이것이 얼마나 리얼리스틱한 인식경로인가 하는 것은 개명된 고대에서 화폐가 신비한 힘이 되었던 사실-이에 관해서 맑스가 여러 차례 지적

한 바 있지요－에서 유추해볼 수 있습니다. 존재론적으로 화폐는 이같이 단순한 방식으로 교환행위에서 생겨났습니다. 하지만 고대인들은 아직 이러한 존재론적 해명에 도달할 수 없었습니다. 그렇기 때문에 사회로 파고들어와 인간을 부당하게 지배하는 신비한 힘에 대한 비가조의 탄식이 호메로스와 소포클레스 이래 계속해서 있어왔던 것입니다. 실상 그 신비한 힘이라는 것은 죽은 재료에 불과했지만 말입니다. 전(全)시대에 걸쳐 이해될 수 없었던 문제가, 맑스가 『자본』의 초반부에서 제시하고 있는 존재론적 도출을 통해 완전히 해명된다는 것을 당신은 확인하실 것입니다. 이는 리카르도[5]처럼 중요한 경제학자도 풀 수 없었던 문제, 즉 한편으로 상품들은 그 노동 가치의 기초 위에서 교환되지만 다른 한편 자본주의 사회에서는 평균 이윤이 존재한다는 사실을 당신이 생각하시더라도 마찬가지입니다. 저는 리카르도가 평균이윤과 노동가치의 이 같은 해소 불가능한 대립을 인식했다고 생각합니다. 그런데 이에 더하여 맑스는 리카르도도 틀림없이 알았을 법한 하나의 단순한 사회존재론적 사실, 즉 근대 자본주의에서 자본은 한 영역에서 다른 영역으로 이동한다는 사실을 확인했습니다. 아주 단순한 자본주의와 전(前)자본주의 사회들에서는 훨씬 적은 정도로만 나타나는 이러한 이동은 존재론적인 기본 사실입니다. 지금 저는 발전한 자본주의의 존재상의 기본 사실을 다시 말씀드리고 있는 것입니다. 만약 당신이 『자본』 제3권에서 맑스가 한 설명들을 따라 읽으시면, 노동가치에서 이윤과 평균이윤이 생겨나는 것은 자본 이동의 단순한 결과라는 것을 확인하실 것입니다. 우리가 적합한 존재론적 통로를 찾는 바로 그 순간, 커다란 수수께끼는 풀린 것입니다.

우리는 존재론이라는 멋들어진 말을 사용하고 있습니다. 복합체들의 이 같은 새로운 운동을 산출하는 존재형식을 발견한다고 말하는 것이

---

5) David Ricardo(1772-1823). 아담 스미스와 함께 영국 고전파 경제학을 대표하는 학자.

맞을지도 모르겠지만 어쨌든 저 또한 그 말에 익숙합니다. 새로운 현상들이 그것들의 일상적인 현존재의 기반 위에서 발생론적으로 도출될 수 있다는 사실은, 보편적인 연관의 한 가지 계기일 따름입니다. 다시 말해서, 존재는 역사적인 양상을 띤 과정입니다. 엄격한 의미에서의 존재란 결코 없습니다. 우리가 일상 존재라고 부르곤 하는 그 존재조차 역사적 과정 내부에 있는 복합체들의 특정한, 극히 상대적인 고정물입니다. 맑스는 『독일 이데올로기』에서 하나의 통일적인 과학, 즉 역사의 과학만이 존재한다고 말했습니다.[6] 당신은 맑스가 방법론상의 수많은 유보에도 불구하고 얼마나 열렬하게 다윈을 환영했는지 기억하실 것입니다. 다윈이 유기적인 자연에서 그 존재의 근본적으로 역사적인 성격을 발견한 것이 그 이유였지요. 물론 비유기적인 자연의 영역과 관련해서 그것의 역사성을 규정하는 데에는 큰 어려움이 있습니다. 하지만 저는—비록 제가 자연과학의 문제들에서는 문외한에 불과하지만—천문학이 원자물리학을 천문학적 고찰들에 적용하기 시작하고 있는 한에서 우리는 자연과학들에 의해 초래된 거대한 철학적 혁명의 전야에 서 있다고 생각합니다. 이제, 예컨대 태양과 같은 복합체가 생겨날 때 따르는 물질 구성의 법칙들이 전체 우주에 통일적인 것은 아니라는 것을 말해주는 최초의 징후가 존재합니다. 이미 사람들은 여러 상이한 항성계에서 물질 구성의 상이한 형식들을 발견한 바 있습니다. 저는 과학이 언젠가 물질 구성의 역사를 발견할 수 있으리라고 생각합니다. 그렇게 된다면 갈릴레이와 뉴턴의 시대에 위대한 혁명적 원리였던 물질의 이러한 영원한 형식은 물질 구조의 역사적 발전에서 하나의 시대 혹은 하나의 시기로 밝혀질 것입니다. 저는 지금 이것을 완전히 지나가는 말로, 말하자면 저 자신의 철학적 희망의 표현으로서 말하고 있을 따름입니다. 그도 그럴 것이 저는 이 영역에서는 완전히 문외한이

6) 이 책의 제3부 각주 13 참조.

니까요. 어쨌든 간에 이미 괴테와 라마르크[7]가 이 방향에서 여러 가지 시도를 한 바 있습니다. 이에 반해 아직 18세기에는, 따라서 퀴비에[8]의 경우에는 아직 비유기적 자연의 발전이라는 역사적 관념은 불가능했던 것으로 보입니다. 그러므로 문제는 우리가 물리학에서, 말하자면 낡은 관점에—그것이 속류·유물론적 견해이든 신실증주의자들의 순전히 조작적인 견해이든 간에—입각해 있을지 아니면 비유기적 자연을 역사적·발생론적으로 파악하게 될 것인지 하는 것입니다. 후자의 경우에 천문학에서부터 소위 사회학에 이르기까지 단지 하나의 통일적인 역사과학만이 존재한다는 맑스의 말은 존재의 기본사실로서 입증될 것입니다. 그렇다고 이것이 존재의 구조는 세 가지 큰 기초형식, 즉 비유기적 형식과 유기적 형식 그리고 사회적 형식을 지닌다는 것을 배제하는 것은 결코 아닙니다.

이 세 가지 형식은 질적인 도약을 통해 서로 구분됩니다. 비유기적인 것의 영역에서는 시간적으로 조건지어져 있으며 기복(起伏)을 거치는 개별 유기체적 복합체의 재생산과 같은 것이 전혀 없습니다. 이와 마찬가지로 유기적 세계에는 사회와 유사한 것이 없습니다. 저는 이른바 동물사회는 하나의 복잡한 문제라고 생각합니다. 어쨌든 간에 사회와 더불어 새롭고 특수한 종류의 존재가 생겨납니다. 여기에서 도약을 의인화해서, 예컨대 내가 지금 책상에서 벌떡 일어나 전화하러 달려간다는 식으로 생각해서는 안된다는 것만 말씀드리도록 하겠습니다. 그러한 도약은 각양각색의 도약 시도와 퇴행 등등이 있는, 수백만 년의 시간이 걸릴 수 있는 일입니다. 고등동물 세계에서는 인간사회로 향한

---

7) Jean-Baptiste Lamarck(1744-1829). 프랑스의 자연과학자. 다윈의 진화론의 선구자로서, 생물이 자연발생하며 생물체제가 전진적으로 발달하는 경향을 지닌다고 말했다. 용불용설로 유명하다.

8) Georges L. C. F. Baron Cuvier(1769-1832). 프랑스의 비교해부학자, 고생물학자. 진화론과 관련해서는 급격한 '천변지이설(天變地異說)'을 주창했는데, 이는 라마르크 등에 의해 비판받았다.

여러 가지 도약 시도들이 있었으며, 호모 사피엔스가 점차로 형성되어 나왔던 그 원숭이종에서만 그것들이 사회의 실질적인 정립으로 귀결되었다는 것은 의문의 여지가 없다고 생각합니다. 물론 우리는 상이한 영역들의 연관을 마찬가지로 발생론적인 의미에서 파악해야 하겠지요.

여기에서 또 하나의 존재론적 사실이 나타나는데, 제 생각에 그것은 특히 현대 과학들에 의해 많이 간과되고 있는 것입니다. 과학이 발전하면 할수록, 그것은 수학적으로 파악될 수 있는 더 한층 정확한 연관관계들을 자신의 영역 내부에서 확정할 수 있습니다. 그렇기 때문에 인간의 사유에는 우연을, 말하자면 아직 알지 못하는 것(Noch-Nicht-Wissen)으로, 즉 더 잘 알게 되면 더 많이 제거될 그런 것으로 여기는 경향이 생겨납니다. 제가 유기체의 발생이라는 존재론적 문제를 제기한다면(저는 단지 학문적으로 그럴 수 있을 뿐인데), 오파린[9]과 버널[10] 등등이 행한 현대적 연구는 우주적인 맥락에서 우연적인 사실이 같이 작용했다는 것을, 즉 지구가 냉각되던 특정 시기에 대기권의 압력상태, 흙과 물의 화학적 구성 등등의 작용으로 인해 우연하게도 비유기적 소재가 유기적 물질로 전이되었다는 것을 보여줍니다. 생물의 발생은 순전히 구성요소들로 소급될 수는 없는 현저한 우연성에서, 다시 말해서 그 자체 이질적인 발전계열들의 조우(遭遇)에서 설명될 수밖에 없습니다. 이것은 결코 놓쳐서는 안될 계기입니다. 인간사유가 생각해온 합리성과 법칙성이 합리성의 존재론적 지배를 의미했기 때문에 더 그렇습니다. 실제로 현실에서는—제가 이렇게 표현해도 된다면—조건부적 필연성들(Wenn-Dann-Notwendigkeiten)만이 있을 뿐인데도 말입니다. 아무런 제한없는 절대적 필연성이란 교수들의 망상입니다. 제 생각에 그

9) Aleksandr Ivanovich Oparin(1894-1980). 옛 소련의 생화학자. 생명의 기원에 관심을 가졌던 그는 생명발생에 관해 최초로 과학적인 학설을 수립했다고 평받는 『생명의 기원』을 저술했다.

10) John Desmond Bernal(1901-1971). 영국 물리학자. 단백질과 바이러스의 원자적 입체구조의 해명에 선구적 역할을 했다.

런 것은 결코 존재하지 않습니다. 역사는 그러한 조건부적 필연성들로 가득 차 있습니다. 그래서 이러한 우연에 의해 생물이 탄생된 행성들이 이 세상, 이 우주에 도대체 얼마나 많이 있을지도 전혀 불확실합니다. 물론 우리의 경우처럼 노동으로 넘어갈 수 있는 능력을 지닌 원숭이종이 생겨나기 위해서는 한층 더한 특수한 우연들이 필요합니다. 여기에서도 우연은 지극히 큰 역할을 합니다. 우연의 이러한 역할은, 우연의 모든 역사적 결과들과 함께, 존재론적으로 파악된 발전(여기에서 존재는 과정으로 변합니다)의 역사성에 속합니다.

이제 다시 맑스의 한 발언을 통해 맑스로 되돌아갑시다. 당신은 언젠가 맑스가 프랑스 코뮌을 고찰하면서 쿠겔만에게 보낸 편지를 기억하실 겁니다.[11] 그곳에서 그는 우연성들이 없다면 역사는 아주 단순할 것이라고 말했지요. 그는 예컨대 그때그때 노동운동의 정상에 서 있는 인간의 자질을 우연성으로 간주했습니다. 따라서, 예를 들자면 노동운동의 발전에서 그 지도자의 자질을 도출하는 것은 전혀 불가능한 일입니다. 여기에도 우연성이라는 극복할 수 없는 계기가 있는 것입니다. 저는 당신이 존재론적 문제설정은 결코 문제들의 단순화를 낳는 것이 아니라 그와는 정반대로 과정들을 그 복잡성과, 그럼에도 불구하고 존재하는 합리성 속에서 파악하기 위한 과학적·철학적 토대를 제공한다

11) Ludwig Kugelmann(1828-1902)은 맑스와 엥겔스의 절친한 친구였으며 직업은 의사였다. 그는 특히 독일에서 『자본』이 보급되는 데 큰 역할을 했다. 루카치가 말하고 있는 편지는 1871년 4월 17일 런던에서 맑스가 보낸 편지인데, 그곳에서 맑스는 다음과 같이 적고 있다: "투쟁이 확실히 유리한 기회들의 조건하에서 착수되는 것이라면 물론 세계사는 아주 편안하게 만들어질 수 있을 것입니다. 다른 한편, '우연성들'이 아무런 역할을 하지 않는다면 그것은 아주 신비한 성질을 지닐 것입니다. 이 우연들은 물론 그 자체가 발전의 일반적 진행에 속하는 것이며 다른 우연들을 통해 다시 상쇄됩니다. 하지만 촉진하고 지체시키는 것은 그와 같은 '우연들'에 아주 많이 달려 있습니다—운동의 최선두에 있는 인물들이 지닌 성격의 '우연'도 그러한 우연들 가운데에서 어떤 역을 맡습니다"(MEW, 제33권, p.209).

는 것을 인식할 수 있도록 여기에서 일단 논의를 그치고 싶습니다. 이제 합리성은 항상 조건부적 합리성을 뜻합니다. 이로써 존재론은 학문 분과들의 분업으로 인해 해결될 수 없었던 문제들을 극복할 수 있습니다. 예컨대 1920년대에 켈젠[12)]은 법의 발생이 법학에 있어서 하나의 불가사의라고 주장하지 않았습니까? 법의 발생이 결코 불가사의가 아니라는 것은 지금은 자명한 사실입니다. 이를 둘러싼 극히 복잡한 논쟁들과 계급투쟁들이 있습니다. 서독의 평범한 상인은 그것을 결코 불가사의로 파악하지 않을 것입니다. 오히려 그는 자신의 압력 그룹이 그들의 뜻대로 법 조항이 작성되도록 하기 위해 정부에 충분히 강력한, 따라서 실제로 존재론적인 압력을 행사할 수 있었는지 여부를 문제 삼을 것입니다. 그런데 켈젠이 여기에서 하나의 불가사의를 본다면 그가 바보라서 그런 것이 아닙니다. 이는 생활의 현실적인 문제들은 인식론적으로도 논리학적으로도 해결될 수 없다는 데에서 연유하는 것입니다. 인식론과 논리학은 특정한 상황에서 비판적으로 다루어진다면 좋은 도구들일 수 있습니다. 하지만 인식론적 문제들이 예컨대 칸트주의에서처럼, 그리고 실증주의와 신실증주의에서처럼 즉자대자적인 것으로, 주요 방법으로 경화되면, 그것들은 현실적인 인식을 저해하게 됩니다. 철학과 과학 사이에 간극이 생긴 것은 헤겔 철학의 한계들 가운데 하나입니다. 이에 반해 원래 맑스주의에서 과학은, 예컨대 앞에서 우리가 말했던 천문학적 문제의 경우처럼 항상 존재론적 의문들을 풀려고 나섭니다. 한편, 철학은 특정한 과학적 전제들 혹은 이론들에 대한 존재론적 비판을 행사할 수 있습니다. 그것들이 현실의 실제적인 구조와 모순된다는 것을 입증함으로써 말입니다.

---

12) Hans Kelsen(1881-1973). 오스트리아의 법사상가. 1920년에 오스트리아 헌법을 기초하였으며 저서로 『민주주의의 본질과 가치』(1920), 『일반국가학』(1925) 등이 유명하다. 그는 법학을 정치적 이데올로기로부터 독립된 순화된 과학으로, 그리고 법사회학 등과 구별되는 규범과학으로 확립하는 것을 과제로 설정하고 연구작업을 했다.

홀츠 : 당신은 맑스주의적 존재론이란 가능한지를 묻는 물음에 대해, 이미 완성된 존재론을 개괄함으로써 대답하셨습니다. 다시 말해서 당신은 그러한 존재론이 가능하려면 그것은 어떤 모습을 띠어야 하는지를 밝힘으로써 물음에 답변하셨습니다. 그때 우리의 문제 맥락에서 놓쳐서는 안될 몇 가지 아주 핵심적인 지점들이 말해진 것으로 여겨집니다.

당신은 세상에서 일차적으로 만나는 모든 것이 복합적인 성질을 지닌다고 말씀하셨으며, 이와 관련해 니콜라이 하르트만을 거론하셨습니다. 그리고 이러한 복합체들이 어떤 성질을 지니는가 하는 것이 이제 존재론의 근본문제라고 말씀하셨습니다. 다시 말해서 존재론은 일종의 근본과학으로서 이른바 개별 과학들을 규제하며, 그렇기 때문에 분과학문들 간의 틈새로 파고들 수 있고 그것들 사이에서 매개하는 기능을 떠맡을 수도 있다는 말씀이지요.

루카치 : 그렇습니다.

홀츠 : 맑스주의적 관점에 따르면—이는 저에게 본질적인 것으로 여겨지는데—이러한 근본과학은 항상 역사적인 과학입니다. 당신은 역사만이 맑스주의적 의미에서 통일적인 과학으로 역할한다는 맑스의 말을 인용했으며….

루카치 : 예.

홀츠 : … 다윈주의를, 그리고 이어서 괴테와 레마르크를 거론하셨습니다. 이러한 문제를 자연과학을 통해 예증하기 위해서 말입니다. 제가 단지 추가하는 차원에서 이에 덧붙이고자 하는 것은, 역사적인 자연관은 이미 계몽주의 철학의 특정 입장들에서도 나타나며….

루카치 : 물론입니다.

홀츠 : … 따라서 가령 라이프니츠의 경우 우리는 『프로토게아(*Protogea*)』에서 지구의 자연에 대해 역사적으로 고찰하려는 시도를 볼 수도….

루카치 : 물론입니다.

홀츠 : 단자론(Monadenlehre)의 전체 발상을, 다름 아닌 원자론(Atomismus)을 역사적으로 이해하고 해석하려는 사변적 시도로 고찰할 수도 있지 않을까 싶은데요.

루카치 : 그렇습니다. 여담을 해도 된다면, 제 생각에 맑스주의가 크게 소홀히 했던 것 가운데 하나가 라이프니츠에 대한 연구입니다. 라이프니츠는 극히 복잡하고 흥미로운 인물입니다. 우리는—저 자신도 그 죄인의 대열에 넣어야 하겠지요—그 인물을 이해하려는 시도를 아직 전혀 하지 않았습니다. 저는 당신의 견해에 전적으로 동의합니다. 이는 우리가 그 결과들을 아직 전혀 선취할 수 없는 과제입니다.

홀츠 : 당신은 제가 하고 싶었던 말을 하셨습니다. 그럴 것이 라이프니츠는 지금 바로 제 자신의 직접적인 연구영역이거든요.

루카치 : 아주 흥미롭군요.

홀츠 : 제가 환기해도 된다면, 맑스는 라이프니츠를 아주 높이 평가했으며….

루카치 : 물론입니다.

홀츠 : 그 점을 거듭 강조했습니다. 포이어바흐가 라이프니츠에 관해 쓴 책[13]—이 책은 독일 철학에서 라이프니츠에 관해 씌어진 책들 가운데 최상의 책입니다—에 대해 레닌이 가한 논평들[14]은….

---

13) 『라이프니츠 철학의 서술, 발전, 비판(*Darstellung, Entwicklung und Kritik der Leibnizschen Philosophie*)』. 1836년에 씌어진 이 책의 초판은 1837년에 출판되었다. 1847년에 보충되어서 1848년에 증보판이 나왔으며, 이는 포이어바흐 전집 초판 제5권에 수록되어 있다.

14) 「포이어바흐의 '라이프니츠 철학의 서술, 발전, 비판'에 대한 적요(Konspekt zu Feuerbachs "Darstellung, Entwicklung und Kritik der Leibnizschen Philosophie")」, 이 글은 1914년 9월에서 11월 사이에 씌어졌으며 1930년에 처음으로 공간되었다. 여기에서 레닌은 라이프니츠 철학의 체계에 함축된 관념론적 성격을 강조함과 동시에 라이프니츠의 심오한 변증법적 이념들을 강조한다. 독어본으로는 동독 디츠출판사에서 발간된 레닌 전집 제38권(1981) pp.63-76 참조.

루카치 : 포이어바흐의 책은….

홀츠 : … 포이어바흐의 책과 레닌의 논평들은….

루카치 : 그 책은 아주 지적인 책입니다.

홀츠 : … 헤겔 이전의 변증법에 관한 해석에 있어서 아주 본질적인 것들입니다. 하지만 제 말은 단지 곁들여서 하는 말일 따름입니다. 자, 우리는 근본과학으로서의 존재론이 특정한 표상 모델들—여기에서 저는 모델 개념을 신실증주의적 의미에서가 아니라 아주 일반적인 의미에서 사용합니다—을 발전시키며, 개별 과학들에 의해 생산된 존재의 성질에 관한 인식들의 연관성은 이 모델들에 따라 수립된다는 데에서 출발했습니다.

루카치 : 그렇습니다.

홀츠 : 이로써 이제 우리는 미학적인 문제에 다시 다가서게 되었습니다. 왜냐하면 예술작품도, 저는 이렇게 말하고 싶은데요, 더 좁은 차원에서 모델의 구상임이 분명하며, 따라서 이러한 예술작품에서 창조되는 것은 각기 특정한 소세계(小世界)이기 때문입니다.

루카치 : 예, 물론 그렇습니다.

홀츠 : 그러니까 다시 말해서 모든 예술작품은 원래, 당신 식으로 말하자면, 하나의 존재론적 의도를….

루카치 : 그렇지요….

홀츠 : … 즉, 다시 라이프니츠의 용어를 사용하자면, 하나의 가능적 세계를 창조하는 존재론적 의도를 지니며….

루카치 : 예.

홀츠 : … 따라서 [모든 예술작품은—옮긴이] 모든 세계가 우선 정돈된 것이지 카오스적인 것은 아니라는 존재론적 전제에서 출발합니다. 물론 이것은 현대 물리학이 그냥 그대로 놔두지 않을 전제이지요. 하지만 예술작품이 세계로 이해할 수 있는 것은 항상 자체 내에 정돈된 의미연관뿐입니다. 따라서 예술작품은, 그 속에서 전개되는 것은 그 자체

로 하나의 코스모스라는 것, 그리고 이와 같이 완결된 코스모스 내부에서 모든 부분들은 다소간 필연적인 관계들 속에서, 적어도 필연적으로 요구되는 우연성 속에서 서로 연관되어 있다는 것을 전제로 합니다. 이 말이 자체 완결적인 관계적 전체로 나타나는 모든 임의의 형식적 연관을 예술작품으로 간주할 수도 있다는 것을 의미할지도 모르겠습니다. 하지만 우리가 말하는 바는 분명 그런 것이 아닙니다. 사람들이 예술작품이라고 말할 때 흔히 쓰이는 일반적인 어법에서도, 엄격한 미학적 의미에서도 모든 임의의 형식적 연관이 예술작품으로 간주되는 것은 아닙니다. 우리가 예술작품이라고 말할 때 뜻하는 것은 오히려 다음과 같은 것, 즉 이러한 예술작품 속에서 형성되는 소세계는 이 예술작품에 받아들여지고 그 속에서 반영되며 그것이 모사하는 더 큰 세계를 여하튼 간에 재현한다는 것입니다. 따라서 우리는 먼저 이러한 용어들을 아주 신중하게 다루고자 합니다. 그러니까 우리가 예술작품에서 기대하는 것은, 상대적으로 더 큰 현실(Realität)이 자체 완결적이며 그럼으로써 조망될 수 있는 더 작은 연관으로 투영되는 것과 같은 그런 것입니다. 즉, 세상에서는, 말하자면 무한하게 얽혀 있어서 우리가 조망할 수 없는 것이, 예술작품에서는 압축되어 조망할 수 있는 작은 연관으로 축소되어 나타납니다. 예컨대 우리가 『마의 산(*Zauberberg*)』[15]을 특정한 역사적 세계 상황의 모사로 간주한다면, 여기에 창조되어 있는 것은 이 큰 대우주를 모사하는 하나의 작은 소우주입니다. 이제 존재론적으로 볼 때, 이러한 재현 관계는 어떤 모습을 띠는가, 즉 조망할 수 없는 수많은 우연들로 점철된 무한한 세계연관을, 완전히 자체 완결적인 유한한 연관에서 재현할 수 있다는 것은 무엇을 의미하는가 하

15) 20세기 전반기 독일의 대표적 작가 토마스 만(Thomas Mann 1875-1955)이 1924년에 탈고한 소설 제목. 루카치는 토마스 만에 대한 각별한 애정을 가지고 있었는데, 그가 토마스 만에 관해 쓴 글들은 반성완 등의 번역으로 이미 소개된 바 있다. 『게오르크 루카치. 리얼리즘 문학의 실제 비평』, 반성완 등 옮김, 까치, 1987, 451-552쪽 참조.

는 문제가 생겨납니다.

루카치 : 그렇습니다. 제가 그 문제에 답하려면 다시 좀더 앞으로 나갈 수밖에 없겠군요. 행위자들은 자신들이 어디에서 그리고 어떻게 행동하는지에 관한 일정한 상을 지니게 마련인데, 이는 사회적·인간적 세계의 특징입니다. 고등동물들 또한 마찬가지로 그와 같은 특정한 모상들을 지닌다는 것은 이제 의문의 여지가 없습니다. 말하자면 그것들은 표상들을 만들 수 있습니다. 지금 제가 표상이라고 말하는 것은, 그것들의 삶과 직접적으로 연관되어 있는 특정한, 경우에 따라서는 극히 예리하게 관찰된 현상(Phänomen)을 뜻합니다. 그것들은, 예컨대 어떤 맹금(猛禽)이 닭장 위로 지나가면 어미닭은 병아리에게 신호를 보내고 병아리는 몸을 숨기는 경우에서 볼 수 있듯이, 이러한 연관을 아주 정확하게 감지합니다. 하지만 그렇다고 해서 맹금의 존재가 정신적으로 파악되어 있는 것인가 하는 것이 문제입니다. 저는 그렇지 않다고 생각합니다. 저는 『미학』에서 거미의 예를 든 적이 있습니다. 사람들이 파리 한 마리를 거미줄 한가운데에 놓아두었는데, 그 거미는 거미줄에 걸리는 속속 자기가 먹어치우곤 하던 파리와 이것이 같은 것인지 더 이상 인식하지 않습니다. 그도 그럴 것이 거미에게 파리란 거미줄에 걸려들어 먹잇감이 될 수 있는 그 어떤 것일 따름입니다. 거미는 파리의 개념에 이르지 못하며 이는 고등동물들도 마찬가지입니다. 노동에서 비로소 필연적으로 사물들의 개념이 발생합니다. 이 경우 개념은 삶에 중요한 지각의 계기가, 예컨대 우리 속에 있는 맹금이 하늘을 날아다니는 그 맹금과 동일한 것이라는 식으로 자립화되는 것을 의미합니다. 이것은 표상에 있어서는 아직 실행될 수 없는 동일화이며, 이로부터 이제 정신적 세계의 전체적 우주가 발생합니다. 노동과 밀접하게 관련되어 있는 개념 파악의 이러한 계기는 인류의 사회화가 진행되는 가운데 점점 더 강력하게 형성됩니다. 그도 그럴 것이 수학과 기하학처럼 오늘날 고도로 발전한 과학들이 본디 노동에서 생겨났다는 것은

의문의 여지가 없기 때문입니다. 이에 관해서는 더 이상 말할 필요가 없다고 생각합니다.

원시적 노동에서 단지 하나의 단순한 계기였던 것, 즉 특정한 이 돌이 특정한 이 목적에 부합하는지 여부에 관한 검토로부터 삶의 한 전체적 영역, 즉 과학이 생겨났는데, 이는 노동과정 속에서 이루어진 일입니다. 이러한 발전은 아주 점진적으로 이루어졌습니다. 지금 저는 과학이 어떻게 형성되었는지를 세세하게 파고들고자 하는 것이 아닙니다. 저는 단지 총괄적으로 다음과 같은 점을 말하고 싶을 따름입니다. 즉, 우리 인간은 이런 식으로 점차 세계의 객관적 성질에 관한 의식을 획득했는데, 그 의식이 현실의 형상을 제공해줍니다. 물론 여기에는 꼭 필요한 존재론적 통제가 있어야 하겠지요. 이 존재론적 통제 자체는 당연히 역사적인 것입니다. 객관적으로 전혀 연관성이 없으면서 단지 그렇게 보일 뿐인 모종의 연관관계가 특정한 상황하에서는 존재론상 필연적으로 분리된 것으로 밝혀지니까요. 지금 제가 염두에 두고 있는 예는 현세계와 천상계에 관한 고대적 표상입니다. 고대의 인간들에게 있어서 천상계의 명백하게 수학적인 위대한 질서와 현세계의 카오스적 성질은 넘어설 수 없는 존재론적 장벽이었으며, 이로 인해 그들은 이원성을 설정하도록 내몰렸습니다(우리는 아리스토텔레스의 경우에서도 이를 볼 수 있습니다). 그후 사람들이 갈릴레이의 낙하법칙을 통해 한층 더 복잡하고 역동적인 우주론을 발전시켰을 때 이러한 이원론은 완전히 사라졌으며, 오늘날의 인간의 존재론적 표상들에서 그것은 더 이상 아무런 역할도 하지 않습니다. 이를 통해 제가 밝히고자 하는 것은, 과학에 대한 존재론적 비판은 교수들이라면 누구나 다 할 수 있을 것처럼 생각하는 단순한 비판적 행위가 아니라 거대한 역사적 과정이라는 것입니다. 이 거대한 역사적 과정 속에서 존재론상 잘못된 모종의 표상방식들은 노동과 사회적 활동을 통해 점차 극복되며, 그리하여 과학에서 현실에 관한 모종의 의식이 생겨납니다. 그런데 그 의식은 그 자체의 발생을 규정했던 역사적·존재론적 기반들로부터 벗어나려는 경향을 점점 더 강하게 지닙니다. 이러한 분리과정은 대부분 성공적으로 이루어집니다. 그도 그럴 것이 우리가—예컨대—피타고라스의 공리를 이해하기 위해서 그것이 생겨났던 상황을 알 필요는 결코 없기 때문입니다. 분명히 그러한 존재론적 기반이 객관적으로 존재했지만 말입니다.

이제 예술로 돌아가지요. 여기에서 예술들의 아주 상이한 발생을 논하고자 하는 것은 아닙니다. 제 생각에 예술은, 당신이 저의 『미학』을 통해 볼 수 있다시피 하나의 통일적인 발생을 지니는 것이 아니라 점차적으로 하나의 상대적 종합이라고 부름직한 것에 이르게 되었습니다. 그래서 우리는 아주 상이한 예술들에서 일정한 공통의 원리들을 볼 수 있는 것이지요. 또 저는 『미학』에서 개념적인 과학적 파악은 탈(脫)인간형태화[16]를 전제로 한다고 서술했습니다. 여기에서 탈인간형태화란, 우리의 감각인상들과 우리의 정상적인 사유가 우리에게 설정하는 한계들로부터 최대한 벗어나는 것을 의미합니다. 예컨대 우리는 적외선과 자외선을 알게 되었고 초음파를 확인할 수 있는 능력 등등을 지님으로써 우리의 현존재가 지닌 인간형태적(anthropomorph) 한계들을 이미 넘어섰습니다. 하지만 우리가 이 모든 것을 행하는 터전인 사회 속에서 우리는 인간적인 삶을 살아갑니다. 그리고 우리가 인간적인 삶을 삶으로써, 우리는 자연에는 전혀 없는 어떤 것, 즉 가치있는 것과 가치없는 것의 대립을 설정합니다.

제 생각에는 아주 단순한 것이 다시 문제가 됩니다. 제가 앞에서 논의의 실마리로 삼았던 원시인들은 그 어디에선가 돌들을 골라 모았습니다. 어떤 돌은 나뭇가지를 자르기에 적합하지만 다른 돌은 그렇지 못합니다. 이러한 사실—적합하냐 적합하지 않느냐—은 비유기적 자연

16) '인간형태화'는 'Anthropomorphisierung'을, '탈인간형태화'는 'Desanthropomorphisierung'을 옮긴 말이다. 루카치가 이 용어로 뜻하는 바에 관해서는 이 책의 제2부 2장 2절 참조.

에서는 있을 수 없었던 전혀 새로운 문제설정입니다. 그도 그럴 것이 돌이 산에서 굴러떨어질 때, 그 돌이 부서지지 않은 채 굴러떨어지는지 혹은 두 조각 혹은 수백 조각으로 박살나는지 여부는 성공과 실패의 문제가 아닙니다. 이것은 비유기적 자연의 관점에서 보자면 아무래도 상관없는 일입니다. 이에 반하여 가장 단순한 노동의 정립에서만 하더라도 유용함과 유용하지 않음, 적합함과 적합하지 않음의 문제는 이미 하나의 가치 개념을 내포합니다. 노동이 더 발전하면 할수록 내포된 가치표상들은 더 풍부해집니다. 그리고 점점 더 사회화되고 복잡해지는 과정 속에서 특정한 어떤 것이 인간의 자기 재생산에 적합한지 여부의 문제가 한층 더 미묘하게, 한층 더 높은 차원에서 제기됩니다. 여기에 우리가 가치라고 부르는 것의 존재론적 원천이 있다는 것이 제 생각입니다. 그리고 가치있는 것과 가치없는 것의 이러한 대립에서 이제 완전히 새로운 범주가 생겨납니다. 이 범주는 사회적 삶에서 무엇이 의미 있는 삶 혹은 의미없는 삶이었던가 하는 것과 연관된 것입니다. 여기에서 당신은 하나의 거대한 역사적 과정을 대하고 있습니다. 그 과정에서 의미있는 삶은 원래 단순히 사회적으로 순응하는 삶과 동일한 것이었으며 이 상태는 오랫동안 지속되었습니다. 가령, 테르모필레에서 죽었던 스파르타인들의 그 유명한 묘지명을 생각해보십시오.[17] 그들에게 의미있는 삶은 스파르타를 위해 죽는 것이었습니다. 고대 그리스 문화에서 이미 일정한 대립물들이 생겨납니다. 인간은 자기 자신의 삶을 재생산해야 하기 때문에 사회적 삶의 극히 상이한 복합체들

---

17) 테르모필레는 그리스 중부 칼리드로몬 산과 말리아코스 만 사이의 동해안에 있는 길이 7.2Km의 좁은 고개이름. B.C 480년 페르시아의 제2차 침입에 맞서 스파르타 왕 레오디나스는 300명의 스파르타 정예병과 1,100명의 보이오티아인, 그리고 농노들을 이끌고 이 고개에서 페르시아 군대의 진격을 지체시키는 데 성공하지만 전투에 참가한 스파르타 정예병은 모두 전사했다. 이 고개에는 시인 시모니데스의 시구가 새겨진 돌비석이 있는데, 그 내용은 다음과 같다. “길손들이여, 스파르타에 가서 전해주오. / 조국의 명을 받아 여기, 우리가 이렇게 누워 있노라고.”

속에서도 통일적으로 행동해야 합니다. 그리하여 우리가 개성(Persönlichkeit), 인간의 개체성(Individualität des Menschen)이라고 부르는 것이 생겨납니다. 여기에서도 당신은 존재론적인 등급을 볼 수 있습니다. 언젠가 라이프니츠는 한 나무에 서로 똑같은 두 개의 잎은 없다는 것을 하노버의 공주들에게 밝힌 적이 있습니다. 이 라이프니츠의 두 개의 잎을 우리는 19세기에 다시 발견했습니다. 서로 같은 지문(指紋)을 지닌 두 명의 인간은 없다는 것을 우리가 알게 된 이래로 말입니다. 하지만 이것은 단지 개별성(Einzelhiet)의 범주일 뿐입니다. 개별성에서 하나의 개성이 발전되어나온다는 사실은 사회적·존재론적 발전의 문제입니다.

발전한 형태의 예술은 그와 같은 식으로 인간 자신과 재연관된다는 것이 지금 제 생각입니다. 그렇다고 해서 인간으로부터 독립해 있는 객관적 현실이 인간의 관점에서 재현되어야 한다는 것은 아닙니다. 그도 그럴 것이 객관적 현실은 독립적인 것으로 고찰되어야 하는데, 그렇지 않으면 노동을 할 수가 없을 테니까요. 저의 소망, 저의 지향 등등이 노동에 투영된다면, 다시 말해서 목적론적 정립에 투영되는 것이 아니라 인과계열들의 정립에 의거해 이루어지는 목적론적 정립의 실행에 투영된다면, 저는 당연히 일을 그르치게 될 것입니다. 그런데 이와는 다른 관점이 있는데, 이 관점에서는 이러한 정립들의 총체가 인간과 재연관됩니다. 그리고 이러한 재연관에서 이제 예술의 상이한 단초들, 예컨대 동굴 벽화, 원시적인 춤, 그리고 가옥에서 건축양식으로 옮겨가는 초기 양상 등에서 볼 수 있는 바와 같은 예술의 상이한 단초들의 통합이 생겨납니다. 우리는 가옥이 건축양식보다 훨씬 앞선 것이라는 사실을 잊어서는 안됩니다. 여기에 통일된 경향이 존재하는데, 그것은 전체 현실을 인간의 발전, 혹은 제가 『미학』에서 말한 바처럼 인간의 자기의식(Selbstbewußtsein)과 연관시키는 것입니다. 그렇기 때문에 저는 존재론적 의미에서 예술이란, 인간이 사회와 자연 속에 이루어지는 자기 자신의 삶을 모든 문제와 더불어, 즉 이 삶을 긍정적, 부정적 등등으로 규정하고 있는 모든 원리와 더불어 자기 자신과 연관하여 파악하는 과정을 재생산하는 것이라고 말하고 싶습니다. 그렇기 때문에 예술은—이는 존재론과 관련하여 지극히 중요한 것인데—가령 탈인간 형태화하면서 그 발생과 분리되어 있는 것이 아닙니다. 우리는 호메로스를, 다시 맑스의 말을 인용하자면, 단지 인류의 유년기로서만 이해할 수 있습니다. 우리가 호메로스의 인물들을 현대의 인간들로 이해하려 할 경우, 전혀 말도 안되는 일이 생길 것입니다. 하지만 우리는 호메로스나 혹은 다른 옛 시인들을 우리 자신의 과거로서 체험합니다. 우리는 오직 예술의 매개를 통해서만 인간의 과거에 제대로 접근할 수 있습니다. 역사의 중대한 사실들은 일반적으로 우리에게 서로 다른 구조들의 변형만을 제공할 것입니다. 이러한 변형들 내부에 사회와 자연에 대한 인간 태도의 연속성이 존재했다는 것을 보여주는 것이 바로 예술의 사명입니다.

홀츠 : 이 대목에서 제가 추가적인 질문을 드려도 될까요? 과거의 예술작품을 통해 우리의 의식에 환기되거나 생산되는 고유한 과거라는 개념으로써는 충분치 못하다는 것이 제 생각입니다. 그도 그럴 것이 우리는 과거의 예술작품에서—과거의 모든 작품이 아니라 몇몇 예술작품들에서—발터 벤야민이 언젠가 말했던 '지금·이 시간(Jetzt-Zeit)'과 같은 것도 체험하기 때문입니다. 다시 말해서, 과거의 예술작품의 내용이 지금 현재 우리에게 중요한 문제로 재활성화된다는 말입니다.[18] 따라서 예컨대 소포클레스의 작품에서 나타나는 안티고네 문제는 다른

---

18) 사상적으로는 맑스주의와 유대 신비주의, 예술적으로는 상징주의, 초현실주의 등 여러 복합적 조류들을 창조적으로 소화하여 기존의 그 어떤 흐름에도 속하지 않는 독창적 사유를 개진한 독일의 사상가 발터 벤야민(Walter Benjamin 1892-1940)이 쓴 '철학적 유언' 「역사의 개념에 관하여」 참조. 이 글은 반성완이 편역한 『발터 벤야민의 문예이론』(민음사, 1983)에 「역사철학테제」(343-356쪽)라는 제목으로 옮겨져 있다.

사회적 상황들에서 인류의 유년기에 속하는 문제로서뿐만 아니라 당장에 중요한 문제로서도 계속 재생산될 수 있을 듯한데요.

루카치 : 보세요, 저는 다시 단순한 일상생활로 되돌아가고자 합니다. 모든 인간은 자기 자신의 과거에 대해 일정한 의식, 일정한 기억을 가지고 있습니다. 당신이 지금 당신의 유년기 체험들을 생각해보신다면, 당신은 체험들의 아주 상이한 등급들을 발견하실 것입니다. 당신이 지금은 어느 정도 순전히 삽화적인 일로 느끼시며 현재 당신의 영혼적·도덕적 존재와는 아무런 관련도 없는 어떤 일들이 있습니다. 다른 한편, 당신의 오늘날의 자아(das Ich) 전체가 핵심적으로 담겨 있는 어떤 일들을 당신이 유년기에 행했고 말했다는 사실을 발견하실 것입니다. 우리는 과거를 인식론적인 의미가 아니라 존재론적인 의미에서 고려해야 합니다. 제가 과거를 인식론적으로 본다면, 과거적인 것은 지나가 버린 일입니다. 존재론적으로 보면 과거가 항상 과거인 것은 아닙니다. 그것은 현재에 작용하는데, 물론 과거 전체가 아니라 그 부분들이 작용하며 또, 항상 똑같은 부분들이 늘 같은 식으로 작용하는 것은 아닙니다. 저는 지금 다시 당신에게 당신 자신의 발전과정을 상기시키고 싶습니다. 당신 자신의 발전과정에서 당신 유년기의 상이한 계기들이 상이한 시기에 상이한 역할을 했음에 틀림없을 것입니다. 이와 같이 예술에 있어서 보전의 이 전체적 과정, 제가 인류의 과거에 대한 기억이라고 말하는 이 과정은 아주 복잡한 과정입니다. 여기에서 저는 호메로스가 고대 말에는 거의 잊혀졌으며 근세 초까지 베르길리우스[19]에 의해 완전히 축출된 상태에 있었다는 사실만 상기시키도록 하지요. 중세의 인류가 베르길리우스 속에서 자신들의 유년기를 발견했기 때문에

---

19) Publius Vergilius Maro(B.C 70～B.C 19). 서사시 『아이네이스』(서기전 30년 경 집필하기 시작한 미완성작)으로 잘 알려져 있는 로마의 가장 위대한 시인. 『신곡』에서 베르길리우스는 단테에게 지옥과 연옥을 안내해주는 스승이자 인도자로 나온다.

그랬던 것입니다. 인류가 자신의 과거로서 호메로스에 결속될 수 있기 위해서는 호메로스를 베르길리우스에게 대립시키곤 했던 영국의 비평가들과 더불어, 혹은 18세기의 비코[20]와 더불어 시민문화가 발생해야만 했습니다. 셰익스피어의 경우에도 유사한 발전과정이 이루어졌습니다. 살아 있는 세계문학 혹은 세계예술로서 간주되는 것들은 이런 식으로 흥망성쇠를 겪는 것입니다. 예컨대 부르크하르트[21]처럼 중요한 예술사가가 어떻게 매너리즘과 바로크를 완전히 거부했는지, 그리고 오늘날 존재하는 매너리즘의 르네상스는 어떠한 것인지 한번 생각해 보십시오.

이러한 기억 자체는 역사적인 과정입니다. 바로 그렇기 때문에 기억과 과거를 고찰할 때 그것들을 과거, 현재, 미래로 시간을 나누는 인식론적인 분절로서가 아니라—이러한 분절은 특정한 전문 과학적 상황에서는 의미가 있을 수도 있습니다—생동하는 인류발전의 존재론적 계기들로서 파악해야 합니다. 이상의 사실은 누구에게나 명백할 것입니다. 하지만 벤야민이 생각했듯이 과거적인 것이 현재적인 것이 되면 과거에서 떨어져나온다는 것은 참이 아닙니다. 9살 때 『일리아스(*Iliad*)』를 산문으로 옮긴 헝가리어 번역본을 읽었는데, 그것은 저의 가장 큰 유년기 체험들 가운데 하나였습니다. 헥토르의 운명, 즉 패배를 당한 인간이 옳으며 더 좋은 영웅이라는 사실은 이후에 이루어진 나의 발전과정 전체에 결정적인 영향을 미쳤습니다. 그러한 것은 물론 호메로스 속에 들어 있습니다. 그 속에 그것이 들어가 있지 않다면 그런 식으로

20) 독일어 원본에는 17세기로 되어 있으나 영역본에는 18세기로 바로잡혀 있다. 아마도 루카치의 착각인 듯하다. 비코(Giambattista Vico 1668-1744)는 이탈리아의 문화사 철학자, 법 철학자로서 오늘날 문화인류학이나 민속학의 선구자로 인정받는다. 특히 주저(主著)인 『새로운 과학』(1725)에서 그는 역사와 더욱 체계적인 사회과학을 수렴하여 단일한 인간과학을 정립하려고 시도했다.

21) Jacob Burckhardt(1818-1897). 스위스의 역사가, 문화사가. 최근에 국역된 바 있는 『이탈리아 르네상스의 문화』(1860)로 유명하다.

작용할 수 없을 것입니다. 하지만 누구나 다 『일리아스』를 그런 식으로 읽지는 않았다는 것은 아주 분명한 사실입니다. 단테의 작품에 나오는 브루투스관[22]과 르네상스 시기의 그것[23] 간의 차이를 한번 생각해보세요. 그러면 당신은 그것이 얼마나 차이가 나는지 아실 것입니다. 여기에 하나의 거대한 과정, 하나의 연속적인 과정이 존재하는데, 각 시대는 자신들의 목적을 위해 필요한 것을 이로부터 빼냅니다.

괜찮으시다면, 저는 여기에서 다시 한 번 전래의 학문을 뒤집어 보겠습니다. 비교문학사는 영향이 문제라고 생각합니다. 『괴츠 폰 베를리힝엔(*Götz von Berlichingen*)』[24]이 월터 스코트의 소설에 영향을 미쳤다는 등등과 같은 식이지요. 제가 『역사소설(*Der historische Roman*)』에서 서술하려고 했다시피, 실상은 전혀 다르다는 것이 제 생각입니다. 프랑스 혁명, 나폴레옹 전쟁 등등의 결과로 문학에서 역사성(Historizität)의 문제가 생겨났습니다. 당신도 아시다시피 그 문제는 18세기의 문학에서는 아직 없었던 것입니다. 월터 스코트가 그 문제에 직접 접했던 한에서, 그는 "나는 내가 원하는 것을 취한다"는 몰리에르의 명제에 따라 『괴츠 폰 베를리힝엔』에서 준거점을 찾았던 것이지요, 비록 『괴츠 폰 베를리힝엔』이 씌어진 이유는 전혀 달랐지만 말입니다. 이것은 예술의 존재론과 관련하여 지극히 중요한 결과를 지닙니다. 즉, 인류 자체의 발전과 넓고 깊은 의미에서 연관되며, 따라서 아주 상이한 해석형식들

22) 단테의 『신곡』 「지옥 편」 제34곡에서 브루투스는 루시퍼의 입에 물려 있다. 지옥의 맨 밑바닥 한복판에 세 개의 얼굴을 한 악마의 대왕 루시퍼가 입에 죄인을 하나씩 물고 있는데, 한 명은 그리스도를 배반한 유다이고 또 다른 두 사람은 시저를 죽인 브루투스와 카시우스다. 교황을 천상적 세계의 대표자로, 황제를 지상적 세계의 대표자로 본 단테의 생각에 따르면 그리스도는 교황의 교황이고 시저는 황제의 황제이다. 따라서 브루투스가 유다와 마찬가지의 형벌을 받는 것은 당연하다.

23) 르네상스 시기에 브루투스는 전제 군주 살해의 한 모범으로 숭배의 대상이었다. 미켈란젤로의 브루투스 흉상도 이런 맥락에서 창조된 것이다.

24) 괴테가 셰익스피어의 영향을 받아 1773년에 쓴 작품.

속에서도 그 영향력을 지닐 수 있는 예술작품들만이 보존될 수 있습니다. 당신이 호메로스 혹은 셰익스피어 혹은 괴테의 영향사를 쓰신다면, 이후 시대의 의식의 발전 전체가 그들에 대한 찬반(贊反) 속에 반영됨을 발견하실 겁니다. 이제 우리는 아주 중요한 문제에 이르게 되는데, 앞의 경우와는 달리 아주 생생하게 특정한 시사적 문제들에 반응하지만 이 문제들을 인류의 발전 속에서 이런저런 식으로 긍정적 혹은 부정적으로 역할하는 문제들의 수준으로까지 발전시킬 수 없는 예술작품들 혹은 예술작품이라고 불리는 것들은 상대적으로 단기간 후에 낡은 것으로 되고 만다는 것이 그것입니다. 여기에서 저는 나이가 많은 사람으로서 말할 수 있는데, 제 소싯적에 유례없이 유명했으며 따라서 열광적으로 수용되었지만—메테를링크,[25] 다눈치오 등등의 이름을 들겠습니다—오늘날에는 읽을 수 없게 된 작가들이 있습니다. 물론 문학사와 예술사도 이와 마찬가지로 일부는 살아 있는 과정이며, 일부는 공동묘지입니다.

우리는 전문 분과들로 인해 잘못된 생각을 하게 됩니다. 말하자면 전문적인 분과 학문은 과거에서 모든 것들을 끄집어내어 작업할 수 있기 때문에 마치 이러한 것들이 인류의 발전과정에서 지속되는 기억의 연속성과 실제로 생생하게 연관되어 있는 듯한 환상이 생기는 것입니다. 이것은 단순히 좋고 나쁨의 문제가 아닙니다. 가령 엘리자베스 시대의 수많은 극작가들을 생각해보십시오. 그들은 중요한 작가들이었습니다. 하지만 한두 가지 에피소드적인 영향을 차치한다면, 이 시대에서 오로지 셰익스피어만이 생생한 힘을 가졌습니다. 왜 셰익스피어는 이러한 영향력을 지니며 다른 작가들은 그렇지 못한지를 연구한다면 흥미로울 것입니다. 말로,[26] 포드,[27] 웹스터[28] 등은 영어영문학 수업에서는 아주

---

25) Maurice Maeterlinck(1862-1949). 벨기에의 상징파 시인, 극작가. 1911년에 노벨문학상을 수상한 그의 대표적 시집으로는 『온실』(1899)이 있으며, 극작품으로는 『펠레아스와 멜리장드』(1892)가 유명하다.

생생하게 살아 있을 것입니다. 하지만 인류의 발전과 관련해서 그들은 그렇지 못합니다. 그러니까 여기에서 학문적 실천은 현실적인 연관을 한층 더 분명하게 하는 대신 오히려 모호하게 만들어버린 것입니다.

벤야민의 문제를 다시 살펴봅시다. 현재에 대한 직접적인 작용이라는 계기는 모든 예술의 특징입니다. 여기에서 그러한 작용은 심층적인 방식으로 일어날 수도 있고 피상적인 방식으로 일어날 수도 있습니다. 그것이 피상적인 방식으로 일어난다면 그것은 단지 일시적인 유행에 불과할 것입니다. 그것이 심층적인 방식으로 일어난다면 해당 작가는, 비록 경우에 따라서는 백여 년의 시간 간격이 있더라도 계속해서 부활될 것입니다. 실제로 문학과 예술의 영원한 구성성분은 우리가 흔히 생각하는 것보다 훨씬 더 큰 안정성을 지니고 있습니다. 고대에서는 이것이 수고(手稿)로 보존되어 있는 것과 그렇지 않은 것을 통해 간단하게 밝혀졌습니다. 우리 시대에도 그러한 정선(精選)이 이루어지는데, 이를 통해 단지 세계의 피상적인 문제들을 건드리는 것들은 아주 냉정하게 배제됩니다. 다시 회상해보자면, 독일 자연주의자들의 일류급 작품들을 읽었을 때 저는 열대여섯 살의 청소년이었습니다. 저는 일상언어의 뉘앙스들을 재현하는 그들의 능력에 감격하여 영웅을 대하듯 했으며 그것을 엄청난 예술적 진보로 여겼습니다. 오늘날 우리는 그것이 전혀 무의미하다는 것을 알고 있습니다. 만약에 하우프트만[29]이 청년

26) Christioher Marlowe(1564-1593). 영국 엘리자베스 시대의 시인, 극작가. 셰익스피어에 중요한 영향을 주었으며 특히 무운시로 된 극의 개척으로 유명하다. 『탬벌레인의 대왕』, 『포스터스 박사의 비극』, 『몰타의 유대인』 등의 극작품이 대표작.

27) John Ford(1586-1639). 셰익스피어 이후에 활동한 영국의 극작가. 『실연』, 『연인의 슬픔』, 『불행한 그녀는 창녀였다』 등의 작품이 있다.

28) John Webster(1580년 경-1625년 경). 그가 쓴 『백마(白魔)』, 『몰피의 공작부인』 등은 보통 셰익스피어 작품을 제외한 17세기의 영국 비극 가운데 최고의 걸작으로 꼽힌다.

29) Gerhart Hauptmann(1862-1946). 독일의 극작가, 시인, 소설가. 1889년 10월에 공연된 『해뜨기 전』으로 유명해졌다. 『직조공들』, 『하넬레의 승천』, 『비버

기에 쓴 어떤 작품들이 남아 있다면, 자연주의적인 언어 구사 때문이 아니라 전혀 다른 이유들에서 그런 것입니다. 오늘날에도 사정은 마찬가지인데, 극히 강력한 조작의 결과로 새로운 기법적 표현방식의 고안은 단지 그 자체로 가치있는 것으로 여겨지는 형편입니다. 당신이 현재의 독일 비평을 보신다면, 비평가들은 일반적으로 내적 독백을 호의적으로 대하고 있을 것입니다. 이에 반해 뭔가를 내적 독백 없이 서술하는 사람은 애당초 낡은 존재로 간주되고 있지요. 하지만 '내적 독백이냐 아니냐'의 문제는 내용에 비하면 전혀 부차적인 형식의 문제입니다. 가령 당신이 셈프룬[30]의 『위대한 여행(*Die große Reise*)』을 보신다면, 그것은 순전히 내적 독백으로 씌어진 것이자, 제 생각에는 사회주의 리얼리즘—제가 보수적이어서 이러한 표현을 사용하는 것을 양해하시기를—의 가장 중요한 생산물 가운데 하나입니다. 따라서 내적 독백과 사회주의 리얼리즘은 결코 배타적인 관계가 아닌 것입니다.

홀츠 : 여기에서 우리는 당신의 리얼리즘 개념에 관해 아주 널리 퍼져 있는 오해가 해명될 수도 있을 한 지점에 도달했습니다. 일반적으로 사람들은 당신의 글에서 나타나는 리얼리즘적 예술과 비리얼리즘적 예술간의 구분을 다음과 같은 식으로 이해합니다. 즉, 리얼리즘적 예술작품은 비리얼리즘적 예술작품보다 더 많은 현실(Wirklichkeit)을 담고 있다는 식으로 말입니다. 하지만 당신이 바로 이 자리에서 말씀하셨던 명제, 즉 인류의 발전과 넓고 깊은 연관 속에 있는 예술작품들만이 보존될 수 있다는 명제에서 출발한다면, 그것은 다른 예술작품들[비리얼

털코트』 등의 작품이 있으며 1921년 노벨문학상을 수상했다. 보통 독일자연주의를 대표하는 인물로 꼽히는데, 말년의 희곡에는 동화적이고 시가적인 요소들이 신비적 종교성 및 신화적 상징주의와 뒤섞여 있다.

30) Jorge Semprun(1923년 생). 스페인의 작가. 1939년부터 파리에서 망명생활하면서 프랑스어로 작품을 썼다. 1953년 스페인 공산당 지도자가 되었지만 1964년에 제명당했다. 이후 프랑스에서 작가로 활동했는데 대표작으로는 트로츠키의 암살을 소재로 한 『라몽 메르카데르의 두 번째 죽음』(1969), 『위대한 여행』(1963) 등이 있고 영화 시나리오와 기록문학 등도 집필한 바 있다.

리즘적 예술작품—옮긴이]도 아주 농밀한 현실을 담았다는 것을 배제하지 않습니다. 하지만 그 현실은 인류의 발전을 위한 심층적 전망, 미래적 전망은 없는 것이지요. 따라서 예술작품에 있어서 리얼리즘과 비리얼리즘은 반영되는 현재적 현실과 관련된 것이 아니라 역사적 전망, 그것도 그 속에서 나타날 미래적 전망과 관련된다는 말입니다.

루카치 : 그렇습니다. 바로 여기에 제가 문학사 및 예술사와 근본적으로 대립되는 문제가 있습니다. 문제는 극히 단순합니다. 약간 희화적인 예를 들어보지요. 예컨대 사람들은 『괴츠 폰 베를리힝엔』은 리얼리즘적이고 『타우리스 섬의 이피게니(*Iphigenie auf Tauris*)』[31]는 비리얼리즘적이라고 말합니다. 후자가 운문으로 씌어져 있다는 것이 그 이유이지요. 물론 그러한 관점들이 있으며, 그러한 대립에서 실제로 리얼리즘과 비리얼리즘이 충돌하는 경우들도 분명히 있습니다. 예컨대, 특정한 관념론적 관점과 극적 관습으로 인해 자신들의 구상에 내포된 리얼리즘을 벗어난 쉴러나 리하르트 바그너같이 아주 중요한 인물들의 경우에서 그것을 볼 수 있습니다. 가령 쉴러가 자신의 도덕주의적 원칙들을 충족시키기 위해 『마리아 슈투아르트(*Maria Stuart*)』(1800)에서 엘리자베스 여왕을 어떻게 완전히 왜곡시키고 있는지 생각해보십시오. 다른 한편 저는—이것이 제가 말하는 원래의 대립인데—자연주의와 리얼리즘의 대립을 미학에서 가장 중대한 대립 가운데 하나라고 생각합니다. 제가 쓴 미학 관련 글들에서 당신은 이러한 대립과 계속 마주칠 것입니다. 이에 반해 리글학파[32]의 예술사가들처럼 중요한 예술사가들조차 자연주의와 리얼리즘을 거의 동의어로 취급합니다. 이것은 절대로 옳지 못합니다. 예컨대 독일 인상주의의 선구자들에 있어서나 그것의

31) 괴테의 1787년 작품.

32) Alois Riegl(1858-1905). 미술작품의 양식 발전을 통일적으로 파악하려 한 이른바 비인학파의 미술사가. 그는 예술 발전의 내적인 자율적 동인으로서 예술의지(Kunstwollen) 개념을 예술학에 도입했다. 그의 이론은 드보르작, 보링어, 프레이, 티체 등에게 영향을 미쳤다.

발생기에는 유례없이 많은 자연주의적 요소들이 있었습니다. 이에 반해 본래의 인상주의 및 그로부터 생겨난 것에는—따라서 마네와 청년기의 모네, 시슬리와 피사로, 그리고 특히 세잔 등의 작품에는—자연주의로의 경향이 전혀 없다고 할 수 있습니다. 예술사가 리얼리즘과 자연주의를 단순히 동일한 개념으로 파악한다면, 그것은 아주 본질적인 문제를 간과하는 것입니다. 당신은 제 글들을 접하시고 제가 이 문제에 몰두해 있다는 것을 아주 잘 아시기 때문에 이 자리에서는 세세하게 논하지 않겠습니다. 저는 예컨대 현대 예술에 관한 이 소책자[33]에서 스탈린 시기의 사회주의 리얼리즘을 비판할 때 그것을 국가 공인적 자연주의라고 부름으로써 비판합니다. '사회주의 리얼리즘'이라는 깃발 아래에 유포되었던 것, 그리고 오늘날 '사회주의 리얼리즘'이라는 용어의 명예를 실추시키기 위해 이용되는 것은, 사회주의 리얼리즘이 아닐 뿐만 아니라 결코 리얼리즘도 아니며 단지 국가 공인적 자연주의에 불과하다는 것이 제 생각입니다.

따라서 우리가 리얼리즘 개념에 관해 말한다면, 그 개념을 통해 제가 생각하는 것은 소비에트 시기에 대한 논쟁적인 글들에서 제가 호메로스에서 고리키까지의 리얼리즘이라고 불렀던 종류의 문학입니다. 저는 말 그대로의 의미에서 그런 표현을 썼습니다. 즉, 고리키와 호메로스를 비교하고자 한 것이 아니라 오히려 여기에는 공통의 경향이 있다는 것을 말하기 위해서 그런 표현을 썼던 것입니다. 그 공통의 경향은 표현기법, 양식 등등의 경향이 아니라 현실적이고 근본적이며 과정 속에 보존되는 인류의 본질을 향한 지향입니다. 리얼리즘의 문제는 이와 연관된 것입니다. 리얼리즘은 매시대의 예술이—이것이 여기에서 본질적인 것인데—그 시대의 직접적인 문제를 보편적인 인류발전과 연관짓고 결합하는 한, 당연히 양식 개념이 아닙니다(이 경우에 물론 작가 자신에게

33) 아마도 『오해된 리얼리즘에 반대하여』를 말하는 듯하다.

는 이러한 연관관계가 완전히 가려져 보이지 않을 수도 있습니다). 제 말이 호메로스는 인류에 대한 어떤 표상을 지녔다는 뜻은 결코 아닙니다. 하지만 늙은 프리아모스가 헥토르의 시신을 되찾아오기 위해 아킬레우스에게 가는 장면[34]에는 중대한 인간적 문제가 제기되어 있습니다. 그 문제는 오늘날 어떤 의미에서는 그 누구도 그냥 간과할 수 없는 것입니다. 그가—말하자면—과거 및 자기 자신과 나름의 결산을 하고자 한다면 말입니다. 바로 이것이 제가 인류의 기억이라고 말할 때 염두에 두고 있는 문제입니다. 여기에—덧붙여 말하자면—헤겔 철학과의 연관성이 나타납니다. 그도 그럴 것이 당신은 절대정신이 다루어지는 『정신현상학(*Phänomenologie des Geistes*)』의 결론 부분이 '외-화(Ent-Äußerung)'와 대조적으로 '내-화(Er-Innerung)'로 서술되어 있음을 기억하실 것입니다.

하지만 헤겔의 경우에는 이를 통해 과거의 계기가 너무 지배적인 것으로 되고 맙니다. 이와 달리 저의 구도에서 과거는 한편으로는 과거이자 자기경험이며 다른 한편으로는 현재에 대해 입장을 취하는 모티프를 제공합니다. 실제로 지금까지 모든 사회는 이러한 모티프를 포착해서 과거의 특정 순간들로 돌아갔습니다. 프랑스 혁명 때에 있었던 고대화(古代化)를 생각해보십시오. 이 경우에 로베스피에르 혹은 생 쥐스트가 지닌 고대관이 올바른 것이었는지 여부는 실천에서 전혀 중요하지 않습니다. 어쨌든 간에 로베스피에르와 생 쥐스트가 그들 자신의 생각, 따라서 그들의 목적론적 정립의 배후에 있는 동인(動因)과 관련해서 고대를 선택하지 않았더라면 그들은 그런 식으로 행동할 수 없었을 것입니다. 이런 식으로 인류의 자기 과거에 대한 기억을 예술은 포함하고 있습니다. 그리고 어떤 순간에는 인간의 삶이 그러한 의미를 획득해서 예술작품들과 유사하게 된다는 것을 말씀드리고 싶습니다. 예

34) 호메로스의 『일리아스』의 마지막 장면.

컨대 소크라테스의 삶이 그렇다고 생각합니다. 이러한 관점에서 보자면 예수가 실존 인물인지의 여부, 그리고 복음서에 나오는 그의 형상이 역사적으로 정확하게 재현된 것인지 여부는 아무래도 상관없는 일입니다. 해체 중이던 노예경제의 위기 때부터 오늘날에 이르기까지—도스토예프스키의 대심문관[35]을 생각해보십시오—살아 있는 힘인 예수라는 제스처(Geste)가 있는데, 사람들은 어떠한 형태로든 간에 그것과 대결할 수밖에 없습니다. 그것은 도스토예프스키의 문제만이 아닙니다. 그 패러다임은 학문에도 영향을 미칩니다. 막스 베버의 강연 '직업으로서의 정치(Poltik als Beruf)'를 생각해보십시오. 그곳에서 그는 현실 정치와 산상설교를 서로 관련지어 대조하며 후자로부터 정치적 행위에 대한 접근법을 얻고자 합니다. 이러한 것은 역사적인 정확성과는 전혀 무관하게 예수의 형상이 인류에게 있어서 안티고네 혹은 햄릿 혹은 돈키호테 등등의 형상이 그런 것과 마찬가지의 의미를 획득했다는 것을 보여줍니다. 그러한 형상들이 우리의 행위 가능성 중 아주 큰 부분에 영향을 미칠 수 있다는 점을 덧붙여서 말씀드리지요. 예컨대 19세기에 나폴레옹의 형상은, 비록 그것을 적합한 형식으로 서술한 문학이 전혀 없었음에도 불구하고 라스티냑[36]에서 라스콜리니코프[37]에 이르기까지 엄청난 영향을 미쳤습니다. 이는 기본적으로 예술에 의해서 충족되는, 항상 증대하는 어떤 존재론적 욕구가 있다는 것을 보여주는 것입니다. 제가 오늘 예수에 관해 말한 것은 이와 모순되지 않습니다. 그것은 예술의 발달로부터 신화들의 구성으로 귀결되었던 그 경향들이 여기에서 예술을 위해 아주 특수하게 필요한 것을 창출한다는 것을 보여줄 따름입니다. 예컨대 우리는 호메로스의 작품에서 앞서 있었던 영웅들의 전

35) 『카라마조프가의 형제』의 한 장에 등장하는데, 이 장은 흔히 도스토예프스키의 모든 종교철학과 윤리관의 총화라고 평가된다.

36) 발자크의 작품 『고리오 영감』의 주인공.

37) 도스토예프스키의 작품 『죄와 벌』의 주인공.

범성이 호메로스 자신의 주인공들의 행위에 어떠한 역할을 행하는지를 보게 됩니다. 그때그때 시의성을 지니는 기법의 형식들을 사용하지만 그 궁극적인 영향에서는 그러한 기법과는 무관하게 예술은 자신의 내용을 통해 인류발전의 본질을 건드립니다. 그리고 이로부터 예술의 지속적인 영향이 생겨납니다.

홀츠 : 예술작품에서의 리얼리즘적 계기들에 관해 말씀하실 때마다 당신은 이러한 내실, 즉 형상화된 이러한 내용적 계기들을 말씀하시는데….

루카치 : 예.

홀츠 : 특정한 형식적 계기들을 인류를 위해 개진함으로써 리얼리즘이라 불림직한 것도 있지 않을까요? 제가 생각하고 있는 것은 예컨대 문학입니다. 그것은 언어와 관계가 있으니까요. 새로운 언어적 가능성들을 획득하고 새로운 언어적 수단을 인간들이 사용하도록 제공하는 것도 리얼리즘 개념에 같이 포함되어야 하는 것이 아닐까요? 제가 말씀드리고자 하는 것은 세르반테스가 리얼리스트인 것은 확실하지만 공고라[38] 또한 리얼리스트가 아닌가 하는 것입니다. 그가 멀리 미래의 세대들에게 다다를 수 있는 언어적 사유의 표현형식들로서 특정한 언어적 문채(文彩)와 가능성들을 획득하는 그 순간에는 말입니다.

루카치 : 이 문제는 형식적으로 제기될 수 없는 것입니다. 저는 전체 예술을 기법적·형식적인 관점에서 고찰하는 것이 우리 시대의 가장 큰 불행 가운데 하나라고 생각합니다. 미니스커트에 관한 논의가 유행 중인 것처럼 지금 옵 아트(Op Art)[39]와 팝 아트(Pop Art)[40] 등등에 관한

38) Luis de Góngora Argato(1561-1627). 그가 쓴 공고리스모(Góngorismo)라는 바로크풍의 난해한 문체는 1927년, 그의 탄생 300주기를 맞으면서 그 중요성을 다시 인정받았다. 『폴리페모아 갈라테아의 우화』, 『고독』 등의 장편시에서 그는 라틴어 어휘와 구문을 많이 썼고 복잡한 비유와 신화의 암시를 도입하여 시 문체를 정교하게 만들었다.

39) 옵티컬 아트(Optical art), 즉 '시각적인 예술'의 약칭. 1960년대 미국에서 일

논의도 있는데, 그것은 거의 패션쇼 수준에서 진행되고 있습니다. 이러한 견해는, 언어적 혁신의 순수 형식적인 문제들을 중대한 독자적 문제들로 과장하는 이른바 해석학파에 의해 그 이론적 형식을 제공받고 있습니다. 저는 다시 기본적·존재론적인 것으로 되돌아갑니다. 즉, 언어는 인간들간의 협의(協議)수단이지 정보가 아닙니다. 그도 그럴 것이 제가 한 여인에게 "사랑해"라고 말한다면 그것은 정보와는 전혀 다른 것입니다. 사랑의 고백이 448의 계수를 지니는지 아니면 447의 계수를 지니는지를 벤제[41] 교수가 이론으로 만든다고 하더라도 그것은 사랑 고백의 문제와는 전혀 관계가 없습니다. 제가 무슨 말을 하는지 이해하시겠지요? 이제 다시 다음과 같은 문제가 생겨납니다. 즉, 이러한 언어 혁신이 올바르고 심화된 세계 파악에 뭔가 본질적인 기여를 한다면 그것은 일반 언어로 넘어가버립니다. 그러면 그것은, 말하자면 자신의 혁신적 성분들을 상실해버린 셈입니다. 그렇지 않을 경우의 언어 혁신이란 외적인 것으로 머물러 있는 것입니다. 예컨대 19세기 말 독일 자연주의자들의 경우에는 그들의 대화체에서 슐레지엔과 슈바벤과 베를린의 억양을 복제하는 것이 언어 혁신이었습니다. 이것은 분명한 사실입니다. 그것은 극언어의 빌덴브루흐[42] 양식적 획일성을 극복하는 수

어난 추상미술의 한 경향으로 당시 미국 화단에서 강력한 뿌리를 가지고 인기를 끌던 팝 아트의 상업주의나 상징성에 대한 반동적 성격을 지니고 있다. 옵아트는 순수하게 시각적으로 작품을 제작하고자 했으며 역동적인 빛, 색, 움직임의 가능성을 추구하며 철저하게 비재현적이다.

40) 1960년대 초기에 미국에서 발달하여 미국 화단을 지배했던 구상회화의 한 경향. '팝'이라는 명칭에 대해서는 여러 가지 견해가 있지만 'popular'의 약자로 보는 것이 유력하다. 통속적인 이미지, 다시 말해서 일상생활에서 범람하는 기성의 이미지에서 제재를 취해 그것을 미술의 영역으로 끌어들였는데, 화면에 나타난 이미지는 구상적이지만 회화적 사고 그 자체는 추상성이 높다.

41) Max Bense(1910년 생). 독일의 철학자, 미학자. 그는 정보이론을 미학에 접목시켜 과학미학을 창출하는 작업에 매진했다.

42) Ernst von Wildenbruch(1845-1909). 독일 극작가. 쉴러 식의 장려한 문체로 애국적인 역사극을 많이 썼다. 『카롤링거가』(1878)로 명성을 날렸으며, 『아버

단으로 어느 정도 역할을 했지만, 일정 시간이 지난 후 완전히 사라진 것이나 진배없게 되었습니다. 당신이 예컨대 토마스 만이나 다른 작가들의 대화체에서 발견할 수 있는 바처럼, 그러한 자연주의 없이도 언어의 개성화를 이룰 수 있는 다른 가능성들이 사투리를 대체하게 되었습니다. 따라서 제 생각으로는 이 경우에 내용적인 것이 결정적인 의미에서 일차적인 것입니다. 우리는 기법적인 것들에서 출발해서는 안 됩니다. 오히려 우리는 한 시대의 어떠한 중대 내실이 언어, 회화 등등의 특정한 기법을 조건짓고 산출하는지, 그리고 이로부터 이후의 발전으로 이행하는 것은 무엇인지를 물어야 합니다. 물론 저는 동시대의 작가가 공고라의 언어로 무엇을 시작할 수 있을까 하는 것을 기법적 구성의 흥미로운 문제로 여깁니다. 어떤 기법적 발견이 이루어지고 나면 그것에 의해 자극받은 사람들의 손에서 그것은 본래의 의도와는 전혀 다른 것으로 되는데, 제 생각에 이것은 몹시 흥미로운 일이기 때문입니다. 예컨대 초현실주의적 언어의 발견들을 생각해보십시오. 그것들이 엘뤼아르[43]의 시에 큰 영향을 미쳤다는 것은 분명한 사실입니다. 하지만 엘뤼아르의 참으로 위대한 시들이 초현실주의적 언어와는 뭔가 다르다는 것도 의문의 여지가 없는 사실입니다. 그곳에서 초현실주의적 언어는 오늘날의 주체성에 본질적인 것을 표현하는 복합체의 한 요소로 되었습니다.

지와 아들』(1882) 등의 극작품과 소설, 영웅시 등도 남겼다.

43) Paul Éluard(1895-1952). 프랑스 시인. 초현실주의 운동의 창시자 가운데 한 명이며 20세기의 대표적 서정시인. 『고통의 수도』, 『대중의 장미』, 『풍요로운 눈』 등은 초현실주의 운동이 낳은 가장 탁월한 작품으로 평가받는다. 스페인 내란 뒤에는 초현실주의 실험을 그만두고 1942년에는 공산당에 입당했으며, 그해에 인간의 고통과 동지애를 다룬 『시와 진실』을 발표하기도 했다.

■ 지은이

김경식

1962년 대구에서 태어나 연세대학교 독문과에서 학부와 대학원을 마쳤다. 1999년 2월 「게오르크 루카치의 철학과 문학이론―스탈린주의에 대한 비판을 중심으로」로 박사학위를 취득했다.
루카치의 자전적인 글들을 모은 『게오르크 루카치―맑스로 가는 길』(솔, 1994)을 편역하고, 한스 로베르트 야우스가 쓴 『미적 현대와 그 이후―루소에서 칼비노까지』(문학동네, 1999)를 번역하였다.
최근에 쓴 글로는 「'삶으로서의 사유': 다시, 루카치를 읽기 위하여(I)」, 「게오르크 루카치의 삶과 죽음에 관한 한 소묘(素描)」 등이 있다.

한울아카데미 359
게오르크 루카치 **과거와 미래를 잇는 다리**

지은이 | 김경식
펴낸이 | 김종수
펴낸곳 | 도서출판 한울

편집 | 이창래

초판 1쇄 발행 | 2000년 11월 5일
초판 3쇄 발행 | 2014년 5월 15일

주소 | 413-756 경기도 파주시 광인사길 153 한울시소빌딩 3층
전화 | 031-955-0655
팩스 | 031-955-0656
홈페이지 | www.hanulbooks.co.kr
등록 | 제406-2003-000051호

Printed in Korea.
ISBN 978-89-460-4865-2 94160

* 책값은 겉표지에 표시되어 있습니다.